21世纪高等院校旅游管理类创新型应用人才培养规划教材

朱 华 主 编

赵吉明　副主编

李　晨　王佳瑶　参 编
马　舒　高　翔

北京大学出版社
PEKING UNIVERSITY PRESS

内 容 简 介

不同于其他《旅游学概论》图书的编写模式，本书采用旅游模型作为编写框架，将旅游者和旅游产业活动置于旅游模型中进行观察、学习，包括旅游系统中的三大要素："旅游客源地"（旅游者、旅游需求、旅游消费者行为），"旅游目的地"（旅游吸引物、旅游产品、旅游影响），以及分布于"旅游通道"，连接客源地和目的地的产业活动（移动性与交通服务、旅游中介服务、旅游接待服务）。旅游系统不仅受供需的影响，还受市场营销等外部因素的影响，为此本书另辟一章进行阐述。本书开篇为"旅游学导论"，尾篇为"新旅游"，通过旅游系统多层次地构建了"旅游学概论"课程的框架和知识体系，为任课教师配备电子课件，绘有12个思维导图、62个图表。书中以案说法，编写、改编了30个中外旅游案例，反映了我国近年来旅游教育和研究的创新成果。

本书既可以作为高等院校相关专业学生的教材，也可以作为从业人员以及研究者的参考用书。

图书在版编目（CIP）数据

旅游学概论 / 朱华主编 . --2版 . -- 北京：北京大学出版社，2024.6
21世纪高等院校旅游管理类创新型应用人才培养规划教材
ISBN 978-7-301-35102-4

Ⅰ. ①旅… Ⅱ. ①朱… Ⅲ. ①旅游学－高等学校－教材 Ⅳ. ① F590

中国国家版本馆CIP数据核字（2024）第108153号

书　　名	旅游学概论（第二版） LÜYOUXUE GAILUN（DI-ER BAN）
著作责任者	朱　华　主编
策划编辑	刘国明
责任编辑	孙战营
标准书号	ISBN 978-7-301-35102-4
出版发行	北京大学出版社
地　　址	北京市海淀区成府路205号　100871
网　　址	http://www.pup.cn　新浪微博：@北京大学出版社
电子邮箱	编辑部 pup6@pup.cn　总编室 zpup@pup.cn
电　　话	邮购部 010-62752015　发行部 010-62750672　编辑部 010-62750667
印刷者	北京飞达印刷有限责任公司
经销者	新华书店 787毫米×1092毫米　16开本　19.25印张　505千字 2024年6月第1版　2024年6月第1次印刷
定　　价	54.00元

未经许可，不得以任何方式复制或抄袭本书之部分或全部内容。

版权所有，侵权必究

举报电话：010-62752024　电子邮箱：fd@pup.cn

图书如有印装质量问题，请与出版部联系，电话：010-62756370

前　　言

党的二十大报告指出，我们"必须坚持系统观念"。从系统论角度研究旅游，建立一种旅游学习框架用于编写教材非常重要，可以避免传统的旅游学概论教材结构散乱、杂乱无章的通病，帮助学生分析错综复杂的旅游活动，解决旅游产业中出现的各种问题。本教材采用雷柏尔旅游模型（见图1）作为编写框架，包括旅游系统中的三大要素：旅游系统中的起始点"旅游客源地"、旅游系统中的末端"旅游目的地"，以及分布于"旅游通道"，连接旅游客源地和旅游目的地的产业活动。旅游模型是"纲"，模型中的每一章节内容为"目"，做到纲举目张。

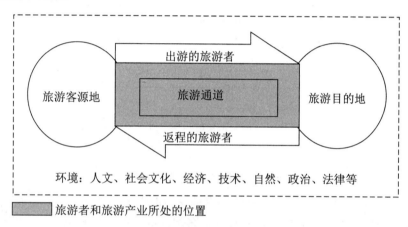

图1　雷柏尔旅游模型

为了让读者更好地掌握旅游学的基本原理，教材从旅游学学科的发展、形成入手，对旅游学中的若干基本术语的定义、内涵、外延和理论进行了深入浅出的阐释，运用雷柏尔旅游模型，全方位、多层次地构建旅游学概论课程的框架和知识体系，保证了教材结构和教学内容的科学性、系统性。本教材的结构如图2所示。

本教材最大的亮点是将旅游者和旅游目的地的产业活动置于旅游模型中进行观察、学习，是全国首本采用旅游模型作为编写教材框架的旅游专业教材。它可以帮助学生在旅游系统中分析错综复杂的旅游活动，解决旅游产业中出现的各种问题。除此之外，还有以下亮点。

1. 吸收前沿学术研究成果，参考大量国内外文献资料，采用脚注方式引用文献，使教材内容来源更丰富、思路更清晰、结论更可靠，是为数不多的、带有学术性的"旅游学概论"研究型教材。

2. 正文绘制了62个图表，嵌入了互动式教学模块，增加了"头脑风暴""导入案例""延伸阅读""特别提示""即学即用""关键术语""小思考""知识链接""点评"等提示性、互动性内容，体例丰富，避免概论教材内容枯燥、难学难教的问题。

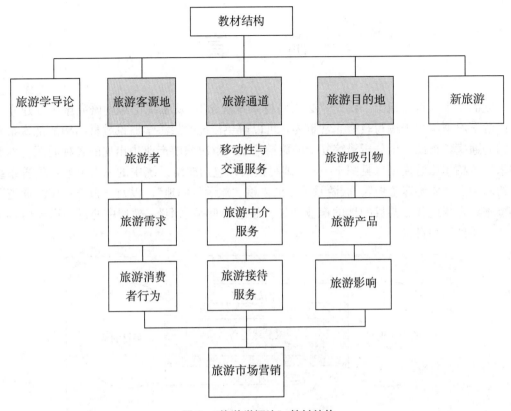

图 2 《旅游学概论》教材结构

3. 编写、改编、整理了 30 个中外旅游案例，帮助学生理解课文中的旅游理论，分析、解决中国旅游发展中的实际问题。章前有导入案例，章后有应用案例，还有案例故事穿插在教材之中。

4. 融入党的二十大精神，使其贯穿思想道德教育、文化知识教育和社会实践教育各个环节，以便在教学过程中强化学生正确的人生观、价值观、旅游观，在"两个一百年"奋斗目标的历史交汇期，为国家培养有觉悟、有理想、有能力、有担当、德才兼备的新型旅游人才。

本书在教学中，基于内容总量的考虑，建议总课时为 64 课时，每章的具体课时安排可参照下表：

章次	内容	建议课时数
1	旅游学导论	6 课时
2	旅游者	6 课时
3	旅游需求	6 课时
4	旅游消费者行为	6 课时
5	移动性与交通服务	4 课时

续表

章次	内容	建议课时数
6	旅游中介服务	4课时
7	旅游接待服务	4课时
8	旅游吸引物	6课时
9	旅游产品	6课时
10	旅游影响	6课时
11	旅游市场营销	6课时
12	新旅游	4课时
总计		64课时

本书由朱华教授担纲编写，负责教材大纲、结构、体例、篇章的统筹制定，全书终审，并参加全部章节的编写，赵吉明协助审稿。朱华、李婵、朱晓霞、王砥、杨怡、赵吉明、李晨参加了教材的第一版编写工作。教材第二版修订工作具体分工如下：朱华、李晨负责修订第1～5章，朱华、土佳瑶负责修订第6～10章，朱华、赵吉明、高翔、马舒负责修订第11～12章。

旅游学概论教学内容多，涉及管理学、经济学、行为学、心理学、自然科学、人文历史等学科，加之旅游学本身是一门新学科，有些观点在学术界还存在争议，不当疏漏之处在所难免，敬请批评指正。

朱 华

2024年2月22日

案 例 索 引

第 1 章　旅游学导论
导入案例：旅游重塑瑞士国家形象　2
应用案例分析：什么是旅游？　21

第 2 章　旅游者
导入案例：戴恩眼中的日本旅游者　23
案例研究：陕西年轻人寻根"红色旅游"　36
应用案例分析：到巴黎做乞丐，去巴西做农民　41

第 3 章　旅游需求
导入案例：辽宁旅游市场的需求正在释放　44
应用案例分析：2023 年中国旅游市场需求的变化　60

第 4 章　旅游消费者行为
导入案例：中国游客出境旅游消费　64
案例故事：不点菜坐一会儿可以吗？　66
案例故事：一位中年教师的旅游决策过程　68
应用案例分析：云南黑井镇短程文化旅游客源市场行为模式研究　83

第 5 章　移动性与交通服务
导入案例：去黄山怎样安排旅游交通？　87
应用案例分析：九寨沟的旅游交通　106

第 6 章　旅游中介服务
导入案例：香港澳门五日游　109
案例故事：携程旅行网如何赚钱？　118
应用案例分析：同程旅行完善旅游产业链　128

第 7 章　旅游接待服务
导入案例：称心如意的接待服务　131
案例故事：经营"民宿"需谨慎　135
案例故事：瑞斯丽大酒店的管家服务　139

应用案例分析：成都国际美食旅游节　157

第 8 章　旅游吸引物

导入案例：上海飞人追日来去兮　159
应用案例分析：文旅融合：莆田兴化府历史文化街区新业态　176

第 9 章　旅游产品

导入案例：罗马古迹寻踪游　178
应用案例分析：大理白族歌谣文旅产品的开发　203

第 10 章　旅游影响

导入案例：旅游对南澳海岛县居民的影响　207
应用案例分析：印度尼西亚巴厘岛的旅游　230

第 11 章　旅游市场营销

导入案例：甘孜州理塘的"江南 style"　233
应用案例分析：激情整合——从卡塔尔世界杯看旅游目的地的"事件营销"　261

第 12 章　新旅游

导入案例：热血"穷游"，与 MONEY 无关　264
应用案例分析：不丹的小规模旅游市场　283

图 表 索 引

第1章 旅游学导论

图 1-1 旅游的特点 6
图 1-2 旅游定义三要素 9
图 1-3 雷柏尔旅游模型 13
图 1-4 旅游系统分解图 15
表 1-1 旅游产业在旅游系统中的分布 13
表 1-2 定性研究与定量研究对比 16

第2章 旅游者

图 2-1 马斯洛需要层次理论模型 30
图 2-2 普洛格旅游者心理类型模型 34
图 2-3 国际旅游者分类 38
表 2-1 田中喜一旅游动机分类 33
表 2-2 麦金托什旅游动机分类 33

第3章 旅游需求

图 3-1 入境旅游和黄山旅游的季节性 47
图 3-2 闲暇时间的类型 52
图 3-3 旅游需求与价格之间的关系 55
表 3-1 2015—2023年中国旅游市场基本情况 48
表 3-2 欧洲部分国家的带薪假期和公共节假日 53
表 3-3 传统的家庭生命周期 54
表 3-4 2018年"五一"旅游热点舆情事件 57

第4章 旅游消费者行为

图 4-1 斯莫尔旅游决策过程模型 67
图 4-2 影响旅游消费者行为的个体与心理因素 69
图 4-3 顾客忠诚矩阵 76
图 4-4 从需求角度看旅游产品消费的风险性 76
表 4-1 新西兰家庭旅游参与程度和旅游消费支出 72
表 4-2 日常型产品和复杂型产品特点对比 77
表 4-3 旅游体验与旅游期望的关系 78

第5章 移动性与交通服务

图 5-1 旅游的空间移动　90
图 5-2 旅客列车的分类　95
图 5-3 汽车出游的选择　96

第6章 旅游中介服务

图 6-1 旅游经营商横向和纵向整合　112
图 6-2 旅游经营商业务流程　113
图 6-3 旅游经营商产品分销渠道　115
图 6-4 旅行社业务部门及操作管理流程　123
表 6-1 旅行社接待业务流程　124

第7章 旅游接待服务

图 7-1 武汉某旅行团三日游时间构成　136
图 7-2 世界三大菜系　142
图 7-3 节事旅游的类型　149
表 7-1 古代住宿与现代住宿对比　132

第8章 旅游吸引物

图 8-1 旅游产品与旅游资源的关系　162
图 8-2 旅游吸引物系统　164
表 8-1 旅游产品对旅游资源的依存度　162
表 8-2 旅游吸引物的吸引力　163

第9章 旅游产品

图 9-1 旅游利益构成模型　180
图 9-2 旅游产品构成层次　181
图 9-3 旅游产品对社会公共设施的依赖性　185
图 9-4 旅游消费的构成　195
表 9-1 组合旅游产品的异同　190
表 9-2 旅游活动基本空间标准　191

第10章 旅游影响

图 10-1 普通商品出口流向　209
图 10-2 旅游产品出口流向　209
图 10-3 酒店相关行业　211
图 10-4 2022年全球五大区域旅游总收入(亿万元)　212

图 10-5　旅游活动对科技文明的推拉作用　224
表 10-1　旅游卫星账户表　219

第 11 章　旅游市场营销

图 11-1　布姆斯与毕特那 7Ps 营销组合　243
图 11-2　市场营销 4Rs 模型　248
图 11-3　旅游市场营销与目的地形象的形成　251
图 11-4　绿色营销要求　256
表 11-1　旅游企业有形要素分类　244
表 11-2　4Ps、4Cs、4Rs 营销组合对比　248
表 11-3　绿色营销理念　256

第 12 章　新旅游

图 12-1　新旅游与大众旅游　268
表 12-1　小规模旅游和大众旅游的区别　270

目　　录

第 1 章　旅游学导论 ……………………… 1
1.1　旅游的本质 ……………………………… 3
1.1.1　旅游的本质特征 …………………… 3
1.1.2　旅游的基本属性 …………………… 4
1.2　旅游的特点 ……………………………… 6
1.2.1　异地性 ……………………………… 6
1.2.2　暂时性 ……………………………… 6
1.2.3　流动性 ……………………………… 6
1.2.4　目的性 ……………………………… 7
1.2.5　综合性 ……………………………… 7
1.3　旅游的定义 ……………………………… 7
1.3.1　交往定义 …………………………… 7
1.3.2　目的定义 …………………………… 8
1.3.3　流动定义 …………………………… 8
1.3.4　时间定义 …………………………… 8
1.3.5　关系定义 …………………………… 8
1.4　旅游学研究的对象和内容 ……………… 9
1.4.1　旅游学研究的对象 ………………… 9
1.4.2　旅游学研究的内容 ………………… 11
1.5　旅游研究模型 …………………………… 12
1.5.1　雷柏尔旅游模型 …………………… 12
1.5.2　旅游系统结构 ……………………… 14
1.6　旅游研究方法 …………………………… 16
1.6.1　定性研究方法 ……………………… 17
1.6.2　定量研究方法 ……………………… 17
本章小结 ……………………………………… 18
课后练习 ……………………………………… 18

第 2 章　旅游者 …………………………… 22
2.1　旅游者及其界定方法 …………………… 24
2.1.1　国际旅游者的界定 ………………… 24
2.1.2　国内旅游者的界定 ………………… 27
2.2　旅游动机 ………………………………… 29
2.2.1　旅游动机与需要 …………………… 29
2.2.2　旅游动机的类型 …………………… 33
2.2.3　影响旅游动机的因素 ……………… 34

2.3　旅游活动 ………………………………… 36
2.3.1　划分标准 …………………………… 37
2.3.2　活动范围 …………………………… 37
本章小结 ……………………………………… 39
课后练习 ……………………………………… 39

第 3 章　旅游需求 ………………………… 43
3.1　旅游需求的特征 ………………………… 46
3.1.1　旅游需求的定义 …………………… 46
3.1.2　旅游需求的分类 …………………… 46
3.1.3　旅游需求的特点 …………………… 46
3.2　衡量旅游需求的指标 …………………… 48
3.2.1　旅游者人数 ………………………… 48
3.2.2　旅游者停留时间 …………………… 48
3.2.3　旅游花费 …………………………… 49
3.3　影响旅游需求的因素 …………………… 50
3.3.1　影响旅游需求的推动因素 ………… 50
3.3.2　影响旅游需求的拉动因素 ………… 54
3.3.3　影响旅游需求的其他因素 ………… 54
3.4　旅游需求预测方法 ……………………… 56
3.4.1　时间序列模型 ……………………… 56
3.4.2　回归模型 …………………………… 56
3.4.3　情景预测法 ………………………… 57
3.4.4　德尔菲法 …………………………… 57
本章小结 ……………………………………… 58
课后练习 ……………………………………… 58

第 4 章　旅游消费者行为 ………………… 63
4.1　旅游消费者行为模型 …………………… 65
4.1.1　莫提荷的消费者行为模型 ………… 65
4.1.2　斯莫尔旅游决策过程模型 ………… 67
4.2　影响旅游消费者行为的因素 …………… 68
4.2.1　个体因素 …………………………… 69
4.2.2　环境因素 …………………………… 72
4.3　旅游满意度 ……………………………… 74
4.3.1　旅游满意度的重要性 ……………… 74

  4.3.2 旅游满意度的复杂性 ············ 76
  4.3.3 旅游期望与旅游满意度的关系 ······ 77
  4.3.4 旅游满意度调查方法 ············ 79
本章小结 ································ 80
课后练习 ································ 81

第5章　移动性与交通服务 ············ 86

5.1 移动性与旅游交通 ················ 88
  5.1.1 旅游交通的定义 ··············· 89
  5.1.2 旅游交通产品 ················· 89
  5.1.3 移动性与旅游交通的
     选择因素 ···················· 90
5.2 旅行方式与旅游交通 ·············· 93
  5.2.1 旅游交通系统 ················· 93
  5.2.2 旅游交通竞争与合作 ············ 94
  5.2.3 主要旅游交通工具 ············· 94
5.3 旅游交通设施与服务 ·············· 98
  5.3.1 旅游交通设施目标 ············· 98
  5.3.2 集散站场 ···················· 99
  5.3.3 交通服务 ··················· 102
本章小结 ······························ 103
课后练习 ······························ 104

第6章　旅游中介服务 ·················· 108

6.1 旅游中介 ························ 110
  6.1.1 旅游中介服务概述 ············ 111
  6.1.2 旅游中介服务的产生 ··········· 111
  6.1.3 旅游中介服务业的发展 ········· 111
6.2 旅游经营商与旅游代理商 ········ 112
  6.2.1 旅游经营商的作用 ············ 113
  6.2.2 旅游经营商产品分销渠道 ······ 114
  6.2.3 旅游代理商的作用 ············ 114
  6.2.4 电子旅游中间商 ·············· 117
6.3 旅行社 ·························· 119
  6.3.1 旅行社的定义 ················ 119
  6.3.2 旅行社的作用 ················ 120
  6.3.3 旅行社的产品 ················ 121
  6.3.4 旅行社的业务流程 ············ 122
本章小结 ······························ 125
课后练习 ······························ 126

第7章　旅游接待服务 ·················· 130

7.1 住宿业 ·························· 132

  7.1.1 住宿业的历史 ················ 132
  7.1.2 住宿业的功能 ················ 136
  7.1.3 住宿产品的特点 ·············· 138
7.2 餐饮服务与美食旅游 ············· 140
  7.2.1 美食旅游的概念 ·············· 141
  7.2.2 美食旅游的特点 ·············· 142
  7.2.3 美食旅游的功能 ·············· 144
7.3 会展与节事旅游 ················· 146
  7.3.1 会展旅游的概念 ·············· 146
  7.3.2 会展旅游的基本特征 ·········· 146
  7.3.3 节事旅游的概念与类型 ········ 148
  7.3.4 节事旅游的特征及作用 ········ 149
7.4 旅游购物 ······················· 151
  7.4.1 旅游购物的概念 ·············· 151
  7.4.2 旅游购物品的类型 ············ 152
  7.4.3 旅游购物的作用 ·············· 152
  7.4.4 我国旅游购物发展现状 ········ 153
本章小结 ······························ 154
课后练习 ······························ 154

第8章　旅游吸引物 ···················· 158

8.1 旅游吸引物概述 ················· 160
  8.1.1 旅游吸引物的定义 ············ 160
  8.1.2 旅游吸引物的概念辨析 ········ 161
  8.1.3 旅游吸引物的吸引力 ·········· 163
  8.1.4 旅游吸引物的构成 ············ 164
8.2 旅游资源 ······················· 164
  8.2.1 旅游资源的概念 ·············· 164
  8.2.2 旅游资源的特点 ·············· 165
  8.2.3 旅游资源的分类 ·············· 166
  8.2.4 旅游资源的容量 ·············· 168
8.3 旅游信息和标识 ················· 169
  8.3.1 旅游信息 ···················· 169
  8.3.2 旅游标识 ···················· 170
8.4 旅游目的地环境 ················· 171
  8.4.1 政治环境 ···················· 171
  8.4.2 经济环境 ···················· 171
  8.4.3 文化环境 ···················· 172
  8.4.4 自然环境 ···················· 172
本章小结 ······························ 173
课后练习 ······························ 173

目 录

第9章 旅游产品 … 177
9.1 认识旅游产品 … 179
- 9.1.1 旅游产品的概念 … 179
- 9.1.2 旅游产品的内涵 … 179
- 9.1.3 旅游产品的特点 … 182

9.2 旅游产品的设计与开发 … 185
- 9.2.1 旅游产品设计与开发的原则 … 186
- 9.2.2 旅游产品组合 … 189

9.3 旅游消费与体验 … 193
- 9.3.1 旅游消费 … 193
- 9.3.2 旅游体验 … 197

本章小结 … 200
课后练习 … 201

第10章 旅游影响 … 206
10.1 旅游对经济的影响 … 208
- 10.1.1 旅游对经济的促进作用 … 208
- 10.1.2 旅游对经济的阻碍作用 … 214
- 10.1.3 影响旅游经济的测量 … 215

10.2 旅游对环境的影响 … 219
- 10.2.1 旅游对环境的保护 … 220
- 10.2.2 旅游对环境的破坏 … 221

10.3 旅游对社会文化的影响 … 222
- 10.3.1 旅游对社会文化的积极影响 … 223
- 10.3.2 旅游对社会文化的消极影响 … 224

本章小结 … 227
课后练习 … 227

第11章 旅游市场营销 … 232
11.1 服务营销 … 234
- 11.1.1 服务营销的概念 … 234
- 11.1.2 服务营销的特点 … 235

11.2 分销渠道 … 238
- 11.2.1 旅游分销渠道概述 … 238
- 11.2.2 旅游分销渠道与互联网 … 240

11.3 营销组合 … 241
- 11.3.1 4Ps与7Ps营销组合 … 241
- 11.3.2 4Cs与4Rs营销组合 … 246

11.4 目的地营销 … 249
- 11.4.1 旅游目的地形象 … 249
- 11.4.2 旅游目的地营销主体 … 252
- 11.4.3 旅游目的地营销理念 … 255

本章小结 … 258
课后练习 … 258

第12章 新旅游 … 263
12.1 新旅游概述 … 265
- 12.1.1 新旅游的产生 … 265
- 12.1.2 新旅游的特点 … 266
- 12.1.3 新旅游的概念辨析及分类 … 267

12.2 小规模旅游 … 269
- 12.2.1 小规模旅游的产生 … 269
- 12.2.2 小规模旅游的特点 … 269

12.3 低碳旅游 … 271
- 12.3.1 低碳旅游的背景 … 271
- 12.3.2 低碳旅游的特点 … 272

12.4 公益旅游 … 273
- 12.4.1 公益旅游的由来 … 274
- 12.4.2 公益旅游的特点 … 274

12.5 自助旅游 … 276
- 12.5.1 自助旅游的背景 … 276
- 12.5.2 自助旅游的特点 … 277

12.6 旅游的可持续发展 … 278
- 12.6.1 可持续发展理论 … 278
- 12.6.2 旅游的可持续发展 … 279
- 12.6.3 旅游可持续发展的意义 … 279
- 12.6.4 新旅游发展的前景和未来 … 280

本章小结 … 281
课后练习 … 281

参考文献 … 286

第 1 章　旅游学导论

教学目标

本章学习旅游的本质，理解旅游的定义，知晓旅游学的研究对象，掌握旅游学研究的总体框架，熟悉旅游学的学习和研究方法，并运用所学旅游理论解决中国旅游产业中的实际问题。教材以雷柏尔旅游模型为"纲"，各章节为"目"，将不同学科的知识在旅游系统中系统化，以便纲举目张，在旅游系统中学习旅游基础知识。

教学要求

教学内容	重点☆、难点*	教学提示
旅游的本质	(1) 旅游的本质特征 (2) 旅游的基本属性	
旅游的特点	(1) 异地性 (2) 暂时性 (3) 流动性 (4) 目的性 (5) 综合性	
旅游的定义	(1) 交往定义☆ (2) 目的定义☆ (3) 流动定义☆ (4) 时间定义☆ (5) 关系定义☆	本章是导论，与本书其他章节内容均关联，教学时应前后对应，掌握各章节知识的关联性
旅游学研究的对象和内容	(1) 旅游学研究的对象 (2) 旅游学研究的内容*	
旅游研究模型	(1) 雷柏尔旅游模型☆ (2) 旅游系统结构*	
旅游研究方法	(1) 定性研究方法 (2) 定量研究方法*	

> 人之所以爱旅行，不是为了抵达目的地，而是为了享受旅途中的种种乐趣。
>
> ——歌德

基本概念

旅游的本质　旅游的定义　旅游学研究的对象　旅游研究模型　旅游研究方法

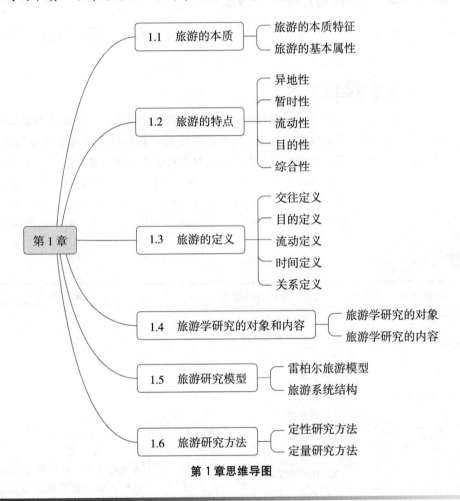

第1章思维导图

导入案例

旅游重塑瑞士国家形象

瑞士是欧洲中西部的一个内陆多山国家，大约58％的面积属于阿尔卑斯山区。20世纪50年代前，瑞士是欧洲的一个农业小国，长期受困于山地影响，经济较为落后。现在，瑞士的人均收入处于全球前列，是欧洲最富有的国家之一。瑞士是如何实现从"土鸡"变"凤凰"的呢？

瑞士的发展得益于20世纪六七十年代大力发展四大支柱产业：旅游业、零售业、金融业和工业，其中旅游业和零售业等服务业占有相当地位。瑞士牢牢抓住了欧洲经济发展所引发的井喷式的休闲旅游需求，大力发展休闲、度假旅游业，促进了金融、保险、会展会议、精工制造、零售业等相关服务产业的快速发展。昔日默默无闻的山村小镇，今天成为国际知名的度假天堂：洛桑、蒙特勒、琉森、达沃斯……每一个小镇都可谓是"观光＋休闲＋体验"三位一体的度假胜地。

瑞士荣获了"花园之国"的美誉，每年吸引的境外旅游者数量甚至超过了其总人口数，带动了餐饮业、旅店业等相关行业的发展。由于休闲、旅游业的带动，瑞士的服务行业成为国民经济中最具活力且发展前景最为广阔的一环，就业人数最多(占就业总人数的近70%)，创造产值最高(占国内生产总值约67%)。

正是因为抓住了历史机遇，瑞士以休闲度假旅游业为引擎，将自己的国家打造成为世界休闲度假天堂、体验旅游胜地，并结合其固有的勤劳、诚信、中立的特色优势，对其经济结构进行了重新洗牌，使一个贫穷的山国成为世界最为富裕的国家之一。

点评：

旅游业对一个国家的社会经济发展具有重大意义。从瑞士经济发展来看，旅游业对瑞士国家发展有重要贡献：1. 带动了金融、会展、商贸等相关产业的发展；2. 打造了世界级的旅游品牌，如观光旅游、休闲旅游、会议旅游等；3. 改变了瑞士经济结构，使瑞士从"土鸡"变成了"凤凰"，提升了瑞士的国家形象。

1.1 旅游的本质

旅游作为一种活动或现象，历史上可能已经存在数千年了。但在19世纪上半叶以前，旅游活动仅限于上层社会的享乐休闲活动，或是以经商贸易为主，这些旅行活动并不是现代意义上的旅游。随着人们可自由支配收入的增多、休闲时间的增加、科技的进步、相对和平的社会环境，人们开始进入大众旅游的时代，旅游已经成为人们生活的一部分。但是对旅游的认识仍然存在较大差异，甚至出现外出旅游，但又不知何谓"旅游"的现象。

1.1.1 旅游的本质特征

什么是旅游？如果你随机问一下你周边的人，回答可能千差万别。有人说旅游就是"游玩"，有人说旅游就是"享受"，有人说旅游就是"美食"或"购物"。有如此不同的回答，是因为多数人混淆了旅游的现象和本质。有的人甚至认为旅游就是旅游产业，将英语中的"Tourism"直接译为"旅游业"；还有不少人将旅游目的或旅游活动视为旅游本身，例如有人就认为到黄山是"游山玩水"，到峨眉山是"烧香拜佛"。

那么，旅游的本质是什么？这就必须由表及里，通过事物的现象探讨其内在的共性，反映出事物的本质。王德刚认为，旅游的本质是以经济支付为手段，以审美和精神愉悦为目的的文化消费活动。① 王兴斌认为旅游本质上是向旅游者提供一种离开惯常居住地的新鲜经历，一种以一定的物质条件为依托的服务。② 旅游者得到的是游历过程中的印象、感受和体验。谢彦君认为旅游的本质是审美和愉悦，是一种主要以获得心理快感为目的的审美过程。③ 从以上观点我们可以归纳出旅游的本质。

1. 满足高层次需求的消费活动

现代旅游的本质是一种高层次的消费活动，是一种以审美为突出特征的消费体验，是人们在物质需求之上的一种更高层次的社交需要、受尊重需要和自我实现的需要。建设美丽中国，不断满足人民日益增长的美好生活需要，已经成为时代发展的主旋律。在物质条件不断得到满足的基础上，对"美"的追求已经是一种更深层次的内在需求。

2. 以审美为特征的休闲活动

旅游是一种以审美为特征的休闲活动。旅游的审美活动作为人们物质生活水平与文化生活追求提高的表现，是以闲暇时间为前提的。在满足人民更加美好的生活和精神文化需求过程中，旅游从景点式的观光旅游逐步发展成为一种不可或缺的休闲、度假、旅居生活方式，旅游审美的内涵也从惯常环境之外的景区景点逐渐进入人们的日常生活，旅游与生活美学的相互交融日益深化。

特别提示

虽然旅游的本质是审美愉悦，但并不是与经济无关。旅游者去某处旅游，支付是手段，获得旅游体验或一种经历是出行目的。因此，对旅游本质的研究，如果涉及经济或消费，可"从经济中进去""从文化上出来"，由表及里，研究旅游的本质、核心问题。

头脑风暴

旅游活动是一种复杂的社会现象，旅游者有不同的旅游动机。如果旅游的本质主要是以审美休闲为特征，那么您如何理解商务旅游？请您谈谈商务与旅游的关系。

1.1.2 旅游的基本属性

1. 社会属性

社会现象是指那些与人类集体的产生、存在和发展等密切联系的现象。旅游活动随着人类社会的进步，不断扩大规模与影响力，已经成为人类的一种基本需求。④ 因此，可以认为旅游活动是与人类集体的产生、存在和发展等密切联系的现象，即旅游活动是一种社

---

① 王德刚．试论旅游文化的概念和内涵[J]．桂林旅游高等专科学校学报，1999(4)：39—42.
② 王兴斌．"体验经济"新论与旅游服务的创新——《体验经济》读书札记[J]．桂林旅游高等专科学校学报，2003(1)：16—20.
③ 谢彦君．论旅游的本质与特征[J]．旅游学刊，1998(4)：41—44.
④ 田里．旅游学概论[M]．重庆：重庆大学出版社，2019.

会现象。此外，旅游者在旅游活动中要同东道主社区的居民进行接触和交往。这些民间接触和交往也属于一种社会现象。

2. 消费属性

在旅游活动中，旅游者要完成各项旅游活动、享受服务，必须向旅游产品的供应商支付一定的货币，即旅游者与旅游企业之间是一种经济交换关系。① 站在市场的角度，这是一种经济活动；站在旅游者的角度，这是一种消费活动。在现代旅游活动中，旅游者的食、住、行、游、购、娱都需要借助和使用各类相关旅游企业提供的产品和服务。旅游者同旅游企业之间的需求和供给关系是一种经济关系。② 旅游者在开展旅游活动过程中所发生的消费行为对东道主地区经济所产生的客观影响，也使旅游活动染上了经济活动的色彩。③

3. 文化属性

旅游者外出旅游的重要目的之一是体验异乡风情、了解他方文化。无论出于何种动机而外出旅游，无论属于何种类型的旅游者，都不可避免地要接触东道主社会的文化。文化范畴是如此之广，以至于在旅游者所访问的环境中几乎无处不在，例如东道主社会的民族历史、生活方式、风俗习惯、文学艺术、服装、饮食等。旅游者自觉或不自觉地都会耳闻目睹到这些方面的相关内容，同时也会以自己的行为方式表现出本国、本民族或本地区的文化，影响东道主社会的居民。

4. 政治属性

旅游活动的开展不仅有助于改善和提高旅游接待国的对外形象，而且还可增进国家间的相互了解，消除因缺乏了解而可能存在的偏见和误会。但是由于各国政治体制不同，旅游活动也会引发矛盾冲突。国际旅游活动跨越国界，需要办理护照、签证等出入境手续，因此旅游也可能涉及政治问题。愉悦性是旅游的重要属性，但在某种情况下，旅游活动也会带有政治色彩，而政治也会对旅游活动产生重大影响。

延伸阅读

封锁古巴经济"封杀"美国旅游业

12月18日，《拿骚卫报》(*The Nassau Guardian*)转载了美联社哈瓦那消息。据美联社对古巴旅游部长高级助理的视频采访，由于美国政府禁止美国人访问古巴，每年造成美国旅游业11亿美元损失，其中包括6亿美元的航空公司销售收入，3亿美元的旅游代理收入，2亿美元食品、饮料等与旅游相关的出口和服务收入。根据美国旅游代理人协会的研究报告，如果没有美国政府的旅游限制，每年将有180万个美国人到古巴旅游，其中包括

---

① 邵晓晖，刘春. 旅游学概论[M]. 南京：东南大学出版社，2014.
② 赵全科，陆相林. 旅游概论[M]. 青岛：中国海洋大学出版社，2010.
③ 张河清，王蕾蕾. 岭南文化与旅游产业融合发展研究[M]. 广州：中山大学出版社，2020.

48.2万个古巴裔美国人探亲访友。除古巴裔美国人之外的美国公民，如果他们想到古巴旅行，需要以政府事务、记者、宗教和人道主义等名义向美国相关部门申请批准。2019年以来，美国政府再次收紧了赴古旅游政策，宣布禁止美方人员以"团体人文教育"旅行类别前往古巴，包括不再允许美国人通过搭乘客船、旅游观光船以及私人或企业飞机前往古巴、叫停所有往返美国和古巴除首都哈瓦那外其他城市之间的航班等，赴古巴旅游的美国公民大量减少。美国封锁古巴实际上是"封杀"美国自己，给美国旅游业自身也造成了重大损失。

1.2　旅游的特点

作为人类社会生活的一项重要活动，旅游活动参与的主体很多，形式复杂多样，产生社会、经济、环境等方面的影响广泛，尽管旅游研究学者对此有不同的看法，但对旅游的特点的认识是一致的(见图1-1)。

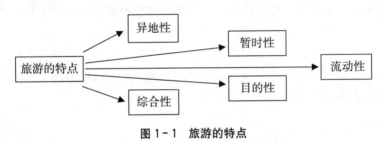

图1-1　旅游的特点

1.2.1　异地性

一方面，旅游是人们离开自己的常住地去异国他乡的活动，旅游是在异地环境中实现的。人们出于求新、求异等心理动机，借助旅游开阔眼界，增长知识，这是旅游异地性产生的主观基础。另一方面，由于旅游资源具有地理上不可移动的特点，旅游者只有离开其居住地前往旅游目的地才能实现旅游活动，这是旅游异地性产生的客观原因。

1.2.2　暂时性

旅游在时间上的特点，就是人们前往旅游目的地并在那里作短期停留，并不是以移民或长期居留为目的。对于大多数旅游者而言，旅游是其利用闲暇时间所从事的活动，不论出于何种动机的旅游都是一种短期的生活方式。这种生活方式表现出旅游者在目的地停留的暂时性。

1.2.3　流动性

没有空间移动就没有旅游。旅游在空间上除了有异地性，还表现出流动性。旅游者离开常住地，通过交通工具到达旅游目的地，完成旅游各项活动后返回常住地，或者到达旅游目的地后，从一个景区向另一个景区移动。旅游者从客源地流动到旅游目的地，或从一个旅游景区向另一个旅游景区移动是旅游者最常见的行为特征。

1.2.4 目的性

人们离开自己的常住地到异地旅游总会有自己的原因和目的，或是休闲度假，或是文化体验，或是探亲访友。总之，愉悦是旅游者在旅游过程中的自我体验和追求，也是界定旅游者的重要标志之一。如果是以工作或移民为目的出行，其本质和内涵特征都不属于旅游活动。

1.2.5 综合性

对普通旅游者而言，食、住、行、游、购、娱等必不可少，也离不开旅游企业的支持。旅游资源既有自然的，也有人文的，或二者兼而有之。旅游者的活动形式也是多种多样的，如观光、休闲、娱乐、探亲访友等。旅游活动与社会、经济、文化、自然等密切相关，涉及社会经济各个方面，反映了旅游综合性的特点。

头脑风暴

1. 小马邀请朋友在家里观看了呼伦贝尔大草原风光片，请问这与他们到实地观光有何不同？
2. 小马到科尔沁大草原放牧，然后回到自己的家乡，请问这是不是旅游活动？为什么？
3. 小马女友自己预订机票到张家界旅游后回到家乡，请问这是否否定了旅游有综合性的特点？

1.3 旅游的定义

什么是旅游？答案是多种多样的。这一问题貌似简单，但实际上要了解旅游的本质和内涵并不容易。有的人甚至将"旅游"(Tourism)与"旅行"(Travel)混为一谈。旅游学是一门新学科，学界对旅游学的概念还没有达成统一的认识，对于旅游的定义有不同阐释。

1.3.1 交往定义

1927年，德国学者蒙根·罗德(W. Morgenroth)对旅游的定义：狭义上，旅游是暂时离开自己的住地，为了满足生活和文化的需要，或各种各样的愿望，而作为经济和文化商品的消费者逗留在异地的人的交往。①

注意：这个定义强调的是旅游是一种社会、经济、文化交往活动。

---

① MORGENROTH W. "Fremdenverkehr"（Tourism）. Handwörterbuch der Staatswissenschaften (Handbook of Political Science)[M]. Jena: Gustav Fischer Verlag, 1927.

1.3.2 目的定义

20世纪50年代,奥地利维也纳经济大学旅游研究所对旅游的定义:旅游可以理解为暂时在异地的人的空余时间的活动:首先是出于提高自身修养的目的而旅行;其次是出于受教育、扩大知识和交际的目的而旅行;最后是参加这样或那样的组织活动以及改变有关的关系和作用而旅行。①

注意:这个定义强调的是旅游的目的是个人修养、教育、交际和增长知识。

1.3.3 流动定义

1974年,伯卡特(Burkart)和梅特列克(Medlik)对旅游的定义:旅游发生于人们前往和逗留在各种旅游地的活动,是人们离开他平时居住和工作的地方,短期暂时前往一个旅游目的地运动和逗留在该地的各种活动。②

注意:这个定义强调了旅游的流动性。该定义也涉及旅游的短期性和暂时性特点。

1.3.4 时间定义

1979年,通用大西洋有限公司马丁·普雷(Martin Poulet)博士对旅游的定义:旅游是为了消遣而进行的旅行,在某一个国家逗留的时间至少超过24小时。③

注意:这个定义强调的是国际旅游者在异地的时间统计标准——逗留时间。

1.3.5 关系定义

1977年,罗伯特·W.麦金托什(Robert W. McIntosh)和夏希肯特·格波特(Shashikant Gupta)对旅游的定义:在吸引和接待旅游及其访问者的过程中,旅游者、旅游企业、东道主政府及东道主地区的居民的相互作用而产生的一切现象和关系的总和。④

注意:这个定义强调的是旅游引发的各种现象和关系,即旅游的综合性。

上述定义从不同角度、不同层面阐述了旅游的内涵和本质,各有偏重,反映了旅游是一种复杂的社会经济现象。作为一个关于旅游的完整的定义,至少应当包括三个要素(见图1-2)。

综上所述,本书所采用的定义是:旅游是指人们出于休闲、商务及其他目的到其通常环境之外的地区旅行或逗留不超过连续1年的活动,是旅游者、供应商、东道主政府、东道主社区、客源地政府在吸引、输送、接待和管理旅游者的过程中所产生的交互作用的现象和关系的总和。

---

① 张河清,王蕾蕾.岭南文化与旅游产业融合发展研究[M].广州:中山大学出版社,2020.
② BURKART A J, MEDLIK S. Tourism: Past, Present and Future[M]. London: Heinemann, 1974.
③ 王学峰.旅游概论[M].北京:北京交通大学出版社,2019.
④ ROBERT W M, GUPTA S. Tourism: Principles, Practices, Philosophies[M]. Ohio: Grid Publishing, Inc, 1977.

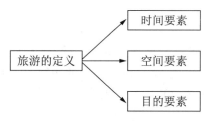

图1-2 旅游定义三要素

西方社会近代旅游的诞生

近代旅游诞生于19世纪初期,随着西方工业革命的推进而快速兴起。这一时期,旅游的发展从早期的旅行活动过渡到现代意义上的旅游活动。事实上,"旅游"一词也正是在这一阶段开始出现。1841年世界上第一家旅行社——托马斯·库克旅行社的成立标志着近代旅游的正式诞生。

托马斯·库克(Thomas Cook)最初的职业是印刷商和出版商,而开办旅行社的想法则是来自托马斯·库克的一次参与宣传禁酒主义的"业余活动"。1841年7月5日,托马斯·库克利用包租火车方式,组织了一次570人规模的团队活动,从英国中部的莱斯特前往洛赫伯勒去参加禁酒大会。为了做好这次活动的组织工作,托马斯·库克与英国铁路局取得联系,以每人1先令的低廉价格包租了一趟火车,全程往返24英里(38.6公里),并且由托马斯·库克全程陪同。

虽然在此之前,团体形式的旅行活动已经有所记载,但之前的团体出行都是某一个组织为了组织自己的成员出行而进行的旅行活动,缺乏广泛的公众性。托马斯·库克组织的这次旅行活动,其成员来自各个行业和社会阶层,他们只是为了这次活动而走到一起,一旦活动结束,便不再发生任何联系,这极类似于现代旅行社组织的旅游团,具有广泛的公众性特点;同时这次活动不但由托马斯·库克本人发起、筹备和组织,而且还全程陪同参与,这类似于现代旅游活动中的全程陪同服务。

除此以外,这次旅行活动的参与人数达到570人之多,其规模在当时是空前的,无疑可称为现代旅游活动中组团规模化旅游的早期雏形。基于此,托马斯·库克的这次活动是近代旅游诞生的重要事件。因此,托马斯·库克被史学界誉为近代旅游业的先驱者。①

1.4 旅游学研究的对象和内容

1.4.1 旅游学研究的对象

旅游作为一种复杂的社会现象,其形成、运动和发展都有自身的矛盾和规律。对旅游

---

① 李天元. 旅游学概论(第7版)[M]. 天津:南开大学出版社,2014.

活动所引起的基本矛盾以及发展规律的探索，就是旅游学特定的研究对象和研究范畴。①王德刚认为，旅游学是以旅游的三要素（旅游主体、旅游客体、旅游媒介）为核心，研究旅游活动和旅游业发展规律的科学②；明庆忠认为，旅游学是以旅游现象和过程（包括构成旅游现象和过程的各种要素和关系及其相互作用的规律）为对象，研究旅游复合体产生、演化、运行规律，探讨旅游开发和旅游活动的合理运行规律的一门科学③；谢彦君认为旅游学是通过研究，认识旅游活动的内在矛盾的性质及其发生原因、形态结构、运动规律和它所产生的各种外部影响。④

 特别提示

上述旅游学者从不同角度、不同层面说明了旅游学研究的对象，综合起来有三大类：一是"要素论"；二是"矛盾论"；三是"现象论"。其中关键词有"旅游活动"（包括旅游者和旅游产业的活动）；旅游活动产生的各种"现象"以及旅游活动引发的"矛盾"。因此，旅游学是将旅游作为一种综合社会现象，以旅游涉及的各项要素的有机整体为依托，以旅游者活动和旅游产业活动在旅游过程中的内在矛盾为核心对象，全面研究旅游的本质属性、运行关系、内外关系、社会影响和发展规律的学科。

1. "要素论"

旅游学的研究对象是从旅游活动角度界定的六要素：食、住、行、游、购、娱；或者是从旅游综合体的角度界定的三要素：主体、客体、媒体。这两种提法我们可以统称为"要素论"。"要素论"的旅游学研究对象都以过程为主线，以外在的支撑体为着眼点。

2. "现象论"

旅游学的研究对象是旅游活动及其引发的综合现象，包括旅游对接待地区和客源地的经济、社会文化、环境等方面的积极和消极影响，同时还涉及解决旅游消极影响、旅游可持续发展战略等问题。

3. "矛盾论"

旅游学的研究对象是从旅游活动角度界定的宏观社会现象。这里所使用的"旅游活动"一词，既包括旅游者活动，也包括旅游产业活动，而这两种旅游活动恰好构成了旅游现象基本矛盾的两个方面，由此衍生出旅游期望与旅游感受、旅游动机与旅游体验、旅游需求与旅游供给、旅游流量与旅游容量等一系列的矛盾形式和矛盾运动。

---

① 克里斯·库珀，约翰·弗莱彻，艾伦·法伊奥，等. 旅游学（第三版）[M]. 张俐俐，蔡利平，译. 北京：高等教育出版社，2007.
② 王德刚. 试论旅游学的学科性质[J]. 旅游学刊，1998(2)：46—48.
③ 明庆忠. 旅游学理论研究的几个问题[J]. 云南师范大学学报（自然科学版），1997(1)：132—137.
④ 谢彦君. 对旅游学学科问题的探讨[J]. 桂林旅游高等专科学校学报，1999(S2)：11—14+47.

1.4.2 旅游学研究的内容

一门学科的研究对象决定了该学科的研究内容。旅游是一种复杂的社会现象，涉及政治、经济、文化、技术、环境等各个方面，内容很多。旅游学的研究内容是从对旅游学研究对象的各个角度、各个层面的分析来展开的，旅游内容很多，包罗万象，主要包括以下五个方面。

1. 旅游本质

对旅游本质与起源的研究是旅游学研究的首要任务，只有把握了旅游现象的来龙去脉并认清旅游活动的本质属性，才能揭示旅游的产生、发展及其与社会经济发展的关系。龙江智以旅游体验为视角，认为"旅游是个人以旅游场为剧场，旨在满足各种心理欲求所进行的短暂休闲体验活动"[1]。谢彦君认为"旅游是人们利用余暇时间在异地获得的一次休闲体验"[2]。孙九霞从个体体验和群体体验的维度，提出了旅游体验共同体象限。[3] 只有分析旅游现象之间各种复杂的关系，透过现象看本质，才能洞若观火，解决旅游发展中的主要矛盾和本质问题。

2. 旅游活动

旅游活动由旅游主体、旅游客体和旅游媒介三要素相互作用形成。旅游主体即旅游者，具备社会属性的人具备一定条件才能成为旅游者；有了旅游愿望和需求，还需要有让这些欲望得以实现的载体，即旅游客体或旅游对象；有了旅游主体和旅游对象，还必须有使两者能够接近和结合的条件、信息和移动手段，即旅游业。旅游业是指凭借旅游资源和设施，专门或者主要从事招徕、接待游客、为旅游者提供交通、游览、住宿、餐饮、购物、文娱等环节的综合性行业。旅游业涉及的范围很广，正是旅游业的发展才使现代旅游活动呈现出国际性、大众性和综合性的特点。对旅游主体、旅游客体、旅游媒介以及三者相互作用的研究是研究旅游活动的重要内容。

3. 旅游影响

旅游活动是一种复杂的社会现象，对社会文化、经济和环境等产生着广泛的影响，我们可以称之为影响研究。旅游活动的文化属性、经济属性和政治属性不仅对旅游目的地会在经济、文化、环境等领域产生广泛深刻的影响，而且对客源地的社会、经济、文化等也会产生重大影响。旅游学要认识和研究旅游活动影响的表现形式及产生机制，研究控制旅游影响的措施，推动旅游业的可持续发展。

4. 旅游组织和旅游政策

旅游业的发展涉及政治、经济、文化等许多方面，必须作为一项系统工程加以规划和部署，政府主导、其他利益主体广泛参与已经成为许多国家的旅游发展模式，而旅游政策对旅游业的发展往往起着决定性的作用。在市场经济中，旅游组织对旅游业管理和协调的

---

[1] 龙江智. 从体验视角看旅游的本质及旅游学科体系的构建[J]. 旅游学刊，2005(1)：21—26.
[2] 谢彦君. 旅游的本质及其认识方法——从学科自觉的角度看[J]. 旅游学刊，2010(1)：26—31.
[3] 孙九霞. 共同体视角下的旅游体验新论[J]. 旅游学刊，2019(9)：10—12.

作用日益突出,特别是当今世界的旅游活动日趋国际化,政府和非政府组织在推动全球旅游业发展的过程中起到了举足轻重的作用。

5. 旅游发展趋势

随着旅游业的快速发展,出现了新的旅游业态、新的旅游形式,如生态旅游、自助旅游、小规模旅游等,旅游的可持续发展为政府和业界广泛关注。结合历年旅游人次、旅游收入等数据,建立时间序列模型,利用定性、定量的方法对旅游发展的历程和发展特征进行剖析,可以预测一定时期旅游目的地的发展趋势。从宏观层面来讲,根据国家宏观经济、政策导向及旅游业内外环境的变化,可以预测一个国家旅游发展的基本趋势。

1.5 旅游研究模型

哲学家尼格尔(E. Nagel)认为:"一旦出现解释必须系统化和由事实证据来支配,科学就产生了;在解释原理的基础上,对知识进行组织和分类正是各门科学的有区别的目标。"① 旅游活动的发生涉及客源地和目的地,并且具有自己的运行规律;从空间角度观察,不仅需要对客源地和目的地分别进行分析,还需要对两者之间的相互作用进行诠释,包括客流从客源地到目的地之间的移动以及目的地对客源地的市场营销;从市场角度观察,旅游活动涉及旅游者对旅游产品的需求和开发商、政府管理部门面向市场的供给;从旅游活动的运行过程观察,除了客源地与目的地两者内部的过程及两者之间的相互作用外,还涉及一些支持系统的运行。

1.5.1 雷柏尔旅游模型

1. 系统空间结构

从系统理论角度来考虑旅游活动,旅游活动实际上是一个系统。旅游活动涉及地理空间的转移,旅游的全过程是从客源地抵达目的地,再从目的地返回客源地,途经一些过境地,我们称之为旅游通道,这样就形成了旅游的地理空间系统。旅游活动的发生涉及客源地(O=Origin)和目的地(D=Destination)两类场所,这两类场所大多数情况下是不重叠的,而是有一定的距离,各自具有自己的运行规律;从空间角度观察,旅游活动涉及旅游者和旅游业的布局和活动,包括旅游者在O—D之间的移动,地理学上称其为"O—D对"(O—D Pairs)。②

特别提示

雷柏尔旅游模型(Leiper's Model)突出了客源地、目的地和旅游通道三个空间要素,把旅游系统描述为旅游通道连接的客源地和目的地的组合(见图1-3)。旅游通道将客源地和目的地两个区域连接起来,不仅是能够帮助旅游者实现空间移动的物质载体,同时也是一条信息

---

① 盖尔·詹宁斯. 旅游研究方法[M]. 谢彦君,陈丽,主译. 北京:旅游教育出版社,2007.
② 朱华. 旅游学概论(双语)[M]. 北京:北京大学出版社,2017.

的通道。一方面,市场需求信息从客源地流向目的地;另一方面,具有促销功能的目的地信息从目的地流向客源地。旅游通道的特征和效率将影响和改变旅游流的规模和流向。

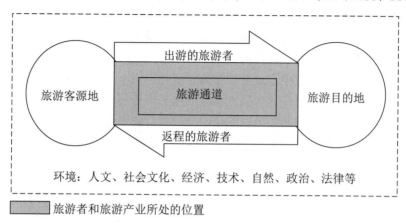

图 1-3 雷柏尔旅游模型

2. 系统功能结构

从市场角度观察,旅游活动涉及旅游者对旅游产品的需求(Need)和旅游企业、政府部门对市场的供给(Supply),经济学上称其为"N—S对"(N—S pairs)。从旅游活动的运行过程观察,除了O—D两者内部的过程及两者之间的相互作用外,还涉及一些支持系统的运行。从雷柏尔旅游模型可以看到,旅游业中的不同部门分布于客源地、目的地或旅游通道等不同的空间,为旅游者提供服务。雷柏尔重视旅游者和旅游业的空间属性,但也强调供给与需求之间的关系。他认为客源地的需求具有不稳定性、季节性和非理性等特点,而旅游目的地的供给又是割裂的、刚性的。因此,旅游业是一个在供求关系上充满矛盾的产业。旅游产业在旅游系统中的分布见表1-1。

表 1-1 旅游产业在旅游系统中的分布

类型	旅游客源地	旅游通道	旅游目的地
旅行社	◆	■	●
交通	●	◆	◆
住宿	■	◆	◆
餐饮	■	◆	◆
旅游经营商	◆	●	◆
吸引物	■	■	◆
商品供应	●	■	◆

注:●几乎没有　■少有　◆多有

在雷柏尔旅游模型中,既可以看到旅游功能系统模型的影子,即需求与供给的相互关系(N—S对),又可以发现客源地和目的地的空间关系(O—D对)。因此,可以认为雷柏尔对旅游系统的分析是从两个层面着手的。一是空间层面,强调客源地、目的地和旅游通道等空间要素的关系；二是结构功能层面，强调供给与需求之间的关系。这两个层面是有联系的，前者(旅游空间结构)正是后者(旅游供求关系)的空间表现形式。

雷柏尔的主要贡献是把旅游功能系统投射到了地理空间上，他的模型对旅游空间结构的研究具有重要意义。首先，雷柏尔旅游模型深刻地揭示了旅游空间结构的本质含义，为旅游空间结构研究指明了方向，即任何有关旅游空间结构的问题最终都应归结为对旅游系统的研究；其次，雷柏尔旅游模型也为旅游地理研究提供了一个基本的研究框架，如对旅游空间相互作用的研究就可以在这个高度抽象的框架下进行；最后，雷柏尔旅游模型也表明，在旅游系统的研究中，空间距离的摩擦造成的旅行成本是必须考虑的因素。雷柏尔旅游模型不仅对旅游空间结构的研究具有重要意义，还对研究旅游市场、旅游产业、旅游经济、旅游影响，特别是为研究旅游供需关系提供了一个总体框架。[1]

1.5.2 旅游系统结构

旅游系统是以旅游客源地系统为主体、以旅游目的地系统为核心、以旅游通道系统为连接、以旅游支持系统为保障而形成的地域实体系统[2]，包括旅游客源地、旅游目的地、旅游通道三大部分，涉及地理空间转移、旅游时间变化、地域环境差异、旅游信息传递、旅游目的地供给、产业分布、旅游政策、市场营销等要素。本质上，旅游系统是与旅游活动直接相关各要素相互作用所形成的具有特殊功能和结构的有机整体。北京大学吴必虎教授将其细分为旅游客源地系统、旅游通道系统、旅游目的地系统和旅游支持系统四个子系统。这四个子系统中又含有若干个次级小系统，从而形成了横向要素和纵向层级相互关联的开放式大系统(见图1-4)。

1. 旅游客源地系统

旅游客源地系统是雷柏尔旅游模型的运行起点。旅游客源地系统包括旅游动机、可自由支配收入以及具有闲暇时间的旅游者等要素。旅游客源地系统可以划分为许多子系统：按地区可划分为国内客源市场、国际客源市场、当地居民客源市场；按旅游目的可划分为观光旅游市场、度假旅游市场、商务旅游市场等；按人口特点可分为青年人市场、老年人市场、成年人市场。

特别提示

旅游者选择什么样的旅游目的地取决于旅游者的年龄、性别、收入水平、受教育程度、兴趣偏好、家庭结构、消费行为等因素，这些因素也影响着客源地系统的运行状况。

2. 旅游通道系统

旅游通道系统既包括有形的旅游交通通道，也包括旅游信息这样的无形通道。旅游交

---

[1] 朱华. 旅游学概论(双语)[M]. 北京：北京大学出版社，2017.
[2] 克里斯·库珀，约翰·弗莱彻，艾伦·法伊奥，等. 旅游学(第三版)[M]. 张俐俐，蔡利平，译. 北京：高等教育出版社，2007.

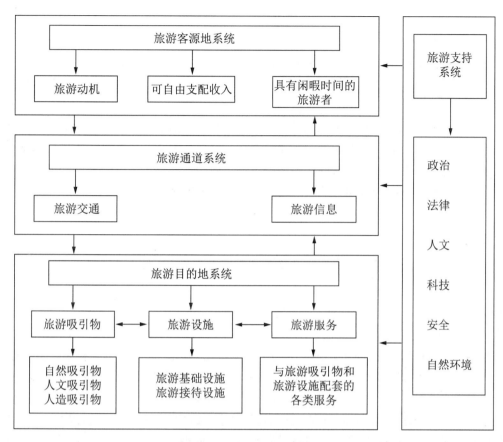

图 1-4 旅游系统分解图

通的便捷程度和旅游信息的易获得程度推动旅游者在客源地和目的地双向流动。旅游通道系统功能有两项：(1)完成旅游者空间移动，提供从旅游客源地到旅游目的地往返以及在目的地进行各种旅游活动的交通设施和服务，如公路、铁路、水路、空中航线和乘坐设施等。(2)完成客源地与目的地的信息交流功能，包括由旅行社、旅游经营商提供的旅游咨询、旅游预订和旅行服务等。

特别提示

旅游客源地政府、旅游目的地政府为旅游者提供的信息服务、旅游宣传、产品营销等对旅游系统的旅游流动会产生重要作用。

3. 旅游目的地系统

旅游目的地系统是为到达目的地的旅游者提供游览、食宿、娱乐、购物、体验等服务的综合体，它是雷柏尔旅游模型的终点。旅游目的地系统通常由旅游吸引物、旅游设施和旅游服务三要素组成。旅游目的地市场需求的变化、目的地与外界环境的相互影响、旅游吸引物品位的高低、旅游服务质量的好坏、季节性的变化、旅游产品的生命周期、当地居民的好客程度都直接影响旅游客源地旅游者对旅游目的地的选择和旅游通道的旅游流量。

 **头脑风暴**

你认为旅游系统中的旅游目的地能否转换成旅游通道或旅游客源地？为什么？

4. 旅游支持系统

旅游客源地系统、旅游通道系统和旅游目的地系统共同组成一个结构紧密的内部系统，在其外围还存在着一个由政治、法律、人文、科技、安全、自然环境等因素组成的支持系统。在这一子系统中，政府的作用特别重要。政治、法律、人文、科技、安全、自然环境等因素会影响旅游的流向和流量，对旅游系统功能的运行产生影响。

 小思考

旅游支持系统对旅游系统中的三个子系统产生的是促进作用还是限制作用？

1.6 旅游研究方法

旅游学具有跨学科（Inter-discipline）和多学科（Multi-discipline）的特点，涉及社会、经济、文化、技术、环境等许多领域。[1] 旅游研究对象十分复杂，因此，旅游学应借鉴其他相关学科较为成熟的学习和研究方法，在吸取最新的学术成果来丰富和充实自己的基础上，形成自己的研究方法及研究体系。旅游研究方法横跨经济学（数量经济学方法、统计学方法等）、管理学（系统分析方法、案例分析法、试验研究法等）、地理学（野外考察、制图等）、人类学（跨文化比较、田野调查法）、心理学（询问法、观察法等）、社会学（功能分析法、历史分析法、调查法、问卷法、文献法、量表法）、计算机科学、信息科学等众多学科。[2] 众多学科的研究方法和技术为旅游研究所利用，这是旅游研究方法的突出特点。根据研究手段的不同，旅游研究方法可分为定性研究和定量研究。定性研究与定量研究对比见表1-2。

表1-2 定性研究与定量研究对比

定性研究	定量研究
可发现、解决问题以及回答为什么会发生	可提供事物发生的量变信息
对问题和现象提供较深入的解释	只提供粗略的解释
结果不能推论到总体	结果可推论到总体（随机抽样）
结论是归纳性的	结论是演绎性的
资料不适合做统计分析	资料可做统计分析
建立假设	提供信息来验证假设

---

[1] 申葆嘉. 论旅游学科建设与高等旅游教育[J]. 旅游学刊, 1997(S1): 21—24.
[2] 张杰, 刘焱. 旅游学概论(第2版)[M]. 上海: 格致出版社, 上海人民出版社, 2017.

1.6.1 定性研究方法

定性研究方法是根据社会现象或事物所具有的属性和在运动中的矛盾变化，从事物的内在规定性来研究事物的一种方法或角度。它以普遍承认的公理、演绎逻辑和历史事实为分析基础，从事物的矛盾性出发，描述、阐释所研究的事物。定性研究要依据一定的理论与经验，直接抓住事物特征的主要方面，将同质性在数量上的差异暂时略去。

定性研究方法包括下列6种。

（1）深度访谈。通常受访对象数目相对较少；用话题列表指导访谈而不是使用正式的调查问卷；通常对访谈进行录音，并整理出完整的访谈记录文稿。

（2）群体访谈。与深度访谈相似，但访谈是对一群人进行；受访者之间、访谈者与受访者之间存在互动。

（3）参与式观察。研究者通过参与到研究对象之中成为一名真正的当事人的方式来收集信息；研究者的身份可能为研究对象所知，也可能是匿名的。

（4）文本分析。分析文本内容，包括文献资料、印刷品和视听媒体。

（5）案例研究。案例研究包括使用档案研究、问卷法或结构性访谈、观察法、实验法或准实验法。

（6）传记方法。关注个人的全部或部分人生经历；可能要采用深度访谈模式但也可能采用文献证据或受访者本人的文字描述。

1.6.2 定量研究方法

定量研究方法是依据统计数据，建立数学模型，并用数学模型计算出分析对象的各项指标及其数值的一种方法。定量是以数字化符号为基础去测量，通过搜集用数量表示的资料或信息，并对数据进行量化处理、检验和分析，从而获得有意义的结论。定量研究收集的资料是可测量、可统计的，研究得出的结论是概括性的、普适性的、不受背景约束的。将定量分析方法运用于旅游研究中，有利于精确描述旅游现象，提高旅游调查研究水平，有助于有效旅游发展预测。

定量研究方法包括下列4种。

（1）因子分析法。用少数几个因子描述许多指标或因素之间的联系。运用这种研究技术，可以方便地找出影响旅游者购买、消费以及满意度的主要因素，以及它们的影响力（权重）运用。

（2）聚类分析法。聚类分析也称群分析、点群分析。聚类分析法是研究分类的一种多元统计方法，主要有分层聚类法和迭代聚类法。

（3）判别分析法。判别分析法又称"分辨法"，是在分类确定的条件下，根据某一研究对象的各种特征值判别其类型归属问题的一种多变量统计分析方法。

（4）回归分析法。回归分析法是一种处理变量的统计相关关系的一种数理统计方法。虽然自变量和因变量之间没有严格的、确定性的函数关系，但可以设法找出最能代表它们之间关系的数学表达形式。

定性研究是定量研究的基础，为定量研究提供方向和假设，而定量研究的结果能验证定性研究的假设。① 在同一项研究中，可以同时采用定性研究与定量研究相结合的研究方法。根据研究目的和其他实际情况，研究者可以酌情选择定性和定量研究方法中的一种或几种方法对研究对象进行研究。对旅游者行为特征的研究可采用定性研究中的访谈法、参与式观察等，定量研究则可采用统计分析软件（Statistic Packagefor Social Science，SPSS）进行数据统计和分析，定性研究和定量研究分析相结合。采用定性和定量研究相结合的方法可弥补两类方法存在的缺陷，研究结果可信性较强，有较强的说服力。

本 章 小 结

本章阐述了旅游学与其他学科的关系；对比分析了旅游的五种定义，揭示了旅游定义包含的三个要素；阐述了旅游学的研究对象、研究内容以及旅游研究运用的定性和定量研究方法；通过雷柏尔旅游模型构建了本书的框架以及各章节的基本关系，重点介绍了通过雷柏尔旅游模型学习旅游学知识的方法。学习本章内容，对于掌握旅游科学的学习和研究方法、正确使用教材、提高学习效率具有纲举目张的指导性作用。

 关键术语

旅游（Tourism）：是指人们出于休闲、度假及其他目的到其通常环境之外的地区旅行或逗留不超过连续1年的活动，是旅游者、供应商、东道主政府、东道主社区、客源地政府在吸引、输送、接待和管理旅游者的过程中所产生的交互作用的现象和关系的总和。

旅游学（Tourism Science）：是将旅游作为一种综合社会现象，以旅游涉及的各项要素的有机整体为依托，以旅游者活动和旅游产业活动在旅游过程中的内在矛盾为核心对象，全面研究旅游的本质属性、运行关系、内外条件、社会影响和发展规律的学科。

旅游业（Tourism Industry）：凭借旅游资源和设施，专门或者主要从事招徕、接待游客、为旅游者提供交通、游览、住宿、餐饮、购物、文娱等环节的综合性行业。旅游业主要包括三个方面：一是旅游产业，即食、住、行、游、购、娱；二是旅游行业，即旅游所带来的一系列行业，如酒店、交通、餐饮、中介机构等；三是旅游资源，也就是旅游景区。

课 后 练 习

一、选择题

1. 下列不属于旅游活动三要素的是（　　）。

A. 旅游者　　　　　　　　　　　　B. 旅游业

---

① 李永峰，乔丽娜. 可持续发展概论[M]. 哈尔滨：哈尔滨工业大学出版社，2013.

C. 旅游资源　　　　　　　　　　D. 旅游宣传

2. 旅游活动涉及旅游者对旅游产品的需求和旅游企业、政府部门对市场的供给，经济学上称其为（　　）。

　　A. "O—D 对"　　　　　　　　　B. "N—S 对"
　　C. "O—N 对"　　　　　　　　　D. "N—D 对"

3. 定量研究方法不包括（　　）。

　　A. 案例研究　　　　　　　　　　B. 卡方检验
　　C. 量表式问卷　　　　　　　　　D. 聚类分析

4. 下列活动中属于旅游活动的是（　　）。

　　A. 三峡大移民　　　　　　　　　B. 回国定居
　　C. 学生异地读书　　　　　　　　D. 参加商务会议

5. 现代旅游的本质是一种高层次的消费活动，是一种以（　　）为突出特征的消费体验。

　　A. 审美　　　　　　　　　　　　B. 购物
　　C. 美食　　　　　　　　　　　　D. 休闲

6. 国际上普遍引用和广泛传播的旅游定义是（　　）。

　　A. 世界旅游组织的定义　　　　　B. 艾斯特定义
　　C. 英国旅游局定义　　　　　　　D. 中国旅游局定义

7. 旅游的特点有（　　）。

　　A. 异地性　　　　　　　　　　　B. 暂时性
　　C. 综合性　　　　　　　　　　　D. 以上全部选项

8. 在旅游系统中，旅行社主要在（　　）开展经营活动。

　　A. 客源地　　　　　　　　　　　B. 旅游目的地
　　C. 旅游通道　　　　　　　　　　D. 旅游城市

9. 定性研究以演绎逻辑和历史事实为分析基础，一般不会采用（　　）。

　　A. 访谈法　　　　　　　　　　　B. 文献法
　　C. 方差分析　　　　　　　　　　D. 参与观察法

10. 下列选项中，不属于旅游三大支柱产业的是（　　）。

　　A. 旅游景点　　　　　　　　　　B. 旅游饭店
　　C. 旅游交通　　　　　　　　　　D. 旅行社

二、填空题

1. 旅游的完整定义应当包括时间要素、空间要素和_____。

2. 应当正确理解"旅游活动"的内涵，它既包括旅游者活动，也包括_____活动。

3. 旅游者只有离开其居住地前往旅游目的地才能称为旅游，这说明旅游活动具有_____的特征。

4. 站在市场的角度，旅游是一种_____活动；站在旅游者的角度，旅游也是一种消费活动。

5."旅游是为了消遣而进行旅行,在某一个国家逗留的时间至少超过24小时。"这是旅游的_____定义。

6.雷柏尔旅游模型对旅游空间结构的研究具有重要意义,同时为研究旅游_____关系提供了一个总体框架。

7.有了旅游主体和旅游对象,还必须有使两者能够接近和结合的条件、信息和移动手段,指的就是旅游的_____。

8.旅游目的地提供旅游吸引物、旅游设施和旅游服务,产生旅游的_____作用,吸引旅游者前来访问。

9.对旅游本质的研究,如果涉及经济或消费,应当透过表象研究旅游的本质,可"从经济中进去",_____。

10.定性研究是定量研究的基础,为定量研究提供方向和假设,而定量研究的结果能_____定性研究的假设。

三、判断题

1.旅游客源地的需求具有稳定性、季节性和非理性等特点,而旅游目的地的供给又是割裂的、刚性的。( )

2.从空间角度观察,需要研究旅游系统客源地和目的地之间的相互作用,包括旅游者从O到D之间的移动,即"O—D对"。( )

3."异地性"是旅游的基本特征之一,到外地上班也是一种旅游活动。( )

4.从旅游活动角度观察,旅游要素是指食、住、行、游、购、娱旅游六要素;从旅游综合体的角度界定,旅游要素是指主体、客体、媒体旅游三要素。( )

5.旅游吸引物主要分布在旅游目的地,而饭店不仅在目的地经营,而且也出现在旅游通道或旅游中转地。( )

6.旅游活动涉及客源地和目的地两类场所,这两类场所之间有空间距离,大多数情况下是重叠的。( )

7.判别分析法是在分类确定的条件下,根据某一研究对象的各种特征值判别其类型归属问题的一种定性分析方法。( )

8.旅游者与旅游企业之间的关系是经济关系,其消费行为对目的地产生的影响主要是经济影响,超过了社会文化等其他影响。( )

9.定性研究方法通过参考文献、野外调查等手段对研究内容进行描述性和概念性分析,不需要数据统计和分析。( )

10.红色旅游是遗产旅游的组成部分,是旅游的社会属性、文化属性、政治属性的集中体现,是中国学生贴近旅游生活的重要学习内容。( )

四、问答题

1.旅游的基本属性是什么?
2.旅游研究的主要内容是什么?
3.旅游学的研究方法有哪些?
4.定量研究法的特点是什么?

5. 为什么说雷柏尔旅游模型既是地理系统模型又是功能系统模型？有什么意义？

五、论述题

论述旅游的本质以及旅游经济与旅游体验之间的关系。

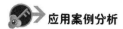 应用案例分析

什么是旅游？

旅游在我国历史上名称很多，且不同人出游有不同的称呼。如皇帝外出巡视、巡狩称"巡游"，或称"巡幸"；宦官吏使走马上任，探亲访友，称"宦游"。诗人墨客寻古探幽，无拘无束，随意出游，称"漫游"；和尚道士外游求法，称为"云游"。另外还有遨游、壮游、冶游、周游、宸游、仙游、神游、夜游等派生的名称。在这些称谓中，除神游外，其他均可属旅游范畴。可见，旅游是个广泛的概念。在当今大众旅游的社会，到底什么才算得上是旅游呢？

材料一：王先生从上海乘船到温州，上午九点到，上岸后先后跑了几个服装、鞋帽市场进货，忙到傍晚，又赶晚班船回到上海。上了船之后，他才有工夫凭窗眺望落日景色。

材料二：张教授应邀到四川成都参加三星堆文化学术研讨会，三天内除了参观遗迹展览馆、开会、整理资料，几乎足不出户，第四天一早就匆忙飞回上海。

材料三：某高中的王老师，月收入在3000元以上，由于工作紧张，他准备在十一黄金周到山东旅游，调节自己的体力和精力。9月底，他去了红太阳旅行社预订了山东五日游。10月1日，他随同旅行团来到山东。在这里，王老师参观、购物、拍照、爬山、考察。10月6日，他回到学校，向同事们介绍了泰山风光，以及曲阜孔庙和安丘四中教育状况，并且展示了他拍摄的照片，还给每人都赠送了一件从旅游地带回的纪念品。

材料四：潘同学经过雅思培训，考了高分，申请到国外留学，准备出国深造。功夫不负有心人，她终于到了自己梦想的剑桥大学留学。

材料五：成都市周边的休闲业正在如火如荼地发展，锦江区三圣乡就是一例。市民们在闲暇之余来到三圣乡，休闲娱乐，放松自己，改变平时快节奏的生活方式。

讨论：

1. 在上述材料中，哪些属于旅游活动？属于什么旅游形式？

2. 材料三中，构成旅游活动的"三要素"是什么？王老师需具备哪些条件才能去山东一游？

第 2 章　旅游者

教学目标

旅游者是旅游活动的主体，是旅游活动开展的首要条件。本章学习旅游者的基本概念，了解旅游者的几种不同界定方法；掌握旅游动机的形成机理以及旅游者不同类型的动机，知晓影响旅游者动机的主要因素、旅游者的活动类型的分类标准；了解国际旅游和国内旅游活动。

教学要求

教学内容	重点☆、难点＊	教学提示
旅游者及其界定方法	(1) 旅游者的概念性定义 (2) 旅游者的技术性定义☆ (3) 国际旅游者的界定 (4) 国内旅游者的界定	本章主要与第1章、第3章、第4章、第8章、第9章、第10章、第12章等内容相关联，教学时可前后对应，以便掌握各章节教学内容的内在联系
旅游动机	(1) 旅游动机与需要＊ (2) 旅游动机的类型 (3) 影响旅游动机的因素☆	
旅游活动	(1) 划分标准 (2) 活动范围	

> 旅行对我来说，是恢复青春活力的源泉。
> ——安徒生

基本概念

旅游者的定义　旅游者的界定方法　旅游动机　旅游活动

第2章 旅游者

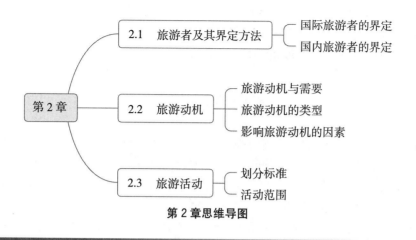

第2章思维导图

导入案例

戴恩眼中的日本旅游者

有关日本旅游者的话题在旅游界屡见不鲜，但是对于很多希望吸引日本旅游者的行业从业者而言，对这块市场仍然是知之甚少。戴恩(Dann)对日本旅游者进行研究，做了以下描述。

（1）白领男士。年龄在30～50岁之间的男性管理人员，由于工作、应酬很难有时间休假。他们更倾向体验一些有意义的经历，而不仅仅是常规旅行。他们也热衷于购物，是具有判断力的消费者。

（2）年近花甲一代。年龄在50～60岁之间，平日过着极富格调情趣的生活，但在假期他们会放纵自己。度假期间他们喜欢熟悉的事物，其中就包括日本料理和日文导游。

（3）富足之家。一般是成熟的夫妇，他们希望度假围绕一个主题，对旅游质量的意识很强。

（4）技术参观和学习旅行。日本公司把与工作相关的学习旅行作为对员工的休假和奖励。他们大部分为男性，旅行大多结合休闲活动，例如：打高尔夫球。

（5）学生旅游。在每年的2月，从小学到大学，学生经常会进行短期休假。他们一般会乘飞机，并且只随团出游。

（6）白领丽人。一般为20～30岁的未婚女性，拥有较多可自由支配的收入，通常在家和父母同住。她们向往西方国家，喜欢去如巴黎、伦敦等首都城市游览购物。尽管她们倾向于较为独立的旅游行程，但仍然会随团前往。

（7）蜜月新人。主要是到海外旅行度蜜月的新人，95%的日本新婚夫妇都会选择亚洲、欧洲的部分国家及美国度蜜月。

点评：

旅游者的类型很多，有不同的分类方法。旅游者的消费行为受性别、年龄、职业、教育背景的影响，也受参考群体、媒体宣传、感知环境和社会环境的影响。此外，目的地旅游资源的吸引力、形象、服务以及交通的便利性、客源地与目的地之间的距离以及文化差异，对不同旅游者的消费行为也会产生一定影响。

2.1 旅游者及其界定方法

旅游者是旅游活动的主体，是旅游活动得以开展的首要条件，可以说旅游业的一切活动都是紧紧围绕着旅游者的需求展开的。在雷柏尔旅游模型中，旅游者是"推力"，旅游吸引物是"拉力"，一"推"一"拉"，便激发了旅游系统中的旅游流，产生旅游现象。没有旅游者就没有旅游，旅游者的重要性可见一斑。

旅游者既是旅游活动的主体，也是旅游业服务对象，是旅游学首要的研究对象。旅游业的活动围绕着旅游者展开，那么，什么人才能算是旅游者呢？在现实生活中甚至在学术界，对"旅游者"的称谓五花八门，如旅游者、观光客、旅行者等，甚至有些从接待角度给予称呼，如宾客、旅客、顾客、住客等。

目前旅游学术界用得较多的词汇是"旅游者"。"旅游者"一词最早见于1811年英国的《牛津词典》，英文是"Tourist"，意思是"以观光为目的的外来游客"。这种解释显然比较简单，属于概念性定义。如何从技术上对旅游者进行界定，早在第二次世界大战之前就引起过人们的关注和探讨。例如1933年，英国人 F. W. 奥格威尔（F. W. Ogilvie）在其出版的《旅游活动》一书中，将"旅游者"定义为："第一，离开自己的久居地到外面任何地方去，时间不超过1年；第二，离开久居地期间，把钱花在他们所到的地方，而不是在其所到的地方挣钱。"[1]

随着社会经济不断繁荣发展，参加旅游活动的人越来越多，旅游的类型也日益多样化，需要制定一个比较符合实际、便于旅游统计和科学研究的共同定义。多年来，旅游者的界定问题一直为学界和世界各国旅游组织和旅游机构所关注，它们作出了各种不同解释和定义。目前世界各国政府和学界对旅游者的定义主要采取三种定义方法：概念性定义、技术性定义和二者兼有的综合性定义。

2.1.1 国际旅游者的界定

1. 国际联盟统计专家委员会的定义

1937年，国际联盟统计专家委员会把外国旅游者（Foreign Tourist）定义为："离开自己的居住国，到异地旅行，至少访问24小时的人"，并对国际旅游者的范围进行了界定。

（1）旅游者

国际联盟统计专家委员会认为可列为国际旅游者的人员包括：①为娱乐、消遣、家庭事务及身体健康等原因而出国旅行的人；②为出席国际会议或作为公务代表而出国旅行的人，包括参加科学、行政、宗教、体育等会议或公务的人；③为工商业务原因而出国旅行的人；

---

[1] OGILVIE F W. The Tourist Movement[M]. London: P. S. King, 1933.

④海上巡游登岸访问人员(非工作人员),即使其停留时间不足24小时,亦视为旅游者。

(2) 非旅游者

国际联盟统计专家委员会认为不可列为国际旅游者的人员包括:①抵达某国就业任职,不管是否订有合同或者在该国从事营业活动者;②到国外定居者;③到国外学习,寄宿在校的学生;④边境地区居民中日常越境工作的人;⑤临时过境而不停留的旅行者,即使在境内时间超过24小时也不算旅游者。

1950年,世界旅游组织的前身、国际旅游组织联盟接受国际联盟统计专家委员会的定义,但提出自己的部分修正意见:在国外寄宿于企业或学校的人应该包括在旅游者范围中;同时还界定了一个新的旅游者类型,即"国际短途旅游者"(International Excursionist),即在另一个国家访问不超过24小时的人。另外,还定义了"过境旅游者",他们是路过一个国家但不是法律意义上停留的人,不管他们在该国逗留多久。

国际官方旅游组织联盟关于旅游者的定义,对于旅游市场营销、旅游统计等起了重要作用。虽然该定义有缺陷,但被国际旅游组织一直沿用到1963年。

特别提示

对旅游者的技术性定义是为了统计方便。在实践中,统计数据使用者的需要是多种多样的,因此对旅游者的定义各有侧重。

2. 罗马会议的定义

第二次世界大战以后,现代旅游迅速发展,统一世界各国旅游统计口径的问题开始得到有关国际组织和世界各国的重视。在国际旅游组织联盟的积极推动下,联合国于1963年在罗马召开了一次国际旅游会议,简称罗马会议。1967年,联合国统计专家委员会采纳了罗马会议的定义,并建议世界各国都以此作为统计国际旅游者的蓝本。1968年,联合国统计委员会和国际官方旅游组织联盟先后正式确认了罗马会议的定义。1970年,经济合作与发展组织旅游委员会也采纳了这个定义。

罗马会议提出了游客(Visitor)概念。游客是指除了为获得有报酬的职业以外,基于任何原因到一个不是自己常住的国家访问的人。在"游客"这一总体概念下,又分为两类:一类是在目的地停留过夜的游客称为过夜旅游者;另一类是在目的地不过夜停留,而是当日往返的游客,称为短途旅游者。

(1) 过夜旅游者

过夜旅游者,即到一个国家作短期访问至少逗留24小时的游客。其旅行目的可属下列之一:①消遣(包括娱乐、度假、疗养保健、学习、宗教、体育活动等);②商务、家事、公务出使、出席会议。

(2) 短途旅游者

短途旅游者(或一日游游客),即到一个国家作短暂访问,停留时间不超过24小时的游客(包括海上巡游过程中的来访者)。

特别提示

罗马会议指出，短途旅游者的定义不包括那些在法律意义上并未进入所在国的过境游客，例如那些没有离开机场中转站的航空旅行者或其他类似情况的人。

3. 联合国统计委员会的相关定义

1976年，在联合国统计委员会召开的有世界旅游组织以及其他国际组织代表参加的会议上，进一步明确了游客、旅游者和短途游览者的技术性定义。这些定义成为大多数国家在进行旅游者统计时所依循的主要标准。具体内容如下：

国际游客（International Visitor）是指到一个国家并且其目的符合下列条件的人：①出于娱乐、休闲、宗教、探亲、体育运动、会议或过境的目的而访问他国的人；②中途停留在该国的外国轮船或飞机上的乘客；③逗留时间不到1年的外国商业或企业人员，包括安装设备的技术人员；④国际团体雇佣的任职不超过1年或回国作短暂停留的侨民。

小思考

请判断下列人员是否属于国际旅游者，如果是，划上√；如果不是，划上×：
(1) 为移民或就业而进入目的地国家的人；
(2) 以外交或军事人员身份访问目的地国家的人；
(3) 外交或军事人员的随从；
(4) 避难者、流民或边境工作人员；
(5) 逗留时间超过1年的人。

国际游客又分为国际旅游者（International Tourist）和国际短途旅游者（International Excursionist）。国际旅游者是指在目的地国家的接待设施中度过至少一夜的游客。国际短途旅游者是指利用目的地国家的接待设施逗留时间少于一夜的游客，包括那些住在巡游船上上岸游览的乘客，他们在所停靠的港口地区进行多日访问，但每天回到船上住宿。

4. 我国国家统计局对国际游客的界定

我国旅游业的发展于1978年开始步入正轨之后，根据我国旅游统计工作的需要，当时的国家统计局和国家旅游局也曾对应纳入我国旅游统计的人员范围作过一系列的界定和规定。目前，我国在华旅游人次统计方面，对有关概念使用的现行解释包括以下内容。

凡纳入我国旅游统计的来华旅游入境人员统称为来华海外游客（国际游客）。海外游客是指来中国（大陆）观光、度假、探亲访友、就医疗养、购物、参加会议或从事经济、文化体育、宗教活动的外国人、华侨、港澳台同胞。

其中，外国人是指拥有外国国籍的人，包括加入外国国籍、拥有中国血统的华人；华侨是指持有中国护照但侨居外国的中国同胞；港澳台同胞是指居住在中国香港、澳门特别行政区和台湾地区的中国同胞。为了便于界定，我国规定国际旅游者是指任何因观光、度假、探亲访友、就医疗养、购物、参加会议或从事经济、文化体育、宗教活动而离开其常住国(或常住地区)到他国或地区访问,连续停留时间不超过 12 个月,并且在他国或地区活动的主要目的不是通过所从事的活动获取报酬的人。

(1) 海外游客

根据游客在我国停留时间的不同,将海外游客划分为以下两类:①海外旅游者,即在中国(大陆)旅游住宿设施内停留至少一夜的海外游客(过夜游客);②海外一日游游客,即未在中国(大陆)旅游住宿设施内过夜(而是当日往返)的海外游客(不过夜游客)。

(2) 非海外游客

在我国旅游统计中,海外游客不包括下列人员:①应邀来华访问的官员及其随行人员;②外国驻华使、领馆官员、外交人员以及随行的家庭服务人员和受赡养者;③在中国居住时间已达 1 年以上的外国专家、留学生、记者、商务机构人员等;④乘坐国际航班过境,不需要通过护照检查进入中国口岸的中转旅客;⑤边境地区(因日常工作和生活而入出境)往来的边民;⑥回大陆定居的华侨、港澳台同胞;⑦已在中国大陆定居的和原已出境又返回中国大陆定居的外国侨民;⑧归国的中国出国人员。

从上述我国对海外游客的定义与罗马会议的定义比较中可以发现,这些定义及解释内容都大致相同。目前,世界各国在对国际旅游者进行界定和统计时,都是以罗马会议的定义或世界旅游组织的解释为基准。因此可以认为,目前世界各国对于国际旅游者的界定,原则上已经形成共识。

小思考

根据我国相关规定,以下哪些人员不属于海外游客,请勾选出来。

1. 记者　　　　　　2. 边境往来边民　　　　3. 入境过夜客人

2.1.2 国内旅游者的界定

为了统计国内旅游发展情况,世界旅游组织曾在 20 世纪 80 年代中期按照国际旅游者的界定方法提出了国内旅游者的统计标准,但各国仍然各行其是。在不同的国内旅游者的定义中,以下几种类型具有代表性。

1. 世界旅游组织的定义

国内游客区分为两种类型:国内过夜旅游者(Domestic Tourist)和国内不过夜旅游者(Domestic Excursionist)。国内过夜旅游者是指在某一目的地旅行超过 24 小时而少于 1 年的人,目的是休闲、度假、运动、商务、会议、学习、探亲访友、健康或宗教。国内不过夜旅游者是指基于以上任一目的并在目的地逗留不足 24 小时的人。

2. 欧洲国家的定义

以英国、法国为代表的一些欧洲国家判断是否属于国内旅游者的标准主要是在异地逗留时间的长短。

(1) 英国的定义

英国对国内旅游者的定义是：基于上下班以外的任何原因，离开居住地外出旅行过夜至少一次的人。

该定义没有明确提到旅行距离，这是因为一般情况下，国内旅游者外出旅游的距离若没有超出足够远的路程或尚未超出自己居住的地区范围时，人们不大会选择在外过夜停留，但是这样的定义方式也忽略了那些在亲友家过夜的旅游者。

小思考

你认为英国的定义是概念定义还是技术定义？

(2) 法国的定义

法国对国内旅游者的定义是：基于下列原因离开自己的主要居所，外出旅行超过 24 小时但未超过 4 个月的人。原因包括消遣、健康、会议、商务或修学目的等。

特别提示

下列人员不在国内旅游者统计之列：为了就业或从事职业活动而前往某地的人员；到某地定居的人；在异地求学、住宿在学校的学生及现役军人；到医疗机构治疗或疗养的人。

3. 北美国家的定义

北美的加拿大和美国以出行距离为标准来区别是否属于国内旅游者。

(1) 加拿大的定义

加拿大在界定国内旅游者时，主要选择的量化限定标准是旅行距离。加拿大政府部门划分国内旅游者使用的定义是到离开其居住社区边界至少 50 英里（80 公里）以外的地方去旅行的人。

(2) 美国的定义

美国国家旅游资源评审委员会在 1973 年提出的国内旅游者定义是：为了出差、消遣、个人事务或出于工作上下班之外的其他原因而离开家外出旅行至少 50 英里（80 公里）（单程）的人，无论是否当日返回。美国进行国内旅游者统计时，这一定义被广为使用。

小思考

美国对国内旅游者的定义采取的是什么定义标准？

4. 我国国家统计局对国内旅游者的界定

在我国国内的旅游统计中，凡是纳入国内旅游统计对象的人员统称为国内游客。国内游客是指任何因休闲、娱乐、观光、度假、探亲访友、就医疗养、购物、参加会议或从事经济、文化、体育、宗教活动而离开其常住地到中国境内其他地方访问,连续停留时间不超过6个月,并且主要访问目的不是从目的地获取报酬的人。在这一定义中,所谓常住地是指在近一年的大部分时间内所居住的城镇(乡村),或者在城镇(乡村)只居住了较短时间,但在12个月内仍返回其居住的城镇(乡村)。

我国国内游客分为两类:国内旅游者和国内一日游游客。国内旅游者是指在国内旅游住宿设施内至少停留一夜,最长不超过6个月的国内游客;国内一日游游客是指离开常住地外出距离在10公里以上,时间超过6小时但不足24小时,未在旅游住宿设施内过夜的国内游客。

我国在国内旅游统计中还规定,下列人员不列入国内游客统计范围:①到各地巡视工作的领导;②驻外地办事机构的临时工作人员;③调遣的武装人员;④到外地学习的学生。

小思考

请判断下列人员是否属于国际旅游者,如果是,划上√;如果不是,划上×:
1. 到基层锻炼的干部;
2. 到其他地区定居的人员;
3. 无固定居住地的无业游民;
4. 到外地务工的农民。

综上所述,无论是国际旅游者还是国内旅游者;无论是采用概念性定义还是采用技术性定义,旅游者的定义都离不开异地性、暂时性和旅游目的三大基本要素。综合以上对旅游者的定义和概念辨析,本书对旅游者的定义是:旅游者是离开自己的常住地,不以移民、就业工作为目的,前往异国他乡作短暂停留的人。

2.2 旅游动机

人们为什么要旅游?这里首先要回答一个基本问题——旅游动机。动机是源自心理学的一个术语。通俗地讲,动机就是激励个人行动的内在驱动力。在这个意义上,旅游动机就是激发人们外出旅游的内在驱动力,是促使一个人有意向外出旅游、选择到何处去、开展何种旅游活动的心理动因。① 旅游动机是一个令人费解、充满奥秘的复杂系统。在这个系统中,旅游者的需要是产生旅游消费行为最主要的内在依据,是旅游消费行为的原动力和出发点。需要产生动机,动机产生行为,整个过程受到行为主体的人格因素和外在环境的影响。

2.2.1 旅游动机与需要

旅游行为的产生,其直接的心理动因是人的动机。凡是引起个体去从事某项活动,并使活动指向一定目标以满足个体某种需要的愿望或意愿,都是做这一活动的动机,而隐藏

---

① 李文煜. 现代人旅游动机的心理学分析[J]. 焦作大学学报,2015(2):92-93.

在动机背后的原因是人的需要。要了解旅游者的消费心理和行为，就必须首先了解旅游者的需要。不同的需要产生不同的动机，因此，研究需要是了解旅游动机产生的基础和前提。

众所周知，动机是由需要引起的，一个人的行为动机总是为满足某种需要产生的。有什么样的需要，便会有什么样的动机。那么，旅游动机的产生是为了满足什么需要呢？人们很难完整统一地给出问题的答案，因为人的需要是多种多样的。人到底有多少种需要呢？迄今为止，心理学家的认识也不统一。

有关人的需要研究最具代表性的学者是亚伯拉罕·哈罗德·马斯洛(Abraham Harold Maslow)，他在其著作《调动人的积极性的理论》一书中提出的需要层次理论。马斯洛把人们行为的动力从理论上和原则上做了系统整理，把人的多种多样的需要，归纳为五个层次：生理需要、安全需要、社会需要、尊重需要、自我实现需要，并按照他们发生的先后次序分为5个等级(见图2-1)。①

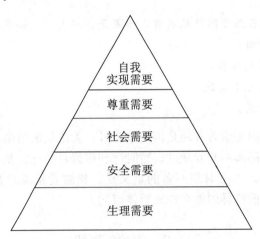

图2-1 马斯洛需要层次理论模型

特别提示

一个人的五种需要具有一定的层次关系，只有当低层次的需要得到满足后才会产生高层次的需要，但任何一种需要不会因为一个高层次需要的出现而消失，只是处于较低层次需要的相对行为变小而已。旅游是人类高层次需求，只有一个人的生存需要得到满足以后才会萌发旅游的动机。旅游需要呈现层次结构，不同层次的消费互为关系，不可分割。

1. 生理需要

生理需要是指人类为了生存，必不可少的基本生活条件的需要，如由于饥渴、冷暖而

---

① MASLOW A H. A Theory of Human Motivation[J]. Psychological Review，1943(50)：370—396.

对吃、穿、住产生需要，这一层次是较低层次的需求。旅游活动属于较高层次的消费活动，人们温饱问题必须先得到解决，才会有其他的更高层次的需要，旅游者不可能为满足生理需要而外出旅游。

2. 安全需要

安全需要是指人类对稳定、秩序、维护人身安全与健康的需要。安全需要要求劳动安全、职业安全、生活稳定、免于灾难、希望未来有保障等。安全需要比生理需要较高一级，当生理需要得到满足以后就会有安全需要。每一个在现实中生活的人，都会有安全感的欲望、自由的欲望、防御的欲望。

特别提示

人在自己熟悉的环境中才会有安全感，越是陌生环境越会使人感到恐惧，缺乏安全感，所以，人们一般不会因为安全得不到保障而到陌生的异国他乡去旅游。

3. 社会需要

社会需要主要指的是人类参与社会交往，取得社会承认以及对归属感与爱的渴望，包括沟通与情感联系、集体荣誉感、友谊和爱情等。这种层次的需要尽管可以在旅游中获得，但由于旅游活动的暂时性，接触不深入，因而得不到真正的满足。一个人只有在自己熟悉的社会群体中经过长时间共处，在熟悉和了解的基础上产生真正的感情，才能有归属感，从而满足其社会需求。因而，人们因为社会需求而外出旅游的情况较少。

小思考

结合马斯洛需要层次理论，谈一谈前往云南参加泼水节是想满足什么样的需要？

4. 尊重需要

尊重需要是指人们在社交活动中受人尊敬，取得一定的社会地位和权力、获得个人名誉、声望、成就以及受到尊重的需要。尊重需要一旦被满足，人们就会对提高自我形象产生需要，而旅游就是一种满足这种需要的有效手段。

5. 自我实现需要

自我实现需要是指发挥个人最大能力，实现理想与抱负的需要，这种需要往往以各种挑战自我极限的方式表现出来。有的人为了实现自我抱负或谋求自我发展而外出旅游考察，从中获取信息或启示，以寻求发展机会，诸如攀越世界险峰、穿越无垠戈壁、驾车或徒步周游全国、全球等，以此展示其成就，引起人们的注目，实现自我价值。

一般来讲，人类的需要是依照马斯洛需要层次理论由低层次到高层次发展起来的，低层次需要基本满足以后就会出现较高层次的需要，产生新的行为动机。但是有些需要的产生并不是按马斯洛需要层次理论的金字塔轨迹依次递进，旅游动机的产生既可能是由积极需要(求知探索)引发的，也可能是因为消极需要(逃避现实)而产生的。

积极需要是指人们出于好奇心和求知欲的驱使，对前往异国他乡体验异域风土人情的渴望。随着人类文明的进步和社会文化的发展，人们对世界的了解不断增加，求新求异和探险猎奇的愿望也随之增强，从而产生追求积极生活的欲望。消极需要是指人们期望通过旅游逃避紧张的工作和生活环境，减少焦虑、逃避现实的一种心理需要。随着工业化的发展和城市化进程的加快、繁忙单调的工作、紧张快速的生活节奏导致人们的精神压力也逐渐增加，人们产生逃避紧张的工作和生活环境的愿望，从而希望通过旅游减少工作、生活压力。①

此外，还有一部分消费者有一种特别的心理需要，他们喜欢前往以死亡或灾难为主题的旅游景点。一些人对死亡和灾难非常恐惧，但又怀有好奇之心，有一种特殊复杂的心理。这种特殊的悲情体验式旅游消费与其他旅游消费不一样，学界称之为"黑色旅游"。②为此，一些机构或组织推出了一种特殊的旅游形式——"监狱之旅"，对预防国家公职人员犯罪、青少年教育起到较好的作用；而到灾难遗址旅游，如5·12汶川地震遗址，亦会起到教育、科普的作用。红色旅游弘扬正义，黑色旅游警示罪恶，灾难面前更显生命可贵。

 知识链接

黑色旅游

格拉斯哥大学的马尔科姆·福利(Malclon Foley)和约翰·列农(John Lennon)首次提出"黑色旅游"(Dark Tourism)术语，认为黑色旅游是一种现象，是"由死亡、灾难和暴行等组成的相关旅游产品引起旅游者的基本空间移动，并包含着游客在死亡及灾难地出现并消费的行为"。③此后，黑色旅游引起了学者们的广泛关注。罗杰克(Rojek)使用"黑色景点"(Black Spot)概念④，布罗姆(Blom)提出"病态旅游"(Morbid Tourism)说法⑤，西顿(Seaton)推出"死亡旅游"(Thana Tourism)项目⑥，随后还出现了"灾难旅游"(Disaster Tourism)、"黑暗观光(Grief Tourism)"等旅游概念。

 **头脑风暴**

有些人的需求不是马斯洛所说的社会需要、尊重需要或自我实现需要。不少人到

---

① 杜友珍，吴洪亮. 旅游概论[M]. 长春：吉林大学出版社，2016.
② 申健健，喻学才. 国外黑色旅游研究综述[J]. 旅游学刊，2009(4)：92—96.
③ FOLEY M, LENNON J. Dark Tourism—The Attraction of Death and Disaster[J]. International Journal of Tourism Research，2000(4)：184.
④ ROJEK C. Ways of Escape：Modern Transformations in Leisure and Travel[M]. London：Macmillan，1993.
⑤ BLOM T. Morbid Tourism—A Postmodern Market Niche with an Example From Althorp[J]. Norsk Geografisk Tidsskrift—Norwegian Journal of Geography，2000(54)：29—36.
⑥ SEATON A. From Thanatopsis to Thana Tourism：Guided by the Dark[J]. International Journal of Heritage Studies，1996(2)：234—244.

5·12汶川地震遗址去旅游，这是什么需要？"黑色旅游"与"红色旅游"的功能和作用有何不同？

2.2.2 旅游动机的类型

由于人们旅游需要具有多样性、复杂性的特点，所以旅游动机也具有类型多样、复杂多变的特点。目前学者们对旅游动机的分类持有多种不同的观点。最初尝试将旅游动机进行分类的是德国的格里克斯曼（R. Glucksmann），他在1935年发表的著作《一般旅游论》中将旅游者的动机分为"心理""精神""身体"和"经济"四大类。

1. 田中喜一分类

日本学者田中喜一在格里克斯曼分类的基础上，对四种动机进行了细分，认为旅游动机是由心情的动机、身体的动机、精神的动机和经济的动机四种基本类型构成的（见表2-1）。

表2-1 田中喜一旅游动机分类

动机类型	目的
心情的动机	思乡、交友、信仰
身体的动机	运动、休养、治疗
精神的动机	欢乐、求知、见闻
经济的动机	商业、购物

2. 麦金托什分类

罗伯特·W.麦金托什将旅游动机划分为四种类型，分别是身体健康、文化、交际、地位和声望方面的动机（见表2-2）。

表2-2 麦金托什旅游动机分类

动机类型	目的
身体健康方面的动机	获得健康的身体，在旅游中通过身体活动获得精神放松，消除紧张烦躁的情绪
文化方面的动机	获得有关异国他乡的知识，了解欣赏异地文化，进行文化交流，具有较强的求知性
交际方面的动机	希望接触他人，摆脱日常生活压力和家庭事务的繁杂，探亲访友，在异地结识新朋友，建立新友谊
地位和声望方面的动机	享受被人承认、引人注意、有好名声，关系个人成就和个人发展，如会议、会展、科普、考察、出差、求学等

3. 克朗普顿分类

克朗普顿（Crompton）在1979年将旅游动机分为九种类型，其中包括七种心理动机、两种文化动机。心理动机包括逃避世俗环境、寻求自我和评价自我、放松、声望、回归、增进亲友关系以及加强社会交往；文化动机包括新奇和教育。克朗普顿从一系列访谈中总结出这些动机,他发现了解一个人的心理动机比较困难。如果旅游动机相当隐私的话,人们往往不愿意说出旅游的真实动机。

2.2.3 影响旅游动机的因素

旅游者的动机多种多样,因为时间和空间的变化,同一个旅游者的动机在不同时间和地点也可能不同。影响旅游者动机的因素很多,这些因素中有些是旅游者的个人因素,有些是客观环境因素,多种因素的共同作用使得旅游者的动机具有多样性、复杂性的特点。

1. 个性心理因素

在影响旅游动机的个人因素中,个性心理特征起着重要的作用。[①] 不同个性心理特征的人有不同的旅游动机,进而产生不同的旅游行为。所谓个性,指的是个体在先天素质的基础上,在一定历史条件下,在社会实践活动中形成和发展起来的比较稳定的心理特征,也可以说是一个人区别于他人的个人行为特征。由于人们先天遗传的生理素质及其所处的客观和社会环境的不同,每个人都表现出各自不同的个性行为。美国学者斯坦利·C. 普洛格(Stanley C. Plog)以数千美国人为调查样本,对其个性心理特点及其与旅游目的地选择之间的关系进行了详细的研究。他根据反映出来的不同个性心理特点,将旅游者心理划分为五种不同心理类型(见图2-2)。[②]

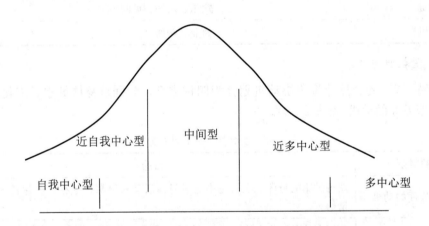

图2-2 普洛格旅游者心理类型模型

五种心理类型分别是自我中心型、近自我中心型、中间型、近多中心型、多中心型。属于自我中心型的人,其特点是谨小慎微,多忧多虑,不爱冒险;动机多为休息、消遣、身体健康;行为上表现为喜安逸,好轻松,活动量小,喜欢熟悉的气氛和活动。他们在外出旅游时往往倾向于选择自己对该地情况比较熟悉、比较出名的旅游目的地,要求旅游企

---

① 曲颖,董引引."官方投射形象—游客目的地依恋"网络机制对比分析——以海南重游驱动为背景[J]. 南开管理评论,2021(5):73—85.
② PLOG C S. Why Destination Areas Rise and Fall in Popularity:An Update of a Cornell Quarterly Classic[J]. Cornell University,2001(3):13—24.

业所提供的服务周全，设施便利、齐备，喜欢和熟悉的人一起出游，并且要求旅游的整个过程安排得井井有条。

与自我中心型相反，处在另一个极端的心理类型是多中心型。属于这一心理类型的人其特点是思想开朗，兴趣广泛多变；动机多为追求刺激、自我实现；行为上表现为喜新奇、好冒险，活动量大，不愿随大流；倾向于选择偏僻的、不为人知的旅游目的地；喜欢与不同文化背景的人打交道和相处。他们也需要旅游业为其提供某些最基本的旅游服务，如交通、住宿等，但更倾向于有较大的自主性和灵活性，有些人甚至会尽量不使用或少使用旅游企业的服务。

除了这两个极端类型之外，中间型属于行为特点不明显的混合型，这种心理类型的旅游者对目的地的选择通常没有什么苛求，但是一般都避免选择传统的旅游热点或风险很大的待开发地区。近自我中心型和近多中心型则分别属于两个极端类型与中间型之间的过渡类型。

由于人们的心理类型不尽相同，对旅游目的地、旅行方式等方面的选择不可避免地会受到其所属心理类型的影响。一个人的心理类型距离多中心型越近，其选择旅游目的地的陌生性和冒险性也就越大。所以，心理类型为多中心型的旅游者往往是新旅游地的发现者和首访者，是旅游者大军的先头部队。随着他们的来访及其事后的介绍和宣传，其他心理类型的旅游者陆续随后跟进，该旅游地便逐渐成为旅游热点。然而，随着时间的推移，多中心型心理类型的旅游者会逐渐失去对该地的兴趣，转而另寻去其他地方旅游。

即学即用

小王到峨眉山旅游，使用旅行社提供的交通，聆听导游的讲解，但不随团就餐，自己选择住农家乐。根据斯坦利·C.普洛格的五种旅游心理类型，说明小王的旅游行为符合哪种心理类型。针对他的心理特点，旅行社可以提供什么样的针对性的服务？

2. 社会人口特征

心理类型只是影响旅游动机的个人因素。它对旅游动机的形成有很大的影响，但并非唯一重要的决定因素。除了心理类型之外，旅游动机的形成还受到社会人口特征的影响，如年龄、性别、一个人受教育的程度等。

年龄对旅游动机的影响主要表现在两个方面：一是年龄的不同往往决定了人们所处的家庭生命周期阶段不尽相同，从而制约着人们的需要和动机。以已婚青年双职工家庭为例，夫妻二人虽然具备外出旅游的条件和意愿，但由于家中有婴儿需要照顾，仍会决定不外出旅游或少外出旅游。二是年龄的不同往往会影响到人们体力的差异，从而也会制约人们的需要和动机。例如，有些老年人在心理类型上属多中心型，但由于年龄原因，不会参与冒险性较大的旅游活动，甚至决定不外出旅游。

性别本身并不会对旅游动机产生重大影响。性别差异对需要乃至对行为动机产生影响主要有两方面的原因：第一，性别差异意味着男女生理特点（如体力）的不同；第二，性别差异导致了男女在家庭中扮演角色的不同。旅游调查结果表明，在外出旅游者中，男性旅游者多于女性旅游者，而且探险旅游活动的参加者更多的是男性，其根本原因便在于此。

3. 外部因素

外部因素包括社会历史条件、微社会环境（指人直接面对和接触的环境）等。广义上讲，工作单位、学校、家庭、社区、公园、市场等都可以称为微社会环境；狭义上讲，它是指工作单位、学校和家庭之外的微社会环境，如工作单位和学校周边的街道及家庭所在的小区等。微社会环境是每个人生活于其中的重要环境，它对个体心理、行为的发展以及社会化有重要影响。影响旅游动机的因素很多，多种因素的综合作用产生旅游动机，影响旅游者对旅游目的地的选择。

案例研究

陕西年轻人寻根"红色旅游"

陕西省红色旅游资源丰富，主要分布在陕北、关中等地，吸引了陕西本地和全国众多的年轻旅游者。在陕西省中青年旅游者中，男女性别分别占比43%和57%，女性略多于男性。年龄分布上，14岁及以下、14～35岁、36岁及以上分别占比1.2%、84.6%、14.2%，年龄结构以中青年为主。学历方面，被调研群体多为专科、本科，占比82.9%，符合我国主要旅游群体的学历水平。职业方面，学生占比达68.8%，公务员、企业职工占比达24%。

被调研者每年安排红色旅游的次数以1～2次居多，与当前全国红色旅游景区的发展状况较为相符。游客外出获取红色旅游信息的途径多为互联网、学校宣传、同学朋友推荐，分别占比80.6%、57.8%和50.4%（多选，总和超出100%），这说明红色旅游的宣传在极大程度上依赖于互联网；同时也依赖于学校宣传、朋友推荐等宣传方式。出游方式主要为学校或班级组织，这说明红色旅游有赖于组织型学习活动的推动。

陕西省中青年红色旅游受旅游者个人和外部因素的双重影响。抽样调查发现，参观历史文物古迹、陪伴家人朋友出游与红色旅游意愿呈正相关关系，因此，为提升红色旅游的意愿，应从参观历史文物古迹和陪伴家人、朋友出游方面加强引导。旅游景点、交通、服务、讲解以及旅游者的个性心理、社会人口特征，对陕西省中青年红色旅游者的出行意愿和旅游活动都产生了影响。

2.3 旅游活动

随着当代社会经济的发展，世界各地参加旅游活动的人数越来越多，旅游活动的地域范围越来越广，旅游活动的类型也多种多样。因此，无论是在旅游理论研究方面还是在旅游业经营方面，都需要对人们的旅游活动进行必要的类型划分，以便分析和认识不同类型旅游活动的特点。

2.3.1 划分标准

旅游活动的类型并无统一的划分标准。人们往往根据自己研究问题的需要,在不同情况下选用不同的划分标准,因而所划分出来的旅游类型很可能会不同。以下是六种常见的划分标准。

1. 按旅游活动的地理范围划分

按地理范围的不同,旅游活动可分为国内旅游和国际旅游。国内旅游是指在居住国境内开展的旅游活动;国际旅游是指跨国界开展的旅游活动。该划分标准一般用于国家、地区宏观统计。

2. 按旅游活动的目的划分

按旅游目的的不同,旅游活动可分为消遣性旅游、事务旅游及个人和家庭事务旅游。消遣性旅游,如观光、度假、文化、探险、生态;事务旅游,如商务、公务、会议旅游等;个人和家庭事务旅游,如探亲访友、求学等。该划分标准主要应用于理论研究,如旅游发展战略及对策研究等。

3. 按旅游活动的组织形式划分

按组织形式的不同,旅游活动可分为团体旅游和散客旅游。

4. 按旅游活动的旅行方式划分

按旅行方式的不同,旅游活动可分为公路、铁路、航空、航海旅游。

5. 按旅游活动的计价方式划分

按计价方式的不同,旅游活动可分为包价旅游和非包价旅游。

6. 按旅游活动的费用来源划分

按费用来源的不同,旅游活动可分为自费旅游和公费旅游。

通常来讲,应用任何一种标准所划分出来的任何一种旅游活动类型,都会同使用其他标准划分出来的某种旅游活动类型发生交叉或联系。例如,公费旅游也可能同时是团体旅游。因此,应根据自己的研究需要选用恰当的划分标准,针对划分出来的旅游活动类型分析旅游需求的特点和旅游者消费行为的特点,否则就会失去对旅游活动类型划分的意义。许多国家官方的旅游统计都会分别统计国际旅游和国内旅游的相关变量,这也是许多学者学术研究的划分标准。

2.3.2 活动范围

根据旅游者的活动范围,可将旅游活动分为国际旅游和国内旅游两个范畴。国内旅游与国际旅游的主要区别有以下几点:①是否跨越国界。国际旅游跨越国界,国内旅游反之。②消费水平高低程度。国际旅游消费水平通常较高,国内旅游较低。③逗留时间。国际旅游逗留时间通常较长,国内旅游逗留时间较短。④便利程度。国际旅游通常较不方便,存在语言、生活习惯等方面的障碍,国内旅游则较方便。⑤经济作用。国际旅游通常可以作为一个国家赚取外汇收入(主要通过入境旅游完成)或者减少贸易逆差(主要通过出境旅游完成)的重要手段,国内旅游则对于拉动内需起重要作用。

1. 国际旅游

国际旅游(International Tourism)是指跨国界开展的旅游活动,即一个国家的居民跨越国界到另一个或几个国家去访问的旅游活动,分为两种情况。以我国为例,一种情况是其他国家或地区的居民前来我国旅游,称为国际入境旅游或简称入境旅游(Inbound Tourism)。另一种情况则是我国居民离开我国到境外其他国家或地区去旅游,称为出境旅游(Outbound Tourism)。国际旅游者分为入境旅游者和出境旅游者(见图2-3)。

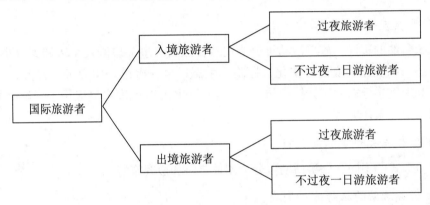

图2-3 国际旅游者分类

2. 国内旅游

国内旅游是指人们在其居住国境内开展的旅游活动,通常是指一个国家的居民离开自己的常住地,到本国境内其他地方去进行的旅游活动。对于外国人在某一国家的旅游活动,世界旅游组织解释道:"常住于某一居住国境内的外国人在该国的旅游,属于该国的国内旅游。"① 此处所指的"常住"是指该外国人在所在国的连续驻留时间1年及以上。国内旅游活动还可根据是否在旅游目的地过夜,划分为过夜旅游和不过夜一日游。

 小思考

入境旅游能使一个国家赚取外汇,这是否意味着国际旅游比国内旅游更重要呢?你怎么看待这个问题?

---

① UNITED NATIONS. International Recommendations for Tourism Statistics[R]. United Nations Publication. 2008(1): 26.

本章小结

没有旅游者就没有旅游，旅游者是旅游系统中重要的组成部分。本章辨析了旅游者的基本概念，通过基本概念的辨析掌握了旅游者定义的三大要素，即异地性、暂时性和旅游目的。旅游目的或旅游动机是对旅游者进行科学定义的重要依据之一，本章分析了旅游者的动机以及影响旅游者动机的各种因素，并对旅游活动的类型和范围以及旅游活动的本质和特点进行了简要分析。研究旅游者，对旅游产品的生产和设计、旅游市场营销提供更好的旅游服务意义重大，对于旅游资源开发、景区规划和游客管理等也具有重要意义。

 关键术语

旅游者(Tourist)：离开自己的常住地，不以移民、就业工作为目的，前往异国他乡作短暂停留的人。

国际旅游者(International Tourist)：是指任何因观光、度假、探亲访友、疗养、购物、参加会议或从事经济、文化、体育、宗教活动而离开其常住国(或常住地区)到他国或地区访问，连续停留时间不超过12个月，并且在他国或地区活动的主要目的不是通过所从事的活动获取报酬的人。

国内旅游者(Domestic Tourist)：是指任何因休闲、娱乐、观光、度假、探亲访友、疗养、购物、参加会议或从事经济、文化、体育、宗教活动而离开其常住地到其他地方访问，连续停留时间不超过6个月，并且主要访问目的不是通过所从事的活动从该目的地获取报酬的人。

旅游动机(Tourism Motivation)：是指激发人们外出旅游的内在驱动力，是促使一个人有意愿外出旅游、选择到何处去、开展何种旅游活动的心理动因。

课后练习

一、选择题

1. 以下哪种需要是马斯洛的需要层次理论中最高层次的需要？（　　）
   A. 社会需要　　　　　　　　B. 自我实现需要
   C. 受尊重需要　　　　　　　D. 安全需要
2. 日本学者田中喜一在格里克斯曼分类的基础上，对这四种动机进行了细分，不包括在内的是(　　)。
   A. 心理动机　　　　　　　　B. 身体动机
   C. 精神动机　　　　　　　　D. 社会动机

3. 美国学者斯坦利·C. 普洛格对旅游者心理类型的分类中，不包括的类型是（　　）。
   A. 多中心型　　　　　　　　　　B. 分离型
   C. 近自我中心型　　　　　　　　D. 自我中心型

4. 下列哪项不是按旅游活动的目的划分的类型？（　　）
   A. 消遣性旅游　　　　　　　　　B. 国内旅游
   C. 事务旅游　　　　　　　　　　D. 个人和家庭事务旅游

5. 下列哪一个选项是国际旅游者？（　　）
   A. 到国外定居者
   B. 到国外学习，住宿在校的学生
   C. 因商务原因而出国旅游的人
   D. 边境地区居民及落户定居而又越过边界去工作的人

6. 旅游者的定义主要有三种，下列选项不属于旅游者的定义方法的是（　　）。
   A. 统计方法定义　　　　　　　　B. 概念性定义
   C. 技术性定义　　　　　　　　　D. 综合性定义

7. 不同类型旅游者中，在全部的旅游人数中占比例最大的是（　　）。
   A. 消遣旅游　　　　　　　　　　B. 商务旅游
   C. 会议旅游　　　　　　　　　　D. 个人和家庭事务旅游

8. 国内旅游者是"离开居住地边界至少50英里（80公里）以外的地方去旅行的人"。这一定义方法属于（　　）。
   A. 目的性定义　　　　　　　　　B. 技术性定义
   C. 综合性定义　　　　　　　　　D. 统计方法定义

9. 过夜旅游者是到一个国家作短期访问至少逗留（　　）小时的游客。
   A. 8　　　　　　　　　　　　　　B. 10
   C. 12　　　　　　　　　　　　　 D. 24

10. 下列哪项不是消遣型旅游者的特点？（　　）
    A. 人数少，出行频繁　　　　　　B. 季节性强
    C. 行为自由，停留时间长　　　　D. 对价格敏感

二、填空题

1. 1963年，联合国罗马国际旅游会议提出采用"游客"这一总体概念，游客分为两类：_____和短途旅游者。

2. 罗马国际旅游会议对短途旅游者的定义是到一个国家暂时逗留不足_____小时的游客。

3. 我国将外国驻华使、领馆官员、外交人员以及随行的家庭_____不作为旅游者进行统计。

4. 世界旅游组织划分，过夜国内旅游者是指在某一目的地旅行超过24小时而少于_____年的旅游者。

5. 国际旅游者中的入境旅游者可以分为过夜旅游者和_____两大类。

6. 穿越无垠戈壁、驾车或徒步周游全国、全球等，以此展示其成就，实现自我价值，这是旅游者_____的需要。

7. 罗伯特·W. 麦金托什将旅游动机划分为身体健康方面的动机、文化方面的动机、交际方面的动机、_____的动机四种类型。

8. 男性旅游者参加探险旅游活动多于女性旅游者，主要原因是_____差异。

9. 选择比较熟悉的目的地，喜欢和熟悉的人一起出游，希望旅游业提供周到的服务的游客属于_____心理类型。

10. 按旅游的目的不同，旅游可分为消遣性旅游、事务旅游及个人和_____。

三、判断题

1. 旅游者一些需要的产生不是按马斯洛需要层次理论的金字塔轨迹依次递进。（ ）
2. 个人和家庭事务型旅游者的出行季节性较差，但是对价格又相当敏感。（ ）
3. 按我国国内旅游统计的规定，到外地学习的学生不在国内游客统计之列。（ ）
4. 暂时性是区别旅游者和迁徙者的重要特征之一。（ ）
5. 就整个世界旅游情况而言，中老年旅游者在全部旅游者中所占的比例最大。（ ）
6. 根据国家统计局的界定，边境地区往来的边民不得作为国际游客计算。（ ）
7. 旅游动机产生既可能是积极的需要（求知探索），也可能是消极的需要（逃避现实）。（ ）
8. 去以死亡或灾难为主题的旅游景点悲情体验，学界称之为"黑色旅游"。（ ）
9. 国际旅游逗留时间长，国内旅游逗留时间短；国际旅游消费水平高，国内旅游消费水平低。（ ）

四、问答题

1. 罗马会议是如何定义游客的？旅游者分为几类？
2. 我国界定国际旅游者的标准是什么？
3. 影响旅游动机的因素有哪些？
4. 马斯洛是如何描述需要层次结构的？
5. 旅游者按照旅游目的可划分为哪些类型，不同类型的旅游者有何特点？

五、论述题

1. 简述罗马会议对访客界定的方法和标准。
2. 简要分析旅游者的社会人口特征对旅游活动的影响。

 应用案例分析

到巴黎做乞丐，去巴西做农民

目前，欧洲旅游的新时尚就像我们当年吃"忆苦饭"——体验社会，以往欧美旅行社的主打招牌"阳光沙滩、异国风情"已被各种形式的社会旅游所替代。体验乞丐生活，到贫困地区走一走，成了欧美旅客最"时髦"的事情。

1. 追随流浪汉的生活

荷兰卡姆斯特拉旅行社(Kamstra Travel Agency)推出了"巴黎流浪4日游",全程花费459欧元。这类旅游一般都是在每年的4—9月组团,因为那时的气候比较好。这类旅游的顾客群是那些又好奇又有社会责任感的人。这种旅行团一般10人起组团,参加旅行团的成员不得随身携带现金、信用卡和手机,他们在行程中要学会像流浪汉一样靠在街上捡一些有用的东西或者靠卖艺来维持生活。旅行社会向他们提供乐器、画笔等,并监督他们一切都按照要求做。到了晚上,旅行社会发给他们硬纸板和报纸供他们御寒。不过,行程的最后一晚旅行社会让他们住进高级酒店,同时提供给他们一份丰盛的晚餐,让他们感受到鲜明的对比。

这项旅行的策划人冈森斯说,有过这样一次经历之后,旅游者会对流落街头的人的生活有更深的体会,也许他们以后会帮助乞丐们改变生活状况。如果伦敦游客提出特殊要求,旅行社还可以组织他们去布拉格或者其他城市。不过伦敦市政府不同意这家旅行社在伦敦组织这样的旅游,市政府表示不能保证游客的安全。

2. 没有土地的农民

去遥远的巴西看看那里的农民是怎样生活的,也是社会旅游的一个新趋向。欧洲旅行社共有6条访问巴西庄园的旅游线路,"无土地农民运动"是其中一条。旅行社保证来这里的旅客都能吃到完全原生态的食品,他们还可以亲自参加收割活动,学习种植和饲养技能,或者亲手制作一些手工艺品。这条线路的价格也不菲,除去往返的机票钱,每天还需要1958欧元——其中包括他们住店和从饭店到庄园的路费。当地农民对来访者非常欢迎,免费为他们提供参观和参与的机会,希望他们能够了解当地农民的生活。

巴西的旅行社还委托德国的一家旅行社专门组织欧洲旅客来这里参观,这里的旅游资源还在开发中,里约热内卢市政府已经同意开放南美最大的贫民窟罗新哈,让更多的外国游客了解这里。

讨论:

1. 到巴黎做乞丐,去巴西做农民的人是不是旅游者?如果是旅游者,请问他们是哪一类的旅游者?并说明你的分类依据。

2. 试分析这些人为什么要到巴黎做乞丐,去巴西做农民?其动机是什么?他们属于哪一类心理类型的人?

第 3 章　旅游需求

教学目标

旅游需求是旅游研究中最基本的问题之一，对旅游需求内容和数量的把握有利于旅游规划、产品开发和市场营销，对旅游供需平衡、提高旅游收益都具有重要作用。本章学习旅游需求的基本特征，熟悉衡量旅游需求的常用指标；了解影响旅游需求的主要因素，掌握旅游需求预测的主要方法。

教学要求

教学内容	重点☆、难点*	教学提示
旅游需求的特征	(1) 旅游需求的分类 (2) 旅游需求的高弹性☆* (3) 旅游需求的季节性 (4) 旅游需求的集中性	本章主要与第1章、第2章、第4章、第7章、第9章、第10章、第12章等内容相关联，教学时可前后对应，以便掌握各章节教学内容的内在联系
衡量旅游需求的指标	(1) 旅游者人数 (2) 旅游者停留时间* (3) 旅游花费☆	
影响旅游需求的因素	(1) 影响旅游需求的推动因素☆* (2) 影响旅游需求的拉动因素☆ (3) 影响旅游需求的其他因素	
旅游需求预测方法	(1) 时间序列模型 (2) 回归模型☆ (3) 情景预测法 (4) 德尔菲法	

> 旅游是获得愉悦感和浪漫性的最好媒介。
> ——麦金托什

基本概念

需求特征　需求指标　需求影响因素　需求预测

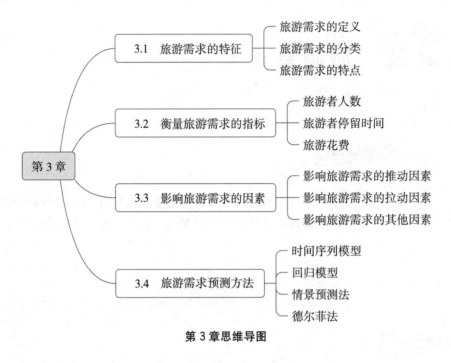

第 3 章思维导图

辽宁旅游市场的需求正在释放

新冠疫情是旅游业最大的"黑天鹅"事件。2020 年以来，辽宁省旅游市场与全国其他旅游市场一样，旅游需求经历了断崖式的下降。三年的疫情改变了辽宁省老百姓的旅游习惯，短途游、微度假受到追捧，自助式、预约制成为常态……这些旅游需求的变化倒逼旅游供给方，促使旅游行业不断创新，以适应旅游者的旅游需求。2022 年 12 月 7 日，国务院优化疫情防控政策"新十条"出台，各旅游平台上的出行搜索量迅速增长，携程平台上的机票瞬时搜索量猛增 160%。旅游产业整体景气度上升，辽宁省的旅游市场需求正在得到释放。

1. 旅游频率与预算

2022 年年底的问卷调查表明：在未来一年的出游频率方面，31.13% 的受访者表示会增加出游次数，28.10% 的受访者表示预计不会改变旅游次数，40.77% 的受访者表示将减少出游次数。在未来一年的出游预算方面，35.81% 的受访者考虑会增加旅游预算，30.61% 的受访者预计出游预算保持不变，33.58% 的受访者有减少出游预算的想法。随着疫情逐渐得到控制，部分旅游者开始逐渐增加旅游次数，旅游预算也在不断增长。

2. 旅游目的地偏好

调查结果显示：265 名被调查者选择省外游，占比 73.00%；210 名被调查者选择省内游，占比 57.85%；187 名被调查者选择城市周边游，占比 51.51%，以上 3 类分别占据旅游者目的地偏好的前 3 名；13.77% 的被调查者选择港澳台游，仅有 9.37% 的游客选择出境旅游。由此可看出，未来一年旅游者将以国内游为主。旅游需求的转变，为国内旅游的发展带来新的机遇。

3. 旅游类型偏好

休闲度假类旅游产品得到游客的青睐，288 人选择休闲度假类旅游产品，占比 79.34%；游览观光类也比较受游客欢迎，选择该产品的人数共 222 人，占比 61.16%。另外游客也对亲子类和健康疗养类产品感兴趣，分别占比 35.54% 和 27.82%。通过将旅游类型偏好和人口基本特征进行交叉分析发现，25 岁及以下的旅游者更关注休闲度假类和游览观光类产品；而受家庭结构影响，26 岁到 45 岁的游客倾向于度假类及亲子旅游。

4. 出游方式与住宿偏好

总体来看，旅游交通工具的选择仍然是以飞机、高铁及自驾汽车 3 种交通工具为主。与上一年度相比，游客选择汽车或大巴出行的比例有所下降，部分旅游者对于自驾、骑行这类避免与人群密切接触的出行方式的关注度有所提高。在组织方式方面，家庭游成为居民出游的主要旅游组织方式，其次分别是自助游和个人游。在旅游住宿选择方面，46.56% 的被调查者表示会选择星级酒店，选择普通宾馆和乡村民宿的受调查者分别占比 53.99% 和 60.88%。

我国是世界第二大人口规模和世界第二大经济规模的国家，2022 年上半年全国居民人均可支配收入 18463 元，巩固和夯实了中国作为世界旅游大国的市场基础，这是中国旅游复苏最大、最稳定的市场基础。在未来三至五年内，中国作为全球最大国内旅游市场的地位依然非常稳固。据研究，中国旅游从 2023 年 3 月起开始释放出稳定的、常态化的旅游需求，辽宁省的旅游市场正在逐步复苏。

点评：

1. 旅游需求受可支配收入、闲暇时间、社会人口特征以及旅游吸引物、目的地的旅游供给和服务等影响，这些影响表现在旅游频率与预算、旅游目的地偏好、旅游产品选择、旅游出游方式上。

2. 旅游需求是影响旅游流量和旅游流向的重要因素，但是旅游需求具有内在的不稳定性，表现出非线性关系。新冠疫情就是旅游业最大的"黑天鹅"事件，导致旅游的流动性严重不足，旅游需求大幅度萎缩。

3. 与一般产品相比，旅游需求弹性较大，有利于旅游流动性的价格、营销、政策会刺激旅游需求。旅游需求的指向性与一般商品的指向性也不同，目的地的旅游产品及其吸引力也是影响旅游者出行的重要因素。

3.1 旅游需求的特征

第二次世界大战以后，随着世界经济的增长、人们可支配收入的不断增加、愈加和平的政治环境，人们的旅游需求也快速增长。近年来，虽然遭受世界经济增长放缓、公共卫生事件和国际恐怖事件的打击，但是在总体发展趋势上，世界旅游业发展的市场基础依然坚实，旅游需求旺盛，总体发展速度仍高于全球经济总体增长速度。在雷柏尔旅游模型中，旅游需求是"推力"，与目的地的供给的"拉力"形成旅游系统中的"推—拉"关系，影响旅游流量和旅游流向。旅游需求增大，旅游供给会随之增加；反之，在一定条件下，旅游供给增加，也会拉动旅游需求。由此可见，旅游需求和旅游供给是相互作用、相互影响的。

3.1.1 旅游需求的定义

旅游需求是在一定时期内、一定价格水平下，人们愿意而且能够购买的旅游产品的数量。旅游需求的产生，是因为人们具有某种物质性和非物质性需要，在各种动机的驱动下，以旅游活动来满足这些需要。另外，需求或动机要转化为经济学意义上的旅游需求，支付能力是一个必要的约束条件。除了支付能力以外，闲暇时间也是旅游需求实现与否的重要限制性条件。

3.1.2 旅游需求的分类

从消费者人数来划分，可以将旅游需求分为个体旅游需求和社会旅游需求（市场需求）。个体旅游需求是指个体在一定时期内、一定价格水平下，愿意而且能够购买的旅游产品的数量；而社会旅游需求是指社会整体或其一部分在一定时期内、一定价格水平下，愿意而且能够购买的旅游产品数量的总和。旅游需求研究更多的是社会旅游需求，它反映了整个旅游活动和产业部门运行的状态和趋势，但对社会旅游需求的研究往往建立在对个体旅游需求研究的基础之上。

3.1.3 旅游需求的特点

1. 旅游需求的高弹性

与一般产品的市场需求相比，旅游需求弹性较大。旅游需求弹性是指由于价格、收入、汇率等因素的变化而引起旅游需求变化的程度。通常分析的旅游需求弹性主要有价格弹性和收入弹性。价格一般与需求负相关，而收入一般和需求正相关。旅游产品不是必需品，容易受到价格、收入等因素的影响，因此需求弹性往往较大。

2. 旅游需求的季节性

旅游活动具有较强的季节性，即具有明显的季节变化。所谓季节性，是指旅游活动中暂时不平衡现象[①]，其表现可以通过不同方面的要素呈现出来，如访客人数、访客花费、公路或其他交通客流量、就业人数，以及景区门票收入等。根据旅游资源的不同性质和不同的旅游活动类型，旅游的季节性也有差异。一般来说，主要依赖自然旅游资源吸引游客的国家和地区，旅游市场需求的季节性更明显，波动较大；主要依靠人文旅游资源吸引游客的国家和地区，旅游市场需求的季节性相对不明显，波动较小(见图3-1)。

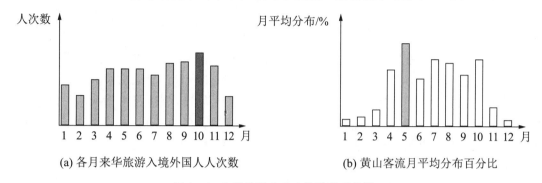

(a) 各月来华旅游入境外国人人次数　　　　(b) 黄山客流月平均分布百分比

图3-1　入境旅游和黄山旅游的季节性

3. 旅游需求的集中性

旅游需求的集中性不仅体现在时间上，还体现在地理空间上。在地理空间方面，旅游需求大多集中在某些经济发达、人口众多的地区。但是，旅游需求的指向性一般是具有独特的旅游资源的边缘地区，这些地区往往经济欠发达、商业化影响较小。

延伸阅读

旅游需求集中释放，泰山游客大量滞留

2020年6月13日，大量游客滞留泰山风景区的视频引发热议，还有滞留游客在游客中心大厅大喊"开门"。泰山风景区针对此事发布通报称，因索道、客运专线车运力有限，使乘索道、乘车游客等候时间较长，个别游客有违规翻越隔离护栏、冲击检票口的行为。

细究发生在泰山风景区的滞留事件，游客的过激行为也是"事出有因"。按照泰山风景区的解释，景区部分地区在施工维修，所以只开放了一条索道，加之端午假期期间客流量较大，便造成了游客拥挤。当日泰山山顶大雾，看不了日出的游客集中下山，导致游客疏散压力更为加大。

"五一"假期，泰山景区单日最大承载量为8.55万人次，而端午假期的最大承载量未作调整。根据泰山景区在微信公众号发布的公告，桃花源索道和游览路线已暂停开放。景区接待能力下降以后，游客接待量"红线"却没有及时调整，旅游需求的集中性释放没有被充分估计，恐怕才是造成游客聚集和滞留的主要原因。

---

① BAUM T，LUNDTORP S. Seasonality in Tourism[M]. New York：Pergamon Press，2001.

3.2 衡量旅游需求的指标

在旅游研究和统计中,往往需要借助一些指标来统计和预测旅游需求。常用的需求衡量指标包括旅游者人次数、旅游者停留天数、旅游花费等。

3.2.1 旅游者人数

旅游者人数是最常见的一项需求指标,它反映了一定时期内旅游目的地国或旅游目的地城市接待的国内外旅游者的数量,一般以旅游者人次来衡量。对来访旅游人(次)数的统计,世界各国的做法不尽相同。以入境旅游人数的统计为例,我国是根据本国的边防入境登记,对入境的来访者进行数量统计(见表3-1);有的国家则是通过抽样调查或根据旅馆的住宿登记,来测算某一时期来访的旅游入境人数。但无论采取上述哪一种统计方法,都有不足之处。

表3-1 2015—2023年中国旅游市场基本情况

年份	入境旅游人数/亿人次	同比增长率	国内旅游人数/亿人次	同比增长率
2015年	1.34	4.1%	40.0	10.5%
2016年	1.38	3%	44.4	11%
2017年	1.39	0.7%	50.01	12.6%
2018年	1.41	1.4%	55.39	10.8%
2019年	1.45	2.8%	60.06	8.4%
2020年	0.27	−81.4%	28.79	−52.1%
2021年	0.32	18.5%	32.46	12.7%
2022年	0.21	−34.4%	25.3	−22.1%
2023年	0.82	290.5%	48.91	93.3%

即学即用

登录旅游官方网站,了解你所在城市上一年度国内旅游人次数,通过数据分析,预测所在城市旅游发展趋势。

3.2.2 旅游者停留时间

旅游者在目的地的停留时间是指从抵达目的地国或目的地地区时起的一次旅程所花的时间,一般采用两个指标来衡量,即旅游者停留天数和旅游者人均停留天数。旅游者停留天数是一定时期内旅游者人次与人均过夜数的乘积,它从时间角度反映了旅游者的需求情况,同时也表现了旅游产品吸引力的大小。旅游者人均停留天数是指一定时期内所有旅游者在一次旅程中在目的地停留天数的平均情况,它从平均数的角度反映了旅游需求的现实情况,同时也揭示出不同时期旅游需求的变化趋势。这一指标的设计主要是为了配合旅游者人(次)数这一指标。

在某一时期,例如客源国经济不景气时,人们参加了旅游活动,却减少了在目的地的停留天数。对目的地而言,旅游者人次数没有减少,但旅游收入可能减少,就是因为旅游者的平均停留天数减少了。因此,将人均停留天数与旅游者人次数相配合,计算来访旅游者的人次数,可以更全面、准确地反映来访旅游者旅游活动的实际情况,也便于与以往同期的数据进行比较。

延伸阅读

从"中转站"到"目的地":成都旅游华丽转身

据不完全统计,在来蓉的旅游者中,将近四分之一的人只在成都做短暂停留,超过八成的境外旅游者只是将成都作为旅游的中转站……通过这一组数据,成都作为旅游"中转站"的形象清晰地凸显出来。在旅游业研究者的眼中,他们用"旅游中心城市"来定位成都。旅游中心城市同时具备旅游目的地和旅游集散地的两大功能,而从成都旅游业目前发展现状来看,其扮演的角色更倾向于后者。

对成都作为旅游集散地的争论由来已久,纵然其背后有着诸多复杂的成因,但在决策者的眼中,"中转站"的独特角色更意味着旅游发展的契机和方向。为了满足旅游者在成都休闲、娱乐、度假的需求,国航与成都景区直通车合作推出成都地区旅游产品,产品分为景区直通车、景区门票、景区直通车+门票、演出票四类,旅游者可根据自己的需求自由选购。

近年来,随着成都的国际化水平快速提升,一系列重大的国际文化、体育活动选择在成都举办,成都的知名度和美誉度不断提升,"雪山下的公园城市,烟火里的幸福成都"已成为新的城市名片。2023年英国伦敦世界旅游交易会发布了"2023年中国十大旅游目的地必去城市"榜单,成都再次上榜。

讨论:旅游者逗留时间对成都旅游市场有什么影响?作为旅游集散地的城市旅游收入多,还是作为旅游目的地的城市旅游收入多?

3.2.3 旅游花费

旅游花费是指旅游者自身或以其名义产生的途中及在目的地期间的各种消费性花费的总和。根据世界旅游组织的界定,国内旅游花费是指国内旅游者在其国家领土内旅行过程中直接产生的花费,包括旅游者在旅途中和目的地产生的花费,还包括在出行前为此次旅程的准备、回程后因为此次旅程的最终完成所需的花费。国际旅游花费是指出境旅游者在其他国家的花费,包括支付给外国航空公司的机票费用,也包括在出行前和回家后为得到目的地国家的物品或服务所支付的费用。① 在中国旅游统计中，旅游花费总额等于国际旅游(外汇)收入与国内旅游收入的总和。其中，国际旅游(外汇)收入指外国人、华侨、港澳台同胞在中国大陆旅游过程中发生的一切旅游支出。

即学即用

2024年3月朱教授从成都前往瑞士参加国际休闲旅游研讨会，并在瑞士观光旅游，在瑞士逗留5天。朱教授旅行开支情况如下：

1. 办理护照费用：200元；
2. 瑞士签证费：330元；
3. 赴瑞士大使馆申请签证来往机票费：2110元；
4. 成都至瑞士苏黎世往返国际机票费：6300元；
5. 瑞士出租车、巴士、火车费：232瑞士法郎；
6. 瑞士苏黎世旅游观光门票费：130瑞士法郎；
7. 瑞士餐费：每餐6欧元×3餐×5天＝90欧元；
8. 瑞士住宿费：90欧元×5天＝450欧元。

请计算：朱教授国内和境外花销是多少？交通费和住宿费在旅游总支出占多大的比例？对其在瑞士其他城市的旅游意愿和需求有何影响？

注：2024年3月瑞士法郎、欧元与人民币兑换率：1瑞士法郎＝8.14元；1欧元＝7.84元。

3.3 影响旅游需求的因素

旅游需求除易受经济变动影响外，对旅游目的地的社会状况、政治因素、环境条件、健康水平及旅游风尚的变化都比较敏感。如旅游目的地的政治不稳定或社会动乱，或者环境卫生出现问题，旅游需求就会减少。旅游需求受年龄、性别、身份、社会地位、偏好、兴趣影响，再加上他们来自不同的国家或地方，本身宗教信仰、文化背景、生活习惯、家庭结构等的个别差异，使得原本就十分敏感的旅游需求凸显出复杂多变的特征。旅游需求的推动因素包括可自由支配收入、闲暇时间、社会人口特征等；旅游需求的拉动因素有旅游吸引物、旅游产品供给等。

3.3.1 影响旅游需求的推动因素

1. 可自由支配收入

从整体收入考虑旅游需求的影响，通常使用客源国或地区的人均GDP(国内生产总值)指标。一个国家或地区的旅游需求与其人均GDP紧密相关。随着收入水平的提高，居民各类户外游憩活动的参与率也会提高。国际上有这样的统计：当一国人均GDP达到

---

① WORLD TOURISM ORGANIZATION. Concepts, Definitions Classifications for Tourism Statistics, Technical Manual No.1[M]. Spain: World Tourism Organization(UNWTO), 1995.

800~1000美元时，居民将普遍产生国内旅游动机；达到4000~10000美元时，产生前往邻国的旅游动机；超过10000美元时，产生全球旅游动机。因此，大众旅游的兴起，与各国的国民收入的提高以及家庭收入的增长是分不开的。2023年，我国经济实力实现历史性跃升，国内生产总值从54万亿元增长到114万亿元，我国经济总量占世界经济的比重达18.5%。这是我国成为世界最大客源国和最大出境消费国的根本原因之一。

但是，收入与旅游需求的关系并不是一直呈正相关关系。GDP只是影响旅游需求的一个因素，还必须考虑到人口基数和收入分配情况。一个人或其家庭的收入不可能全部用于旅游。实际上，影响一个人能否外出旅游的重要因素是家庭的可自由支配收入。可自由支配收入是指个人或家庭收入中扣除全部纳税和社会消费(如老年退休金)以及日常生活必须消费部分(衣、食、住、行等)之后所余下的收入部分①，这部分收入才可以真正用于旅游消费。恩格尔(Engel)认为，随着人们收入的增加，收入中用来购买食物(生活必需品)的部分所占比例将会下降；收入中用来购买奢侈品的部分所占比例将会上升。② 恩格尔系数高，旅游需求低；恩格尔系数低，旅游需求高。

 知识链接

恩格尔系数

恩格尔系数(Engel's Coefficient)又称为食物支出份额法，指的是食品支出总额占个人消费支出总额的比重。19世纪德国统计学家恩格尔根据统计资料，对消费结构的变化得出恩格尔定律：一个家庭收入越少，家庭收入中(或总支出中)用来购买生存性食物的支出所占的比例就越大；随着家庭收入的增加，家庭收入中(或总支出中)用来购买食物的支出比例则会下降。恩格尔系数是根据恩格尔定律得出的比例数，是表示生活水平高低的一个指标。其计算公式如下：

$$恩格尔系数 = \frac{购买食物支出}{总支出} \times 100\%$$

 头脑风暴

中国成为世界第一大出境旅游消费国根本性原因是什么？一个家庭的收入水平对旅游者出行有什么影响？

2. 闲暇时间

旅游消费实际上也是一种时间消费。如果没有可自由支配的时间，一个人即使有强烈的旅游动机和支付能力，也不能形成真实旅游需求，难以实现旅游消费。由于闲暇时间在很大程度上决定居民旅游需求的程度，研究者经常将闲暇时间和经济收入并列为旅游需求

---

① 郭胜，张红英，曹培培. 旅游学概论(第四版)[M]. 北京：高等教育出版社，2020.
② ENGEL E. Die Produktions-und Consumtionsverhaltnisse des Koänigreichs Sachsen[J]. Zeitschrift des Statistischen Büreaus des Koöniglich Sächsischen Ministeriums des Innern, 1857(8)：50.

的两大影响因素。闲暇时间和旅游需求一般呈正相关关系。也就是说，闲暇时间增多，旅游需求也会上升；反之则相反。

但是，需要注意的是，人们的闲暇时间有不同类型，日常闲暇、周末闲暇、黄金周、带薪休假的时间长度不一，对旅游需求的影响也不一样。如周末闲暇的增加会增加城市周边的旅游需求，但对长距离旅游需求的增加作用不大。随着中国社会经济发展，人们每周用于生产的时间逐渐减少，而用于休闲的时间逐步增加。这种社会结构性的变化从根本上促进了旅游活动的增长和中国旅游业的发展。

实际上，闲暇时间的多少不仅决定着一个人是否能外出旅游，而且会影响到对旅游目的地的选择以及在该地逗留时间的长短。闲暇时间是人们非工作时间的一部分，在现代社会中，有四种类型（见图3-2）。

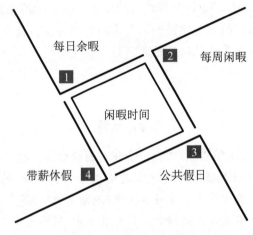

图3-2 闲暇时间的类型

（1）每日余暇。每日余暇是每天在工作和生活之余的闲暇时间，这部分闲暇时间很零散，虽可用于娱乐和休息，但一般不能用于旅游。

（2）每周闲暇。每周闲暇通常指周末工休时间。目前我国同经济发达国家一样已实行每周5日工作制，故周末为两天，这为我国人民周末旅游度假提供了必要的时间条件。由于时间短，一般只适合开展一些近距离旅游活动。

（3）公共假日。公共假日就是人们通常所说节假日。各国公共假日的数量不一，大多与各国民族传统节日的数量有关。我国的公共假日于2007年12月7日重新修订，在原来元旦、春节、国庆节、五一劳动节的基础上，增加了清明节、端午节和中秋节三个传统节假日。由于节日期间多为全家团聚、共同活动的机会，所以连续2~4天的公共假日往往是家庭外出作短期旅游度假的高峰时间。

（4）带薪休假。目前经济发达的工业化国家中大多规定对企业员工实行带薪休假制度。法国是第一个以立法形式规定企业员工享有带薪假期的国家。法国在1936年宣布劳动者每年可享有带薪假期至少6天。现在，各国实行带薪假期的情况不一样。例如在北欧的瑞典，职工享有的带薪假期为每年25天，而在意大利则为20天。带薪假期的时间长且集中，此时出游也不像公众假期出游会拥挤，是人们外出的最佳时机。

小贴士

欧洲国家的带薪休假

带薪假期就是除了国家法定假期以外,企业内部给予员工的一种福利假期。带薪假期一般没有固定日期,只有固定天数,由员工根据自己的需要安排休假日,员工享受假日的同时享有正常薪水待遇。带薪假期除了工龄带薪假期外,还有女性产假、男性陪护假、旅游假、儿童节亲子假等,对于人们的旅游度假,特别是长距离旅游有很大的促进作用。表3-2为欧洲部分国家的带薪假期和公共节假日。

表3-2 欧洲部分国家的带薪假期和公共节假日

国家	带薪假期/天	公共节假日/天	国家	带薪假期/天	公共节假日/天
奥地利	25	13	比利时	20	10
丹麦	25	11	芬兰	25	11
法国	25	11	德国	24	9
希腊	25	12	爱尔兰	20	9
意大利	20	12	荷兰	24	11
挪威	25	12	葡萄牙	22	13
西班牙	22	12	瑞典	25	11
瑞士	20	7	英国	25	8

3. 社会人口特征

旅游者的年龄、性别、职业、受教育程度、家庭生命周期等因素与旅游需求有着十分密切的联系。不同性别的旅游者在旅游行为方面会体现出一些不同的特征,而年龄对个体的身体健康状况及生活方式有着重要影响。人们在家庭生命周期的不同阶段的可支配收入和闲暇时间不同,家庭生命周期与旅游需求有着密切的关系。在单身和无子女时期,家庭的经济条件通常较宽裕、闲暇时间较多,此时家庭成员更容易选择较长距离的旅行,且消费较高;处于满巢期的家庭因受到孩子的限制,此时家庭成员进行的旅游时间较短,出游次数较少,且由于经济条件的限制,消费水平也相对更低,他们多选择家庭活动的旅游方式。①

 知识链接

家庭生命周期

家庭生命周期(Family Lifecycle)是反映一个家庭从形成到解体呈循环运动过程的变化

---

① WEAVER D, LAWTON L. Tourism Management[M]. Milton, Queensland: John Wile & Son, 2014.

规律。美国学者P.C.格里克(P.C.Greg)最早于1947年从人口学角度提出比较完整的家庭生命周期概念,并对一个家庭所经历的各个阶段作了划分。一般来讲,传统的家庭生命周期分为八个阶段(见表3-3)。

表3-3 传统的家庭生命周期

周　期	家庭成员	特　征
1	单身	单身青年与父母分住
2	新婚	新婚夫妻,无子女
3	满巢1期	年轻夫妻,抚养子女
4	满巢2期	已婚夫妻,抚养六岁以上的子女
5	满巢3期	已婚夫妻,有未工作的成年子女
6	空巢1期	中年夫妻,无子女同住,仍在工作
7	空巢2期	老年夫妻,无子女同住,退休
8	空巢3期	孤寡老人,年老独居,退休

3.3.2 影响旅游需求的拉动因素

1. 旅游吸引物

旅游吸引物是指在自然界和人类社会中,能对游客产生吸引力的各种事物和因素。它是旅游活动的客体,包括已经开发为景区的旅游资源(已成为旅游产品)和未被开发的旅游资源(未成为旅游产品)。旅游吸引物是吸引旅游者前往旅游目的地的动因之一。在雷柏尔旅游模型中,它是激发旅游者前往旅游目的地的拉动因素。旅游吸引物的数量、质量、多样性、独特性、可进入性,都会对旅游需求产生重大影响。

2. 旅游产品供给

旅游产品供给对旅游需求具有两个方面的影响。一方面,对旅游市场规模估计不足会对旅游需求造成限制,主要包括目的地住宿接待设施、旅行交通服务的瓶颈,旅游产品种类与数量的缺乏和不匹配。了解一个地区现有旅游供给状况,能够发现由于受到供给限制而未实现或被抑制的旅游需求。另一方面,增加供给数量,调整供给结构,提升产品质量,则有利于真实需求的形成和实现。

3.3.3 影响旅游需求的其他因素

1. 旅游价格

旅游价格是对旅游需求产生影响的最重要的供给因素之一。在其他条件不变的情况下,旅游产品的价格提高,购买的数量会减少;旅游产品的价格降低,购买的数量就会增加(见图3-3)。例如,我国东西部存在物价水平差异,在广东、福建沿海一带,物价水平较高；而中西部的一些城市，物价水平相对较低。如果单考虑物价这一因素，东部沿海地区对中西部的旅游需求量较大，而中西部地区对东部沿海地区的旅游需求量相对较小。同样，由于物价不同，瑞士游客到中国旅游，觉得中国物价低廉；而中国游客去瑞士旅游，则觉得物价很高。旅游价格是造成不同国家和地区旅游需求不同的重要因素之一。

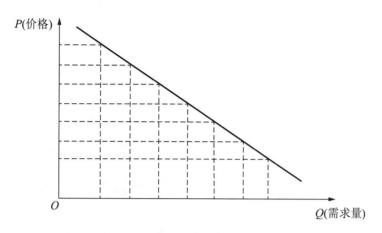

图 3-3 旅游需求与价格之间的关系

2. 货币汇率

货币汇率的变化对国际旅游有较大影响。由于各国的经济形势不同，货币币值的变化会引起不同国家间货币汇率的变化。例如东南亚金融危机爆发，泰国货币（泰铢）大幅贬值，泰铢对美元的汇率下降，即1美元可以兑换更多的泰铢，使得美国旅游者去泰国旅游变得便宜，引起美国旅游者对泰国旅游需求的增加。反之，泰国旅游者去美国旅游就变得昂贵，减少了泰国旅游者对美国旅游的需求量。同期我国出境到泰国旅游的人数快速增加，主要原因是用人民币所计算的前往泰国旅游的费用下降了，即人民币相对泰铢的汇率提高了，从而导致我国对泰国旅游需求的增加。

 小思考

人民币升值，美元贬值，赴美旅游是便宜还是贵了？

3. 文化特征

客源地和目的地文化会对旅游需求产生较大影响。客源地文化对当地居民的出游偏好、产品选择具有较大影响；客源地与目的地之间的文化差异也会对需求产生促进或抑制作用。文化差异可以通过许多方式表现出来，例如话语形式、肢体语言、价值观、宗教、风俗等。在旅游过程中，旅游者会受到自身文化和目的地文化的双重影响，自身文化和目的地文化会影响旅游者的动机、期望、偏好、对服务质量的评价等。

东西方文化的不同，东西方旅游者的需求呈现出不同的特点。例如西方文化圈的旅游者中更多人选择单独出游，较少选择跟随大的旅游团队；东方文化圈的旅游者则较少选择单独出游，更愿意选择与家人、朋友一起出游或随团出游。

**头脑风暴**

旅游客源地与旅游目的地文化相似性更吸引旅游者，还是二者之间的相异性更吸引旅游者？

旅游需求具有内在的不稳定性，表现出非线性关系。地区突发事件产生"蝴蝶效应"，形成连锁反应，造成旅游系统紊乱，例如，2001 年 9·11 恐怖袭击、2002 年巴厘岛爆炸案、2022 年俄乌冲突等，严重影响了旅游者在这些地区的出行意愿。2020 年暴发新冠疫情，各国采取严格的防控措施，旅游流动性严重下降，人员流动和旅游活动的制度性障碍造成全球旅游需求大幅度萎缩。除此之外，旅游还受政治影响。当两国双边关系良好时，旅游系统中的双向流会促进旅游客源地与旅游目的地之间旅游者的互动，例如 2024 年习近平主席访问法国，促进了双方之间的人员来往和旅游发展。

3.4 旅游需求预测方法

旅游需求预测是对未来市场需求的估计，预测的内容包括旅游者人次数、旅游者人均停留天数、旅游者人均花费等。根据预测期的远近，可以分为短期预测(2～3 年)、中期预测(3～5 年)和长期预测(5 年以上)；根据预测理论、方法，可以分为探研预测、推演预测、标准预测和综合预测四类；从定性预测和定量预测角度加以分类，包括趋势外推模型、结构模型、仿真模型、定性模型等。常用的定量方法包括时间序列模型、回归模型等。定性方法包括实地体验、开放型访谈、参与型与非参与型观察、文献分析、个案调查等。

3.4.1 时间序列模型

变量的现值只与该变量的过去值和现值以及过去的随机扰动项有关。时间序列模型重点在于充分利用变量过去值的信息，通过复杂的外推技术来预测该变量的未来值，所以也叫趋势外推模型。即使潜在结构性模型结构未知，这种方法通过用由样本数据决定的限制条件来代替需要减少样本误差和提高预测准确度的结构性限制条件，以实现准确预测。① 时间序列模型用于预测的指标可以是抵达的旅游者人数、花费或机票销售量等，使用方法包括无改变法、比例改变法、趋势拟合法(简单回归模型)、移动平均法、指数平滑法等。需要指出的是，虽然时间序列法广泛应用于旅游需求预测，但随着预测期的延长，其准确性和可靠性迅速下降，因此不太适用于中长期的预测。②

3.4.2 回归模型

在需要对两种或两种以上的变量的相关关系进行预测时，可以采用线性回归模型或

---

① 吴必虎，俞曦. 旅游规划原理[M]. 北京：中国旅游出版社，2010.
② 马丽卿. 海洋旅游学[M]. 北京：海洋出版社，2013.

多元回归模型。一般来讲，旅游预测回归模型分为经济模型、引力模型和旅行生成模型三种类型。其中，经济模型重点分析经济因素（主要是收入与价格）对旅游需求的影响；引力模型重视距离的衰减作用；旅行生成模型是经济模型和引力模型的综合。经济模型通常使用线性回归方法，又分为一元线性回归和多元线性回归。旅行生成模型直接对客源地的客源输送能力进行预测，而不是通常采用的根据目的地的游客统计记录进行预测。

3.4.3 情景预测法

情景预测法是一种新兴的预测方法，它通过对未来时间尺度上的发展场景进行预设，对未来的变化作出合乎情理的判断。由于它不受任何条件限制，应用起来灵活，能充分调动预测人员的想象力，考虑较全面，因此有利于决策者更客观地进行决策，在制定宏观政策和战略等方面有很好的应用。

3.4.4 德尔菲法

德尔菲法（Delphi Method）由美国兰德公司（RAND Corporation）在20世纪50年代初首创。作为预测事件发展的一种方法，德尔菲法是在缺乏历史数据或动向数据的情况下，或者是在现有模型需要主观判断的情况下使用的。该方法通过由分析者召集的一组具有代表性的专家（一般情况下40~50位）来回答几轮认真设计的调查表来进行预测。调查表的设计旨在使小组在特性、可能性及未来事件上达成一致意见。

 即学即用

表3-4数据为10位舆情分析师采用德尔菲法，对2018年4月27日00:00至5月3日19:00"五一"期间的旅游热点舆情按事件或话题的热度进行分项评估后得出的"综合热度"，由舆情分析师依据"新闻""App""论坛""微博""微信"等五个指标对景区表现分别做出评价。五类媒介数据综合得分越高，热度越高，得分越低，则热度越低，得分区间为"0~250"。通过运用德尔菲法及层次分析法，算出以下舆情热度大于15.0的十条敏感旅游舆情事件。

表3-4 2018年"五一"旅游热点舆情事件

序号	主题事件	新闻	App	论坛	微博	微信	综合热度
1	广西偷香蕉事件	293	73	3	528	333	242.0
2	北京八达岭长城现"人海"，游客艰难移动	336	55	6	138	264	167.0
3	重庆网红景点洪崖洞周边拥堵，景区限流只出不进	112	106	203	0	448	140.2
4	侵华日军南京大屠杀遇难同胞纪念馆，小孩用鹅卵石打水漂	178	134	14	149	172	130.0
5	山东夫妇到西安旅游，酒店房门半夜被陌生人打开	24	8	0	388	7	87.1

续表

序号	主题事件	新闻	App	论坛	微博	微信	综合热度
6	江西婺源突发山体滑坡，游客拍下惊险瞬间	42	14	0	251	96	75.2
7	故宫御花园石子被"抠走"作留念事件	69	20	3	125	5	50.6
8	88元桂林三日游近万人受骗，诱导消费被威胁	21	13	2	93	11	29.0
9	大爷清明酒驾被查，"五一"假期再次酒驾被同一交警逮住	20	25	0	0	81	19.1
10	河北嶂石岩景区脏乱有火点，网友吐槽AAAA级变"四无"	35	0	0	35	1	17.6

本 章 小 结

　　本章分析了旅游需求的特征、旅游需求衡量指标、影响旅游需求的因素以及旅游需求的测量方法。通过对旅游需求研究，掌握旅游者需求的特点，找出影响旅游者需求的因素，有效进行旅游市场细分，为旅游公共管理部门以及旅游企业的旅游产品生产设计、旅游资源开发与规划，景区游客管理和服务提供依据和数据支持。掌握旅游需求、评价和预测的方法，能基本平衡客源地与旅游目的地之间的供需关系，增强旅游市场营销的针对性和有效性，为旅游者提供更加满意的旅游服务和旅游产品。

 关键术语

　　旅游需求(Tourism Demand)：在一定时期内、一定价格水平条件下，人们愿意而且能够购买的旅游产品的数量。

　　旅游需求弹性(Elasticity of Tourism Demand)：是指由于价格、收入、汇率等因素的变化而引起旅游需求变化的程度。

　　恩格尔系数(Engel's Coefficient)：指食品支出总额占个人消费支出总额的比重，是衡量居民生活水平高低的一项重要指标。一个家庭收入越少，家庭收入中(或总支出中)用来购买生存性食物的支出所占的比例就越大。恩格尔系数越低，说明居民越富裕；反之越穷。

课 后 练 习

一、选择题

1. 旅游需求的特征包括(　　)。

A. 集中性 B. 弹性大
C. 季节性 D. 以上全部选项

2. 衡量旅游需求的指标不包括(　　)。

A. 旅游者人次数 B. 旅游花费
C. 旅游者停留时间 D. 广告费用

3. 预测旅游需求的定量方法没有(　　)。

A. 德尔菲法 B. 回归模型
C. 时间序列模型 D. 因子分析

4. 旅游需求产生的前提条件之一是(　　)。

A. 通信技术 B. 交通运输
C. 闲暇时间 D. 基础设施

5. 影响旅游需求的拉动因素有(　　)。

A. 旅游需求 B. 旅游吸引物
C. 旅游审美 D. 旅游动机

6. 旅游者的旅游需求的实现，主要是通过(　　)。

A. 旅游企业提供产品和服务 B. 旅游发生国政府的政策
C. 旅游者可自由支配收入 D. 旅游目的地国旅游资源

7. 当一国人均GDP达到800～1000美元时，居民将普遍产生(　　)动机。

A. 国内旅游 B. 国际旅游
C. 乡村旅游 D. 入境旅游

8. 闲暇时间的多少决定一个人(　　)。

A. 旅行方式 B. 住宿标准
C. 消费水平 D. 逗留时间长短

9. 一般来说，旅游需求价格弹性表现为(　　)。

A. 完全弹性 B. 富有弹性
C. 单位弹性 D. 缺乏弹性

10. 在旅游过程中，旅游者的最重要的需求是(　　)。

A. 交通运输 B. 景区旅游
C. 饭店住宿 D. 导游服务

二、填空题

1. 旅游需求的推动因素包括个人可支配收入、闲暇时间、_____和社会人口特征等。

2. 旅游需求收入弹性系数是指旅游需求量变化百分数与_____变化分数的比值。

3. 旅游吸引物的数量、质量、多样性、独特性和_____对旅游需求产生重大影响。

4. 客源地与目的地之间的文化差异也会对需求产生促进或_____作用。

5. 旅游需求弹性可具体划分为价格弹性和_____。

6. 闲暇时间分为每日余暇、每周闲暇、公共假日和_____。

7. 旅游花费主要包括游客在旅途中和_____产生的花费。
8. 根据预测期的远近，旅游需求预测可以分为短期预测、中期预测和_____。
9. 在中国旅游统计中，旅游花费总额等于国际旅游（外汇）收入与_____的总和。
10. 从消费者人数划分，可以将旅游需求分为社会需求（市场需求）和_____。

三、判断题

1. 旅游需求表现为旅游者对旅游产品的购买欲望。（　　）
2. 一个人的闲暇时间越多，旅游倾向性就越强。（　　）
3. 衡量游客流量的指标是旅游人次数、旅游者停留天数、旅游者人均停留天数。（　　）
4. 旅游需求规律是在其他因素不变的情况下，旅游需求与可自由支配收入和余暇时间呈正相关变化，与旅游产品的价格呈反相关变化。（　　）
5. 旅游接待国的政局稳定，对该国旅游产品的需求量就多；反之，对该国旅游产品的需求量就少。（　　）
6. 国民经济发展水平、人们收入分配、旅游产品价格、外汇汇率等不会影响旅游需求的规模及结构。（　　）
7. 余暇时间的结构与旅游需求关系不大。时间越多，旅游需求就越大。（　　）
8. 旅游需求，简言之，就是旅游者对旅游产品的需求。（　　）
9. 随着人们收入的增加，收入中用来购买食物（生活必需品）的部分所占比例将会下降。（　　）
10. 旅游者消费总额可以用来测量旅游需求，但并不是旅游需求的重要指标。（　　）

四、问答题

1. 旅游需求的基本特点是什么？
2. 影响旅游需求的主要因素有哪些？
3. 衡量旅游需求的重要指标是什么？
4. 如何将潜在的旅游需求转化为实际需求？
5. 什么是恩格尔系数？它对旅游需求有什么影响？

五、论述题

1. 论述旅游与一个人的收入、闲暇时间以及旅游产品价格的关系。
2. 以泰铢为例，简要分析汇率对旅游需求的影响。

应用案例分析

2023年中国旅游市场需求的变化

2023年，是对旅游业不同寻常的一年。全年国内旅游市场高潮迭起、活力满满、强势复苏。文化和旅游部数据显示：2023年，我国国内出游人次48.91亿，同比增长

93.3%；国内游客出游总花费4.91万亿元，同比增长140.3%。出入境旅游方面，2023年我国出入境旅游人数超过1.9亿人次，较去年增长2.8倍以上。

一、国内旅游市场总体情况

1. 国内旅游人数同比增长约93%

2023年是旅游行业强势复苏的一年，被压抑三年的出游需求得以释放，旅游逐步成为人们的一种生活方式，掀起国民出游新热潮。据文化和旅游部统计，2023年，国内出游人次48.91亿，比上年同期增加23.61亿，同比增长93.3%，涨幅明显，国内旅游市场复苏加速，"热点更热、冷点不冷"现象突出，以都市游(Citywalk)、乡村游(Countryside Tourism)、文旅融合(Integration of Culture and Tourism)为代表的"3C"旅游成为亮点。

2. 国内旅游收入同比增长1.4倍

2023年，国内旅游收入(出游总花费)4.91万亿元，比上年增加2.87万亿元，同比增长140.3%，增幅显著，扭转了自2020年以来的低迷局面。同时，与疫情前的2019年相比，2023年国内旅游收入恢复至2019年同期的85.69%，差距明显缩小，彰显了国内旅游消费的活力与潜能。

3. 国内旅游人均消费达千元

2023年人均每次旅游消费为1003.88元，比上年同期增加197.56元，同比增长24.5%。其中城镇居民人均每次旅游消费1112.29元，同比增长26.89%；农村居民人均每次旅游消费653.92元，同比增长9.17%，城镇同比增幅高于农村。对比2019年至2023年数据可知：2023年国内人均每次旅游消费上千元，超越疫情前的2019年，为近五年来最高。

假日旅游市场是全年旅游发展动态的"风向标"和"晴雨表"，小长假带动了旅游出行消费边际效应。2023年各节假日旅游人次和旅游收入同比均实现了正增长，旅游市场强劲复苏，且旅游收入同比恢复整体优于旅游接待人次。其中，五一、中秋和国庆两个假期游客出行呈"井喷式"，旅游收入同比增长均超100%。从出行方式来看，清明、五一期间自驾游、中短途游仍是消费者出行热门选择。

二、出入境旅游市场表现

根据国家移民管理局公布数据，2023年全国出入境人员4.24亿人次，同比上升266.5%；根据中国旅游研究院发布的《2023年中国旅游经济运行分析与2024年发展预测》报告数据，2023年我国出入境旅游人数超过1.9亿人次，较去年增长2.8倍以上。中国是世界上最大的旅游客源国和重要的目的地接待国之一，中国出入境旅游的恢复对全球旅游业的复苏发挥着至关重要的作用。具体细分出境游和入境游，又呈现不同的发展特点。

1. 出境游

根据中国旅游研究院《中国出境旅游发展年度报告(2023—2024)》，2023年，我国出境旅游人数超过8700万人次，出境游呈现以港澳近程出境目的地为主导，高学历及年轻化游客成为出境游主流，中等收入群体及一、二线城市的游客出境游态度更加积极等特点。展望2024年，我国出境游的恢复和发展将受到国际国内经济形势不确定性、单边主义和保护主义抬头、市场主体供应链构建等多重复杂因素的综合影响，但"积极乐观"仍为未来出境游发展的主基调，预计出境游人数为1.3亿人次。

2. 入境游

2023年我国逐步放开与疫情相关的所有入境限制，入境通关逐渐回归常态化，入境旅游全面重启。据中国旅游研究院发布的《中国入境旅游发展报告(2023—2024)》显示，2023全年我国接待入境游客0.82亿人次，同比增长290.5%，但从入境游发展特点看，入境旅游市场恢复表现出不均衡特征。2023年，港澳台居民出入境人次恢复到2019年的81%，而外国人出入境人次恢复到36%。入境旅游市场不均衡性还体现于商务刚性需求恢复显著，商务游客的占比大于以观光休闲为目的的团队游客。

三、旅游市场发展总结与趋势展望

回首2023年，中国旅游市场显著复苏，全国旅游市场景气指数维持高位，居民出游意愿保持高涨，全年国内旅游接待人次和旅游收入均实现大幅提升，出入境旅游亦步入有序恢复通道。根据联合国旅游组织发布的《世界旅游业晴雨表》：截至2023年年底，国际旅游业已经恢复至疫情前水平的88%，国际游客13亿人次，国际旅游收入1.4万亿美元。到2024年，国际旅游有望恢复至疫情前水平，且比2019年增长2%。

展望2024年，中国旅游市场的主基调将从"重塑恢复"向"创新繁荣"转变，旅游发展逐步进入由"供给迎合需求"到"供给创造需求"的新阶段，旅游市场呈现出新的生机和活力，以满足人们不断增长的旅游需求。据中国旅游研究院预测，2024年国内旅游人数将超过60亿人次，国内旅游收入有望突破6万亿元，出入境旅游人数合计将超过2.6亿人次，实现国际旅游收入重新攀上千亿美元关口。

旅游需求的变化对各地政府、文旅部门和文旅企业主体的"供给质量与创新性"提出了更高的要求，是新的机遇也是挑战。2024年的中国文旅市场充满无穷想象和无限可能，大文旅时代正在来临！

讨论：

1. 2023年我国国内旅游需求有什么变化？节假日游客偏爱什么样的旅游产品？未来的旅游市场发展前景如何？

2. 怎样理解"供给创造需求"？如何满足人们日益增长的旅游需求？为什么说我国旅游复苏向上的进程不会停止？

第 4 章　旅游消费者行为

教学目标

通过本章的学习，可以通过旅游系统（雷柏尔旅游模型）了解旅游消费者行为以及旅游决策的过程。本章重点学习旅游消费者行为模型，了解影响旅游消费者行为的主要因素，掌握旅游满意度的测评方法。

教学要求

教学内容	重点☆、难点*	教学提示
旅游消费者行为模型	(1) 莫提荷的消费者行为模型 (2) 斯莫尔旅游决策过程模型☆*	本章主要与第1章、第2章、第3章、第7章、第9章、第10章、第12章等内容相关联，教学时可前后对应，以便掌握各章节教学内容的内在联系
影响旅游消费者行为的因素	(1) 个体因素☆ (2) 环境因素*	
旅游满意度	(1) 旅游满意度的重要性 (2) 旅游满意度的复杂性 (3) 旅游期望与旅游满意度的关系☆ (4) 旅游满意度调查方法*	

> 乘兴而行，兴尽而返。
> ——刘义庆

基本概念

旅游消费者行为模型　旅游者决策过程　影响旅游消费者行为的因素　旅游满意度

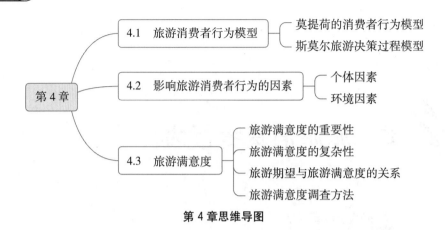

第 4 章思维导图

中国游客出境旅游消费

提起大量增多的中国出境游客,欧洲铁路集团公司中国代表处总经理顾剑对记者说:"欧洲没有感觉到什么'中国威胁',我们只知道这里许多大小城市亟须为中国人提供更多可以使用银联卡的自动取款机。"

荷兰国家旅游会议促进局首席代表杨宇说,中国人出境旅游吃住行相对节省,却舍得花钱买奢侈品做纪念。从事消费者行为研究的丁学林博士说,中国俗语说,"穷家富路",对节俭的中国人来说,出境游是有品位的消费,一定要购买足够的纪念品送给亲朋好友。难怪法国里昂证券认为,购买奢侈品占中国游客旅行花费的相当部分,欧洲奢侈品制造商和零售商将从中国人旅游热潮中大大受益。

根据波士顿咨询公司(BCG)的说法,富有的中国游客来巴黎旅游时,住宿费用占他们旅行预算的20%,而购物支出却是住宿费用的两倍,这与美国游客的支出模式截然相反。

据中国旅游研究院发布的《中国旅游经济蓝皮书》,2000年中国出境旅游人数为1000万人次,2012年激增至8300万人次。在此期间,中国游客境外旅游消费增长了8倍,中国已超越美国和德国,成为世界第一大出境旅游市场和世界第一大出境旅游消费国。

随着中国经济愈加繁荣,家庭可支配收入增多,中国公民出境旅游人数也逐年增多,对国际旅游市场将做出更大的贡献。2013年中国出境旅游人数9800万人次,同比增长18%,出境旅游花费1200亿美元,同比增长20%;2017年中国出境旅游人数激增至1.31亿人次,2018年为1.49亿人次,2019年增至1.55亿人次。

据估计,随着中国经济快速发展,中国的国内旅游市场和出境旅游市场将进一步繁荣。到2025年,中国公民在境内外的奢侈品消费总额将增长近一倍,达到1.2万亿元人民币,届时中国将贡献全球40%的奢侈品消费额。无论是从游客数量还是从国际旅游开支上来看,中国都巩固了其作为全球最大旅游客源市场的地位。

遗憾的是,一些游客在出境旅游过程中出现了拜金主义、享乐主义、极端个人主义和历史虚无主义。"历览前贤国与家,成由勤俭破由奢。"游客出境旅游需适度消费,量力而行;而旅游企业需加强游客出行前教育,正确引导游客境外消费为。

点评：

一方面，中国出境旅游市场已形成规模，旅游者境外旅游消费支出快速增长，已成为世界第一大出境旅游消费国，这与中国公民家庭可支配收入快速增长有关；另一方面，中国旅游者境外购物消费水平高，特别是对奢侈品的消费，表明一些中国旅游者"要面子"的消费心理，需要正确引导，理性消费。

 小思考

一些中国人境外消费"要面子"，这是什么样的消费心理和消费行为？除了购物支出比例大，中国旅游者在境外消费行为还有哪些特点？

出行方式：_____

支付方式：_____

交通行为：_____

用餐行为：_____

度假方式：_____

其他：_____

4.1 旅游消费者行为模型

消费者行为是指消费者为获取、使用、处置消费物品或服务所采取的各种行动，包括先于且决定这些行动的决策过程。消费者行为主要由两个部分构成：一是消费者的购买决策过程。购买决策是消费者在使用和处置所购买的产品和服务之前的心理活动和行为倾向，属于消费态度的形成过程。二是消费者的行动。消费者行动则更多的是购买决策的实践过程。在现实的消费生活中，消费者行为的这两个部分相互渗透、相互影响，共同构成了消费者行为的完整过程。

从雷柏尔旅游模型可以看出，旅游者的消费行为从客源地开始，经旅游通道抵达旅游目的地，再从旅游目的地返回客源地，涉及旅游系统中的三大要素，以及旅游活动的空间和供需关系。因此，研究旅游消费行为可以从旅游系统中的"O—D对"和"N—S对"两个角度进行。从研究方法来讲，消费者行为模型是研究旅游消费者行为普遍使用的方法。

4.1.1 莫提荷的消费者行为模型

消费者行为模型包括了消费者产品消费全过程的决策、购买行为、购后评价行为等多方面的要素，并指明了相互之间的关系。莫提荷（Moutinho）1987年建立的消费者行为模型被称为"莫提荷模型"，是研究消费者行为的有效工具。它将消费者的整个商品消费行为过程分为了三个主要部分，分别是：

(1) 决策前和决策过程。

(2) 购后评价过程。

(3) 未来决策制定过程。

1. 决策前和决策过程

消费动机出现后,消费者会对外界信息的刺激进行过滤筛选,之后主动进行信息搜集,加以理解之后形成特定的偏好。此时,对信息的敏感度会影响到对信息的注意和学习,而偏好和学习决定认知结构。标准确立以后,消费者会对风险进行评估,之后做出购买决策,然后进入购买阶段。

2. 购后评价过程

购买以后就进入购后评价过程。此过程会对购后信息进行充分评价,进行成本、收益分析,决定是否继续购买产品。在这一过程中会分析购买产品是否与期望一致,讨论满意度,然后确定对产品的认识,包括接受、拒绝和不表态三种态度。接受表示高度赞同;拒绝是极度否定;不表态则是中性反应。不同的态度会影响未来决策的制定,中等赞同和高度赞同都可能产生重复购买行为。

3. 未来决策制定过程

未来决策的制定是下一次购买的先前决策,顾客的购买行为是由这些步骤循环进行的。经过修正的购买行为包括购买新产品,或追求更高质量的产品。顾客对是否重复购买可能会产生犹豫,犹豫的结果有两种:一是可能重复购买;二是拒绝重复购买,直接选择竞争者的产品。一项调查表明,要吸引一个新顾客,比使一个老顾客满意的成本可能高出五倍。因此,优秀的企业都全力以赴留住顾客,保持顾客对企业产品的忠诚度。①

 案例故事

不点菜坐一会儿可以吗?

一天中午,正是××酒店客人用餐的高峰时期,中餐厅里来了一位老先生,服务员小何连忙收拾好一个位置,让这位老先生坐了下来,并面带微笑地说:"您好,欢迎光临,请问您需要什么?"老先生说:"我不点菜,给我一份素面就可以了。"服务员小何仍然微笑着说:"好的,我们酒店的面条味道不错,请您稍等,马上就好,您先喝点茶。"说着,小何给老先生倒了一杯茶后才离开。几分钟后,热气腾腾的面条端了上来,老先生吃完后,付了钱,就独自走了。

第二天中午,餐厅又开始忙碌了,小何发现那位老先生又来了,小何连忙迎上去,微笑着给老先生打招呼:"先生,您来了,请坐。"小何正想问老先生点什么,不料老先生说:"服务员,我暂时不想点餐,先坐一会儿,可以吗?""当然可以,那您先喝点水吧。"说着,小何又给老先生倒了一杯茶然后才离开。

过了一会儿,小何又去给老先生加水,这时老先生对小何说:"你们的服务真不错,我到这儿不是为了吃饭,我的儿子要举行婚礼了,我想订20桌婚宴,到了几家酒店考察,只有你们的服务最好,现在我决定就在你们酒店订了。"

---

① 菲利普·科特勒,约翰·T. 鲍文,詹姆斯·C. 麦肯斯. 旅游市场营销(第六版)[M]. 谢彦君,李淼,郭英,等译. 北京:清华大学出版社,2017.

点评:

从这一案例中可以看出,这位老先生订酒店的过程实际上就是一个决策的过程。他两次到酒店,以吃饭的形式收集酒店的服务态度、服务水平、服务质量等相关信息,并与其他酒店进行比较,最后才做出决定。

4.1.2 斯莫尔旅游决策过程模型

旅游消费者行为比一般普通商品消费行为更复杂。旅游购买决策过程是游客为了实现购买行为所进行的一系列心理活动。对多数人来讲,旅游是一种高消费,因此在购买过程中人们是比较谨慎的。[①] 消费心理学研究发现,消费者的购买行为一般分为五个阶段,即唤起需要、寻找信息、比较评价、购买决定和购后评价。旅游者购买旅游产品的行为是一个渐进、分阶段的购买过程,而每一个阶段的购买行为对旅游者的消费都会产生影响。斯莫尔(Schmöll)旅游决策过程模型反映了旅游者购买旅游产品的决策过程以及购买行为的复杂性(见图4-1)。[②]

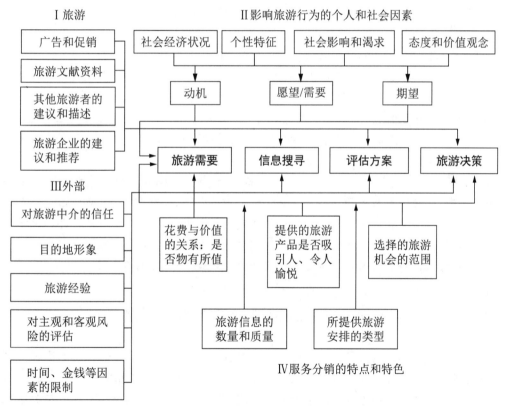

图4-1 斯莫尔旅游决策过程模型

---

① 沈涵. 游客的旅游地选择与购买决策模型分析[J]. 旅游学刊,2005(3):43—47.
② SCHMOLL G A. Travel Decision Process Model[D]. Perth: Murdoch University, 1977.

案例故事

一位中年教师的旅游决策过程

旅游者是一位中年教师，准备夏季自费一个人出游。年初开始筹划，打算旅游五六天，花费约3000元，拟在鲁南、豫东、皖南、赣东北、闽北和浙南间选择旅游目的地(唤起需要)。随后他着手搜集资料，主要是从旅游报纸杂志、导游小册子和地图中搜集，也曾向旅游经验丰富的人请教过，对该区域内的国家级风景名胜区和历史文化名城有了一定程度的了解。由于他本人酷爱大自然，又擅长摄影和美术，认为游览自然风景区容易获得较大的旅游满足，因此决定以山地、湖泊、海滨和自然保护区为候选旅游目的地(信息搜寻)。

对于自然风景区，他考虑过两个方案：一是多样性方案，即设计一条线路，串联几种类型的自然风景区；二是单一型方案，即玩遍一个著名的自然风景区。他最中意的一个多样性方案是：走无锡→经太湖→杭州；走富春江→梅城；走公路→建德；过千岛湖→淳安；经新安江→深渡；走公路→黄山；走公路回无锡。但是多样性方案舟车劳顿，费用又超出预算，于是他倾向于单一型方案。在山地、湖泊、海滨和峡谷四种类型中，他认为山地景观丰富，观赏性强，自己又在山区当过十年知青，对大山感觉既熟悉又亲切。因此，他觉得游览一座名山更有价值(比较评价)。

通过比较，在待选的名册名单中仅剩黄山、泰山、天柱山、雁荡山和武夷山。他认为黄山风景无与伦比，可惜的是夏季游人如云，山上吃住成问题；泰山历史遗存丰富，风景则逊于黄山；天柱山刚刚开发，资料不多，对于风景质量是否高、接待设施是否全他没把握；去雁荡山若乘汽车则辗转劳顿，转海轮又怕晕船影响游兴；武夷山丹崖碧水，风景有特色，还可参观自然保护区，虽说远一点，但可坐火车直达临近之邵武，很方便(比较评价)。

最后他选中了武夷山(购买决定)。武夷山奇峰峭拔、秀水潆洄、碧水丹峰，被誉为"奇秀甲东南"。景区内人文景点荟萃，有"道南理窟""朱子理学""架壑船棺"等人文景观，融儒、释、道三教文化于一体。典型的丹霞地貌、萦回环绕的九曲溪，再加上神秘的古闽越族文化，使其成为世界自然与文化双重遗产，令人流连品味。他回来以后见人就夸武夷山旅游景区，对那里的自然风光和人文历史赞不绝口(购后评价)。

4.2 影响旅游消费者行为的因素

旅游者在旅游产品购买和消费的整个行为过程中受到多种内、外部因素的影响。影响旅游消费者行为的个体与心理因素是动机、知觉、态度、学习、人格等(见图4-2)。这些因素不仅会影响和在某种程度上决定消费者的决策行为，而且它们对外部环境与营销刺激的影响会起放大或抑制作用。影响消费者行为的环境因素主要有角色和家庭影响、文化和亚文化、社会阶层、参照群体等，可简要将其分为心理因素、社会因素、社会人口特征、文化因素等大类。此外，旅游消费者行为在宏观上还会受到全球和地区的政治、经济、自然环境、气候等诸多因素的影响，因此旅游者的消费行为是极其复杂的。

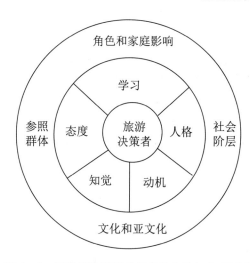

图 4-2　影响旅游消费者行为的个体与心理因素

4.2.1　个体因素

1. 动机

旅游动机是诱发旅游者购买行为的内在驱动力①,规定了旅游行为的方向。除了马斯洛的需要层次理论(见第 2 章),推—拉理论、驱力理论、期望理论等是研究旅游动机运用较多的理论。戴恩 1977 年提出了推—拉理论(Push and Pull Theory),许多学者将其运用于旅游动机研究。推—拉理论兼顾了旅游者个人心理内部以及外部环境的双重作用。旅游者心理不平衡、情绪紧张等促使其产生旅游动机,这是"推"的因素;"拉"的因素主要是指外部的吸引因素,如目的地特征、旅游吸引物特点等。"拉"的因素通过影响旅游者的认知从而作用于旅游者的动机。②

　特别提示

根据推—拉理论,旅游动机可以分为两类:一为内在需求,即心理类旅游动机,研究者称为"推力",如:逃避现实、减轻压力的欲望;满足自尊、挑战、冒险的渴望等;二为外在刺激,即目标类旅游动机,被研究者称之为"拉力",如:历史悠久的名胜古迹、独特的自然景观、新奇和特色的旅游项目、旅游服务等。在实际的旅游行为动机研究中,多数人都认为旅游行为具有多重动机,是"推"和"拉"的合力产生的。

即学即用

分组讨论:请列举五个以上的不同的旅游动机,并运用戴恩的推—拉理论进行分析。与马斯洛的需要层次理论比较,戴恩的推—拉理论对旅游动机的研究有什么不同?

---

①　马耀峰,李天顺,刘新平. 旅游者行为[M]. 北京:科学出版社,2008.
②　DANN G. Anomie, Ego-enhancement and Tourism[J]. Annals of Tourism Research, 1977(4):184—194.

2. 知觉

知觉是人的感官对客观事物各部分、属性及其相互之间关系的整体反映。知觉是由主体的感官感知到对象的属性、特点等，然后在主体大脑中形成感知印象，此印象与主体已有的先前经验相互作用形成。由于每个主体的认知方式、经验的不同，其知觉也会有所差异。知觉还容易受到经验效应、晕轮效应、刻板印象等心理定势的影响，具有选择性、组织性、解释性的特点。旅游者的知觉涉及旅游时间、空间距离、目的地等各个方面，对旅游者的决策、评价等有重要影响。

 知识链接

晕轮效应

晕轮效应最早是由美国心理学家爱德华·L. 桑戴克（Edward L. Thorndike）于20世纪20年代提出的。他认为，人们对人的认知和判断往往只从局部出发，扩散而得出整体印象，也即以偏概全。① 旅游者在未到达旅游目的地前，通常会被知名度高、影响力大的景点（区）（旅游强势区）光圈笼罩，并赋予该旅游景点一切好的品质，同时潜意识地忽略或排除其他相同的、但知名度较低的旅游地（旅游弱势区），这就是旅游者对旅游地的"晕轮效应"。② 晕轮效应是人的一种心理定势，对旅游者的消费行为会产生一定影响。

 特别提示

刻板印象也叫"定型化效应"，是指个人受社会影响而对某些人或事持稳定不变的看法。它既有积极的一面，也有消极的一面。积极的一面表现为：对于具有共同之处的某类人，直接按照已形成的固定看法即可得出结论，这就简化了认知过程，节省了大量时间、精力。消极的一面表现为：在有限材料的基础上做出带普遍性的结论，忽视个体差异，从而导致知觉上的错误，妨碍对他人做出正确评价。

3. 态度

态度是一个人以肯定或否定的方式估价某些抽象事物、具体事物或某些情况的心理倾向。③ 旅游者的态度就是旅游者对旅游产品或目的地的看法、倾向。态度的内在结构由认知成分、情感成分和意向成分构成。态度具有对象性、社会性、内隐性、相对稳定性、价值性和调整性特征。态度的强度和复杂性会对旅游偏好形成影响。积极态度越强，则越偏好此对象，反之亦然。态度的改变有一致性改变，即态度强度的改变；非一致性改变，即态度性质和方向的改变。旅游者自身的需要、性格特点以及外界信息、旅游者之间态度的影响、参照群体等都会对态度的改变产生影响。旅游者掌握的信息量越大、种类越多，态度越复杂。

---

① THORNDIKE E L. A Constant Error in Psychological Ratings[J]. Journal of Applied Psychology, 1920(1)：25—29.
② 王进. 亚旅游目的地的理论与实证研究[J]. 社会科学家，2013(3)：80—83.
③ 舒伯阳，冯婉怡，谭庆秋. 旅游心理学（第五版）[M]. 大连：东北财经大学出版社，2023.

小思考

旅游产品的核心部分是服务,旅游产品的异地性、消费与生产的同步性决定了态度对旅游消费者会产生重大影响。请举例说明旅游者的个人态度、旅游者群体之间的态度以及旅游服务人员的态度对旅游者的体验产生的影响。

4. 学习

学习是指由于经验而引起的个人行为上的变化。学习理论的倡导者认为,学习过程发生在动机、刺激、暗示、反映和巩固的相互作用当中。旅游者购买和消费旅游产品其实就是一种学习过程,是一种新的体验,而在这种全新的体验中,旅游者必须适应环境的变化。旅游者在做出购买决策之前,需要对产品的属性、特点等进行了解,旅游者的消费过程、对旅游产品的购后评估过程就是在对产品进行学习的过程。因此,旅游者学习的过程就是旅游者满足自身需要和适应环境变化的过程。

 小思考

如何理解旅游者购买和消费旅游产品其实就是一种学习过程,是一种新的体验?旅游者在游前、游中、游后三个阶段是如何学习的?

5. 人格

人格是指一个人区别于他人的所有稳定的、自成体系的个人行为特征,包括动机、态度、兴趣、价值观等。[①] 人格受到先天遗传、后天环境、心理成熟程度以及学习因素的影响。人格特征包括气质、能力、性格三个方面。根据旅游者的人格特点,普洛格将旅游者分为自我中心型、多中心型、近自我中心型、近多中心型和中间型五种类型,其中多中心型的旅游者对不同的文化感兴趣,喜欢冒险、独立、乐于尝试新奇的东西;自我中心型旅游者拒绝冒险,喜欢熟悉的商品与服务,不喜欢冒险;其他三种旅游者的喜好则居于二者之间。[②] 不同人格类型的人会选择不同的生活方式,不同的生活方式又必然会对个体的旅游行为产生影响。例如,喜欢求新猎奇生活方式的旅游者更倾向选择冒险、登山等刺激型旅游活动,而喜欢安静生活方式的旅游者更倾向选择垂钓、日光浴等轻松安宁的旅游活动。

头脑风暴

1. 小王一个人乘坐旅行社的包价飞机前往四川九寨沟,住九寨天堂宾馆,没有观看藏族锅庄表演,也没有吃当地一道名菜"烤全羊",随旅行团返回北京。
2. 小李向旅行社订票,乘坐飞机前往云南香格里拉,到达以后没有入住酒店。他选

[①] 舒伯阳,冯婉怡,谭庆秋. 旅游心理学(第五版)[M]. 大连:东北财经大学出版社,2023.
[②] DAVID W, MARTIN O. Tourism Management[M]. Sydney:John Wiley & Sons Australia, Ltd,2000.

择入住了当地的藏舍,与藏族人民吃住在一块,自己游览旅游景区,并参加了一场当地的婚庆活动,游后乘坐旅行社预订的飞机回京。

根据普洛格旅游者心理类型,分析判断小王和小李属于哪一类心理类型的旅游者。有何个人行为特征?应当提供什么样的服务?

4.2.2 环境因素

1. 家庭

家庭是对旅游者决策行为影响最重要的群体。不论是传统的家庭生命周期,还是近年来新出现的各种家庭结构,其家庭成员年龄、工作、收入、教育等情况都会影响旅游者个人及家庭整体的决策方式和旅游消费内容。以传统的新西兰家庭为例,不同家庭生命周期的旅游参与程度和旅游消费支出是不一样的(见表4-1)。

表4-1 新西兰家庭旅游参与程度和旅游消费支出

家庭周期	家庭成员	家庭情况	人均花费	总开支
1	单身	单身、与父母分住	913	913
2	新婚	无子女	851	1702
3	满巢1期	有学龄前儿童	490	1496
4	满巢2期	有学龄儿童	468	1831
5	满巢3期	子女未独立	648	2200
6	空巢1期	夫妻工作、子女独立	832	1666
7	空巢2期	夫妻退休	674	1350
8	空巢3期	寡居,退休	764	764

注:按家庭生命周期统计,单位:新西兰元。

即学即用

根据表4-1新西兰家庭旅游消费情况,你认为家庭生命周期的哪一阶段的消费行为对旅游企业更重要?为什么?

2. 参照群体

参照群体实际上是个体在形成其购买或消费决策时,用以作为参照、比较的个人或群体。旅游者在做出旅游决策之前,除了受到家人意见的影响,还可能受到朋友、同事、邻居甚至陌生人的影响。这些群体对某一旅游目的地或某旅游产品的评价,以及这些人群旅游之后带回的照片和纪念品等都会对旅游者产生影响。它们既可能引起旅游者的兴趣,也可能使旅游者排除同样的旅游目的地或产品。旅游者在旅游过程中也会受到参照群体的影响。例如受到同行的其他旅游者或旅途中相遇的旅游者的影响,旅游者可能会欣赏、羡慕这些参照群体的旅游方式、选择的旅游产品等,从而模仿其行为;也可能因为不认同参照群体的行为方式而采用完全不同的行为方式。旅游产品生命周期不同时期内参照群体对旅游者的消费行为的影响各有不同。旅游者可能同时参考多个群体的信息、行为等,参照群体对旅游者的影响力在旅游的不同阶段也会不同。

特别提示

（1）旅游是奢侈品，不像购买生活必需品已形成购买习惯，受参照群体的影响较大。

（2）旅游活动与群体功能的关系密切，个体在该活动中遵守群体规范的压力较大。

（3）旅游产品有消费异地性的特征，决策风险大，旅游消费行为受参照群体影响大。

（4）旅游者的产品购买决策在旅游产品导入期，受参照群体影响大；在衰退期，受参照群体影响小。

3. 角色与地位

一个人从属于许多群体——家庭或各种组织，每个角色都会影响购买行为，角色是周围的人期望一个人应履行的各种活动。儿子或女儿、妻子或丈夫、工人或经理都是生活中常见的角色。个人在每个群体当中的位置可以根据他扮演的角色和所处的地位来界定。每个角色都代表着一定的社会地位，这一地位反映了社会总体上对该角色的尊重程度。人们通常选择能显示自己社会地位的产品，例如，商务旅行者通常会选择购买头等舱机票而不是经济舱机票，入住星级酒店而不是经济型酒店。

小思考

在你的家庭中，哪一位家庭成员对你的旅游消费行为会产生最大影响？为什么？

4. 文化因素

（1）价值观差异

文化根植于价值观，价值观决定人们的知觉、态度，指导人的行为。文化的不同导致价值观的差异，使行为、态度等也因一个人的文化程度不同而呈现出不同的特点。受价值观影响，东西方旅游者的审美标准，对建筑、艺术等的理解，以及对宗教信仰、风俗传统、礼节等的看法也不同，这直接影响到不同文化背景的旅游者对旅游资源、旅游活动以及旅游纪念品的偏好不同。此外，不同文化背景的旅游者对服务质量的评价也不同。相同标准的服务，对某种文化背景的旅游者而言可能是高质量的，对另一文化背景的旅游者而言则可能是不可接受的。

（2）文化采借

旅游过程中，旅游者会受到自身文化和目的地地区文化的双重影响。自身文化会影响旅游者的动机、期望、偏好、对服务质量的评价等；目的地文化同样会影响旅游者的消费行为。文化是一个学习的过程，也是一个被学习的过程。文化的习得性与文化的传承性是一个事物的两个方面。在旅游世界中，这种双面性得到了最直观的表现，即文化的采借过程(Cultural Borrowing)。① 文化采借是对外来文化元素和文化集丛的借用，两种不同文化

---

① SAMOVAR L A，PORTER R E. Communication Between Cultures[M]. Belmont：Wadsworth Publishing Company，2004.

接触后产生传播效应,在传播过程中相互采借对方的文化,这是旅游者消费行为的特征之一。采借不是完全对等的,由于旅游消费的集中性和异地性,旅游者的行为会出现"消费攀高、道德弱化"的现象,从而对东道主和目的地文化产生负面影响。

 小思考

研究表明,旅游者的行为不仅会表现为"消费攀高、道德弱化",还易出现"文化干涉"。你是否同意这一观点?请举例说明。

4.3 旅游满意度

美国学者卡多索(Cardozo)认为:"满意度是一个人对一个产品和服务的可感知的效果与他的期望相比较所形成的感觉状态。"[①] 国外游客满意度的研究,最早是由皮赞姆(Abraham Pizam)等学者发现的,并被学术界广泛接受。皮赞姆等认为,旅游者满意度是旅游者对旅游地的期望和实地旅游体验相比较的结果,是在旅行过程中旅游者满足其期望和需求的程度。[②] 在很大程度上,旅游者的满意度是建立在旅游者期望和实地体验进行比较的正效应的基础上。如果实地旅游体验高于事先的期望值,则旅游者是满意的。

4.3.1 旅游满意度的重要性

1. 旅游满意度与旅游产品

随着旅游市场竞争的加剧、旅游者消费观念的转变,加之旅游产品本身的复杂性,旅游企业的产品面临更多的不确定因素和重大挑战。旅游满意度对旅游企业的生存发展至关重要,是衡量旅游产品生命周期演进过程的关键性指标。旅游满意度不仅直接影响旅游者对旅游产品的初步感知,是否购买这些旅游产品的意向,而且影响旅游产品的重复购买。旅游满意度对旅游者消费和旅游企业产品销售都具有特殊意义,主要体现在以下几个方面。

(1) 旅游产品不是普通大众商品,是"奢侈品"。对许多人来说,一次长距离旅游可能就是一生一次的旅游。

(2) 旅游,特别是长距离旅游,不仅经济成本高,而且时间成本也很高。即使一个人旅游之后还有充裕的资金,希望再次出游,也要取决于他有没有时间。

(3) 重复购买旅游产品会给旅游企业带来良好的口碑效应和示范效应,旅游产品的重复购买说明旅游者对该产品有很高的忠诚度,会大大减少旅游企业的营销成本。

---

① CARDOZO R. An Experimental Study of Customer Effort, Expectation and Satisfaction[J]. Journal of Marketing Research, 1965(2): 244—249.

② PIZAM A, NEUMANNY Y, REICHEL A. Dimensions of Tourist Satisfaction with a Destination Area[J]. Annals of Tourism Research, 1978(5): 314—322.

小贴士

重复购买的计算方法

重复购买(Repeat Patronage)是指消费者对该品牌产品或者服务的重复购买次数。重复购买率有两种计算方法：第一种算法是所有购买过产品的顾客，以每个人为独立单位重复购买产品的次数。比如有10个客户购买了产品，5个产生了重复购买，则重复购买率为50%。第二种算法是重复购买客户的交易次数/客户样本数量。比如10个客户购买了产品，中间有3个人有了第二次购买，这3人中的1个人又有了第三次购买，则重复购买次数为4次，重复购买率为40%。

2. 旅游满意度与顾客忠诚

顾客忠诚(Customer Loyalty, CL)是指顾客对企业的产品或服务的依恋或爱慕的感情，它主要通过顾客的情感忠诚、行为忠诚和意识忠诚表现出来。其中，情感忠诚表现为顾客对企业的理念、行为和视觉形象的高度认同和满意；行为忠诚表现为顾客再次消费时对企业的产品和服务的重复购买行为；意识忠诚则表现为顾客做出的对企业的产品和服务的未来消费意向。

旅游满意度与顾客忠诚之间存在正相关关系。重复购买率越高，顾客对品牌的忠诚度就越高，反之则越低。对于顾客忠诚的内涵的理解，有以下三种观点。

(1) 行为忠诚(Behavioral Loyalty)，主要从高频率的重复购买行为的视角来理解忠诚。

(2) 情感忠诚(Attitudinal Loyalty)，顾客忠诚是情感态度的忠诚，态度取向代表了顾客对产品和服务的积极倾向程度。

(3) 行为和情感结合忠诚(Integration of the Behavioral and Attitudinal Loyalty)，真正的顾客忠诚应该是伴随着较高的态度取向的重复购买行为。[1]

 小贴士

忠诚矩阵

忠诚矩阵(Loyalty Matrix)是用不同的忠诚度划分不同的顾客类型(见图4-3)。潜在忠诚是指顾客有很高的满意度，但是因为价格的因素，不会或是很少重复购买；高度忠诚是指顾客的满意度很高，心理依赖度也很高，表现出较强的持续购买力；低度忠诚则是指顾客进行一次旅行后对旅游目的地评价很低，顾客的旅游体验很差，所以不会再购买该旅游产品；虚假忠诚则是指顾客重复购买某一个旅游产品并不是因为自己真的喜欢，只是因为朋友或是家人喜欢而不得不购买，这类忠诚顾客在游乐园等旅游产品中表现得很明显。[2]

---

[1] 张圣亮. 服务营销与管理[M]. 北京：人民邮电出版社，2015.
[2] 林德荣，郭晓琳. 旅游消费者行为[M]. 重庆：重庆大学出版社，2019.

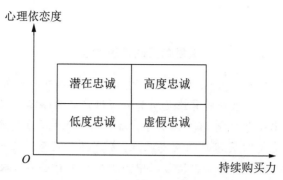

图4-3 顾客忠诚矩阵

4.3.2 旅游满意度的复杂性

旅游者购买的旅游产品是复杂型产品,要想获得满意的旅游体验,需要经历一个复杂的消费过程。霍华德(Howard)和谢思(Sheth)于1969年指出,购买日常产品是指消费者对日用品的购买行为,而复杂型产品的购买是指昂贵产品的购买行为。[①] 一般来说,购买日常产品是为了满足马斯洛需求层次低层次的需要,而购买复杂型产品是为了满足马斯洛需求层次中高层次的需要。

1. 旅游产品消费的风险性

旅游者消费的产品不是单纯的普通商品,它是多层次的复杂型产品,涉及面广,包括食、住、行、游、购、娱。它不仅包含有形部分,而且包含无形部分,核心是无形部分,通过旅游企业提供的服务获得美好的旅游体验是旅游者购买旅游产品的主要目的。旅游产品的无形性和高花费性使旅游者的购买决策具有高风险性(见图4-4)。

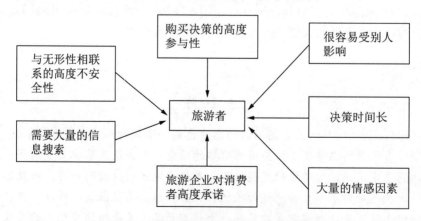

图4-4 从需求角度看旅游产品消费的风险性

---

① HOWARD J A, SHETH J N. The Theory of Buyer Behavior[M]. New York: John Wily & Sons, 1969.

2. 旅游消费者行为的复杂性

旅游消费者购买的是整个旅游经历,而不是一个特定的普通日常性消费产品。旅游消费者的购买行为分为三个阶段:

(1) 旅行开始之前的预期阶段。
(2) 旅行期间的消费阶段。
(3) 旅行结束后的回忆阶段。

三个不同阶段的消费行为构成了旅游消费者的整体印象和旅游体验。在消费过程中,旅游消费者作为旅游产品生产过程的一部分,意味着旅游消费者的态度、心情和预期将会影响其对旅游经历的评价,其消费行为十分复杂;而日常型产品的购买是一次性购买,消费行为比较简单(见表4-2)。

表4-2 日常型产品和复杂型产品特点对比

日常型产品	复杂型产品
价值/价格比较低	价值/价格比较高
主要是必需品	对日常生活并不重要
低度的问题解决	高度的问题解决
少量的信息搜寻	大量的信息搜寻
对消费者低度承诺	对消费者高度承诺
购买频率高	购买频率低
品牌忠诚度高	品牌忠诚度低
决策过程速度快	决策过程速度慢
消耗(使用)速度较快	消耗(使用)速度较慢

此外,旅游消费者的经历在很大程度上受一些外界因素的影响,影响旅游消费者的消费行为,特别是由于旅游消费的异地性和同时性的特点,外界因素在很大程度上影响了旅游消费者的满意度,使其期望值发生变化。这些外界因素是旅游消费者自身或为其提供产品的旅游企业不能控制的,主要有以下三点。

(1) 天气变化。
(2) 交通管制。
(3) 东道主的态度。

4.3.3 旅游期望与旅游满意度的关系

1. 旅游期望的定义

旅游期望与旅游满意度有密切的关系。旅游期望是指由旅游动机引发的旅游消费者对其旅游决策的出游目标实现的心理预期。旅游消费者在购买旅游产品或服务之前根据过去的经历、广告宣传等途径,形成对产品或者服务特征的消费前期望(Pre-purchase Expectations);

消费活动结束后,旅游消费者会将感知绩效(Perceived Performance),即旅游体验,与消费前的旅游期望的关系见表4-3。如果产品的实际价值远不及旅游消费者的期望,旅游消费者就会失望;如果产品的实际价值与旅游消费者的期望相符,旅游消费者就会感到满意;如果产品的实际价值超过旅游消费者的期望,旅游消费者就会感到非常满意。[1]

表4-3 旅游体验与旅游期望的关系

旅游体验与旅游期望	旅游体验大于旅游期望	旅游体验等于旅游期望	旅游体验小于旅游期望
心理感受	兴奋感 (满足感)	镇定感 (满足感)	失望感 (挫败感)

2. 旅游期望类型

根据迦卡·奥亚萨络(Jukka Ojasalo)的顾客期望理论,旅游期望可分为模糊期望、显性期望和隐性期望三种。模糊期望是旅游消费者期望在旅游目的地获得某类感受或体验,但不清楚具体要求是什么,如"放松身心"期望;显性期望是旅游消费者在到达目的地之前就已经存在于心目中的期望,如"观赏美景"期望;隐性期望是指目的地理所当然提供的最基本的产品与服务,旅游消费者自己没有必要说出这些方面,如"卫生""安全"等期望。模糊期望与隐性期望虽然没有直接表现出来,但都客观地存在于旅游消费者的潜意识中。一旦期望不能满足,就会立即转化为显性期望,并形成不满。[2]

3. 旅游期望引导

旅游期望是建立在消费者以往的购买经验、朋友和相关群体的意见以及营销人员与竞争者所提供的信息和承诺的基础上的,不同的旅游消费者所获得的满意度可能差异甚大。旅游期望程度有四种:有理想的(Ideal)、想要的(Deserved)、期待的(Expected)和最低容忍的(Lowest Tolerable)。不同程度的期望对旅游消费者的满意度会产生重大影响,产品的营销者必须谨慎地确定一个适当的期望水平。旅游消费者的期望过低,虽然产品可以满足顾客的需要,但不能吸引足够的消费者;旅游消费者的期望水平过高,很可能使他们失望,因此有必要加强对旅游者期望、行为、体验、感知、安全、责任、能力、权益等方面的引导,帮助旅游消费者树立正确的旅游观,培养良好的旅游行为,形成合理的旅游期望,获得较好的旅游感知,从而提高旅游消费者的旅游质量和满意度。[3]

 知识链接

期望理论

期望理论(Expected Theory)是管理心理学与行为科学的一种理论,由著名心理学家

---

[1] OLIVER R L, LINDA G. Effect of Satisfaction and Its Antecedents on Customer Preference and Intention[J]. Advances in Consumer Research, 1981(1): 88—93.

[2] OJASALO J. Managing Customer Expectations in Professional Services[J]. Managing Service Quality: An International Journal, 2001(3): 200—212.

[3] 邹勇文,刘德军,曹国新. 旅游消费者行为学[M]. 北京:中国旅游出版社,2017.

维克托·H.弗鲁姆(Victor H. Vroom)于1964年提出,也广泛用于旅游消费行为研究。期望是在一定的时间里希望达到目标或满足需要的一种心理活动,人总是渴求满足一定的需要并设法达到一定的目标。这个目标在尚未实现时,表现为一种期望。目标价值大小直接反映人的需要动机强弱,期望概率反映人实现需要和动机的信心强弱。用公式表示为:

$$M=\sum V \times E$$

注:公式中 M 是指个体从事某项活动积极性的大小,称为激励水平。E 是指某一特别行为人判断自己达到某种目标或满足需要的概率,称为期望值。V 是指人们对某一目标(奖酬)的重视程度与评价高低,即人们在主观上认为这个目标的价值大小,称为效价。

头脑风暴

有一种见解认为,旅游满意度取决于旅游企业提供产品的质量。青年旅馆提供的低价床位是低质产品,不能满足徒步旅行者的过夜需求,因此造成旅游者满意度低。你是否同意这种看法?

4.3.4 旅游满意度调查方法

旅游满意度调查是用来测量旅游企业满足或超过旅游消费者购买产品的期望所达到的程度,测量旅游满意度的过程就是旅游满意度调查。通过旅游满意度调查,可以找出那些与旅游满意或不满意直接相关的关键因素,并根据旅游消费者对这些因素的看法测量出统计数据,得到综合的旅游满意度指标,为旅游企业改进服务质量、提高服务水平提供依据。检验旅游消费者对旅游企业提供的产品和服务是否满意可以采用以下几种方法。

1. 建立投诉和建议系统

旅游企业可以通过网络平台建立投诉和建议系统,使旅游者更方便表达自己的喜好。这样的系统不仅能迅速解决问题,还可以为企业改进产品、提升服务提供建议,也是对企业员工服务质量的信息反馈和监督。

2. 顾客满意度调查

仅仅通过投诉和建议系统很难给出一个顾客满意或不满意的全貌。研究表明,每四次服务交易中就会有一次顾客不满,但只有不到5%的人可能投诉,而其他顾客则会选择其他企业,使企业白白地失去了自己的客人。因此,企业不能用投诉程度来衡量顾客满意度,还应该通过开展周期性的调查,获得有关顾客满意的直接衡量指标。

3. 伪装购买

另一种测量旅游消费者满意度的有效方法是雇佣人员去购买本公司和竞争者的产品,并报告购买的感受。模拟购买者甚至可以制造一些麻烦来检验公司处理复杂问题的能力,如投诉餐馆的食物,观察其处理这类问题的能力。旅游企业既要雇佣这些模拟购买者,管理者也应该经常扮成"客人"做亲身体验。

4. 流失顾客分析

联系那些已经不再购买自己产品的旅游消费者和转向竞争对手的旅游消费者，了解他们离开的原因。旅游企业除了要和顾客保持这样的联系，还应监控顾客流失率。持续增长的流失率意味着旅游企业在旅游者满意方面工作的失败。①

旅游消费者的满意度对旅游企业的生存和发展意义重大，旅游满意度的重要性主要体现在三个方面：第一，旅游消费者对于产品的正面评价会直接影响其亲朋好友，这些亲友又可能成为新的客户群；第二，满足了消费者对产品的第一次使用，有利于形成一批老客户群，从而不需要额外营销费用就能保持一笔稳定的收入；第三，解决投诉费时、费用高、对公司声誉产生负面影响、经济补偿等问题。因此，许多旅游企业都高度重视旅游满意度，致力于满足旅游者的期望和需求。

本 章 小 结

> 本章学习莫提荷消费者行为模型和斯莫尔旅游购买决策模型，通过消费行为模型的研究，了解旅游消费者购买决策的过程及其影响因素，并对这些因素进行详细讨论和分析，提出解决方案。本章还重点学习了旅游产品与旅游满意度的关系，分析导致旅游消费行为变化的原因。通过旅游消费者行为研究，了解旅游期望与旅游满意度之间的关系，掌握旅游满意度的调查方法，运用于旅游产品开发、游客管理和旅游市场营销，是旅游研究的重大课题之一。

 关键术语

消费者行为(Consumer Behavior)：是指消费者为获取、使用、处置消费物品或服务所采取的各种行动，包括先于且决定这些行为的决策过程。

旅游消费(Tourist Consumption)：旅游主体在有时间和资金保证的情况下，从自身的享受和发展需要出发，凭借旅游相关企业提供的服务条件，在旅游过程中对物质形态和非物质形态存在的旅游客体的购买和享用的支出（投入）总和。

重复购买(Repeat Patronage)：消费者对该品牌产品或者服务的重复购买次数。重复购买率越多，品牌忠诚度越高，反之越低。

顾客忠诚(Customer Loyalty)：顾客对企业的产品或服务的依恋或爱慕的感情，主要通过顾客的情感忠诚、行为忠诚和意识忠诚表现出来。

参照群体(Reference Group)：个体在形成其购买或消费决策时，用以作为参照、比较的个人或群体。

---

① 菲利普·科特勒，约翰·T. 鲍文，詹姆斯·C. 麦肯斯. 旅游市场营销（第六版）[M]. 谢彦君，李淼，郭英，等译. 北京：清华大学出版社，2017.

旅游期望(Tourist Expectation)：由旅游动机引发的旅游者对其旅游决策的出游目标实现的心理预期。

课后练习

一、选择题

1. 莫提荷模型将旅游者的旅游行为过程分为了三个主要部分，不包括(　　)。
   A. 决策前和决策过程　　　　　　　B. 购后评价过程
   C. 未来决策制定过程　　　　　　　D. 未来旅游过程
2. 影响旅游者行为的心理因素主要有(　　)。
   A. 动机　　　　　　　　　　　　　B. 人格
   C. 态度　　　　　　　　　　　　　D. 以上全部选项
3. 影响旅游者行为的文化因素包括(　　)。
   A. 社会群体　　　　　　　　　　　B. 亚文化
   C. 社会阶层　　　　　　　　　　　D. 参照群体
4. 影响消费者行为的环境因素不包括(　　)。
   A. 文化　　　　　　　　　　　　　B. 社会阶层
   C. 个人偏好　　　　　　　　　　　D. 角色和家庭
5. 不同性格类型的旅游者具有不同的旅游行为特点，以下属于"多中心型"消费者行为的是(　　)。
   A. 喜欢坐飞机前往旅游地　　　　　B. 活动量大
   C. 喜欢获取新鲜经历　　　　　　　D. 喜欢乘车前往旅游地
6. 我国不少旅游者认为"8""6""9"为吉祥数，从而购买带有此数字价格的旅游产品，这说明了旅游者购物行为的(　　)价格心理特征。
   A. 习惯性　　　　　　　　　　　　B. 感受性
   C. 倾向性　　　　　　　　　　　　D. 喜好吉祥数字的
7. 对旅游者的决策产生影响的个体因素有(　　)。
   A. 家庭　　　　　　　　　　　　　B. 知觉
   C. 人格　　　　　　　　　　　　　D. 动机
8. 关于旅游消费行为的研究对象，以下叙述正确的是(　　)。
   A. 旅游消费者的购物欲望和行为
   B. 旅游消费者行为的产生、发展趋势和变化规律
   C. 旅游消费者的旅游心理和变化规律
   D. 旅游消费者的消费活动和购买行为
9. 家庭决策的方式是多种多样的，但不包括(　　)。
   A. 丈夫主导　　　　　　　　　　　B. 妻子主导
   C. 幼儿主导　　　　　　　　　　　D. 共同影响

10. 旅游满意度与顾客忠诚之间存在正相关关系。旅游者的高频率的重复购买行为是指（　　）。

A. 情感忠诚　　　　　　　　　B. 行为忠诚

C. 心理忠诚　　　　　　　　　D. 潜在忠诚

二、填空题

1. 未来的决策就是是否会重复购买，中等赞同和_____都可能产生重复购买。

2. 旅游购买行为相对于游览活动而言可分为_____购买行为、有限型购买行为和广泛型购买行为。

3. 旅游者购买行为的价格心理，是由旅游者对价格的知觉和_____共同组成的。

4. 旅游者购物消费行为的主体是_____，客体是旅游产品。

5. 消费者的购买行为一般分为唤起需要、寻找信息、比较评价、购买决定和_____等阶段。

6. 旅游者的知觉容易受到经验效应、晕轮效应、_____等心理定势的影响。

7. 根据顾客期望理论，旅游者期望可分为模糊期望、隐性期望和_____三种。

8. 按旅游期望值划分，旅游者有理想的、想要的、期待的和_____四种不同程度的旅游期望。

9. 旅游者的满意度是建立在旅游者期望和_____进行比较的正效应的基础上。

10. 检验旅游者对旅游企业提供的产品和服务是否满意可以采用建立投诉和建议系统、顾客满意度调查、伪装购买、_____等几种方法。

三、判断题

1. 刻板印象是指个人受社会影响而对某些人或事持稳定不变的看法，对旅游者的消费行为产生消极影响。（　　）

2. 斯莫尔旅游决策过程模型反映了旅游者购买旅游产品的决策过程以及购买行为的复杂性。（　　）

3. 自我中心型的旅游者对不同的文化感兴趣，喜欢冒险、独立、乐于尝试新奇的东西。（　　）

4. 旅游者的产品购买决策在旅游产品导入期，受参照群体影响小；在衰退期，受参照群体影响大。（　　）

5. 旅游产品的重复购买说明旅游者对该产品有很高的忠诚度，大大减少了旅游企业的营销成本。（　　）

6. 在消费过程中，旅游消费者感觉到受控制程度越低，他们对服务的满意度也就越高。（　　）

7. 如果产品的实际价值超过旅游者的期望，旅游者就会感到非常满意。（　　）

8. 旅游者的个人情感不是影响其满意度的因素。（　　）

9. 旅游者要有合理的旅游期望，良好的旅游行为，才会有较高的满意度。（　　）

10. 家庭生命周期不同阶段的旅游者的消费行为是不一样的，但在同一阶段的每一个旅游者的消费行为却是一样的。（　　）

四、问答题

1. 旅游购买决策有哪些特点?
2. 家庭生命周期如何影响旅游者的消费决策?
3. 旅游者在旅游消费过程中担当什么样的角色?
4. 造成旅游者投诉的主要原因有哪些?
5. 什么是旅游期望?旅游期望与旅游满意度有什么关系?

五、论述题

1. 论述参照群体对旅游消费行为的影响。
2. 分析旅游者为什么对旅游企业提供的产品总是不太满意的原因。

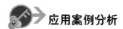 应用案例分析

云南黑井镇短程文化旅游客源市场行为模式研究

(一)黑井镇概况

黑井镇位于云南省楚雄彝族自治州禄丰市西北部,距省会昆明 200 公里,距州府鹿城 75 公里,西倚牟定,北连元谋,总面积 133.6 平方公里,总人口 19754 人。黑井镇是"西南丝绸之路"上著名的盐都,其采盐历史延续千年,曾经是滇中"四大名井"之一,孕育了浓郁独特的盐文化,保留有传统小城镇格局、大量民居建筑、宗教遗址、碑刻牌坊等文化旅游资源,风貌依旧,特色鲜明,素有"明清社会的活化石"之称。

(二)旅游者行为分析

1. 旅游者基本信息

(1) 来源:旅游者中大多数来自昆明,占 64.3%;州府及附近城镇旅游者占 23.5%;省外旅游者占 12.2%,多来自攀枝花市。旅游者空间分布具有鲜明的"短程"特征。

(2) 性别比:黑井镇独具韵味的历史文化资源吸引了更多的男性旅游者,占旅游者总数的 60.2%,女性旅游者仅占 39.8%。

(3) 年龄比:不同年龄层次有着不同的旅游偏好,分析的样本中,19~30 岁这一年龄段旅游者居首位,占 63.9%,其次是 31~45 岁的旅游者,占 29.6%,18 岁以下的旅游者极少。

(4) 受教育程度:到访旅游者总体上呈现出文化层次较高的特点,具有大学(大专)学历者占到 56.1%,中专(高中)学历者占 30.6%,初中及其以下学历者占 10.0%,另有少数硕士、博士学位的旅游者,占 3.3%。

(5) 职业构成:旅游者的职业构成总体上以教师所占比例最高,占 31.4%,企事业单位员工略低,占 28.7%,自由职业者占 17.3%,学生与离退休人员占 6.1%,此外还有少数摄影师、干部和农民。

(6) 收入状况:在对旅游者月收入水平的调查中发现,旅游者平均收入呈中偏低趋势,月收入低于 1000 元的旅游者占 34.7%,1001~1500 元者占 38.8%,1501~2000 元者占 16.3%,2001~3000 元者仅占 9.2%,另有极少旅游者收入不稳定。

2. 旅游者出游动机与出游方式选择

旅游动机是促成旅游者出游的重要因素之一。调查显示，旅游者中愉悦自我占57.1%，陪朋友或同事占29.6%，陪家人占13.3%。这说明大多数旅游者出游目的在于"愉悦自我"，故黑井镇开发的旅游项目需特色鲜明、内容丰富。陪朋友或家庭的群体其旅游行为受他人影响较大，但消费水平较前者高，吸引这类群体同样很重要。

旅游者出行大多以小团体或家庭为单位，另有少量散客。值得注意的是，调查中没有发现团队旅游者，说明黑井镇旅游还未形成品牌，旅行社没有参与到黑井镇旅游的营销中。短程文化旅游地更应该注重自我营销，注重通过旅游者的口碑扩大其知名度。

3. 旅游者出游交通、住宿条件选择

交通是旅游业发展的限制性因素。黑井镇与外界的交通主要依赖于成昆铁路，另有广通至黑井镇的公路。调查发现，旅游者乘火车居多，占55.1%，自驾占33.7%，乘长途汽车占11.2%。

在住宿方面，选择农家接待的旅游者最多，占54.1%，其次是招待所，占38.8%，另有7.1%的旅游者在亲戚、朋友处住宿。这说明此类旅游目的地的开发很容易吸引当地居民参与，对社区发展具有很强的经济效益与社会效益。

4. 旅游者旅游信息采集方式及出游满意度

旅游者通过朋友介绍前往黑井镇的比例最高，为55.1%，21.4%的旅游者通过宣传广告了解目的地信息(包括户外广告、电视、报纸或杂志)，另有1.2%的旅游者通过网站了解旅游目的地信息。这表明口碑宣传是主要手段，黑井镇旅游需提高服务质量，获取更好口碑以赢得更大市场。

价格是旅游活动中最敏感的要素，合理的定价会在旅游地与旅游者之间实现双赢。通过调查，认为"黑井镇之旅"价格便宜者占48.0%，46.1%的旅客认为价格一般，仅极少数人觉得昂贵。这表明古镇旅游产品开发尚处于初级阶段，产品类型单一，提供给旅游者消费的项目不多，激发旅游者消费欲望的产品少。

在服务质量方面，64.3%的旅游者认为一般，仅20.4%的游客认为服务质量好，8.2%的游客认为不好，另有7.1%的旅游者认为无所谓。

在旅游者印象总体评价中，57.2%的旅游者认为一般，满意者仅占25.5%，非常满意者仅为4.1%，另有7.1%的旅游者不满意，6.1%的旅游者表示很不满。在对城镇景观的评价中，56.1%的人认为一般，24.5%的旅游者认为好，19.4%的人认为差。

此外，旅游者对古镇文化内涵的体会为：觉得一般者居多，占50.8%，31.9%的游客认为深厚，17.3%的人认为平淡；对民风民俗的体验调查表明，绝大多数旅游者认为民风淳朴，占86.7%，13.3%的游客认为一般。

5. 旅游者出游天数、重游率及相关花费调查

旅游者中有79.8%是首次来黑井镇，第二次到访者占16.1%，两次以上者占4.1%；大多停留两天，占59.2%，停留一天者占27.6%，多于两天者占13.2%。有关旅游花费的问题，绝大多数旅游者不愿意透露，占68.4%；花费为100~200元者占11.2%，50~100元者占10.2%；花费为200~300元者占5.1%，300元以上者占5.1%。

讨论：

1. 影响游客考虑前往黑井镇旅游的主要因素有哪些？请根据斯莫尔旅游决策过程模型分类说明。

2. 旅游者是通过什么途径了解黑井镇的？你认为应当采取什么措施让旅游者更好地了解黑井镇的文化旅游？

3. 游客的旅游消费行为对黑井镇有何影响？黑井镇的重游率如何？怎样才能提高黑井镇的重游率？

第5章 移动性与交通服务

教学目标

通过本章的学习，了解旅游系统（雷柏尔旅游模型）中连接客源地和目的地的路径，掌握影响乘客选择不同交通工具的因素、不同交通工具的优点和缺点。同时，掌握旅游系统中旅游交通与旅游资源的关系、不同交通工具的竞争与合作、政府在发展和控制交通中所发挥的关键作用以及旅游交通在旅游业中的作用和面临的挑战。

教学要求

教学内容	重点☆、难点*	教学提示
移动性与旅游交通	(1) 移动性的概念☆ (2) 移动性与旅游交通的关系☆ (3) 影响旅游交通移动性的因素	本章内容主要与第1章、第4章、第6章、第8章、第9章、第12章等内容相关联，教学时可前后对应，以便掌握各章节教学内容的内在联系
旅行方式与旅游交通	(1) 旅游交通系统☆* (2) 交通出行方式之间的竞争与合作* (3) 主要旅游交通工具	
旅游交通设施与服务	(1) 旅游交通设施目标 (2) 集散站场 (3) 交通信息、交通管理、交通安全☆	

> 对青年人来说，旅行是教育的一部分；对老年人来说，旅行是阅历的一部分。
> ——培根

基本概念

移动性　旅游交通　旅游资源　旅行方式　竞合关系　旅游通道　交通服务

第5章 移动性与交通服务

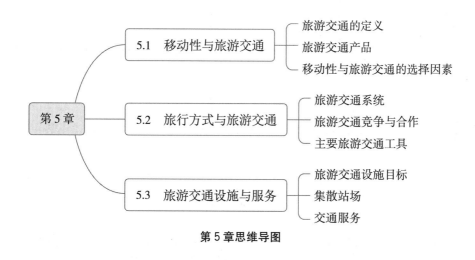

第 5 章思维导图

去黄山怎样安排旅游交通？

小王是一名上海中学语文老师，打算暑假去黄山旅游。去黄山旅游可以采用不同的交通工具，他正在为选择什么样的交通工具而纠结。交通既是游客从客源地到目的地使用的旅游工具，也是旅游体验重要的载体。不同的交通工具会给游客带来不同的旅游体验，即使抵达了旅游景区，景区内小王也可能需要旅游交通。

▲火车

途经黄山的列车有 30 多班次。如果是乘火车到达黄山站，小王可以在出站口外停车场乘屯溪到黄山风景区（汤口）的小巴班车，在黄山风景区换乘中心换乘景区交通车上山，大约 15 元/人。

▲飞机

黄山机场离黄山市区 5 公里左右，小王可以从市区打车到黄山市客运中心，再乘屯溪到太平的班车在汤口下车，换乘景区交通车上山。（直接在机场包一辆出租车到汤口，大约 150 元/车）

▲汽车

从上海、杭州等城市来的车辆可停在市区的屯溪，也可直接到黄山景区（汤口）。如果乘坐到黄山市区的车，小王需要在车站换乘屯溪到太平的班车，在汤口下车（15 元/人），再换乘景区交通车上山。

▲黄山景区内

黄山风景区一般不准其他车辆进入，只能乘坐风景区内的新国线景区交通车进入景区，一般是乘坐大巴，单程票价是 13 元/人。当然，小王也可以包一台新国线的中华车进去，一般 50 元/车，车程大约 30 分钟到达售票口。

坐飞机价格太高，但可以节省时间；坐火车舒适，但太耗时；坐汽车可以直接抵达景区，但路途中太辛苦。不同交通的换乘候车时间不一样，价格也不同。真是选择太多，痛苦也多，小王想了许久，一时难以决定。

点评：

旅游交通是连接旅游客源地、旅游中转地和旅游目的地的纽带，贯穿旅游者从出发到回家的全过程。不同的交通工具舒适性、通达性、安全性、速度、方便性不同，因此价格差别也很大。

5.1 移动性与旅游交通

交通对旅游业的发展起着至关重要的作用，"交通＋旅游"是现代旅游开发的重要模式。旅游交通串联一个国家或地点不同地点的旅游景点，优化旅游资源，使其成为旅游线路产品。在雷柏尔旅游模型中，旅游交通是连接旅游目的地和旅游客源地的重要纽带，也是游客往返旅游目的地的工具。旅游交通作为旅游通道的物质载体，在旅游总费用构成中比例大，是货币回笼和外汇收入的重要渠道。从某种意义上讲，没有交通，就没有旅游。

延伸阅读

舒城"交通＋旅游"的开发模式

安徽省六安市舒城环万佛湖旅游公路总投资15亿元，主线全长42.195公里，涉及汤池、阙店、万佛湖、五显、山七、高峰6个乡镇。为了满足游客亲水临湖的需求，还建设有5条支线。其中万佛湖的东边、北边为市政主干道标准，主路面宽14米，桥梁6座；万佛湖的西边、南边为二级公路标准，主路面宽8米，并设计4米的慢行系统，桥梁11座（含3座景观桥）。

环万佛湖旅游公路等交通基础设施的建设，完善了舒城区域路网结构，促进了舒城全域旅游的发展，现有国家AAAAA级旅游区1个、AAAA级旅游区1个、AAA级旅游区5个，省优秀旅游乡镇8个，省乡村旅游示范村15个，省休闲农业和乡村旅游示范点3个，省乡村旅游创客基地1家，省研学旅行基地3个，旅游星级饭店7家，旅行社10家，星级农家乐38家，星级餐馆8家。

路畅了，人气旺了……串珠成链，环湖旅游公路的建成完善了区域路网结构，促进了旅游景区的可进入性，推动了舒城全域旅游的发展。它既是扶贫路，也是旅游开发的拓展路，既方便了景区周边居民的出行，又促进了沿湖乡镇的旅游开发，为沿线乡镇群众脱贫致富带来了新思路，为他们指明了奔赴美好小康生活的新方向，也是舒城"交通＋旅游"开发最好的例证。

5.1.1 旅游交通的定义

旅游者可以在世界范围内进行旅游，与交通工具和交通设施的发展密不可分。现代旅游之所以具有世界性、群众性，一个重要的原因是现代交通的发展，而旅游活动的广泛开展又对交通运输业的发展起着推动作用。它们相互依存、相互促进，扩大了旅游者的活动范围和旅游产业的布局，使世界旅游业不断繁荣发展。

1. 旅游交通的学术定义

什么是旅游交通？杜学认为，旅游交通是为旅游者提供直接或间接交通运输服务所产生的社会和经济活动。[①] 傅云新认为，旅游交通是"为旅游者在常住地与旅游目的地以及旅游目的地内部，提供所需要的空间移动及由此产生的各种现象和关系的总和"。[②] 根据雷柏尔旅游模型中空间移动的概念，本书采用第二种定义。

2. 广义和狭义的旅游交通

广义的旅游交通是指以旅游观光为目的的人、物、思想及信息的空间移动，它探讨的对象包括人、物、思想及信息；狭义的旅游交通是指为旅游者实现旅游活动，从出发地到目的地以及在目的地内部进行游览，整个旅游活动过程所利用的各种交通运输方式的总和，包括各种交通设施以及与之相适应的一切旅途服务。

5.1.2 旅游交通产品

旅游交通是旅游运输业的一部分，其产品主要有以下特点。

1. 非物质性

从旅游交通产品的属性来讲，旅游交通不是制造出新的物质产品，而是使旅游者发生位置或场所变动。旅游交通产品同其他商品一样，也具有使用价值和价值，其使用价值就在于改变空间位置，其价值等于使旅游者发生空间位置变动所需要的劳动量，包括物化劳动量和活劳动量。

2. 连续性和同一性

从出发地点到目的地的游客，无论是由单一运输方式或是由多种运输方式完成的，都是连续进行的，其产品也是同一的，即旅游者的空间位移。因此，旅游交通要合理规划布局，组成多种运输方式、合理分工、协调交通运输网络，保持旅游交通产品的连续性和同一性。

3. 不可储存性

旅游交通产品不能储存，不能脱离生产和消费过程而独立存在，只能在生产的同时被

---

① 杜学，蒋桂良. 旅游交通教程[M]. 北京：旅游教育出版社，1993.
② 傅云新. 旅游学概论（第二版）[M]. 广州：暨南大学出版社，2011.

消费。① 因此，旅游交通建设必须超前，必须考虑旅游产品不可储存性的特点。旅游交通运输能力必须大于旅客流量，以保证旅游交通的正常进行和游客的满意度。②

小思考

异地性是旅游活动的重要特征。旅游者的空间位移与一般乘客的空间位移有什么本质的不同？

特别提示

旅游交通服务的对象是游客，出行目的是旅游，游客对交通工具的要求要高于一般普通乘客。因此，大型客机、高速直达列车、高性能汽车以及内部设施豪华、乘坐舒适的游船等技术先进的现代化旅游交通工具的使用，各种运输方式、交通线路、部门和地区间的联运等，对提高旅游者旅游体验和满意度都是十分重要的。

5.1.3 移动性与旅游交通的选择因素

移动性是旅游的基本特征，无论是旅游者外出旅行、旅游景区做规划，还是旅游产业的空间布局，都与旅游的时空移动有很大关联。交通是实现旅游的首要条件，旅游过程一般以景点为节点，以交通线路为连线而形成闭合系统，包含了食、住、行、游、购、娱等各种活动。不管旅游活动是以什么为目的，若要完成从客源地到旅游目的地的时空移动，对大多数旅游者来讲，交通是充分必要条件。换言之，旅游者的活动，既需要交通工具，也要有交通线路。在构成现代旅游的三个基本要素旅游者（主体）、旅游对象（客体）和旅游的手段（媒介体）中，旅游交通是媒介体中最活跃的部分。旅游交通将所有旅游内容串联起来，设计出一个较优化的旅游产品。它是联系旅游者与旅游对象的重要环节，在两者之间起着桥梁和纽带作用（见图5-1）。

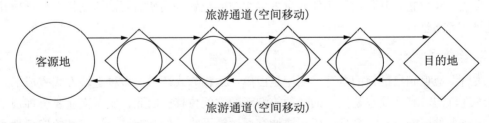
图5-1 旅游的空间移动

旅游者对移动性交通运输的要求大致可以归纳为安全、便利、快速、高效、舒适、经济。旅游者的移动范围、速度以及对交通工具的选择受许多因素的影响，其中主要受经济因素、距离因素、时间因素和个人偏好因素的影响。

---

① 崔莉. 旅游交通管理[M]. 北京：清华大学出版社，2007.
② 马勇，刘名俭. 旅游市场营销管理(第四版)[M]. 大连：东北财经大学出版社，2011.

1. 经济因素

经济因素是交通工具选择的首要考虑因素。经济因素主要包含两层含义：一是旅游者的经济收入；二是旅游者的可支配并且愿意支付的交通费用。在旅游活动中，旅游者自身的经济水平是对交通工具进行选择的制约性因素。在旅行社组团活动中，豪华团与普通团最为明显的差别之一就体现在旅游交通上，旅游者根据自身的可支配收入来选择两种不同等级的团队。在旅游者所支付的旅游费用中，交通的费用是重要的一项，尤其是对于长距离旅行来说，交通费用往往占有较大比例。

交通费用是指旅游者为到达旅游目的地所需要支付的交通工具的费用以及途中产生的各项费用的总和。交通费用有哪些内容呢？对于选择公共交通，如飞机、火车、轮船和长途汽车的旅游者来说，交通费用主要由所需要的票价构成，而途中用于饮食的费用相比票价较少；而对于自驾车旅游者来说，交通费用则包括汽油费、过路费、车辆维护费以及途中食宿费等；如果是租车，还需要支付租车费。

头脑风暴

旅游者预算越大，越趋向于选择快速、舒适的旅游交通方式，如航空；反之，则会更多地考虑费用问题，选择较为低廉的其他旅游方式，如火车。以你所在城市的交通为例，谈谈上述观点是否正确。

2. 距离因素

时间距离是旅游者进行交通工具选择的重要因素。旅行距离不仅是指空间的远近，还包括交通便利程度引起的旅行时间距离的长短。人们外出旅游度假的时间是有限的，为了更有效地利用有限的度假时间，人们必须努力缩短用于交通方面的时间，这也被称为"快行慢游"。① 空间距离越大，完成旅行所需要的时间也就越多；旅游抗阻增大，旅行经济和时间成本增加，旅游吸引力减弱，会降低旅游者的出行意愿或改变其出行方式。② 因此，在近郊的一日游活动，一般会选择公共汽车、出租车、地铁或者自驾车；对于中、短距离的旅游活动，人们倾向于选择铁路或者汽车作为旅行方式；对于长距离旅游活动，人们通常会选择铁路交通或航空交通。

知识链接

距离衰变

在一定的引力和外推力作用下，旅游客流量的大小与旅游目的地的吸引力成正相关关系；与客源地和目的地之间的时空距离成负相关关系。随着出行距离的延伸，距离摩擦系数增大，旅游抗阻增强，而距离抗阻将增加旅游者进入旅游目的地的时间成本和经

---

① 马耀峰，李天顺，刘新平. 旅游者行为[M]. 北京：科学出版社，2008.
② 朱华. 世界旅游客源地对四川省入境旅游的影响[J]. 乐山师范学院学报，2008(3)：103—105.

济成本，降低旅游吸引强度和旅游的可进入性，这就是旅游距离衰变（Distance Decay）规律。

 **头脑风暴**

成都市区距平乐古镇65公里，距九寨沟460公里，路途遥远，为什么去九寨沟旅游的人数远远多于平乐古镇？

 特别提示

影响旅游者出行因素除了交通距离外，还有文化距离、心理距离等因素。在一定条件下，文化距离和心理距离可能会增加距离抗阻，也可能会减少距离摩擦。

3. 时间因素

旅游者是否有一段充裕的旅游活动时间决定了旅游对于交通选择的敏感度。从时间因素考虑，旅游者选择交通方式必须考虑度假时间是否充裕、花费在交通上的时间成本是否合理以及在目的地旅游活动的时间长短。在同样的经济水平下，时间比较充裕的旅游者更注重交通方式的成本及舒适度，而时间不充裕的旅游者则对速度的要求更高。因此，一般情况下，旅游时间较短的商务旅游者会选择乘坐飞机出行，旅游时间较长的退休老人一般会选择乘坐火车硬卧或者软卧旅行。

交通的时间成本主要指旅游者消耗在旅游交通上的时间。在总的可支配时间内，耗费在途中的时间越长，用在目的地游览观光的时间就相应缩短，旅游者从旅游目的地所获得的收获也就越少。[①] 选择不同的交通工具进行移动所需耗费的时间长短具有很大的差别，时间成本也不一样。因此，旅游者在进行旅游活动之前，通常会考虑各种交通方式对时间安排的影响，再决定交通方式。[②] 旅游者通常会选择更便捷的交通方式，以便达到时间运用的利益最大化。交通工具和设施的改进是旅游者利益最大化的重要影响因素。

 延伸阅读

在青藏铁路上的"慢行慢游"

青藏铁路是世界上海拔最高的铁路，穿越昆仑山、唐古拉山和念青唐古拉山三大山脉，沿青海湖、昆仑山、可可西里、三江源、藏北草原、措那湖等著名景区蜿蜒而过。格拉段（格尔木到拉萨）经过海拔4000米以上地段达960公里，45个站点，几乎站站都有精彩。为了让游客能够看到站点周边的美景，在玉珠峰、楚玛尔河、沱沱河、布强格、唐古拉、措那湖、那曲、当雄和羊八井9个观光车站都建有观光台，游客可站在台上眺望、拍

---

① RUGG D. The Choice of Journey Destination：A Theoretical and Empirical Analysis[J]. The Review of Economics and Statistics，1973（12）：64—72.
② 叶宏. 旅游资源概况[M]. 长春：东北师范大学出版社，2015.

照和逗留。铁路部门还特意将格拉段列车的运营时间安排在白天,游客可在列车上尽情观赏雪域高原的旖旎风光。

即学即用

与"快行慢游"相反,如果较长时间花在某种交通工具上,即"慢行慢游"。你是如何理解"快行慢游"与"慢行慢游"之间的关系以及对旅游体验的影响?以青藏铁路旅游为例说明。

4. 个人偏好因素

由于每个人的旅行偏好和经验的不同,在多种交通方式可供选择的情况下,具有相同条件的人可能会选择不同的旅行方式。对于初次外出旅游的人来说,他们对选择某种交通方式的偏好主要受到其个性或心理类型的影响。自我中心型的人远不及多中心型者富有冒险精神,表现在对旅行方式的选择上,他们往往喜欢自己开车去旅游目的地,而不愿意,甚至恐惧搭乘飞机前往目的地;而多中心型心理类型的人恰恰相反,他们可能更喜欢乘飞机去目的地。除此之外,旅游者的性别、年龄、兴趣爱好、职业、文化程度、社会地位等个人属性的差异也会对旅游交通产生不同的偏好,从而选择不同的交通方式。除了上述因素之外,还有许多其他因素会影响人们对移动性交通工具的选择,例如天气、旅伴、目的地的地理位置及特点等。

特别提示

人们对某种交通方式的偏好往往产生于自己过去的旅游体验。愉快的旅游交通体验将强化对旅游交通工具的重复选择,而痛苦的体验将导致旅游者放弃这类交通工具,选择其他交通工具。

5.2 旅行方式与旅游交通

世界大多数地区旅游的发展都非常依赖于交通设施及其交通系统的改善和发展。随着旅游距离的延伸以及景点的增多,旅游中交通所占的时间、精力、费用等也会增加。随着交通水平提高、休闲性增强等要素的变化,旅游中交通所占时间、精力可能会减少,但费用仍有可能增加(如追求高速、舒适、方便等交通服务指标的改善)。由此可见,不管旅游业如何发展变化,交通始终占有重要地位,是旅游活动的重要组成部分,其费用在旅游消费中比重较大。

5.2.1 旅游交通系统

旅游交通系统主要包括游客搭乘工具、旅行通道、交通站点以及相应配套的公共和私营交通服务。搭乘工具是能够承载旅游者进行空间移动的工具,如飞机、列车、汽车、轮船等;旅行通道是利用各种搭乘工具实现空间移动的基础条件,包括空中航线、铁路轨道、公路铺设、水上行道、地下铁道等以及供旅游者集散、上下、中转及配套服务的实地场所，如火车站、飞机场、汽车站等。除了上述物质基础，完善、便捷、人性化的服务体系是形成完善的交通系统的必要条件。随着科学技术的发展进步，旅游交通系统不断完善，旅行舒适度也在不断提升。

5.2.2 旅游交通竞争与合作

不同的交通工具有其自身的优势及缺点，存在竞争与合作的关系。当今，旅游业飞速发展，各种旅游交通竞争激烈，人们越来越重视时间成本，希望尽可能在路上少花时间已成为不少人选择交通工具的第一原则。① 目前长线旅游选择乘飞机的已经占到了相当大的比例，选择乘高铁的游客有增多的趋势，一般情况下已很少有人会选择轮船作为长线旅游交通工具。在中线旅游中，几乎是飞机与火车唱对台戏，至于轮船，只占了不大的比例。比如上海至烟台等一些原先有轮船班线，现在也因乘客人数的大幅下降而停航。只有在短线上，轮船还占据较重要的位置，当然火车也是一些短线游客喜欢选择的交通工具，同时，高铁、高速公路也开始分流一部分客源。

预计在旅游市场中，长线选择飞机的情况还将持续增长，中短线以火车轮船为主的格局还将维持下去。由于经济条件变好，人们对旅游体验的追求也逐渐提高，舒适程度开始影响到游客对交通工具的选择。长线游客愿意乘坐飞机，而较舒适的旅游列车也受欢迎。在某些线路上，人们会利用不同交通带来的便利组合交通出行，因此旅游交通之间也存在合作的关系。如重庆到上海长江之旅，游客可先在重庆坐游船，沿途欣赏三峡和长江沿岸美景，"慢行慢游"抵达上海，然后乘飞机快速飞回重庆。旅游企业应当根据不同游客的需求，采取不同的交通组合。无论是"快行慢游"还是"慢行慢游"，或是二者相结合，不同交通之间的合作可以减少旅游经济成本和时间成本，提高旅游者在旅游中"游"的比例。

头脑风暴

成都市民到重庆，可选择的交通方式有：(1)汽车，从成都到重庆运行约 4 小时，票价约 104 元(正规大巴，附带保险)，车次较少，一般间隔 30 分钟。(2)火车，运行约 4 小时，硬座票价 50.5 元。(3)高铁，运行约 1.5 小时，票价一等座 234 元、二等座 146 元，班次灵活(一般间隔 5～10 分钟)。试讨论成都到重庆坐汽车、火车、高铁各有什么优势，它们之间存在何种竞合关系？请你利用不同交通工具，做一个"成都——重庆三日游"的包价旅游报价表。

5.2.3 主要旅游交通工具

1. 火车

1814 年英国人乔治·斯蒂芬森(George Stephenson)发明了蒸汽火车，1825 年世界上第一条铁路在英国的斯托克顿和达林顿之间开通。在通车典礼上，斯蒂芬森驾驶着"旅行

---

① 唐秀丽. 旅游心理学[M]. 重庆：重庆大学出版社，2020.

号"蒸汽火车,以最高时速24公里的速度行驶了32公里,开创了铁路交通发展史的新纪元。此后,其他欧美国家也陆续开始修建铁路,极大地推动了旅游业的发展。1841年,英国人托马斯·库克利用包租火车的方式,成功组织了一次大规模的团体旅游,这次活动被认为是近代旅游业的开端,自此铁路运输就成为人们开展旅游活动的主要交通方式。1879年德国制造了世界上第一辆电力火车,1905年美国研制了世界上第一辆内燃机车,新技术的应用极大地提高了铁路运输的速度和运输能力。

铁路旅行的运载工具主要是列车,即火车。按照火车速度划分,我国旅客列车主要可分为以下5个类别(见图5-2)。

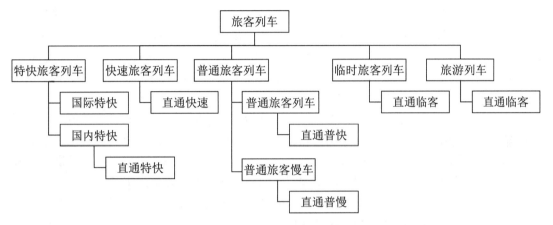

图5-2 旅客列车的分类

火车的优点:容量大、费用低、受季节气候等自然条件影响小等特点。

火车的缺点:速度不如飞机,灵活性不如汽车。

 小贴士

火车代码

有K字头、Z字头、L字头、G字头、D字头、C字头、T字头、Y字头;还有是纯数字的,分别代表什么类型的车呢?

T——特快旅客列车(国际特快和国内特快)

K——快速旅客列车

Z——直达特快旅客列车

L——临时旅客快车(每趟票价等级不同)

G——高速动车组列车

D——动车组列车

C——城际动车组列车

Y——旅游列车

纯数字的——普通旅客快车或慢车

特别提示

为了提升火车在旅游交通中的竞争力，可提升火车运行速度，改进火车的硬件设施和服务质量，更重要的是修建设计标准等级高，可供列车高速运行的铁路系统（高铁）。根据旅游的发展和游客的需要，特别是中老年游客的需要，可推出观光火车。

2. 汽车

1886年，德国工程师卡尔·本茨（Karl Benz）发明了汽车。汽车的发明标志着现代公路交通运输方式的诞生。在第二次世界大战时期，汽车业受到重视，发展很快，汽车的性能和产量也大幅提升。第二次世界大战结束以后，在一些发达国家，随着公路建设的日趋完善和私人汽车拥有率的提高，汽车在旅游活动中发挥着越来越大的作用，成为人们中、短途旅行最主要的交通工具。如今在中国，家用汽车是自驾游重要的交通工具，旅游房车也成为时尚的旅游交通工具。

公路旅行运载工具种类很多，大体上可以分为客运汽车、出租汽车、旅游汽车和家用汽车4大类。旅游汽车一般有旅游大巴和旅游中巴两种，在旅游团队旅行方式中，较为多见的是豪华旅游大巴。自驾车旅游者常用的交通工具一般是家用汽车，如轿车、商务车和越野车。在欧美发达国家，家用轿车是进行休闲旅游活动的主要交通工具。

由于绝大部分景区都有公路连接，且公路系统与辅助建设逐渐完善，乘坐汽车外出旅游成为人们陆上旅行的首选之一。在现代旅游中，汽车的使用比例最高。除了自行驾车开展旅游以外，乘坐公共客运汽车或长途公共汽车也成为众多旅游者的选择，特别是中、短途旅游者的选择（见图5-3）。

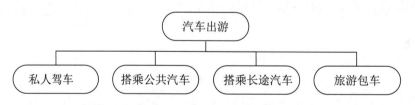

图5-3　汽车出游的选择

汽车的优点：私密性、灵活性强，中途可以随机休息和下车拍摄景点，可进入性较强，容易抵达希望抵达的景区位置。

汽车的缺点：与火车相比，不太舒适，安全性相对较差。

知识链接

旅游房车

旅游房车（Recreational Vehicle，RV）又名休闲露营车，是一类类似卡车的中型车辆。它不仅是一辆汽车，而且还具备了居家所要求的各种功能，车上配备基本的生活设施用品，如座椅、桌子、睡具、饮具等。高档房车甚至配备沙发、橱柜、电器设施等，真正集"食、住、行"于一体，舒适方便，被旅游爱好者誉为"流动的家"。

3. 飞机

航空运输在现代旅游交通运输方式中出现得最晚。1903年美国莱特兄弟（Wright Brothers）成功试制了世界上第一架飞机，1919年法国开办了世界第一条国际民航客运航线——巴黎与布鲁塞尔间的国际航线。航空运输经过100多年的发展，成为人们中长途旅行的主要运载手段。航空运输能在最短的时间内完成乘客的空间转移，从而使长距离旅游成为可能。由于旅客数量的增加、燃料价格下降、运输成本降低和联营运输增加，全世界航空公司的交通运输量和利润率大大增加，促进了现代旅游业的发展。

航空客运主要有定期航班和包机两种。定期航班是指在既定的国内或国际航线上按照既定的时间表提供客运服务；包机则是根据旅游者和市场形势的需求提供的一种不定期的航空包乘服务。同定期航班服务相比，包机业务有一定的经营优势，主要表现在包机载客率较高，票价相对低，可根据旅游者需要进行调整。

飞机的优点：速度快，节省旅行时间，安全性较好。

飞机的缺点：成本较高，机票较贵，受天气影响较大。

4. 轮船

水运交通是利用各类船舶为承载工具，在海洋、江河、湖泊、水库等水域沿航线运送旅游者的交通运输方式。我国海域辽阔，内陆河流湖泊众多，水运资源丰富，为开展水上旅游提供了良好的环境。水上搭乘工具主要包括普通轮船和游轮两种。由于轮船旅行具有悠闲、安全、可以欣赏沿岸景观等优点，轮船作为水上旅行的交通工具的旅游方式得到了很大发展。

水运交通按不同的标准有不同的分类：按民用运输可分为客船、货船、渡船、驳船；按航行区域可分为海船、内河船和港湾船；按航行状态可分为排水量船、滑行艇、水翼船、气垫船、冲翼艇；按动力装置可分为蒸汽动力装置船、内燃机动力装置船、核动力船、电力推进船；按推进船器形式可分为螺旋桨船、平旋推进器船、喷水推进器船、喷气推进器船、螺杆艇、明轮船等。

根据船舶驱动系统的不同，一般可用于旅游功能的船体可分为人工操纵的划艇、游船，以及机器（柴油发动机为主）推进的汽艇、游船、游艇、游轮等多种类型。轮船是人类最古老的交通工具之一，历史上轮船对旅游的发展做出了巨大贡献。轮船作为一种观光旅游工具，给旅游者带来悠闲舒适，海上巡游和内河船游越来越受旅游者青睐。

轮船的优点：运力大、成本低、自由、舒适。大型轮船有生活设施和宽敞的活动空间，给旅游者带来旅游便利。

轮船的缺点：灵活性差，速度慢，受天气影响较大。

5. 特种旅游交通

特种旅游交通，是指除上述常用的旅游交通方式以外，为满足旅游者特殊要求而产生的交通运输方式。如自行车、索道、轿子、马、人力车等。特种旅游交通是发展特种旅游的必要条件之一，没有特种旅游交通，旅游者无法实现在旅游目的地开展特种旅游所需的空间移动和游玩活动。特种旅游具有生态、环保、地形适应性强等诸多优点，越来越受广大旅游者的青睐。

知识链接

特种旅游

旅游的类型按不同的标准有不同的划分方式。从旅游的内容来看，一般把观光旅游和度假旅游称为常规旅游，而将徒步、野营、高山探险、江河漂流、洞穴探秘以及自驾车游等形式的旅游称为特种旅游(Special Tourism)。特种旅游是相对于常规旅游而言的，它往往意味着个性化和非程序化，不同的特种旅游项目会使用不同的交通工具。

5.3 旅游交通设施与服务

旅游交通是连接客源地与旅游目的地的重要纽带，发展旅游交通设施与服务不仅仅可以实现进出景区的通达性问题，它还涉及旅游体验质量、旅游满意度以及旅游经济效益等重要的内容。如果不能深刻认识旅游交通设施与旅游服务目标的一致性、同一性，就会影响旅游各要素的整合，从而影响旅游者对旅游产品的整体体验，甚至影响旅游业可持续、健康的发展。

 头脑风暴

"黄金周"如何成了"问题周"？

"黄金周"，估计很多"宅"在家里的人会窃喜自己的"英明抉择"——看电视新闻：高速路生生堵成了停车场，景区最壮观的就是起伏的人头，游客带走回忆留下垃圾，商贩趁机哄抬物价……本是休闲开心的长假，却似乎给旅行者带来的更多是闹心添堵。上海旅游集散中心国庆节当天某个"一日游"旅游团在遭遇持续拥堵5小时后取消游览行程，直接返回上海；高速公路车辆猛增，公路成了停车场，收费员1天说了5000遍"您好"，笑到脸都僵了。

分组讨论：在当前国情下，如何让游客进得去、散得开、出得来，如何提高旅游交通设施的建设和服务质量水平？

5.3.1 旅游交通设施目标

1. 基本目标：进得去、散得开、出得来

旅游交通是旅游业发展的瓶颈，没有安全、方便、快捷、畅达的旅游交通设施和服务，就不可能有规模化的旅游业，再有名的风景名胜，也只能永远处于一种潜在待开发状态，而不能充分发挥其旅游经济效益。因此，旅游者能"进得去、散得开、出得来"就成为旅游交通发展的基本目标。旅游交通实现了该目标，也只是其发展的开始，还有更多、更重要的目标需要实现。

延伸阅读

成都东站

　　成都东站设置有东、西两个广场，配套设施有出租车、公交车场站和长途客运站。成都东站在东南西北四个方向都设置有进站口，旅客不论从城市的哪个方向进入成都东站，都可以顺利进站。成都东站共有26个检票口，检票口距离候车处非常近，乘客只要走几步就可以进站。同时，在成都东站的站台层，26个站台上还设置有专门的出站口，出站可以乘坐直达电梯、自动扶梯和楼梯进入地下的出站层。进入出站层后，乘客可以在这里选择直接出站，或是通过地下通道转乘地铁、公交车和出租车。成都是全国最佳旅游城市，作为旅游集散地的成都东站，实现了交通设施"进得去、散得开、出得来"的基本目标。

　　2. 人性化目标：实现旅游客运联合运输

　　旅游客运联合运输是在公共交通联合运输的基础上为适应旅游业发展的需要逐渐形成的，它是综合利用各种交通运输工具，经济、合理、迅速、方便地完成旅游者运输需求的一种运输组织形式。旅游客运联合运输具有组织运输的全程性、运输单据的通用性和乘坐手续的简便性等特点，给旅游者带来了快速、经济、方便的交通条件，缩短了旅游者在旅行途中的时间，保证了他们拥有充裕的游览时间。

 小思考

　　根据你旅游出行的经验，以旅游客运联合运输为例，谈谈如何通过人性化的旅游交通服务提高旅游者的满意度？

　　3. 最终目标：交通与服务融入现代旅游

　　提高旅游交通的功能，将旅游交通融入旅游。新型的现代化交通工具以及能突出表现地方特色与民族风格的交通工具，可以成为旅游活动中的重要内容，在一定程度上甚至成为旅游者追求的一种目的。①

 **头脑风暴**

　　瑞士"黄金列车"吸引不少游客乘坐火车旅游，如何理解旅游交通也是旅游吸引物？以成都——西昌旅游专列为例，谈谈交通如何融入旅游。

5.3.2 集散站场

　　各种旅行方式及不同的搭乘工具，一般情况下都需要某个地点进行集散活动。交通集

---

① 胡林龙．创意旅游学[M]．北京：中国旅游出版社，2019．

散站场是指供游客和其他旅客集散功能的空间①,包括航空乘客集散的机场、铁路交通集散的火车站、公共汽车旅行集散的汽车站、水上运输集散地的码头等。随着城市的发展,为了让旅行者可以方便地转换交通工具,各个集散站场需统一规划。

1. 机场

对于大部分国际旅游者来说,航空旅行几乎成为最重要的旅行方式。旅游者对旅游目的地的首要印象就是从抵达机场开始的,直到他们结束旅程离开机场返家。机场是多数国际旅游者与旅游目的地直接接触的第一个也是最后一个场所,是旅游者移动性的核心轴线。机场能否提供快捷、方便、舒心的服务,让旅游者可以花较短的时间办理登机手续,享受机场内提供的免税商品购买服务,快乐地体验假期最后闲暇时光,会影响甚至决定旅游者最后的度假满意度。

延伸阅读

阿姆斯特丹国际机场

阿姆斯特丹国际机场(Amsterdam Airport Schiphol),位于荷兰首都阿姆斯特丹,又称史基浦机场,也称希普霍尔机场,同时机场也是 Schiphol 火车站。机场有非常紧凑的航空集转站,高效服务于欧洲和洲际航班,在这里可以很轻松地步行到达机场各个地方。乘客可以在这里要求海关退还自己在欧盟购买的商品所支付的增值税。中文标志和普通话登机通知可为中国游客带来更多便利。

阿姆斯特丹国际机场有全世界第一个设在机场内的博物馆——国立博物馆史基浦分馆,展出许多荷兰17世纪大师级的作品,让参观者感受到"荷兰黄金时代"的辉煌。国立博物馆史基浦分馆定期安排不同展览,作品大多来自国立博物馆本馆的收藏。

擦鞋区是史基浦机场内最新的设施,由爱尔兰的专业擦鞋公司所开设。两家擦鞋区分别位于候机室及入境大厅,旅客可以在此休息,并让专业的擦鞋匠为您擦鞋。儿童游乐场与育婴室位于E和F登机门之间。育婴室有摇篮,婴儿浴室也可以使用。如果您想要利用10分钟或20分钟的时间作个按摩放松一下,您可以到位于E和F登机门之间的按摩中心。另外,按摩中心还提供水疗设备,可消除您的旅途疲惫。

2. 火车站

火车是国内大多数旅游者首选的长途旅行方式。火车站作为旅游者集散服务提供商,对旅游业发展意义重大。一个城市是否有铁路通过、是否设有便捷的旅客停靠车站,在此停靠的列车班次是否集中,停靠时间的长短,有无卧铺票出售等,都会影响该地旅游业的发展。一般而言,旅游城市的候车站还需配有旅馆、游客中心、餐饮、汽车租赁、休闲娱乐设施等。火车站与城市其他交通方式,如地铁、公共汽车、出租汽车等候区、长途汽车

---

① 毛一岗,宋金平,于伟.北京市 A 级旅游景区空间结构及其演化[J].经济地理,2011,31(8):1381-1386.

站等的有机衔接,是衡量火车站所在地综合交通服务水平的重要表现。在一些国际化旅游城市,火车站还具有多语言解说系统服务。

 延伸阅读

德国柏林中央火车站

德国柏林中央火车站位于柏林墙旧址以西不远,位于柏林市中心的施普雷河河畔,是城市最高建筑物,占地1.5万平方米,每天有超过1800列火车进出,可接送35万人次的乘客。这里也是过去"柏林墙"的所在地,横跨东西柏林,毗邻总理府和新建的议会大厦,离著名的观光景区勃兰登堡门、帝国议会大厦和菩提树大街仅有十几分钟的步行路程。

尽管车站体形巨大,但造型轻巧别致,它的半透明屋顶由9117块玻璃面板拼成,是柏林继帝国议会大厦和勃兰登堡门后的第三座地标性建筑。车站有如机场航站楼,地面轨道长320米,地下月台长450米,拥有80多家商店。连接巴黎和莫斯科的东西线列车从高出地面12米处进出,而连接哥本哈根和雅典的南北线则在地下15米深处通过。

从空中俯瞰,新建的中央火车站呈现出中文草字头结构。草字头的一横,是东西走向的铁轨。轨道两旁450米长的站台上是带有太阳能发电装置的拱形玻璃屋顶。草字头的两竖是南北方向长达160米的五层玻璃钢建筑。中间的三层是"购物世界",有80家商店,购物面积达15000平方米,全天24小时营业。车站里面可以说是应有尽有,包括人们生活的方方面面,从吃、穿、用到图书和报纸,从名牌产品到普通文具用品,从邮局到旅游服务中心,等等,一应俱全。

3. 汽车站

汽车站主要是城际中运行的长途公共交通的集散服务区。对于大城市或特大城市来讲,由于横穿城市不便,城市对外交通流量又比较大,一般会在城市内部设立多个汽车站,以提供不同方向的长途汽车客运服务。对于旅游团队来说,一般乘坐巴士,由旅行社安排汽车和导游,因此没有汽车站使用的需求;但对其他游客,如散客、自助游、背包游客等,分布在城市不同区域的汽车站是不可或缺的交通设施。

4. 码头

许多旅游城市具备临河滨海的独特优势。码头是海边、江河边专供乘客上下、货物装卸的建筑物,通常见于水陆交通发达的商业城市。人类利用码头,作为渡轮泊岸上下乘客及货物之用。一般码头不会孤立地存在,在码头常见的有邮轮、渡轮、货柜船、仓库、海关、浮桥、鱼市场、海滨长廊、车站、餐厅或者商场等。码头通常是吸引游人约会、集合的地标。

 延伸阅读

渔人码头

渔人码头(Fisherman's Wharf)位于美国旧金山杰斐逊街(Jefferson Street)与泰勒街

(Taylor Street)的交叉处,是旧金山的象征之一。渔人码头包括从旧金山北部水域哥拉德利广场(Ghirardelli Square)到 35 号码头一带,当中最为著名的是 39 号码头,有往 Cruise 或 Alcatra 两个方向的旅游观光线。许多购物中心和饭店均坐落在交通便利的渔人码头地区,当地不少饭店都有提供各式各样的海鲜,包括邓杰内斯蟹和蛤肉汤。渔人码头一带的景点包括旧金山海洋国家历史公园、哥拉德利广场和机械博物馆。街头艺人表演最精彩的多半集中在 39 号码头附近,有全身漆金喷银的、头发溃红染绿的、演奏墨西哥音乐的,也有现代化的打击乐团。不少大型活动也在渔人码头一带举办,包括烟花表演。

特别提示

"一带一路"跨越东西方四大文明,连接全球主要旅游客源地与目的地。"一带一路"倡议的实施极大地推动了共建国家或地区的公路、铁路、码头、机场等交通基础设施的建设,也促进了国际旅游的发展。目前"一带一路"倡议的共建国家或地区的旅游规模占到全球旅游的 70% 左右。

5.3.3 交通服务

物质性的搭乘工具、旅行通道和集散站场所提供的设施条件是人们出门旅行的硬性条件,但还应该重视交通服务这样的软性条件。如果旅游者因为交通服务质量问题得不到良好的旅游体验,将会导致旅游产品销售量下降,甚至旅游投诉。交通服务涵盖的内容很多,但交通信息的提供、获取和及时更新是旅行者最关心的内容。

1. 交通信息

在旅行之前,人们需要通过熟悉、方便的渠道获取交通的相关信息。通过对交通信息的收集、处理和选择,最终对搭乘工具、旅行通道、产品价格等作出购买决策。在旅行过程中,旅行者仍在不间断地探路,交通标识、方向导引、服务设施的布局等成为旅途中旅游者所必需的消费信息。随着自驾车旅行的发展,沿途交通指示牌的信息提供与选择十分重要。

2. 交通管理

一般来说,旅游者居住地与旅游目的地总是有一定的空间距离。为了到达旅游目的地,旅游者必须凭借各种交通方式来实现。旅游交通状况直接影响着旅游者的旅游需求,而旅游目的地的旅游产品也必须依靠旅游者的到达才能得以销售。因此有效的旅游交通管理可同时满足旅游供需双方的要求,是顺利实现双方联系的保障。[①] 旅游交通的管理主体是旅游行政管理部门和交通主管行政部门;管理的客体是旅游交通业,包括各种交通方式及其基础设施建设、综合运输网络、各种交通方式之间的优化、基础设施的地区间配置、各种专门的旅游交通运输企业所提供的服务产品等。

---

① 朱伟,汤洁娟,余永霞,等. 旅游经济学[M]. 武汉:华中科技大学出版社,2015.

3. 交通安全

由于汽车工业的高速发展，车辆急剧增加，交通流量增大，造成车辆与道路比例的严重失调，加之交通管理不善等原因，交通事故频繁，伤亡人数增多，道路交通事故已成为世界性的一大公害。美国是世界上汽车最为普及的国家，因道路交通事故造成的经济损失相当惊人，虽然火灾损失也很严重，但造成的经济损失只有道路交通事故经济损失的13%。许多国家因道路交通事故造成重大经济损失。安全是人类开展旅游活动最根本的前提，是旅游者选择交通工具最为关注的因素之一。旅游目的地一旦发生交通安全事故，不仅会影响旅游者生命财产安全，还会影响整个旅游目的地的形象。

旅游交通的移动包括从客源地到目的地以及目的地内部旅游的空间移动，实际上也是旅游者搭乘交通工具的空间移动。学习旅游交通，不应当只是研究旅游者使用旅游交通以及旅游交通的移动性，还应当分析旅游交通设施、旅游交通服务以及旅游交通空间移动所产生的社会经济现象，研究"交通＋旅游"对目的地社会、经济、环境产生的变化及其影响。

本 章 小 结

本章介绍了移动性与旅游交通，即旅游者从旅游客源地出发，使用不同交通工具到达旅游目的地游览观光，再从旅游目的地搭乘交通工具回到旅游客源地的空间移动过程。影响移动性的主要因素有旅游者的可支配收入、可自由支配时间、个人偏好以及客源地与目的地之间的距离等。本章还介绍了旅游集散地，如机场、火车站、汽车站、码头等旅游服务设施，它们对旅游的通达性和旅游系统中的旅游者的流动性尤为重要。旅游者的空间移动和完美体验不仅依赖于旅游交通的硬件设施，交通服务（包括交通信息、交通管理、交通安全等）对旅游出行和旅游体验也至关重要。

关键术语

旅游交通(Tourism Transportation)：为旅游者在常住地与旅游目的地以及旅游目的地内部提供所需要的空间移动及由此产生的各种现象和关系的总和。

交通费用(Transport Cost)：旅游者为到达旅游目的地所需要支付的交通工具的费用以及途中产生的各项费用的总和。

交通集散站场(Transportation Hub)：供游客和其他旅客实现集散功能的空间，包括航空乘客集散的机场、铁路交通集散的火车站、公共汽车旅行集散的汽车站、水上运输集散地的码头等。

课 后 练 习

一、选择题

1. 一般来讲，长途旅游者旅游费用支出最多的是（　　）。
   A. 旅游住宿　　　　　　　　　B. 旅行观光
   C. 旅游交通　　　　　　　　　D. 旅游餐饮
2. 影响交通工具选择的首要因素是（　　）。
   A. 经济因素　　　　　　　　　B. 距离因素
   C. 时间因素　　　　　　　　　D. 个人偏好因素
3. 旅游者出行方式比较灵活的交通工具是（　　）。
   A. 飞机　　　　　　　　　　　B. 火车
   C. 汽车　　　　　　　　　　　D. 轮船
4. 不同旅游交通之间的关系是（　　）。
   A. 竞争关系　　　　　　　　　B. 合作关系
   C. 竞合关系　　　　　　　　　D. 排斥关系
5. 旅游交通系统不包括（　　）。
   A. 搭乘工具　　　　　　　　　B. 旅行通道
   C. 集散场地　　　　　　　　　D. 购物中心
6. 影响旅游者出行的因素除了交通距离外，还有（　　）。
   A. 心理距离　　　　　　　　　B. 观赏距离
   C. 视觉距离　　　　　　　　　D. 安全距离
7. 大众出境旅游交通的主要方式有（　　）。
   A. 公路　　　　　　　　　　　B. 火车
   C. 水运　　　　　　　　　　　D. 航空
8. 影响旅游者移动范围的主要因素有（　　）。
   ①经济　②距离　③时间　④餐饮　⑤个人偏好
   A. ①②③⑤　　　　　　　　　B. ①③④⑤
   C. ①②③④　　　　　　　　　D. ②③④⑤
9. 害怕乘飞机旅行的旅游者的心理类型属于（　　）。
   A. 多中心型　　　　　　　　　B. 自我中心型
   C. 中间型　　　　　　　　　　D. 自我欣赏型
10. 同定期航班服务相比，包机业务有一定的经营优势，主要表现在（　　）。
    A. 中转方便　　　　　　　　　B. 安全准时
    C. 载客率较高　　　　　　　　D. 观景效果好

二、填空题

1. 旅游过程一般以景点为节点，以＿＿＿＿＿＿＿为连线而形成闭合系统。

2. 交通串联一个国家或地区不同地区的旅游景点，优化_____，使其成为旅游线路产品。

3. 旅游者出行既需要有交通运输工具，又需要有_____。

4. 人们对某种交通方式的偏好往往产生于自己过去的_____体验。

5. 为了更有效地利用有限的度假时间，人们尽可能缩短交通时间，这被称为_____。

6. 空间距离越大，旅游者完成旅行所需要的时间也就_____。

7. 火车有_____、费用低、受季节气候等自然条件影响小等特点。

8. 旅游交通系统主要包括交通搭乘工具、旅行通道、_____以及相应配套的公共和私营交通服务。

9. 公路旅行运载工具种类很多，大体上可以分为客运汽车、出租汽车、_____和家用汽车四大类。

10. 航空客运已成为长距离旅游的重要运输工具，主要有定期航班服务和_____两种。

三、判断题

1. 从出发地点到目的地的游客，其空间位移的过程也是消费旅游产品的过程。（　　）
2. 旅游交通包括客源地到目的地以及目的地内部旅游的空间移动。（　　）
3. 交通费用是指旅游者为到达旅游目的地所需要支付的交通工具的费用，但不包括途中产生的费用。（　　）
4. 旅游通道是指各种搭乘工具空间上实现移动的辅助线性载体。（　　）
5. 空间距离越大，旅游者完成旅行所需要的时间也就越多，但旅游抗阻减少了，旅游成本也相对减少了。（　　）
6. 在风景区内，游径可以疏导游客参观游览，但它并不是游客活动的场所。（　　）
7. 机场基础设施是多数国际旅游者与旅游目的地直接接触的第一个也是最后一个场所，是旅游者移动性的核心轴线。（　　）
8. 旅游交通运输产品不能储存，但可以脱离生产和消费过程而独立存在。（　　）
9. 旅游者的空间移动和体验依赖于旅游交通的硬件设施和交通服务。（　　）
10. 距离抗阻将增加旅游者进入旅游目的地的时间成本和经济成本，但并不能降低旅游的吸引力。（　　）

四、问答题

1. 什么是移动性？
2. 在什么情况下旅游者会选择飞机作为交通工具？
3. 旅行通道主要包括哪些？
4. 什么是交通集散站场？有什么作用？
5. 旅游交通服务包括哪些内容？

五、论述题

1. 简要阐述未来旅游交通发展的特点和趋势。
2. 结合旅游交通和移动性的相关知识,设计一个自助游详细方案,交全班讨论。

应用案例分析

九寨沟的旅游交通

九寨沟位于四川省阿坝藏族羌族自治州九寨沟县漳扎镇,以九个藏族村寨而得名。九寨沟海拔在2000米以上,遍布原始森林,沟内分布108个湖泊,为国家AAAAA级旅游景区,被列入《世界遗产名录》。其主要特色有翠海、叠海、彩林、雪山、藏情,吸引了来自各方的旅游者。

对于一般旅游者来讲,到九寨沟游览可选择航空和陆路两种方式。目前九寨黄龙机场已经开通成都、重庆、西安、北京、上海等直航线路,游客到达九寨黄龙机场后可乘坐机场大巴和出租车到达九寨沟沟口。游客到成都后,也可到茶店子、新南门汽车站,乘坐班车到九寨沟沟口。主要交通信息如下:

飞机:九寨黄龙机场位于阿坝藏族羌族自治州松潘县川主寺镇,海拔3448米,距九寨沟沟口83公里,距黄龙43公里。机场有到九寨沟和黄龙的穿梭巴士。

汽车:成都新南门车站,每天早上8点有发往九寨沟的空调大巴车。茶店子车站四季都有长途客车可直达黄龙和九寨沟,有日班,也有夜班,夕发朝至。

火车:川青铁路起于成都,止于西宁,全长836公里,经四川茂县、松潘、九寨沟县抵甘肃郎木寺,最后抵达青海省会城市西宁,是我国又一条在海拔3000米以上高原修建的"天路"。从成都乘动车到镇江关约1.5小时,转乘大巴去九寨沟约3小时。

自驾一:九环东线,全长约341公里,由成绵高速转九绵高速,途经德阳、广汉、江油、北川、平武等县市,可观赏三星堆、北川地震遗址、窦圌山、报恩寺等旅游景点。车程约6小时。

自驾二:九环西线,全长约460公里,经都江堰、汶川、茂县、松潘、九寨沟等县市,沿途可观赏岷江河谷风光,浓郁的藏、羌民族风情及保存完好的自然山水风光。车程约8小时。

观光车:沟内交通由九寨沟旅游(集团)公司的绿色观光巴士经营。游客可在沟内指定站点上下游览,十分便利。

栈道:九寨沟森林中的栈道,或石块铺地,或栈桥凌空。栈道上亭阁依树而立,或以树为中柱。游客靠树小憩,临阁观景,别有一番风味。

完善的九寨沟旅游交通系统使出行更加便利,不同的交通工具使旅游体验与众不同,四通八达的旅游交通网络搭载八方游客,过去远离都市的"人间仙境"不再遥远,九寨之旅让你满意而来,尽兴而归。

讨论：

1. 请利用旅游交通系统制定一个兼顾时间成本、经济成本、旅游体验的九寨沟旅游行程。

2. 九环东线自驾游与乘火车去九寨沟旅游时间大致相同，但旅游体验不同。你喜欢哪种交通方式？为什么？

第 6 章 旅游中介服务

教学目标

通过本章的学习，了解旅游中介服务的基本概念和性质，掌握旅游产品的分销渠道、旅游经营商和旅游代理商的分工，知晓旅行社的分类、开办条件，旅行社产品构成要素，熟悉旅行社业务操作流程，以及雷柏尔旅游模型中旅游中介对旅游者前往旅游目的地所发挥的作用。

教学要求

教学内容	重点☆、难点*	教学提示
旅游中介	(1) 旅游中介服务的产生☆ (2) 旅游中介服务业的发展 (3) 旅游企业纵向一体化	本章内容主要与第1章、第2章、第3章、第4章、第8章、第9章、第11章等内容相关联，教学时可前后对应，以便掌握各章节教学内容的内在联系
旅游经营商与旅游代理商	(1) 旅游经营商的定义 (2) 旅游经营商的作用☆* (3) 旅游代理商的定义 (4) 旅游代理商的作用☆*	
旅行社	(1) 旅行社的定义 (2) 旅行社的作用 (3) 旅行社产品构成要素☆* (4) 旅行社业务操作流程	

> 天朗气清，惠风和畅，仰观宇宙之大，俯察品类之盛，所以游目骋怀，足以极视听之娱，信可乐也。
> ——王羲之

旅游中介服务　旅游经营商　旅游代理商　旅游电子商务　旅行社

第6章 旅游中介服务

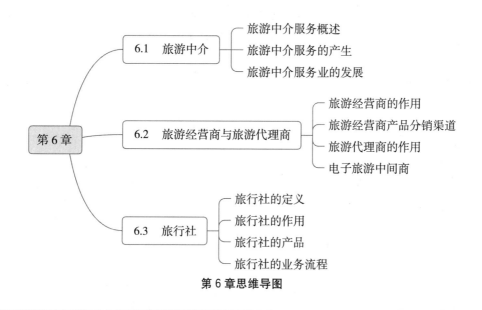

第6章思维导图

导入案例

香港澳门五日游

第1天：成都—香港

饮食：含晚餐

住宿：香港

交通：飞机、大巴

搭乘飞机到达香港，乘车游览青马大桥，前往【迪士尼乐园】（约6小时）：迪士尼四大主题园区"美国小镇大街""幻想世界""探险世界""明日世界"将会陪你度过一整天的美好时光；米奇幻想曲、米奇金奖音乐剧、飞越太空山、辛会史迪仔、巴斯光年星际历险、森林河流之旅、小小世界等美轮美奂的精彩项目期待和你一起展开探险、梦幻、奇妙、浪漫的迪士尼旅程；睡公主城堡为背景的天幕燃起璀璨的焰火是迪士尼乐园最为精彩的压轴项目，惊艳浪漫，美不胜收。指定时间地点集合乘车返回酒店。

第2天：香港

饮食：含早餐、中餐、晚餐

住宿：香港

交通：大巴

指定时间集合，先游览香港香火最旺的庙宇之一【黄大仙庙】（约30分钟），后参观尖沙咀海滨长廊上的【星光大道】（约20分钟）。前往【九龙国际展贸店】（约3小时）或【珠宝店】（约2小时）、【百货店】（约1小时），游览香港著名的【海洋公园】（约3小时），这里有世界最大的水族馆、鲨鱼馆及海洋剧场，有海豚、海狮等精彩特技表演，还有各式惊险刺激的机动游乐设施。之后乘车前往游览香港【会展中心】新翼、【金紫荆广场】（约20分钟），这里是为庆祝香港回归祖国而设立的。乘车前往【浅水湾】(约30分钟)、【太平山】(约30分钟)。晚上乘坐大型观光船(约45分钟)：游览著名【维多利亚海港夜景】，游毕乘车返回酒店。

第3天：香港

饮食：不含

住宿：香港

交通：大巴

【全天自由活动】根据自己的爱好自由前往所喜爱的地方，充分享受素有"动感之都""购物天堂"之称的香港带给您的种种乐趣。

第4天：香港—澳门

饮食：含早餐、中餐、晚餐

住宿：澳门

交通：轮船

早餐后，乘船前往澳门，游览【大三巴牌坊】(约20分钟)、澳门最古老的庙宇【妈祖阁】(约20分钟)、【主教山】(车览)、澳门九九回归广场【盛世莲花】(约20分钟)、【望海观音像】(车览)，之后参观著名的【威尼斯人度假村】(约50分钟)。这是亚太地区第一个具有拉斯维加斯风格的大型豪华全套式旗舰度假酒店，酒楼、咖啡店等意大利风格的数条街道"横卧"于酒店之中，三条能承载51艘贡多拉游筏的运河建于室内，怎能不令人惊异！前往澳门【特色手信店】(约1小时)，购买代表性的澳门特产肉干、杏仁饼、老婆饼等食品。晚餐后，自费参加澳门特色的表演等其他活动。

第5天：澳门—香港—成都

饮食：含早餐

住宿：香港

交通：飞机、轮船

指定时间集合，乘船前往香港国际机场，在机场内可尽情选购各国免税商品，搭乘飞机返回成都双流机场，结束愉快的旅程。

点评：

旅游中介将食、住、行、游、购、娱单项产品组合成旅游集合产品，简化了旅游者的购买决策过程，方便了旅游者出行游乐。旅游中介是连接旅游者、旅游企业和旅游目的地的重要介质，没有旅游中介服务，旅游者出行会遇到困难，成本也会增加。

6.1　旅游中介

人们在进行旅游活动的过程中，需要多方面的产品和服务。最初，旅游者直接向生产企业购买所需要的产品和服务，这些相关企业主要有酒店、汽车公司、航空公司、景点等，被统称为旅游供应商。但是，由于旅游者类型不同，所需要的产品和服务也不同，旅游供应商又大多在异地,旅游者直接购买旅游产品和服务很不方便。旅游供应商产品的销售遇到困难,产品和市场之间的协调性缺失。

为了弥合旅游需求和市场供应之间的关系,满足需求者和供应者双方的需要,旅游中介服务,即为旅游者和旅游供应商提供整合业务的中介服务变得十分重要。在雷柏尔旅游模型中,旅游中介是联系旅游者与旅游供应商的纽带,旅游者从客源地到目的地的移动过程是在中介服务的帮助下完成的。即使在推崇个性化旅游的今天,如背包客、自驾游,也离不开旅游中介的服务。

6.1.1 旅游中介服务概述

公元5世纪,威尼斯已经有了为到巴勒斯坦朝圣的宗教徒开办船票预约的业务,这也标志着旅游中介服务历史的开始。17世纪,英国驿站马车业出现了登记乘客预约名单的账簿。1841年,托马斯·库克第一次组织商业性质的大众旅游活动,这才算得上是真正意义的旅游中介服务。这次活动被后人公认为人类历史上第一次包价旅游。

20世纪初,英国通济隆(Travelex,即托马斯·库克旅行社)、美国运通(American Express)等旅游公司进入中国,为来华旅游者办理各种旅游业务,包括为出国求学或考察的中国人代办旅行业务等中介服务。1923年,上海商业储蓄银行创办旅行部,1927年从上海商业储蓄银行中独立出来成立中国旅行社,这就是我国最早的一家旅行社,标志着中国近代旅游业的诞生。

6.1.2 旅游中介服务的产生

为旅游者提供各类中介服务产品的企业被称为旅游中间商。由于旅游中介服务的内容和经营方式的差异,旅游中间商又被分为旅游经营商和旅游代理商。旅游经营商、旅游代理商是两种最主要的中介服务商。与其他大多数工业部门的分销体系从生产、批发、仓库、运输、零售到其他活动不同,旅游产品在目的地同时生产、同时消费,旅游分销的主要承担者是旅游中间商。

6.1.3 旅游中介服务业的发展

党的二十大报告指出,要"构建优质高效的服务业新体系"。随着旅游快速发展,旅游中介服务业也快速发展。为了让旅游中介企业做大做强,向规模化、集团化发展,旅游企业一般采用横向一体化和纵向一体化两种模式,而纵向一体化又有两种形式:一种是通过资本扩张实施纵向一体化,这种形式的一体化属于纵向集中;另一种是通过各种形式的战略联盟实行纵向一体化,这种形式称为纵向联合。[①] 从理论上讲,由于旅游组织的特殊性,各个组织所需要的资本投入不同,纵向集中往往由旅游产业链的高层次向低层次推进,而低层次向高层次的整合往往采取纵向联合的方式。

在欧洲的旅游中介业,由于大型旅游运营商资本实力雄厚,他们所实施的纵向一体化

---

① 吴晓隽. 欧洲旅游中介服务业纵向一体化剖析[J]. 外国经济与管理,2005(3):56—64.

基本以纵向集中为主，即通过兼并、收购或合资的形式来控制处于旅游产业链不同层次的其他旅游企业。不同国家的旅游运营商所采取的形式有所不同。例如，英国和西班牙的旅游运营商经常采取合资的形式来控制包机公司，而德国的旅游运营商则更多地投资于经营定期航班的航空公司。① 以旅游经营商为例，横向和纵向整合如图 6-1 所示。

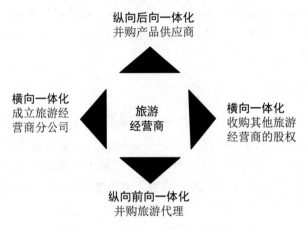

图 6-1 旅游经营商横向和纵向整合

欧洲旅游中介服务业纵向一体化

与20世纪90年代前后在世界范围内掀起的第五次兼并浪潮相呼应，同时借助个别领域放松管制的机遇(比如欧盟主要国家放松对航空业的管制)，欧洲旅游中介服务业的纵向一体化具有涉及面广、规模大的特点。旅游运营商为了掌握网络经济优势，前向兼并旅行社，而且大举向交通领域、住宿领域扩展，几乎把旅游产业链的各个环节都转化为组织内部关系。这种行为已经不是个别企业的策略，而是欧洲大型旅游运营商的普遍选择。以英国为例，汤姆森旅行集团(Thomson Travel Group)通过 1965 年收购大不列颠航空公司(Britannina Airways)和 1972 年收购旅行社连锁组织伦恩宝丽(Lunn Poly)，实现了全面纵向一体化。近几年来，随着新兴市场和新兴目的地不断涌现，欧洲旅游运营商的纵向整合从国内扩展到整个欧洲乃至全球范围。这种更大范围的纵向一体化的结果，就导致了欧洲旅游中介业的进一步集中。

6.2 旅游经营商与旅游代理商

旅游中介广义上可分为旅游经营商和旅游代理商。旅游经营商是指旅游企业根据对客源市场需求的了解和预测，大批量地订购有关交通运输公司、饭店、旅游景点等有关旅游企业的产品和服务，将这些单项产品和服务组合成不同的包价旅游线路产品或包价度假集

---

① 庞骏. 新编都市旅游学[M]. 上海：复旦大学出版社，2020.

合产品,通过自己的公司或者零售代理商用单一价格将包价产品向旅游消费者出售的企业。旅游经营商是经营批发业务的旅行社或旅游公司。旅游代理商是指受旅游产品生产者或提供者的委托,在委托权限内代理销售生产者或提供者的旅游产品的旅游中介机构。旅游代理商又称旅游零售商,是主要经营零售业务的企业。旅游代理商在旅游经营商与旅游需求者之间扮演着双重角色,它既代表顾客向旅游经营商及有关食、住、行、游、购、娱方面的旅游企业购买其产品,又代表这些旅游企业向旅游者销售其产品。①

 知识链接

包价旅游

包价旅游(Package Tour)是旅行社以一定价格向市场推销的成批量组合的旅游线路产品,分为全包价和小包价两种。全包价是指旅行社事先经过计划、组织和编排的旅游活动项目,旅游者通过一次性付款的方式享受旅游活动中设计的一切相关旅游服务的旅游形式。小包价旅游又叫半包价旅游形式或可选择性的旅游形式,也是旅行社事先计划、组织和编排好的旅游活动项目。与全包价不同的是,小包价旅游是旅行社根据旅游者的特殊需求,对某些旅游服务项目采取自由选择的形式。

6.2.1　旅游经营商的作用

旅游经营商的规模一般都比较大,集中化程度比较高。在旅游经营商产生之前,旅游者需自己搜索、筛选各种旅游信息,不得不与众多旅游企业进行交易;旅游企业也必须采取各种促销活动、传播旅游信息,与单个旅游者进行交易。再者,旅游活动的异地性让本来就烦琐的交易变得更加困难,旅游成本很高,让很多人没有条件进行旅游活动。随着旅游业的发展,旅游经营商出现,开展的一系列业务活动(见图6-2),解决了旅游者对复杂信息的搜索及筛选,节约了旅游成本,促进了旅游业发展,使旅游活动在人们的日常生活中得到了普及。

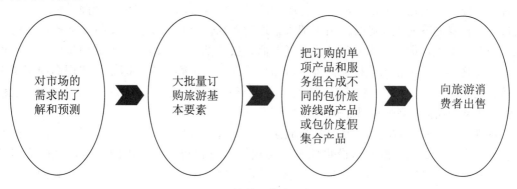

图6-2　旅游经营商业务流程

---

① 马海龙.旅游经济学[M].银川:宁夏人民教育出版社,2020.

旅游经营商在旅游产业中主要作用如下。

（1）旅游经营商从上游企业批量购入产品可以获得价格折扣，使包价旅游产品的价格低于各单项旅游产品价格之和，能够帮助旅游者节约费用支出。

（2）旅游经营商可以针对市场的不同需求，设计多样旅游产品，供旅游代理商和旅游者选择。旅游经营商组织的包价旅游产品简化了旅游者的购买活动，为其提供了方便，降低了旅游者的购买风险。

（3）旅游经营商的上游企业如航空公司、饭店等一般固定资产比例较高、市场应变性差，旅游经营商与这些企业签有长期的合作契约，在需求淡季时为之补充大量的客源，使企业的供求状况得以改善。

（4）旅游经营商还可以帮助住宿业在异地开辟新的市场、帮助交通运输业创造出新的需求。旅游经营商的专业化经营有助于上下游企业平衡供需关系，提高旅游市场的销售效率。

知识链接

上游企业

从生产链角度来讲，上游企业（Upstream Enterprise）是指供给中游企业原材料或技术服务的企业。同理，中游与下游企业的关系亦然。上、中、下游企业由前至后产生供需关系，产品依次为下一个层面的企业所用，所以它们相互依存，形成利益相关的产业链条。上、中、下游企业只是从产业链中所处的相对位置来界定的，是特定的关联企业之间的关系。绝大多数产业从一个角度看是上游产业，从另一个角度看则是下游产业。旅游上游企业主要有目的地酒店、航空公司、旅游景区等。

6.2.2　旅游经营商产品分销渠道

旅游经营商是包价旅游产品的组织者，从多家上游服务企业批量购入旅游产品，然后将各项服务组合成包价旅游产品。包价旅游产品的销售可以通过旅游代理商进行，也可以通过企业自身的零售机构进行。由于销售渠道的差别，一些国家将从事批发业务的旅游企业分为两个类别，即旅游批发商和旅游经营商。旅游批发商在组成自己的包价旅游或包价度假产品之后，不是自己直接面向消费者出售，而是通过第三方，即旅游代理商向消费者销售；而旅游经营商在组合包价旅游或包价度假产品之后，除了通过第三方，还通过自己设立的零售网络向消费者出售（见图6-3）。

尽管大多数的旅游经营商都是通过旅游代理商来销售自己的产品，但仍有一部分旅游经营商，尤其是专项旅游经营商更愿意直接面对市场销售产品，不向旅游代理商支付佣金。没有旅游代理商这一销售渠道，旅游经营商需通过做广告或其他宣传方式来向公众传递其产品信息。

6.2.3　旅游代理商的作用

旅游代理商一般规模较小，但数量较多，分布较广，是旅游者和旅游企业重要的介

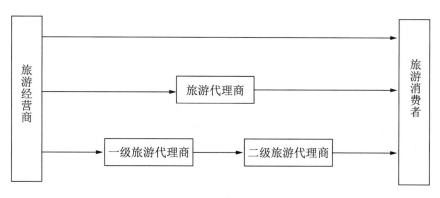

图 6-3 旅游经营商产品分销渠道

体。旅游代理商主要的零售业务有以下几项。[①]

(1) 提供有关旅游景点、客运班次、旅游公司产品及旅游目的地情况等方面的咨询服务。
(2) 代客预订交通、食宿及游览和娱乐门票等。
(3) 帮助收发旅行票据和证件。
(4) 发布相关旅游企业的旅游宣传品。
(5) 向有关旅游企业反映顾客意见。

头脑风暴

分组讨论：为了开拓某地旅游市场，完成每年 200 万元的销售业务，公司决定寻找旅游代理商。旅游代理商的基本条件是什么？请草拟一份旅游代理协议。

旅游经营商与旅游代理商之间的合作非常重要。当一家旅游经营商同意某旅游代理商销售其产品时，通常会拟订一份代理协议，并借以正式明确双方的关系。那么，这家旅游代理商就成了旅游经营商的指定代理机构，旅游经营商将根据合同约定付给旅游代理商一定数额的佣金，或以代理价(批发价)与之结算，让他们有利可图。为了帮助旅游代理商更好地销售其旅游产品，旅游经营商通常会提供高效的预订系统，定期更新各项旅游产品的宣传资料，并对旅游代理商相关销售人员进行系统培训。有的旅游经营商还会派遣销售代表或者顾问，进行现场辅导。

即学即用

一次西藏蜜月旅行

有一对长春的青年夫妻想去西藏蜜月旅游，经过携程网查询知道四川畅享天下国际旅行社推出一款"大美西藏 10 日游"旅游产品，于是小两口通过该平台报名，支付了 4 万元人民币的旅游费用，并从网上留存了旅行社的一张旅行小贴士。准备好行囊，小两口踏上西藏之旅。

---

① 李天元. 旅游学概论(第 7 版)[M]. 天津：南开大学出版社，2014.

小两口先是9月9日上午由全陪带领团队从长春飞往成都，下午由成都飞往拉萨贡嘎机场。到了拉萨贡嘎机场，已是北京时间17：00，由西藏年楚旅游有限公司接机，上了旅游大巴，导游小张为大家献上哈达并表示欢迎，沿途为大家简要讲解了西藏的历史。

抵达拉萨，导游安排大家住进了西藏缘梦筱筑酒店，该酒店是拉萨一家具有西藏民族风情的网红酒店。拉萨2日游、日喀则3日游、山南2日游、林芝3日游，小两口在地陪的陪同下尽情享受了美丽的雪域风光、独特的藏族民族风情，最后他们从林芝米林机场飞回成都，再转机飞回了长春。

讨论：
1. 为长春青年夫妻去西藏旅游提供服务的旅游中介有哪些？
2. 哪一个旅行社是组团社？哪一个旅行社是接待旅行社？
3. 旅行社是如何使用分配游客旅游费用的？

延伸阅读

欧美国家的旅游经营商与旅游代理商

一、旅游经营商提供以下产品

旅游经营商买进单个产品要素（交通、住宿、其他服务）并组合成整体产品（Package）直接或间接销售给旅游者。旅游经营商的最大优势在于它可通过大量购买单项旅游产品获得可观而稳定的折扣，并组装成一系列方便、精致的整体产品。旅游经营商提供的包价旅游产品（ITs：Inclusive Tours）可以分为3种类型：夏季旅游包价项目（Summer Inclusive TourProgram）；冬季旅游包价项目（Winter Inclusive TourProgram）；最低价格组合产品（Minimum-rated Package）。

由于激烈的市场竞争，众多旅游经营商不可能同时占据整个旅游市场。根据自身的优势和市场需求分析把握，它们逐渐拥有各自特色产品。

1. 大众市场经营商（MMO：Mass Market Operator）

大众市场经营商的产品主要是推出前往3S（Sun，Sea，Sand）目的地的旅游项目，满足大众市场的需求，根据地理位置又将市场细分为不同地区推出各种产品。

2. 专业经营商（SO：Specialist Operator）

专业经营商虽然不如大众市场经营商为人所知，但也为数众多，它们一般为特定旅游者提供特定的组合旅游产品。根据各自的业务产品专业化领域可将专业经营商划分为5种。

(1) 提供到特定目的地的包价旅游。
(2) 向特定客源地区提供包价旅游。
(3) 使用特定住宿设施（如度假村）的包价旅游。
(4) 使用特定交通工具的包价旅游。
(5) 提供特定兴趣爱好（如游猎、商务培训等）的包价旅游。

3. 入境旅游经营商/出境旅游经营商（ITO：Inbound Tour Operator/OTO：Outbound Tour Operator）

此外，根据其业务的市场不同也可分为入境旅游经营商和出境旅游经营商。入境旅游经营商主要为境外旅游者服务,而出境旅游经营商主要为当地旅游者到境外旅游提供服务。

二、旅游代理商/旅游零售商(TA:Tour Agent/TR:Tour Retailer)

旅游代理商的传统职能是代理销售大多数旅游供应企业的单项产品或旅游批发商的组合产品。一般来讲,旅游代理商代理4种形式的旅游产品。

1. 包价旅游(PTs:Package Tours)

包价旅游产品是围绕特定的旅游者群体需要设计的。

2. 陪同旅游(ETs:Escorted Tours)

陪同旅游就是由一个有经验的导游全程护送、陪同、照顾,并处理途中的基本事务。一般来讲,陪同是"全包价"旅游。

3. 无陪同包价旅游(UPTs:Unescorted Package Tours)

这种形式比较灵活,旅游者可以任意选择购买组合产品。

4. 团队旅游(Group Tours)

团队旅游通常由旅行社提供线路,旅游者在规定的时间、地点、景区、在导游的陪同下,乘坐交通工具,入住预订的宾馆,按照统一的线路完成食、住、行、游、购、娱等各项旅游活动和过程。

根据旅游代理商和顾客参与产品设计加工深度不同,还可以将旅游代理商出售的产品分为直接代销旅游经营商的各类包价产品、组合设计国际航线和(或)饭店以及地接经营商的产品、定制旅游产品等。

6.2.4 电子旅游中间商

旅游电子商务的兴起并不是互联网络和传统旅游的简单嫁接,它使"网络"和"旅游"的价值都得到了充分的体现。电子商务的发展使传统的旅游中间商受到了一定程度的挑战,也促进了旅游中间商信息化和效率的提高,催生了以网上旅游代理商为代表的新型中间商——电子旅游中间商,如携程、去哪儿、TripAdvisor.com、Booking.com、Expedia、Priceline.com等,在旅游代理市场占有较大份额。

电子旅游中间商是一些基于互联网,向潜在旅游者提供信息中介服务的新型旅游中间商,具有信息提供、检索、咨询、促销、评估、交易等功能。另外,网络虚拟现实的功能使得广阔的山河、浩瀚的时空对旅游者不再距离遥远,通过网站,旅游者可以浏览信息,安排行程,甚至可以事先对某些旅游景点进行"虚拟旅行"。

与传统的旅游中间商一样,电子旅游中间商是连接旅游者与旅游供应商的桥梁与纽带,同样发挥着帮助旅游者购买决策、降低成本费用、达成交易等作用。不同的是,电子旅游中间商为旅游者与旅游供应商提供了直接沟通的媒介和平台,拉近了交易双方的距离,让旅游者拥有更多主动提出需求以及参与到旅游产品设计中来的机会,实现旅游者的个性化需求。电子旅游中间商的发展打破了地区界限,扩大了旅游消费者的选择范围,拓展了旅游企业的客源市场,改变了传统旅游业的运作模式。

 案例故事

携程旅行网如何赚钱？

利润点是企业为完成计划向特定客户提供的产品和服务，用以满足客户的某种需要或欲望，是支撑企业利润目标实现的原点、市场中未被满足的需要或欲望构成利润的源头。根据携程网2017—2019年的年报，其业务营收的主体部分是住宿与交通票务，两项业务的收入可达总收入的70%以上。以2019年第一季度为例，携程网的住宿预订与交通票务预订营收分别为30亿元和34亿元，占总业务收入的41%和37%。2021年春节期间，携程网平台上省内酒店GMV继续保持20%以上的增长，"机票＋酒店"等组合产品的平均消费同比出现显著增长。携程旅行网是一家电子商务企业，那么它是如何成为大型电子商务企业的呢？

1. 酒店预订代理费

酒店预订是携程的业务之首，也是携程运作和发展的基础。目前其合作酒店近80万家，分布在全球200多个国家和地区。同时携程每天在其分布在世界各地的酒店拥有大量的保留房，为其会员提供即时的预订服务。酒店预订代理费是携程最主要的利润来源。无论客人是网上支付还是到目的地酒店前台支付，携程根据该酒店挂牌特牌、金牌、银牌等不同等级，获取销售额15%左右的佣金。

2. 机票预订代理费

机票预订是携程迅速发展起来的业务，目前已与国内外各大航空公司合作，覆盖国内外绝大多数航线，会员可在携程网站上查询丰富实时的机票资讯。携程拥有行业内规模领先的统一机票预订系统，机票均实现"异地出发，本地订票、取票"，极大地方便了会员；开通了各大航空公司电子客票产品，客人可以在线订票，然后直接去机场办理登机，出行更加便捷。如需报销凭证，可以申请电子发票或邮寄行程单。机票预订代理费从顾客订票费中获取，等于顾客订票费与航空公司出票价格的差价。

3. 自助游中的酒店、机票预订费以及保险代理费

从携程的发展来看，2004年前的业务重点主要倾向于为商旅散客提供商旅出行服务。2004年年初，在酒店和机票预订业务达到双丰收后，携程旅行网与翠明旅行社积极合作，组成携程翠明旅行社，全面进军度假业务。短短一年时间，度假产品预订人数已与一般中型旅行社的组团总人数相当。携程希望从国内4000亿元的旅游市场中分得一杯羹，目前散客市场可以占到总数的95%左右，这也为其提供了巨大的发展空间。自助游中的酒店、机票预订费以及保险代理费的收入途径采用营利折扣返还和差价两种方式。

4. 在线广告费

携程凭借其在领域内的领头羊地位，拥有广泛的知名度和巨大的联盟资源，尤其是众多的携程客户，这些因素决定了众多商家愿意在携程投放广告。随着携程一如既往地良性发展，广告收入也是逐年递增。联盟商家提成是携程与各地商家达成的相关协议，携程用户持携程信用卡在联盟商家购物，用户可以享受相应折扣，而携程则可以按比例和商家分享利润。

6.3 旅行社

随着旅游行业规模不断扩大，旅行社在旅游行业中的重要地位日益显现。旅行社是旅游活动的中介。在我国，一些大型旅行社既是旅游经营商，又是旅游代理商。旅行社作为纽带连接旅游生产供给的各个环节和方面，作为桥梁沟通旅游生产供给与消费需求，很多新的旅游项目、线路和目的地就是通过旅行社的宣传、推介、销售而进入大众旅游消费市场的。旅行社以其专业、便捷、高效的旅游产品、信息和组织接待服务，统筹和调配不同区域、不同类型的旅游资源，帮助不同的旅游群体做出最符合自身的旅游选择，更好地满足旅游者的个性化需求。

6.3.1 旅行社的定义

2020年颁布的《旅行社条例》规定：旅行社是指从事招徕、组织、接待旅游者等活动，为旅游者提供相关旅游服务，开展国内旅游业务、入境旅游业务或者出境旅游业务的企业法人。旅行社分为一类社、二类社和三类社。一类社可以经营中国公民出、入境旅游和外国人来中国旅游的业务，二类社可以经营外国人到中国来玩的旅游业务，三类社只能经营中国公民的国内旅游业务。一、二类社为"国际旅行社"；三类社为"国内旅行社"。

 小贴士

设立旅行社的基本条件

世界各国对旅行社的设立都有不同的规定，综合起来，主要包括以下几个方面：申办者的从业经验、法定的注册资本、营业保证金、旅游行政许可、工商注册、政策与法律法规、加入行业组织等。《中华人民共和国旅游法》第二十八条规定，设立旅行社，招徕、组织、接待旅游者，为其提供旅游服务，应当具备下列条件，并取得旅游主管部门的许可，依法办理工商登记：

（一）有固定的经营场所；

（二）有必要的营业设施；

（三）有符合规定的注册资本；

（四）有必要的经营管理人员和导游；

（五）法律、行政法规规定的其他条件。

根据《旅行社条例实施细则》《国家旅游局关于执行〈旅游法〉有关规定的通知》（旅发〔2013〕280号）等法律制度的规定，申请设立旅行社，经营国内旅游业务和入境旅游业务还应同时具备以下条件：

（一）取得法人资格；

（二）有固定的经营场所；

（三）有必要的营业设施；

（四）有不少于30万元的注册资本；

（五）有必要的经营管理人员和导游；

（六）法律、行政法规规定的其他条件。

6.3.2 旅行社的作用

旅行社作为旅游中介，在有效沟通旅游供给和旅游需求方面扮演着重要的角色，在旅游者与旅游企业以及旅游企业之间发挥着重要的中介作用，主要体现在以下几个方面。

1. 纽带作用

人们外出旅游（尤其是初次旅游者）难免会对旅游的活动安排和旅游过程中可能遇到的各种问题表示担忧，而销售该旅游目的地产品的旅行社凭借其专业能力可以很好地帮助他们解决这些问题，消除他们的顾虑。旅游企业虽然也直接向旅游者出售自己的单项产品，但大量的产品主要还是通过旅行社销售给旅游者。因此，从某种意义上来讲，旅行社既是旅游产品的组合者，也是旅游产品的销售者，在不同旅游企业之间、旅游者和旅游产品之间起着纽带作用。①

小思考

古代旅游有没有旅游中介？在没有旅行社的情况下，古代旅游是如何进行的？

2. 组织作用

旅行社通过自己的专业知识组合旅游产品，提升了旅游产品的层次，扩大了旅游产品销售的业绩。当旅游者购买了旅行社的产品后，旅行社须按照旅游计划组织旅游者参观游览、安排食宿等活动，使得原本看似分散的部门在旅行社的合理安排和组织下井然有序，更有效地配置旅游资源，极大地促进了旅游活动的规模化。

特别提示

旅行社必须与宾馆、交通、游览景点等企业合作、配合，安排好食、住、行、游、购、娱等活动；同时，旅行社需预先制订一个详尽的旅游接待计划，包括日程、线路、项目、人数、规格、具体要求等；此外，旅行社还要配备专职或经过职业培训的接待人员，如陪同、翻译、导游，以保证旅行计划的顺利完成。

3. 信息提供作用

旅行社提供的信息分为两个方面。一方面，在旅游业各部门中，旅行社直接同旅游者接触，最先接近客源市场，能够及时了解到旅游市场的各种需求并将相关信息提供给旅游业相关主体，以便他们从旅游者需求出发及时调整产品或产业结构，以适应旅游市场的需

---

① 卢红梅. 旅游概论[M]. 北京：中国地图出版社，2007.

求；另一方面，旅行社向旅游者提供各种咨询服务和代办业务，帮助旅游者做出符合自己需求的选择。

点评：

旅行社与众多旅游企业有着广泛的业务联系，通过自己的信息系统方便与各有关旅游企业联系。旅游者可享受到旅行社为其代办诸如护照、签证、订票、订车、订房、订餐、旅游保险等一系列繁杂手续的服务；在旅游中也会享受到旅行社提供的服务和便利。

特别提示

旅行社必须有效推进理想教育、诚信教育、法纪教育和职业道德教育，不得在日程、线路、订票、订房、就餐、购物、办理旅游保险等过程中提供虚假信息；在旅游过程时，应当按照约定为旅游者提供服务，所提供的服务不得低于国家标准或行业标准。

6.3.3 旅行社的产品

从旅游者的角度来看，旅游产品是指旅游者花费了一定时间、金钱和精力所换取的一种旅游经历，这种经历包括旅游者从离开常住地到旅游结束归来的全过程，包括对所接触的事物、事件和所接受的服务的综合感受和体验。从旅游供给的角度来看，旅游产品包括整体旅游产品和单项旅游产品。整体旅游产品是指旅游目的地为旅游者提供的旅游供给的全部内容集合。单项旅游产品是指旅游企业借助一定的设施向旅游者提供的项目服务。

1. 旅行社产品构成要素

食、住、行、游、购、娱是旅游的基本要素，各要素有机组合而成的产品就是旅行社产品，主要包括以下几个方面。

(1) 食——旅游餐饮。旅行社是否依据合同为旅游者安排满意的餐饮服务，对旅行社产品的信誉和形象至关重要。

(2) 住——旅游住宿。一般来讲，住宿占旅游者旅游时间约三分之一。旅行社在销售产品时，必须注明下榻饭店的名称、地点、档次、提供的服务项目等。

(3) 行——旅游交通。旅游交通是否准时、安全、舒适，影响旅游者的体验，影响旅行社产品的质量。

(4) 游——游览观光。旅游者出门旅行游览的最重要的目的就是游览观光。景点的质量、数量直接影响旅行社产品的质量。

(5) 购——旅游购物。旅游购物是重要的旅游项目。旅行社既要根据合同满足旅游者的购物要求，也要注意购物的质量。

(6) 娱——娱乐项目。娱乐项目是旅行社产品构成的基本要素，也是现代旅游的重要组成部分。丰富多彩的娱乐内容充实旅游活动，能广泛吸引各类旅游者。

特别提示

（1）旅游线路是把旅游者前往旅游目的地和返回旅游客源地经历的旅游区域、交通工具、食宿条件、旅游景点、旅游内容、停留时间、服务项目联系起来所安排的旅游活动过程。

（2）旅游服务是旅行社工作人员在整个旅游过程中通过各种接待工作，满足旅游者精神文化和物质需求的服务活动。旅游是重要的体验活动，旅游服务质量对旅游者的旅游体验具有重要作用。

即学即用

假设你在本地的一家旅行社工作，请设计一个城市二日游的旅游产品。

2. 旅行社组团方式

（1）团体旅游

按照国际行业惯例，团体旅游是人数高于15人的旅游团。根据我国旅游业惯例，团体旅游人数为10人以上。团体旅游一般采取一次性预付旅费的方式，有组织地按预订行程计划进行旅游。服务项目通常包括住宿、一日三餐、市内游览用车、导游服务、交通集散地的接送服务等。

（2）散客旅游

散客旅游通常是指旅游者委托旅行社购买单项旅游产品或旅游线路产品中的部分项目。但事实上，某些旅游散客也委托旅行社专门为其制订一套全程旅游计划；对于旅行社具体的项目安排，需根据各个项目分别计算收费。所以，同样内容的散客旅游的费用通常比团体包价旅游费用高。

6.3.4 旅行社的业务流程

旅行社业务主要包括组接团、旅游线路设计、订房、订票、派车、派陪，以及代办旅游相关如签证、票务等诸多业务，同时提供旅游咨询、旅游协助等工作。掌握旅行社业务操作流程（见图6-4）、保证优质服务、向游客提供具有竞争力的旅游产品是旅行社能否高效率运行、能否盈利的关键所在。

1. 国内组团业务流程

（1）接待咨询、报价

工作人员结合游客要求、费用预算情况向游客介绍旅行社旅游产品，推荐适合的旅游线路。团队客户往往需要制作报价单供对方选择。报价单应包含详细行程介绍、分项报价、购物安排、特别说明等内容。

（2）签订合同

与客户约定付款方式和金额，约定签订合同的时间和地点，提醒客户签约时应准备的资料和物品，向客户说明所签合同的注意事项，并在敏感的条款上加以重点说明和提示。

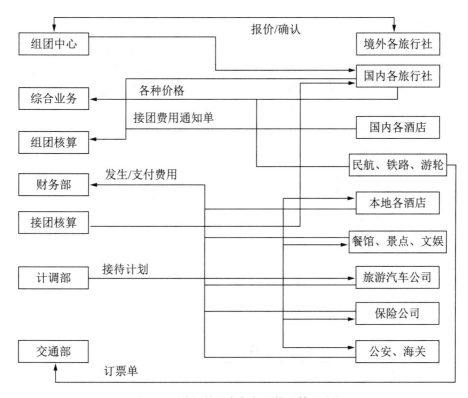

图 6-4 旅行社业务部门及操作管理流程

双方达成一致意见后签订旅游服务合同，认真审核后确认。

(3) 预报计划

团队经旅游者确认并交付团费后，组团社就开始作业。首先是向地接社以传真、电话、网络等形式预报计划，具体内容包括：团号、人数、行程、到达日期、离开日期、食宿要求（宗教信仰、过敏食物）等。特别应标明抵离的交通工具、车次、航班等内容，并请地接社确认行程及价格。

(4) 地接社确认

组团社在发出初步的行程之后，一般要求地接社在3天之内给予书面答复，主要对各项内容逐一确认，同时落实机、船票和酒店房间的情况。

(5) 正式计划与确认

组团社在团队相关事宜基本确定的情况下，应及时向地接社发出加盖公章或计划专用章的正式计划，并督促地接社回执确认。

(6) 游后事宜

根据旅游者的满意度对存在的质量问题进行分析，确定出现问题的原因。对旅游者的投诉认真受理、登记记录，依法处理。

即学即用

制作一个你所在城市的旅游线路的报价单。制作报价单时请注意以下三点要求。

(1) 线路一条一条分类介绍，不但包括类型(几日游)、景点、交通方式、价格，还应该有划分，突出重点，比如分为"常规线路""推荐线路""精品线路""特价线路"等，把最吸引人的标出来，让人一目了然。

(2) 介绍线路地理概况、风土人情和意义价值，对游客好在哪里，推出自己的优势线路，要有所创新，与其他旅行社不一样。

(3) 景点上标明价格，包括对外价格，以及景区需自费的小景点票价；标明景点游览时间，具体游览线路；针对不同地方的游客设计不同口味菜式；住宿除了说明房差，还应注明位置、星级或陈设新旧。

2. 国内接待业务流程

开发一个好的旅游产品关键在于落实，优质的旅游产品不仅要设计好，更要体现在服务上，旅行社接待业务流程(见表6-1)是控制旅游产品的关键，任何一个环节的疏忽都会造成旅游产品的损害，从而影响旅行社的形象。

表6-1 旅行社接待业务流程

序号	事项	内容
1	计划登记	接到组团社书面正式计划，将团号、人数、国籍、抵/离航班(车)、时间等相关信息登记在当月团队动态表中
2	计划确认	逐一核实后编制《接待确认书》，加盖确认章后以传真、网络等方式发送至组团社，并确认组团社收到
3	编制接待计划并更新团队动态表	编制《接待计划》，将人数、陪同数、抵/离航班(车)、时间、住宿酒店、餐厅、参观景点、地接旅行社、接团时间及地点、其他特殊要求等逐一登记、更新在《团队运行表》中
4	预订交通、住宿及餐饮	计调部门与各个旅游接待单位根据合作协议进行相应预订和确认。如果先前与该接待企业没有合作关系，则需进行业务洽谈，实地考察其服务质量，然后商定协议价格，签订合作协议或合同，再行预订
5	编制概算	根据《接待计划》编制团队《预算单》。注明现付费用及用途。由部门经理签字后，送财务部经理审核，填写《借款单》；报总经理签字后，凭《预算单》《接待计划》《借款单》向财务部领取借款
6	下达计划	计调部门根据《接待计划》通知导游人员领取计划及附件。附件包括：名单表，向协议单位提供的加盖作业章的公司结算单，导游人员填写的《陪同报告书》，游客(全陪)填写的《质量反馈单》，需要现付的现金等，票款当面点清并由导游人员签收

续表

序号	事项	内容
7	编制结算	填制公司《团队结算单》，经审核后加盖公司财务专用章。于团队抵达前将结算单通过传真或网络传至组团社，催收
8	按照合同履行接待计划	旅行社以所签旅游合同约定的内容和标准为旅游者提供旅游行程接待服务，督促相关接待单位按约定履行旅游合同
9	报账	团队行程结束，通知导游员凭《接待计划》《陪同报告书》《质量反馈单》、原始票据等及时报账
10	登账归档	财务部门将涉及该团的协议单位的最后实际产生的款项及时录入到《团队费用往来明细表》中，以便核对

特别提示

旅游服务流程中的采购环节是以一定价格向其他旅游企业及与旅游相关的其他行业和部门购买相关的服务行为。旅游采购不是一手交货一手交钱的简单交易，而是一种预约性的批发交易，是一次谈判多次成交的业务，谈判和成交之间既有时间间隔又有数量差距。旅游采购的这种特点，使得旅行社对经济合同的管理显得更为重要。

本 章 小 结

本章着重介绍旅游中介的性质，分析旅游经营商和旅游代理商在旅游活动中的职能以及产品不同的分销渠道。旅行社是旅游企业中最重要的中介组织，在旅游供应商和旅游者之间发挥重要的桥梁作用。当今电子商务发展迅速，电子中间商在旅游活动中发挥越来越重要的中介作用。本章还学习了旅行社产品组合的方式以及旅行社业务的操作流程，并对旅行社的中介服务的内容进行概括，使之更具操作性。

关键术语

旅游经营商(Tour Operator)：是指旅游企业根据对客源市场需求的了解和预测，大批量地订购有关交通运输公司、饭店、旅游景点等有关旅游企业的产品和服务，将这些单项产品和服务组合成不同的包价旅游线路产品或包价度假集合产品，通过自己的公司或者零售代理商用单一价格将包价产品向旅游消费者出售的企业。

旅游代理商(Travel Agent)：指受旅游产品生产者或提供者的委托，在委托权限内代理销售生产者或提供者的旅游产品的旅游中介机构。

旅行社(Travel Agency)：指从事招徕、组织、接待旅游者等活动为旅游者提供相关旅游服务，开展国内旅游业务、入境旅游业务或者出境旅游业务的企业法人。

课后练习

一、选择题

1. 近代旅游业诞生的标志是(　　)。
   A. 托马斯·库克旅行社成立
   B. 威尼斯开办船票预约业务
   C. 上海商业银行储存银行创办旅行部
   D. 英国驿站马车业出现了登记乘客预约名单的账簿

2. 旅游中间商是为旅游者提供各类中介服务的企业,分为旅游经营商和(　　)。
   A. 旅游批发商　　　　　　　B. 旅游代理商
   C. 旅行社　　　　　　　　　D. 会展中介人

3. 根据《旅行社管理暂行条例》,拥有入境旅游外联权的旅行社是(　　)。
   A. 一类社　　　　　　　　　B. 二类社
   C. 三类社　　　　　　　　　D. 四类社

4. 电子旅游中间商不能提供的服务是(　　)。
   A. 咨询　　　　　　　　　　B. 门市服务
   C. 评估　　　　　　　　　　D. 促销

5. 旅游纵向一体化控制旅游产业链不同层次的其他旅游企业的方式是(　　)。
   ①兼并　②收购　③合资　④连锁
   A. ①③④　　　　　　　　　B. ①②④
   C. ②③④　　　　　　　　　D. ①②③

6. 组团社在发出初步的行程之后,一般要求地接社在(　　)之内给予书面答复。
   A. 3天　　　　　　　　　　B. 5天
   C. 7天　　　　　　　　　　D. 10天

7. 与其上游企业如航空公司、饭店签有长期的合作契约,在淡季时为之补充大量客源的是(　　)。
   A. 旅游代理商　　　　　　　B. 旅游经营商
   C. 景区运营商　　　　　　　D. 旅游开发商

8. 根据我国旅游业中的惯例,团体旅游是指(　　)的旅游团。
   A. 10人以上　　　　　　　　B. 20人以上
   C. 10人以下　　　　　　　　D. 8人以下

9. 旅游经营商主要提供的是(　　)。
   A. 导游业务　　　　　　　　B. 机票业务
   C. 包价旅游　　　　　　　　D. 会议业务

10. 旅游经营商根据合同约定付给旅游代理商的报酬是(　　)。
    A. 股权　　　　　　　　　　B. 奖励
    C. 租金　　　　　　　　　　D. 佣金

二、填空题

1. 在雷柏尔旅游模型中，旅游者从客源地到目的地的移动过程是在_____的帮助下完成的。

2. 旅游企业通过资本扩张来实施纵向一体化，这种形式的一体化属于_____。

3. 从理论上讲，各个组织所需要的资本投入不同，纵向集中往往由旅游产业链的高层次向_____推进。

4. 包价旅游是旅行社以一定价格向市场推销的成批量组合的旅游线路产品，分为全包价和_____两种。

5. 旅游经营商的专业化经营有助于上下游企业平衡_____，有助于提高旅游市场的销售效率。

6. 旅游代理商一般规模较小，但数量较多，分布较广，是旅游者和旅游企业重要的_____。

7. 在我国，一些大型旅行社既是旅游经营商，又是_____。

8. 一般来讲，旅游代理商主要代理包价旅游、陪同旅游、无陪同包价旅游、_____等四种形式的旅游产品。

9. 由于使用销售渠道方面存在差别，一些国家将从事批发业务的旅游企业分为两个类别，即_____和旅游经营商。

10. 旅游经营商是包价旅游产品的组织者，从多家_____服务供应企业批量购入旅游产品。

三、判断题

1. 在推崇个性化旅游的今天，背包客、自驾游等旅游形式已经不需要旅游中介提供服务。　　　　　　　　　　　　　　　　　　　　　　　　　　（　　）

2. 旅行社提供组接团、线路设计和订房、订票、派车、派陪等业务，但不提供旅游咨询业务。　　　　　　　　　　　　　　　　　　　　　　　　（　　）

3. 旅游经营商从上游企业批量购入产品可以获得价格折扣，使包价旅游产品的价格高于各单项旅游产品价格之和而获利。　　　　　　　　　　　　　（　　）

4. C2B交易模式将旅游产品的主导权和先发权由旅游经营商交给了旅游者。（　　）

5. 电子旅游中间商提供的平台可以让旅游者更主动提出需求，参与到旅游产品设计中来的机会。　　　　　　　　　　　　　　　　　　　　　　　　（　　）

6. 由于大型旅游运营商资本实力雄厚，欧洲旅游中介业实施的纵向一体化基本以横向集中为主。　　　　　　　　　　　　　　　　　　　　　　　　（　　）

7. 旅游经营商的包价旅游产品不能通过自己设立的零售网络向消费者出售。（　　）

8. 散客旅游通常指旅游者委托旅行社购买单项旅游产品或旅游线路产品中的部分项目。　　　　　　　　　　　　　　　　　　　　　　　　　　　　（　　）

9. 旅游经营商组织的包价旅游产品简化了旅游者的购买活动，为其提供了方便，但增大了旅游者的购买风险。　　　　　　　　　　　　　　　　　　（　　）

10. 旅游代理商在旅游经营商与旅游需求者之间扮演着双重角色，既代表顾客向旅游

批发经营商购买其产品，又代表旅游经营商向旅游者销售其产品。　　　　（　　）

四、问答题

1. 什么是旅游中介服务？
2. 我国国内旅行社如何分类？
3. 旅行社的组团形式有几种？如何计费？
4. 旅游批发商与旅游经营商有何不同？
5. 旅游中介业是如何向规模化、集团化发展的？

五、论述题

1. 分析旅游经营商在旅游产业中发挥的作用。
2. 论述欧洲旅游中介服务业纵向一体化对我国旅游产业的借鉴意义。

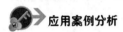
应用案例分析

同程旅行完善旅游产业链

2022年12月29日，同程旅行（0780.HK）发布公告称，公司一直在寻求潜在收购、投资、合资及合伙机会。在此前的12个月内，公司已与多家公司订立了不同程度的投资协议，包括一份出资协议、一份股份认购协议、三份股权转让协议，投资金额合计近10亿元，收购了同程国旅等三家旅行社。同程旅行表示，通过收购，同程旅行完成了旗下旅游度假业务的深度整合，进一步加强了同程旅行在休闲旅游度假板块的产品线，完善了"一站式旅行平台"的服务能力。

根据公告，同程旅行的间接全资附属公司将通过用近3亿元认购湖南航空股份有限公司（前称湖南红土航空股份有限公司）107142857股普通股，从而持有后者约5.67%的股权。此外，同程旅行的间接全资附属公司还分别与三家旅行社——北京同程国青国际旅行社有限公司、广东同程创游国际旅行社有限公司、同程国际旅行社有限公司签署了股权转让协议，总金额分别为1515万元、1588万元、2亿元。转让完成后，上述三家公司均成为同程旅行的间接全资附属公司，财务业绩与集团的财务报表合并入账。

资料显示，2018年3月，同程集团旗下的同程网络与艺龙旅行网合并成为同程艺龙，2018年11月顺利登陆港股。2020年4月，同程艺龙品牌升级，对外以同程旅行作为其服务品牌，更加聚焦年轻、时尚、个性的消费群体。湖南航空股份有限公司主要从事国内航空客货运输业务、航空运输配套服务以及民用航空国内客货销售代理业务。三家旅行社主要从事提供与旅游业务直接相关的服务，涵盖从酒店管理、餐饮管理等下游服务到票务代理服务、会展服务等上游服务的完整供应链。

同程旅行表示，通过此次收购，完成了旗下旅游度假业务的深度整合，进一步增强了同程旅行板块"线上+线下"优势，通过进入目标公司经营的上下游供应链业务，从而涉足旅游相关业务的整个系统。借此，集团能够受益并利用目标公司的专业知识及技术发展，实现更大的规模经济，巩固其市场领先的先发优势，并进一步巩固其全面的旅游产品及服务的市场地位。

讨论：
1. 同程旅行采取的是横向一体化还是纵向一体化？
2. 此种经营模式是否有利于同程旅行的竞争优势？为什么？

第 7 章 旅游接待服务

教学目标

通过本章学习，了解旅游住宿业的发展历史，研究旅游接待业的基本特征及其作用，掌握不同旅游接待业如美食旅游、会展旅游、旅游购物等提供的服务，学习相关知识，并将旅游接待业务知识运用到旅游行业的实践中。

教学要求

教学内容	重点☆、难点*	教学提示
住宿业	(1) 住宿业的历史 (2) 住宿业的功能☆ (3) 住宿产品的特点	本章主要与第1章、第2章、第3章、第4章、第8章、第9章、第10章等内容相关联，教学时可前后对应，以便掌握各章节教学内容的内在联系
餐饮服务与美食旅游	(1) 美食旅游的概念 (2) 美食旅游的特点* (3) 美食旅游的功能	
会展与节事旅游	(1) 会展旅游的概念 (2) 会展旅游的基本特征☆ (3) 节事旅游的基本类型和作用☆	
旅游购物	(1) 旅游购物品的类型 (2) 旅游购物的作用☆	

> 旅游是获得愉悦感和浪漫性的最好媒介。
> ——麦金托什

基本概念

旅游住宿业　美食旅游　饮食文化　旅游体验　会展旅游　旅游购物

第7章 旅游接待服务

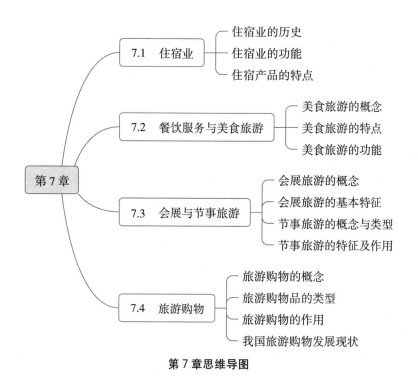

第7章思维导图

称心如意的接待服务

李先生外出旅游，在回北京的路上，决定在一家能够欣赏到太平洋景区的小饭店住一夜。走到总台时，一位穿着得体的女士迅速走出来，表示欢迎。仅三分钟后，他就被门童领进了客房。

梳洗完后，李先生便去了餐厅。入住登记时，接待员早已为他预订好了座位。当他再回到房间时，床已铺好。壁炉内炉火正旺，床头柜上放着一杯白兰地，旁边的一张卡片上写着："欢迎您第一次入住珊瑚沙滩饭店，祝您愉快。"

第二天早晨，李先生一醒来就闻到了咖啡的香味。走出洗手间，又发现了沸腾着的咖啡壶。壶边的卡片上写着："您喜欢的牌子，请慢用！"昨晚在餐厅时，有人曾问过他喜欢什么牌子的咖啡。而此刻，那个牌子的咖啡已热气腾腾放在他的房间。

第二天晚上，李先生购物回到酒店，他给前台打了一个电话，要求送一份西餐到客房。此时西厨已经下班。前台向李先生致歉，问李先生可否送中餐，可能需要20分钟。不到20分钟，中式夜宵便送到了李先生房间，餐车上还放置了一张卡片："请您慢慢享用。"见到美味佳肴，李先生情不自禁地说道："真有回家的感觉。"

一觉醒来，已是早上8点。李先生睡过了头，误了去北京的航班，在大堂里叫苦不迭。前台得知李先生订的是全价票，可以免费签转，无须退票，遂拿着李先生的护照、机票复印件,传真到服务中心,几分钟后改签成功。李先生连声表示感谢,并开玩笑说他自己"愚蠢"。看着李先生放松和满意的神情,礼宾会心地笑了,叫来一辆计程车,将李先生送上车,并用中文致以衷心的祝福:"祝您旅途愉快。"

点评:

旅游与接待概念相关。国外一般将"旅游业"泛称为"接待业"(hospitality)。旅游接待业是有形和无形要素相组合的产品,其服务质量是通过服务的个性化体现出来的。柯林(Colin)将"接待"定义为"精心地照顾好顾客"。因此,旅游企业要以满足个人需求为服务理念,尽可能为顾客提供个性化的服务消费产品,"精心地照顾好顾客"。

7.1 住宿业

住宿业(Accommodation)是指利用住宿场地和设施设备,为旅游者提供住宿、餐饮及多种综合服务的行业。住宿业是为过夜游客提供住宿的商业设施,最常见的形式有酒店、汽车旅馆、露营地、含早餐服务的旅馆、宿舍、招待所等。在食、住、行、游、购、娱六要素中,住宿是旅游重要的一部分,与旅行社、旅游交通并称旅游业三大支柱。世界经济的迅速发展、交通工具的现代化等因素促进了人与人之间的交流,这些社会需求为发展住宿业提供了广阔的市场空间。无论是古代旅游还是现代旅游都离不开住宿,住宿是旅游系统供给的一部分。古代住宿与现代住宿对比见表7-1。

表7-1 古代住宿与现代住宿对比

事项	古代住宿	现代住宿
主要功能	住宿+餐饮	除住宿、餐饮外还提供商务、会议、度假、康乐、婚庆、购物、娱乐等
硬件设施	小房+木床	现代化住宿设施,还有酒吧、餐厅、游泳池、洗浴中心,甚至有高尔夫球场等
服务	掌柜+小二	现代住宿业一般有6大部门:行政部门、前厅、客房部、餐饮部、工程部、保安部,为顾客提供个性化服务
类型	单一	多样化、个性化、集团化。现代住宿业有酒店、公寓、度假村、汽车旅馆、民宿等,并有不同的主题酒店和酒店连锁
经营手段	人工操作	信息化、智能化,许多酒店都设有酒店管理系统,如OPERA、收益管理系统、EzRMS™等

7.1.1 住宿业的历史

世界旅游活动历史悠久,旅游住宿业是随着人们的旅行及旅游活动的发展而发展起来的。从其发展历程来看,大致经历了四个阶段,即客栈时期、大酒店时期、商业酒店时期和酒店联号时期。

1. 客栈时期

客栈时期一般是指18世纪末以前酒店业缓慢发展的时期。古时候没有酒店，也不存在专门为别人提供食宿设施的场所，人们出行往往是就近就便寻找食宿地，称为"借宿"。主人对借宿的客人总是以礼相待，并免费提供住宿和饮食，这一切被看作自然而然的事，并被认为是一种习惯。古希腊时期，由于贸易、传教、朝圣等活动的发展，在必经之路或经常集散地出现了专门提供给过往商人和宗教信徒食宿的场所，他们在这种场所得到休息和食物补充，满足了人们外出生活的基本需要，这种场所被称为"驿站"。那时的客栈条件较差，规模较小，设施简陋，除满足投宿者的吃饭、睡觉等基本需求外，不提供其他服务，但不再是无偿提供食宿，具有商业性质。在15世纪中叶，英国的客栈规模迅速扩张，并配备了酒窖、食品室、厨房等餐饮部门，有些客栈已进入现代酒店的雏形时期。

2. 大酒店时期

18世纪末到19世纪末是酒店业发展的第二个时期，即大酒店时期。在此期间，欧洲各国、日本、美国相继完成产业革命，人们的生活方式随着工业化的进程发生了巨大的改变，人口的流动性也日渐增大，越来越多的人选择外出旅游。交通工具（如火车）的出现为人们旅行提供了便利，酒店的设施设备不断得到改进，大的旅馆、酒店也应运而生。最具代表性的酒店是1829年建成的波士顿的特里蒙特饭店和1880年开业的巴黎大饭店。这些酒店规模宏大，建筑与装饰豪华、价格昂贵，酒店的客户大多是贵族、官僚等上流人士。酒店还讲求礼仪、重视服务，尽量满足客人的要求。这一时期的代表人物是瑞士人凯撒·里兹（Cesar Ritz），他提出了"客人永远不会错"的经营口号，至今仍是酒店服务的准则。

3. 商业酒店时期

酒店发展的第三个时期是商业酒店时期，起始于20世纪初期，也称现代酒店时期。随着经济飞速发展和交通工具革新，旅游活动在社会生活中的地位日益提高，简陋的客栈和豪华的大酒店不能满足日益增多的旅游者需求，于是一种面向社会大众、价格适中、舒适方便的商务酒店应运而生。

被誉为"酒店标准化之父"的美国人埃尔斯沃思·密尔顿·斯塔特勒（Ellsworth Milton Statler）在1908年建成了第一家以他的名字命名的酒店，提出"提供普通民众能付得起费用的世界第一流的服务"的经营理念。酒店的服务对象主要是从事商务活动的旅游者，酒店设施及服务项目讲求清洁、舒适、方便、安全；价格合理、服务周到，并逐步走向规范化、标准化。

4. 酒店联号时期

第二次世界大战以后，随着科学技术和社会经济的迅速发展，旅游业开始蓬勃发展，促使酒店业经营出现多元化、专业化，一些大规模的酒店集团开始向国外市场拓展，并将其管理模式、服务规程向国外推进，逐步在名称、标识、服务、管理上形成统一的酒店联号。航空业的发展促进了一些规模巨大的酒店联号出现，有的联号遍及几个甚至几十个国家，形成庞大的跨国酒店集团。

5. 酒店个性化时期

21世纪，人们生活节奏加快，在城市化发展的进程中，每天奔波在城市的大街小巷，忙于生计、职场拼搏、各种应酬，生活压力加大，身心疲惫，使得生活在城市的居民渴望回归自然，享受城市不具有的自然风光，感受不同于城市的乡村环境，乡村旅游受到城市居民的青睐。这一时期出现了一些满足城市居民需求的个性化住宿产品，如"农家乐""客栈""民宿"等小型化住宿产品。

延伸阅读

民宿概念及内涵辨析

"民宿"的概念源自20世纪60年代的英国，即B&B(Bed and Breakfast)，指的是利用自用住宅空闲房间，结合当地人文、自然景观、生态、环境资源及农林渔牧生产活动，以家庭式招待的形式提供简单的早餐和住宿，为游客提供相对旅馆来说更为亲和与低廉的一种住宿选择。[1] 欧洲称之为农庄式民宿(Accommodation in the Farm)、美国称之为居家式民宿(Homestay)、加拿大称之为假日农庄(Vacation Farm)，而英国称之为民宿(B&B)。

在我国，"民宿"也有其他称呼，如"农家乐""家庭旅馆""民居客栈"等。由于称谓不一，个人或组织大量涌入这一行业，模糊了对这一住宿产品的认识，也无形地扩大了这一行业的边界，带来诸多问题，必须从其定义、内涵以及法律、法规等方面对"民宿"进行科学的认定，以便市场快速辨识，推动行业健康发展。

国家市场监督管理总局、国家标准化管理委员会《乡村民宿服务质量规范》(GB/T 39000—2020)规定：乡村民宿是指位于乡村内，利用村(居)民自有住宅、村集体房舍或其他设施，民宿主人参与接待，方便游客体验当地优美环境、特色文化与生产生活方式的小型住宿场所。文化和旅游部《旅游民宿基本要求与评价》(LB/T 065—2019)规定，民宿应符合治安、消防、卫生、环境保护、安全等有关规定与要求，并取得当地政府要求的相关证照。

由此可见，民宿的主人或经营者并不是指城市"居民"，其活动主要体现的是"农游结合"，在居民小区内经营所谓"民宿"并不是国家相关部委定义的"民宿"，需办理营业执照、特种行业许可证、消防检查合格意见书等相关证照；第三方网络交易平台需审核申请人相关证照，不得以所谓"自然人""小额经营"代替行政许可。从我国司法实践来看，以"民宿"为名或以"日租房""短租房""钟点房"等为名，而实际从事旅馆经营活动，未获公安、市场监管许可擅自经营的，都属于违法行为。

---

[1] INGRAM H. Classification and Grading of Smaller Hotels, Guesthouses and Bed and Breakfast Accommodation[J]. International Journal of Contemporary Hospitality Management, 1996(5): 30—34.

案例故事

经营"民宿"需谨慎

民宿是人们体验旅游地风俗和文化的载体,是给人以温馨亲切的接待设施。它能让游客体验当地乡土风情、感受民宿主人的热情与服务。但是,许多人混淆了"民宿"的基本概念,无论是"日租"还是"短租",客人入住的并非"民宿",而是家庭旅馆或客栈。一些"民宿平台跳过身份登记,导致防疫措施形同虚设,威胁社区公共安全,而且还有藏污纳垢的现象,对居住环境造成严重伤害",网友多次表达了自己的不满和担忧。

根据《北京日报》报道,2021年8月22日,北京市通州区组织网信办、公安(网安、人口、治安)、住建等部门联合召开规范短租住房经营管理工作部署会,面向途家、爱彼迎、去哪儿、小猪短租、同程艺龙、携程、美团、木鸟、飞猪等9家有短租住房业务的平台进行了政策宣传,不合规房源将在7日内完成下架。

北京房地产中介行业协会秘书长赵庆祥对此也提出了自己的看法:"'民宿房''短租房'混杂在居民楼内,由于房客流动性大、入住时间不定、人员混杂、夜间活动、不守公德等情况,扰民现象频发。"事实上,城市居民在小区开办的"民宿",无论是"日租"还是"短租",无论冠以什么样的"民宿"标签,或以什么样的方式经营,性质上都是"家庭旅馆"或"民居客栈"。从全国各地司法实践来看,由于"民宿"特殊的性质,均纳入旅馆业管理办法。

案例一:四川省成都市公安局成华分局对辖区一违法"民宿"的公告

根据《四川省旅馆业治安管理办法》的规定,按日或者小时计价收费,向社会公众提供住宿服务的经营场所均属旅馆。经营旅馆必须依法取得消防许可、特种行业许可。未经许可,在小区内以"日租房""短租房""钟点房"等为名,实际从事旅馆经营活动的,都属于《中华人民共和国治安管理处罚法》规定的"未获公安许可擅自经营"的违法行为,公安机关可根据《中华人民共和国治安管理处罚法》,依法对违法人员予以处罚,对涉及的旅馆予以取缔。

案例二:安徽省淮南市公安局山南新区分局对辖区一违法"民宿"行政处罚决定书

未获公安机关许可擅自经营,根据《中华人民共和国治安管理处罚法》第十一条第二款之规定,对其违法所得两万元进行追缴;根据《中华人民共和国治安管理处罚法》第五十四条第一款第三项之规定,予以行政拘留十三日并处罚款一千元整,对"未来寓"民宿予以取缔……

知识链接

《中华人民共和国民法典》第二百七十九条规定,业主不得违反法律、法规以及管理规约,将住宅改变为经营性用房。业主将住宅改变为经营性用房的,除遵守法律、法规以及管理规约外,应当经有利害关系的业主一致同意。

《中华人民共和国电子商务法》第二十七条第一款规定,电子商务平台经营者应当要求申请进入平台销售商品或者提供服务的经营者提交其身份、地址、联系方式、行政许可等真实信息，进行核验、登记，建立登记档案，并定期核验更新。

2023年《文化和旅游部关于推动在线旅游市场高质量发展的意见》第二条第一款"加强内容安全审核"规定：指导在线旅游平台经营者强化平台内经营者资质审核，对市场主体、行政许可资质等信息进行真实性核验。

7.1.2 住宿业的功能

1. 旅游活动场所

酒店除为旅游者提供住宿和餐饮外，还可以提供商务、购物、娱乐、外币兑换等各项服务。对于旅游者而言，除了游览和旅途外，其他大部分时间是在酒店中度过的（见图7-1）。因此，酒店是旅游活动的重要场所。

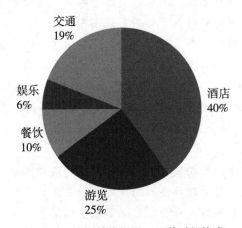

图7-1 武汉某旅行团三日游时间构成

小思考

请回想一下24小时旅行过程中，你多少时间在酒店，会有哪些活动？

2. 社会交流场所

经济的发展也使社会消费需求得到提高，拓宽了住宿业市场。酒店经营的服务对象越来越广泛，不再局限于外地旅行者，还扩大到政府、企事业单位、社会团体等组织和部门。① 酒店的会议厅、餐厅、歌舞厅、咖啡厅、酒吧等以不同风格向客人提供社会交往活动的场所以及相关服务。酒店也是当地居民进行社交活动的理想场所，利用酒店的场地和服务设施进行聚会、婚宴、联谊等活动。

---

① 李芸，董广智. 旅游概论[M]. 南京：东南大学出版社，2018.

 **头脑风暴**

如果你将来旅行,你很可能会入住酒店。除了旅行入住酒店,还有什么其他活动可以在酒店进行呢?

3. 创收重要渠道

住宿业对促进旅游业发展起到非常积极的作用。除了交通以外,住宿业的发展水平是衡量旅游目的地国家或地区接待能力的重要依据,其中包含客房数量,旅游设施实用与否、服务项目的数量、档次等具体指标。要获得良好的收益,住宿业的收益管理十分重要。据统计,住宿业的收入或游客花费的住宿支出一般占到总花费的30%左右。

知识链接

收益管理

收益管理(Yield Management 或 Revenue Management),又称产出管理,是指利用不同时间段的价格差异化和折扣分配实现收益最大化的管理模式。收益管理的基本原理是"五个最",即企业的产品能在最佳时机,以最好的价格,通过最优的渠道出售给最合适的顾客,以实现收益的最大化。平均房价和平均入住率是影响酒店房务收益的两大因素,而门前散客的房租收入又对酒店的平均房价有重大影响,因此应通过酒店收益管理系统,适度调控好协议客人、网络公司订房客人和门前散客各自的入住比率,以取得酒店平均房价的最大值。

 头脑风暴

2024年3月5日,朱教授预订美国波士顿假日酒店,并支付了两夜房费,一夜145美元,共计290美元。第三天早上朱教授因事要逗留波士顿,要求续订两夜,而前台服务员称要收320美元,你认为是什么原因导致酒店要提高销售价格?

即学即用

请你以自己或家庭跨省出行5日游为例,列出所有旅游花销清单,计算住宿在整个旅游花销中的比例,并用饼状图表示。

4. 就业机会平台

住宿业属于劳动密集型行业,对管理人员和服务人员需求量较大,可提供大量的就业机会。据世界旅游组织统计,旅游行业每直接收入1元,相关行业的收入就能增加4.3元;旅游行业每增加1个直接就业机会,社会就能增加5~7个就业机会。自1996年开始,旅游业已经成为世界上提供就业岗位最多的产业,而住宿业是旅游业中就业容量最大的产业之一。与此同时,酒店的建设还带动了其他行业的发展,诸如建筑业、装饰装修业、农业、食品加工业等，具有相当大的就业乘数效应。

 知识链接

就业乘数

就业乘数（Employment Multiplier）是由于增加投资，直接、间接引起的总就业增量与该项投资直接引起的就业增量之间的比例关系。就业乘数理论是凯恩斯乘数理论在就业方面的一个运用。如旅游业的发展，不只旅游业的就业人数增加了，与之相关的交通、餐饮和住宿等行业的就业人数也会相应增加。旅游就业乘数的表示有以下两种方法。①由单位旅游消费所带来的完全（包括直接、间接、引致）就业人数的变化。②由单位旅游消费所带来的间接就业人数与直接就业人数之比。

7.1.3 住宿产品的特点

当今社会正进入一个知识经济的时代、经济全球化的时代和信息化的时代。社会的高速发展和科技的日新月异，使得住宿业中最重要的类型——酒店也面临着激烈的竞争。旅游住宿业与其他行业相比，有以下重要的特征。

1. 有形与无形要素相组合

住宿业的有形要素主要包括设施设备、装修环境、地理位置和为客人提供的餐饮产品等。酒店的外观和环境是顾客对产品的质量进行判断的因素。同样，在酒店、客栈等就餐、娱乐、购物也是顾客住宿体验的一个很重要的组成部分。住宿业的无形要素主要包括酒店所营造的氛围和顾客在酒店住宿过程中所享受到的服务，大多数住宿产品是有形要素与无形要素的结合。

 头脑风暴

住宿产品哪一部分更重要？是无形部分还是有形部分？为什么世界著名酒店设置"白金管家"？

 知识链接

白金管家

管家出现在中世纪的欧洲，最初出现在法国王室，后来流传至英国王室，专为白金汉宫的英国王室服务，故称"白金管家"（Platinum Bulter）。从此，白金管家这个称号专属白金汉宫，也就是除英国王室以外，其他任何机构、组织、个人都无权使用。随着管家服务的发展，具有爵位的贵族和名门也可以雇佣管家。英国贵族对管家服务进行了严格规范，使其成为一个独立行业，形成固定的行业标准，并为酒店等其他行业广泛应用，成为这一服务范畴的经典。现在在世界范围内推广的英式管家，最权威的培训机构是国际管家学院，总部设在荷兰皇室的行宫，是一座建于1695年的皇家古堡。

案例故事

瑞斯丽大酒店的管家服务

查尔斯(Charles)入住了瑞士一家瑞斯丽酒店,酒店虽然称不上豪华气派,但管家细致入微的贴心服务却让他感到称心如意。管家为查尔斯提供行李的开箱打包服务,并整理好查尔斯的衣物;为查尔斯提供洗浴服务并测试好水温,还为查尔斯设计了专用的钥匙袋、信纸或者其他物品。管家随身都携带着应急包,里面放置着急救药品、领带、丝袜、口香糖等常用物品,以备客人的不时之需。出行前,管家为查尔斯提前设计好至少两条线路,以防堵车;为查尔斯设计了宴会、会议程序、会场……管家接受查尔斯委托代办的任何服务,邮寄包裹、购买鲜花之类的小事更是不在话下。

酒店管家提供的服务有别于一般意义上的委托代办服务(即金钥匙),他们不仅承接客人的委托代办,而且预测和分析客人的需求。他们提供的服务是超值的,富有人情味,用心极致,不断满足且超越客人的需求和期望。"白金管家"服务在尊贵优雅的基础上不断追求精细、圆满与完美。离店时,查尔斯对管家赞不绝口。他留给管家一个信封,信封里装有50欧元。

2. 生产与消费同步

住宿产品的生产与消费是同步进行的,顾客消费住宿产品需到现场亲自体验。顾客在购买和消费住宿产品之后,该产品的所有权并不完全属于顾客,顾客只是购买了住宿产品在一段时间内的使用权。顾客通过购买住宿产品,不仅享受了住宿的美好舒适体验,还拥有了住宿后的美好回忆。

小思考

晚上,小王因家庭琐事与丈夫吵架,第二天在酒店前厅上班时,脸色不好,心情郁闷。离店结账时,李先生很不满意,投诉到大堂副经理。根据这一事例,试分析住宿业产品的有形要素和无形要素是如何影响旅游消费的。

特别提示

异地性是旅游产品的重要特征。顾客前往目的地旅游,入住酒店必须离开常住地。住宿业提供的设施和服务在异地,顾客的住宿体验和消费也在异地,生产与消费同时进行,这些都体现在顾客活动周期的各个环节。

3. 高度的即逝性

住宿产品的不可储存性,决定了如果客房一晚没卖出去,销售机会将永远消失,空房所带来的损失也不会得到弥补。因此,与大多数其他物质性产品不同,住宿产品具有高度的即逝性,也不能被储存起来以后再销售。在生活中,因需求波动会给住宿设施供应商带来损失,并出现管理问题。

小贴士

减少空房率的方法

酒店可采取以下方法减少因住宿产品的不可储存性可能给酒店带来的损失。

1. 按一定比例的超预订,可以减少预售和实际入住差异造成的损失。但要避免"过度超额"使客人不能入住,或"超额不足"而使部分客房闲置。
2. 利用酒店管理系统,如 OPERA 等技术手段提高客房预订效率;制定合理销售价格,并对现有房源进行有效管理。
3. 利用酒店收益管理系统提高酒店收益率、减少因住宿产品不可储存性带来的损失。
4. 在旅游淡季时采取降价、促销、发放会员卡等方式推销酒店的客房。

 特别提示

超额预订数受预订取消率、预订而未到客人之比、提前退房率以及延期住店率等因素的影响。计算公式为:

1. 超额预订房数=临时取消房数+预订未到房数+提前离店房数−延期住店房数=可订房数×预订取消率+可订房数×预订未到率+续住房数×提前离店率−预订离店房数×延期住店率
2. 超额订房率=超额订房数/可订房数
3. 当日总订房数=可订房数+超额订房数

 即学即用

上海某酒店有标准客房 600 间,未来 10 月 2 日续住房数为 200 间,预期离店房数为 100 间,该酒店的预订取消率通常为 8%,预订而未到率为 5%,提前退房率为 4%,延期住店率为 6%,试计算该酒店 10 月 2 日应该接受多少超额订房?超额预订率为多少最佳?总共应该接受多少订房?

7.2 餐饮服务与美食旅游

不同风格的美食是美食旅游重要的吸引物,是旅游资源中不可或缺的部分。"食"作为旅游的六要素之一,是中外游客关注和喜爱的项目。旅游者外出旅游,异地的山川、名胜固然是主要吸引物,但富有当地特色的佳肴小吃也无疑会大大丰富游客的旅游内容,增加旅游的情趣。旅游离不开美食,它们互为花叶,相得益彰。饮食文化与旅游活动相结合,对提升当地文化经济发展,促进旅游业和餐饮业发展,无疑有着广阔的市场前景。

延伸阅读

科玛小镇——美食一条街

科玛小镇坐落于四川金堂淮口镇,这里的PM2.5指数不会让你皱眉,这里的交通不会让你"憋"得难受。为寻找遗落各地的民间美食,征集民间绝味,发展旅游业和旅游地产,科玛小镇斥资千万元,在小镇内打造一条特色美食街,给民间美食提供一方生长发扬的"沃土"。50强"厨神"获得了品牌宣传上的大力扶持,并与成都电视台第二频道合作拍摄专题片《牙尖川菜之民间奇葩》微电影,进行推广宣传。

趁着五一小长假,潜伏在民间的美食探子们自然不会放弃探访美食的好机会。他们深入到成都的大街小巷,寻找失落的美食记忆。同时,探子们也热情地推荐起了自己发掘到的民间绝味。知名网络美食达人"敏一嘴"推荐了签签会、宣兔头、兰妹李庄白肉、王氏六合鱼、一把骨、流水席、菜园子、老枝花卤等美食店。"这些店都很有代表性,地方特色和个人特色比较浓,这样的美食更适合科玛小镇的风情。"

同时,科玛小镇特别举办了"千人海吃宴·共飨美食"活动,现场摆设能容纳千人的品尝坐席,50家民间美食各展厨艺、现场烹饪,广大市民、游客、美食家等好吃客涌入科玛小镇,品尝民间美味,体验美食旅游,带来了人气,提升了小镇的知名度,带动了小镇的旅游和社会经济发展。

7.2.1 美食旅游的概念

当今,世界许多国家将本国的美食文化作为重要的旅游吸引物,宣传美食旅游,以其独特美食文化资源、创意产品吸引来自世界各地的旅游者。法国以美食闻名世界。20世纪60年代,法国成立了食品协会,通过美食品牌提升法国在国际社会中的知名度和美誉度。我国是世界三大烹饪国家之一,饮食文化源远流长。经过几千年的不断发展与完善,已发展成为一种完整的独具特色的餐饮文化体系。美食旅游在中国有巨大的开发潜力。

1. 概念

美食旅游是以享受和体验美食为主的具有社会和休闲等属性的旅游活动。美食旅游的概念具有广义和狭义之分。广义美食旅游是指一个人离开常住地到其他地方的旅游过程中被当地餐饮美食所吸引而引起的各种与饮食相关的旅游行为。在广义美食旅游中人们更多的是把"食"作为旅游过程中的一个附属环节。狭义美食旅游是指以特色美食、独特饮食文化为吸引物,旅游者前往异地参加美食活动、体验美食风情或进行美食考察和研究而引起的关系和现象的总和。它是一种以浓郁深厚的饮食文化为底蕴和灵魂的特色旅游产品,旨在满足当代旅游者对当地饮食风俗习惯的求知、好奇之心,对饮食的"色、香、味、形、意"的个性化需求。

2. 饮食文化旅游

饮食文化旅游可看作狭义的美食旅游。饮食文化旅游重在"文化",是指饮食文化与旅游活动相结合,以了解饮食文化和品尝美食为主要内容,是一种较高层次的旅游活动。由于人们对"美"的理解和认识千差万别,"食"在内容和形式上丰富多彩。丰富的饮食文化内容是开展美食旅游的必备条件,美食旅游则是饮食文化旅游发展的必然趋势和结果。随着人们生活水平的不断提高,如今的旅游者越发追求个性化、多样化的旅游产品。无论是从广义还是狭义角度出发,开发个性化的饮食文化旅游产品是当今美食旅游发展的趋势。①

小贴士

世界三大菜系

世界三大菜系是指中国菜系、法国菜系和土耳其菜系(见图7-2)。三大菜系的形成与其悠久历史和独到的烹饪特色是分不开的,同时受到自然地理、气候条件、资源特产、饮食习惯等影响。三大菜系风味悬殊,各具特色,反映出丰富多彩的饮食文化,是吸引游客前往异国他乡旅游和在旅游过程中享受美味佳肴的重要吸引物。

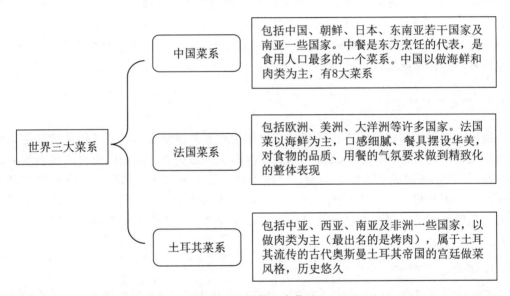

图7-2 世界三大菜系

7.2.2 美食旅游的特点

1. 美食旅游的文化性

美食旅游是美食文化与旅游文化的综合体,由于旅游者来自不同的国家和地区,有的甚至完全不同于当地的文化背景,存在着文化差异。② 在旅游体验过程中,当地鲜明独特

---

① 潘宝明. 中国旅游文化(第四版)[M]. 北京:中国旅游出版社,2020.
② 刘军丽,冉杰. 美食旅游理论研究与实践[M]. 成都:四川科学技术出版社,2020.

的饮食文化必然对旅游者的心理产生深远影响。因此美食旅游应以市场需求为导向，挖掘东道主社区文化内涵，弘扬传统文化，满足旅游者的文化需求。只有这样，美食旅游才能拥有持久的生命力。

 头脑风暴

你认为饮食文化的差异性越大更能吸引游客，还是相似性越大更能吸引游客？到法国旅游，你是否愿意品尝一道法国菜——"生吃牡蛎"？

2. 美食旅游的地域性

俗话说一方水土养一方人，由于地域生存环境、民族习惯饮食文化的不同，形成了不同菜系及各地民族风味美食。人们为满足生存和发展的需要，在餐饮主副原材料上的选择必然存在差异，这种差异也是吸引旅游者前来的因素之一。独具地域特色的美味佳肴是发展美食旅游的核心内容。

 特别提示

饮食文化具有很强的地域性，正是这种区域差异，形成了美食旅游者的空间流动，是人们以美味佳肴达到审美和愉悦目的的原因之一。

3. 美食旅游的时代性

对于美食旅游体验者来说，求新求异，发现新的亮点，是他们的共同心理需求。旅游者外出旅游主要目的不仅是要得到精神上的放松，还要有美的享受，而餐饮产品的色、香、味、形、器、名等构成了美感的影响因素。美食旅游产品不仅要紧密结合当地的美食特点和文化，还需与时俱进，与当今世界餐饮主题和餐饮科技相契合，推出既能体现美食传统，又符合当代旅游者需求的旅游新菜品。

 头脑风暴

全球顶级厨师研制的葡萄酒蛋糕、香辣螃蟹、奶油卤肉菜、伊桑鸭腊肉、美味爆米花、酸橘汁腌鱼等热门菜肴在洛杉矶、纽约、巴黎、悉尼、伦敦的中餐厅一经火热推出，便吸引了大批游客品尝。你怎样理解旅游美食传统与创新对吸引新游客和保留老顾客的重要性？

4. 美食旅游参与体验性

一般的餐饮除了满足人们生理需要之外，几乎没有体验感受可言，而餐饮组合产品既可以满足人们对美食的渴望，又使人们能体验到一种独特的文化氛围和进餐环境，给旅游者更多的体验性的精神愉悦。在美食旅游的过程中，能让旅游者亲身体验、品尝美食，提高他们的参与度，加深他们的体验效果，从而刺激其后续消费和重复购买的欲望。此外，旅游企业可配备好必要的工具和原料，让游客自己去学习制作，加以烹饪技术指导，将诸

如烹饪技艺展示等参与性很强的项目打造成为美食旅游产品。参与的游客越多，气氛越活跃，人们的体验享受感就越强烈。

 延伸阅读

体验式美食之旅

在毛里求斯与老奶奶一起烹制罐焖土豆烧肉，在意大利威尼斯与女伯爵一起逛市场买食材……对热爱美食的旅行者而言，五星级餐厅已经不足以触动味蕾、激发食欲，亲自动手、参与烹饪的体验式美食之旅更令人神往。

定制旅行专家珍妮弗·坎贝尔(Jennifer Campbell)告诉法新社记者，高端游客如今不再满足于精美大餐，而更愿寻求"美食体验"，这一改变促使旅游业，尤其是高端旅游板块随之转型。坎贝尔说，体验式美食旅行的关键在于"体验"。法国精品酒店罗兰夏朵地区主管弗兰克·法内蒂(Frank Fanetti)认为，体验式旅行成功的关键在于借助游客与食材、食物、烹饪者的亲密接触营造"真实感"。

毛里求斯一处海滨度假胜地有家餐馆名叫"奶奶的厨房"，由餐馆一名工作人员的奶奶担任主厨。对于厌倦高档餐厅的旅行者而言，"奶奶的厨房"提供全然不同的本地美食体验。

蜜汁羊肉、咖喱鲜鱼，克里奥尔风味独特；边吃边听奶奶讲故事，亲切随意；酒足饭饱，奶奶送客出门，附赠一份手写食谱……看似简单的体验，给不少游客带来惊喜。

意大利威尼斯一家精品酒店推出一个旅游项目，邀请游客与威尼斯知名度颇高的贵族恩丽卡·罗卡(Enrika Rocca)女伯爵共度美食之旅。游客可随罗卡前往当地知名的里亚尔托市场购买食材，学习如何挑选鲜鱼等；回家后，罗卡一边为客人筹备正宗威尼斯大餐，一边与客人聊聊家族历史。

当然，与女伯爵共度一天价格不低。推出这一项目的酒店发言人说，这趟"美食一日游"的花费大约 1000 欧元。

 特别提示

体验式美食旅游是当今体验式旅游的重要部分，将旅游六要素中的"食"与"游"完美结合，欧洲葡萄园酒庄体验旅游就是其中一例。

7.2.3 美食旅游的功能

1. 吸引力功能

美食是旅游重要的吸引物，是旅游资源中不可或缺的部分，目的地的美味佳肴对部分旅游者形成定向吸引力，吸引他们前往旅游目的地。同时，美食是旅游六要素的组成部分，将影响每一个旅游者的旅游体验和回忆。体验式美食旅游对其他旅游者也会产生较大的示范效应，并能在一定程度上提高旅游者的满意度。

2. 经济功能

美食旅游吸引旅游者消费，在一定程度上带动了食品生产业、房地产业、商贸业、文化娱乐业、建筑业等行业发展，给社会经济发展带来了发展空间。此外，美食旅游者重视旅游体验，使得整个旅游过程消费上涨。美食旅游延长了旅游者在目的地停留时间，增加了旅游者在目的地的花费，增加了目的地的旅游收入。

3. 文化功能

美食旅游通过一定的内容和形式凸显、展示博大精深的饮食文化，使旅游者感受美味、体验文化。"食"是旅行中不可或缺的部分，在美食和文化的双向互动中增进了旅游者对目的地地域文化的了解。美食旅游为旅游者提供了一个品尝美食、博览美食、了解美食文化的场所。作为一种特殊的吸引物，美食不仅展现了当地文化，而且会引发由心动、口动到行动的旅游体验。①

小思考

美国人用餐时不发出声响、不替他人取菜；法国人用餐不向别人劝酒、不能当众脱衣解带；而中国人吃饭喜欢热闹，常给客人夹菜、劝酒。你怎样理解"吃饭就是吃文化"？

4. 养生功能

通过享用美食达到养性健身的目的是中国饮食文化的精髓所在。调整身体内部的关系、生理与心理的关系，达到颐性和健身的目的，正是美食旅游的优势所在。"食疗""食养"等内调作用与旅游的有机结合促成了美食旅游目的的实现，养生旅游成为一项中老年游客喜爱的旅游项目。

延伸阅读

"养生旅游"悄然兴起

随着"异地医保"的逐渐完善，一种新型旅游方式——养生旅游悄然兴起，尤其受到北方中老年人群的青睐。

据了解，每年大约有50万位北方老人在三亚过冬。在这些"候鸟"中，东北三省占了很大比例。三亚市人民医院与哈尔滨等地开通了对结核算，方便了不少前来旅游居住的人士。医保的便利也推动了旅游养生机构在海南等南方省份的发展。这类养生机构提供的服务诸如一个设施齐备的小型社区，既有住家的温馨又能享受吃住行玩的乐趣。此类养生基地通常都选择在气候宜人、环境优美、周边配套设施齐全的地方，目前开发得较为成熟的便是海南省。

---

① 高明，刘颖．让美食赋能旅游目的地建设[N]．经济参考报，2021—12—01(A08)．

将养生旅游在东北三省首度进行推广的"环球e家养生俱乐部"负责人举例说明，如果客人选择了海南作为旅游养生目的地，一抵达当地俱乐部，便可享受俱乐部所签约的各类社区、度假酒店内的基础设施全部免费使用权，像温泉养生、康体检查、膳食调理等服务皆可免费体验。旅行途中，既养生、又养心。养生旅游涵盖了吸引客人的诸多项目，比如让旅行的老人参与当地农户的种植项目，像青少年学习农业种植新知识一样，体验新鲜又亲切自然的农耕生活。

7.3 会展与节事旅游

随着经济全球化的不断深入和市场经济的不断完善，会展旅游以其强大的功能、不可替代的作用及崭新的形象，正在迅速崛起并成为第三产业中一个举足轻重的新兴行业。会展旅游以其组团规模大、消费档次高、客人停留时间长、利润丰厚、受季节影响小等优点日益引起旅游企业的关注，并迅速成为旅游接待业的新产品。

7.3.1 会展旅游的概念

会展旅游（MICE：Meetings，Incentives，Conferencing/Conventions，Exhibitions/Exposition/Event）是指包括各类会议、展览会与博览会、奖励旅游、大型文化体育盛事等活动在内的综合性旅游活动。会展旅游是旅游业与会展业相结合的[1]，也是特定机构或企业以组织参与各类会议、展览等相关活动为目的而推出的一种专项旅游产品。会展业与旅游业是两个相互联系又相互区别的产业，会展业与旅游业相互促进、共同发展。

事实上，会展旅游是会展的发展和延伸，是会展产业链的一个重要组成部分。举办会展时，参展商、观众或与会代表的主要目的是参加会展，而参加旅游是参加展会活动的一种延伸和补充。尤其是在一些国际性的会展中，许多参展商、观众或与会代表来自不同的国家、地区，他们对当地的风土人情非常感兴趣，大多有所耳闻而没有目睹。会展结束后，活动主办方或旅游公司往往会就近组织他们到相关景点参加旅游观光项目。

7.3.2 会展旅游的基本特征

1. 组团规模大

大型会议的与会人数一般在800~1000人，各类展览会、博览会、展销会等，其规模往往大于会议，一个大型的会展甚至会吸引数万人参加。历史文化名城和旅游景区举办的会展，会后旅游的人数占相当大的比例。会展活动的举办，特别是大型国际会展活动，其数量、质量、类型等与举办国家、地区或城市的社会经济、科技、文教发展状况有密切关系；与会展组织者，如专业会展旅游公司或旅行社宣传招徕的营销水平、经营管理能力、会展本身的知名度及吸引力等也有密切关系。

---

[1] 朱运海. 会展旅游[M]. 武汉：华中科技大学出版社，2016.

特别提示

会展品牌是成功组织大型展会的重要因素之一。历史悠久、特色鲜明、具有品牌知名度的会展,大多能够吸引众多的团队和人士前往。

2. 停留时间长

根据国际大会及会议协会(International Congress & Conrention Association,ICCA)的界定,国际会议的会期一般都在3天以上。会议和展览召开的时间短则三五天,长则七八天,有的会议和展览在时间上甚至会更长。参会代表由于紧张繁忙的公务会感到身心疲惫,需要寻找一个比较好的休闲去处或放松方式,到就近的旅游点参观游览往往成为他们的首选。尤其是外地的代表更有前往当地旅游风景区游览的愿望。这就为旅行社和旅游景区进行市场营销提供了很好的契机。

 小思考

为什么许多展会大多在知名的中心城市和风景名胜区举行?

3. 主题多样性

会展活动涉及政治、经济、文化、科技、教育、卫生、军事等社会各个方面和各个领域,但需要在一定的时间和空间范围内举办。一次会展活动的内容绝不是杂乱无章的,总要围绕一个主题进行,呈现出鲜明的主题化。从资源与环境、客源市场规模与范围、产品经营与管理等方面来看,会展旅游产品不同于一般的普通观光旅游产品和度假休闲产品,专业性很强。会展旅游与滑雪旅游、游船旅游、沙漠旅游、生态旅游、农业旅游、工业旅游等一样同属专项旅游产品。

 即学即用

请你列举5个以上你所在省市举办的不同主题的会展名称。

4. 消费能力强

能够代表公司或单位参加会议和展览活动的人员,他们均是消费能力较强的商务客人,消费档次高、规模大,消费支出均比普通旅游要高很多。由于消费以公务消费为主,基础性的消费方面由单位支付,因此他们有更多的资金可用于工作之外的旅游娱乐等方面的消费。出于馈赠亲友或社交需要,会展旅游者大多具有较强的购物消费需求,为会展举办地游、购、娱等方面的收入提供了来源。

 特别提示

住商务酒店、买高档礼品是会展旅游者消费的特点之一。

5. 经济带动强

会展业同旅游业一样，属于服务业，具有行业相关性强、经济效益和社会效益高、对地方经济拉动大等共同特点。旅游业与会展业有机组合，具有明显的关联、带动及辐射作用。旅游业是会展旅游的前提条件，会展业是构成会展旅游的核心基础，能够带动以旅游业为主的交通、住宿、餐饮、商业、金融、房地产、文化艺术等第三产业的发展，成为旅游业新的增长点。① 国际会展活动能够给举办国家、地区和城市带来可观的直接和间接的效益，因此，国际会展举办权的竞争相当激烈。很多国家、地区和城市已形成了相应的会展产业，建有相应的会展旅行社、专业会展组织、旅游会议局、辅助会展服务、酒店和会展中心等组织机构，使其会展旅游产业更具竞争力。

特别提示

推动我国会展业和旅游业两大产业的融合发展，积极培育消费新业态、新模式、新热点，是我国打造高质量供给体系和高端消费的载体，是扩大内需战略同深化供给侧结构性改革有机结合的发力点。

7.3.3 节事旅游的概念与类型

作为一种社会文化现象，节事主要用来表达情绪、传递感情、交流信息，彰显人们对理想的追求和生命的礼赞。节事旅游作为节事活动的一个组成部分，是在社会经济发展过程中，尤其是旅游业发展过程中产生的一个新事物。从20世纪80年代中期至今，我国节事旅游产业迅速发展，各类节事活动不乏成功案例，产生了巨大的旅游效应。各种节事活动与旅游相结合，构成了新的旅游形式——节事旅游。

1. 节事旅游的概念

"节事"一词源于Event。在事件及事件旅游的研究中，常常把节日和特殊事件合在一起作为一个整体来进行探讨，在英文中简称为FSE(Festival & Special Event)，中文译为"节庆和特殊事件"，简称"节事"。② 节事旅游专指以各种节日、盛事的庆祝和举办为核心吸引力的一种特殊旅游形式。在我国，通常称为"节事旅游"或"节庆事件旅游"。

广义的节事与我们所说的会展概念相同。狭义的节事不包括展览、会议和奖励旅游，一般使用"FSE"一词，即节庆和特殊事件。美国乔治·华盛顿大学(George Washington University)节事活动管理专业创始人戈德布莱特博士(Dr. Goldblatt)在其专著《现代节事管理的最佳实践》中将节事定义为："为满足特殊需求，用仪式和典礼进行欢庆的特殊时刻。"由此，节事旅游是指依托某一项或某一系列节事旅游资源，通过开展丰富、开放性

---

① 林越英. 对我国会展旅游发展若干问题的初步探讨[J]. 北京第二外国语学院学报，2002(6): 46—49.

② 刘开萌，肖靖. 会展旅游[M]. 北京：旅游教育出版社，2014.

强、参与性强的各项活动,以吸引大量受众参与为基本原则,以活动带动一系列旅游消费,进而带动地方经济增长为最终目的的所有活动的总和。

2. 节事旅游的类型

节事旅游的类型按活动的属性、影响、组织者、主题、内容等可分为以下主要几种类型(见图7-3)。

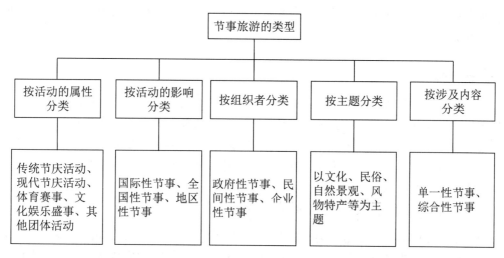

图7-3 节事旅游的类型

7.3.4 节事旅游的特征及作用

1. 节事旅游的特征

(1) 鲜明的地方性

一个节事旅游的产生往往都会依托于当地地方特色或文化民俗特色,以地方性为吸引源。由此引发的节事旅游带有鲜明的地方特色,这是节事活动容易赢得深度旅游者青睐的根本原因。

(2) 活动的集中性

节事旅游活动大多集中在某一特定的时间段内,一般有固定的时间期限,活动安排十分紧凑,旅游者的旅游活动、旅游体验带有明显的集中性特点。若节事活动有魅力,旅游者的停留时间一般会长一些。

(3) 影响的广泛性

大规模的节事旅游活动往往会引起比较大的关注,吸引人们从世界各地集中到一个地方一起参与活动,感受当地的节庆气氛,这会给区域旅游发展及当地经济、社会、文化发展带来巨大而广泛的影响。

(4) 效益的综合性

一次大型节事活动的举办,既带来直接的经济效益,又带来间接的、隐形的效益,会给举办地的发展带来多方面的推动。

2. 节事旅游的作用

(1) 提高举办地的旅游知名度

节事旅游活动不仅本身具有旅游吸引力，更重要的是它还起到了旅游市场营销的作用。在一定程度上，节事旅游活动对举办地的营销功能要大于其自身的旅游功能。节事发生期间，高强度、多方位、大规模的宣传活动以及所引起的广泛关注会形成巨大的轰动效应，使更多更大范围的人通过各种媒介或实地游览对城市留下深刻的印象，从而在短期内强化了城市旅游形象。①

特别提示

成功的节事活动的主题还能够成为城市形象的代名词，正如人们一提到民歌节，就会想到南宁；一提到风筝节，就会想到潍坊；一提到啤酒节，就会想到青岛；一提到斗牛节就会想到西班牙。这些成功的案例都说明，节事活动与举办地已经形成了很强的对应关系，能够迅速提升举办地的知名度。海南省博鳌原本是个贫穷乡村，就是因为博鳌亚洲论坛使得博鳌乃至整个海南省知名度得以大大提升。

(2) 弥补旅游淡季供给与需求不足的情况

受季节变化的影响，旅游业会产生淡、旺季之分。旺季时，游人如潮；淡季时，资源闲置。多样化的节事活动为旅游者提供更多的选择机会和较好的旅游体验，因而也使得目的地旅游资源在不超过承载力的前提下能够最大限度地使用。比如在哈尔滨国际冰雪节期间，逾百万人次旅游者前往旅游，市内各大宾馆、酒店的入住率比以往同期普遍提高了30%到50%。同样，在旅游景区的淡季，举办人们喜闻乐见的节事活动也会吸引大量的旅游者。

小思考

位于四川省成都市的青城山以"青城天下幽"闻名遐迩，是著名的避暑胜地。冬季是其传统淡季，请问用什么方法提高青城山景区冬季的人气？

(3) 调整举办地的旅游资源结构及促进旅游经营者经营水平的提高

节事旅游是个综合性很强的旅游活动，通过举办节事活动，可使举办地的旅游资源获得最佳的优化组合，改变举办地旅游活动的单一性。节事旅游属于典型的专项旅游项目，市场运作的复杂性高于普通旅游市场的运作，这就要求旅游经营者要对这一市场在策划、主题、选择、推广等方面下功夫。

你所在城市有什么有形旅游资源和非物质文化遗产？请你整合这些资源做一个节事旅游营销方案。

---

① 朱华，张哲乐. 会展节事策划与管理[M]. 北京：北京大学出版社，2015.

(4) 提高和完善举办地的基础设施

良好的基础设施和旅游服务设施是旅游业发展强有力的依托和必不可缺少的条件。通过举办节事活动,可以使举办地的基础设施,如交通、环境状况、宾馆、体育运动场所、休闲场地等得到改善,从而进一步提高和完善举办地的旅游综合接待能力。在节事活动举办之前,举办者会对旅游地的景点、道路、桥梁、房屋、绿地、宾馆、酒店、游乐场所、车站、码头、供应设施等集中进行整治,拆除违章建筑、清理占道物资、疏通道路、维修景点、打扫卫生等,使举办地更加清洁、美观、漂亮。

延伸阅读

世博园带动昆明基础设施建设

为了保证前来参加昆明世博园的众多游客的旅游质量,昆明除了对各个景区进行整治和宾馆翻修外,还投资10多亿元进行了18项重点配套设施建设工程,包括道路拓宽、绿化、立交桥建造、15条道路大修、城区水体治污等,同时购置了1000多辆出租车和近300辆公交车,完成了世博园及市区通信设施及旅游信息网络的建设,城市的基础设施得到了极大改善。这一切不但保证了世博会期间的交通、通信、咨询服务能力,而且为昆明市居民的日常出行带来长期效益,也极大地推动了昆明城市旅游的发展。

7.4 旅游购物

旅游购物是旅游休闲活动的内容之一,最早可追溯到专门为购物而旅行的罗马时代。随着旅游业的发展,旅游购物作为旅游六要素之一,成为旅游活动中不可或缺的内容,受到世界各旅游国家和旅游目的地的高度重视,丰富了旅游内涵,不仅增加了旅游收入,也提高了旅游目的地形象。旅游购物是一项复杂的经济、文化、社会活动。活动主体是旅游者,活动地点是旅游地的购物环境,活动的客体是旅游商品,这三点构成了旅游购物的核心要素,缺一不可。而在此基础上形成的交换关系总和就构成了旅游购物市场。[1]

7.4.1 旅游购物的概念

旅游购物是指旅游者为了旅游或在旅游活动中购买各种实物商品的经济文化的行为,它不仅包括专门的购物旅游行为,还包括旅游中一切与购物相关的行为,但并不包括任何出于商业目的而进行的购买,即旅游结束后进行转卖的购买。[2] 世界旅游组织规定,旅游购物支出包括为旅游作准备或者在旅途中购买商品(服务和餐饮除外)的花费,如购买衣服、工具、纪念品、珠宝、报刊书籍、音像资料、美容及个人物品、药品等,但不包括游客出于商业目的的购买行为,即为了转卖而作的购买。可以认为,凡符合上述定义的一般商品都是旅游购物品,也称旅游商品。

---

[1] 周武忠. 中国当代旅游商品设计研究[M]. 北京:中国旅游出版社,2014.
[2] 闻芳,杨辉. 旅游学概论[M]. 镇江:江苏大学出版社,2018.

从旅游购物品的定义可以看出旅游购物品和一般商品存在着差别，他们之间的差别在于购买的主体不同，即消费者不同。在旅游购物品消费中，旅游者所购买的物品大多都具有旅游纪念品的属性，而对于一般商品的购买者则通常是非旅游消费者。

特别提示

是不是旅游购物，除了购物主体、非商业购买目的外，更重要的在于旅游过程中是否包含其他与购物活动有关的参观、游览、鉴赏等行为。

7.4.2 旅游购物品的类型

旅游购物品的类型很多，范围较广，根据旅游购物品的生产和供应以及旅游者的购买商品情况，旅游购物品大致可以分为以下几种类型。

1. 旅游日用消耗品

旅游日用消耗品主要以实用性为主，是旅游者开展正常旅游活动所必需的商品，其中包括旅游者在旅游活动过程中所消费的主副食品，如便于携带和食用的饮料、面包、水果、罐头、快餐食品等；也包括旅游者出于对旅游地的特点及气候等情况考虑的日用必备品，如旅游衣、太阳镜、折叠伞、照相机、药品等。

2. 土特产品

土特产品主要是指那些具有浓厚的地方特色，兼具实用性和纪念性的旅游购物品，如药材补品、名烟名茶、手工艺品、名点饮品、山珍海味等。

3. 旅游纪念品

旅游纪念品主要是指那些纪念性和艺术性显著、民族特色和地方特色突出的旅游购物品，包括各种古玩等历史文化及其复制品（国家禁止出口和买卖的古玩、文物仿制袖珍品等除外）、各具特色的工艺美术品（如玉石器件、刺绣、陶瓷等）和民间工艺美术品（如剪纸、风筝、花灯、竹编器件等）。

特别提示

购买古玩、食品、名酒等要遵守当地海关的规定，旅游购物需索取购物凭证。旅游企业需加强对导游员的思想教育，不得欺瞒游客，增加合同外的购物时间或商店。

7.4.3 旅游购物的作用

1. 增加外汇收入

旅游购物是旅游外汇收入的重要来源和组成部分，在旅游者的旅游消费构成中占有比例较大，并呈现逐年上升趋势。

2. 加快货币回笼

旅游购物增加旅游者消费，可促进货币的回笼。

3. 扩大就业机会

旅游购物品的生产属于劳动密集型，旅游购物品的生产和销售都需要大量的劳动力，可增加旅游相关产业的就业机会。

4. 拉动相关产业的发展

旅游购物品的发展需要当地其他产业的密切配合（如纸制品业、印刷业等），还需当地的旅游资源和自然资源，为其提供原材料。

5. 传播旅游目的地形象

旅游购物品附带旅游目的地的文化内涵和信息。通过旅游者购买和馈赠的旅游物品，旅游目的地的形象会在旅游者的交际群体中传播，产生口碑效应。

 延伸阅读

旅游购物肥了谁的钱包？

墨西哥新建旅游城阿卡普尔科（Acapulco）旧市区的手工艺品市场，每隔20～30米就有一个手工艺品销售点，商品琳琅满目，应有尽有。新加坡专门建立了手工艺中心，网罗泰国、马来西亚、印度尼西亚、日本及印度等地熟练艺人参加工作。此中心不仅制造、展出各种具有地方特色的手工艺品，还让游客参观制作过程，购买产品留作纪念，从而使销售旅游商品的收入占旅游总收入的60%。

7.4.4 我国旅游购物发展现状

世界旅游业发达的国家和地区，旅游购物收入占旅游外汇总收入的比重达40%～50%，其中有些国家和地区达到50%以上。我国境外旅游购物金额很大，其中相当一部分费用用于购买奢侈品，中国消费者成为全世界最大的奢侈品消费群体，但国内旅游购物消费水平不高，旅游购物消费占旅游消费的比重低于欧美国内旅游者，旅游购物满意度不高，因此亟待提高我国旅游商品的生产水平，加强旅游购物的引导和管理，营造良好的旅游购物环境，增大旅游购物在旅游消费中的比例。

 特别提示

工艺品的独特性、手艺、美学价值、实用价值、历史文化的完整性等会影响旅游者对旅游商品的真实性评价。除此之外，旅游商品制作人员的性格、旅游者的购物体验也会对旅游商品真实性的评价造成一定的影响。

小思考

旅游者是旅游购物体验的主角。无论是产品导向型还是过程导向型的旅游者,在旅游购物的过程中都想获得完美愉悦的购物感受。试从旅游购物环境、旅游购物行为角度分析,旅游者如何才能获得完美的旅游购物体验。

本 章 小 结

本章阐述了旅游住宿业的沿革、功能及住宿产品的特点,其中住宿产品的性质和对旅游产业的贡献是本章的重要学习内容。本章还介绍了美食旅游,从美食旅游的概念、特点及功能对美食旅游进行了分析,对饮食文化、体验式美食旅游等相关知识进行了解读。此外,本章还阐述了会展、节事旅游的基本概念和特征,介绍了会展旅游、会议、节事等相关知识以及它们之间的关联和意义。购物作为旅游六要素之一,无论是对增加当地旅游收入,还是提高旅游者的美好体验都有重要作用,因此旅游购物也是本章学习的重要内容之一。

 关键术语

住宿业(Accommodation):是指利用住宿场地和设施设备,为旅游者提供住宿、餐饮及多种综合服务的行业。常见的形式有酒店、汽车旅馆、露营地、含早餐服务的旅馆、宿舍、招待所等。

美食旅游(Food-tasting Tourism):美食旅游是到异地寻求审美和愉悦经历,以享受和体验美食为主体的具有社会和休闲属性的旅游活动。

会展旅游(MICE):MICE 是 Meetings,Incentives,Conferencing Conventions,Exhibitions/Exposition/Event 的缩写,指包括各类会议、展览会与博览会、奖励旅游、大型文化体育盛事等活动在内的综合性旅游活动。

节事旅游(Event Tourism):节事旅游专指以各种节日、盛事的庆祝和举办为核心吸引力的一种特殊旅游形式。

课 后 练 习

一、选择题

1. 利用住宿场地和设施设备,为旅游者提供住宿、餐饮及多种综合服务的行业是(   )。

A. 餐饮业 B. 住宿业
C. 交通业 D. 旅行社

2. 住宿业可提供大量的就业机会，就业容量较大，就业层次较多，属于(　　)。
　　A. 资本密集型行业　　　　　　　B. 技术密集型行业
　　C. 劳动密集型行业　　　　　　　D. 生产加工型行业
3. 下列哪一项不是美食旅游的特点？(　　)
　　A. 文化性　　　　　　　　　　　B. 地域性
　　C. 体验性　　　　　　　　　　　D. 储存性
4. 根据"国际大会及会议协会"(ICCA)的界定，国际会议的与会人数应在(　　)人以上。
　　A. 400　　　　　　　　　　　　 B. 300
　　C. 200　　　　　　　　　　　　 D. 100
5. 据统计，住宿业的收入或游客花费的住宿支出一般占到总花费的(　　)左右。
　　A. 20%　　　　　　　　　　　　 B. 30%
　　C. 40%　　　　　　　　　　　　 D. 50%
6. 住宿业是有形要素和无形要素的组合，无形要素有(　　)。
　　A. 设施设备　　　　　　　　　　B. 装修环境
　　C. 地理位置　　　　　　　　　　D. 管家服务
7. 美食旅游的特点是(　　)。
　　①区域性　②原创性　③民族性　④时代性　⑤参与性
　　A. ①③④⑤　　　　　　　　　　B. ①②④⑤
　　C. ①②③④⑤　　　　　　　　　D. ②③④
8. 对于旅游者而言，除了参观游览和旅途外，其他大部分时间是在(　　)度过的。
　　A. 景区　　　　　　　　　　　　B. 交通工具
　　C. 酒店　　　　　　　　　　　　D. 主题公园
9. 关于会展旅游特征正确描述的是(　　)。
　　A. 季节性很强　　　　　　　　　B. 消费档次高
　　C. 停留时间短　　　　　　　　　D. 规模较小
10. 节事旅游的特点是(　　)。
　　A. 大众参与　　　　　　　　　　B. 民族性、文化性
　　C. 传统性、经济性　　　　　　　D. 以上全部选项

二、填空题

1. 旅游与接待的概念有关联。国外一般将"旅游"泛称为_____。
2. 与大多数其他物质性产品不同，住宿业产品具有高度的_____。
3. 除了交通以外，_____的发展水平是衡量旅游目的地国家或地区接待能力的重要依据。
4. 瑞士人恺撒·里兹提出的"客人永远不会错"的经营口号至今仍是_____的准则。
5. 会展旅游是_____的一个重要组成部分，是会展的发展和延伸。

6. 广义美食旅游是指一个人离开常住地到其他地方的旅游过程中被当地餐饮美食所吸引而引起的各种与_____相关的旅游行为。

7. 能够代表公司或单位参加会议和展览活动的人员，一般都是消费能力较强的_____。

8. 节事旅游属于典型的_____旅游项目，其市场运作的复杂性高于普通旅游市场的运作。

9. 节事旅游活动大多集中在某一特定的时间段内，旅游者的旅游活动、旅游体验带有明显的_____特点。

10. 无论是产品导向型还是_____导向型的旅游者，在旅游购物的过程中都想获得完美愉悦的购物体验。

三、判断题

1. 旅游住宿业大致经历了四个阶段，即客栈时期、大酒店时期、商业酒店时期和新型酒店时期。（　　）
2. 在现代旅游业中，白金管家这个称号是其他任何机构、组织、个人都无权使用的。（　　）
3. 旅游行业每增加1个直接就业机会，社会就能增加2~5个就业机会。（　　）
4. 酒店在功能和服务项目上，除了可提供住宿和餐饮外，还可提供商务、会议、度假、康乐等多种项目的综合性服务。（　　）
5. 目的地的美味佳肴对所有的旅游者都会形成定向吸引力，吸引他们前往旅游目的地旅游。（　　）
6. 旅游业与会展业有机组合，具有明显的关联、带动及辐射作用。（　　）
7. 根据"国际大会及会议协会"（ICCA）的界定，国际会议的会期应在7天以上。（　　）
8. 旅游购物品附带了旅游目的地的文化内涵和信息，会传播旅游目的地的形象。（　　）
9. 节事旅游活动具有一定旅游吸引力，但不能作为旅游市场营销的手段。（　　）
10. 会展旅游是包括各类专业会议、展览会与博览会、奖励旅游等活动在内的综合性旅游活动，从古至今都有。（　　）

四、问答题

1. 住宿业具有哪些基本特征？
2. 为什么说住宿业是有形和无形要素相组合的产品？
3. 美食旅游有哪些特点？
4. 为什么说会展旅游会带动其他产业的发展？
5. 什么是旅游购物？与一般购物有何不同？

五、论述题

1. 阐述旅游与接待业的关系以及接待服务对旅游的重要性。
2. 简要分析旅游接待服务是如何贯穿整个旅游过程的。根据分析结果，设计一条主题旅游线路，特别注意线路中接待服务的内容。

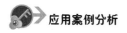 应用案例分析

成都国际美食旅游节

成都国际美食旅游节以"国际影响、市民节日、旅游实效"为宗旨，围绕促进成都餐饮、旅游发展，努力打造"成都生活方式"新概念，争取更多游客和市民参与成都生活方式体验，受到国内外广泛关注。首届美食旅游节于2004年10月26日—11月2日在成都举行，主会场设在熊猫城，可同时容纳上万人进餐，配合现场歌舞互动节目，无论是场地面积，还是活动造价，都算得上是一场盛大的美食盛宴。2011年，成都被联合国教科文组织认定为"世界美食之都"。

2022年11月11日，第十九届成都国际美食节在成都新金牛公园隆重开幕。本届美食节以"川菜之成·美食之都"为主题，按照"寻味成都美食、品味成都美食、回味成都美食"为主线，展示了上百种特色美食：崇州叶儿粑、天佑祥万春卤菜、周记糖油果子、赵鸭子甜皮鸭、蒲江招牌凤爪等，其中来自成都的"一把骨"引起了众多游客的注意。各种美味佳肴琳琅满目，历史悠久的餐饮文化令市民、游客陶醉。

本届美食节首次将主会场搬进了公园，为市民朋友和游客朋友在"雪山下的公园城市"带来一场"烟火"盛宴，感受特有的成都生活美学。除开幕式之外，本届美食节主会场还设立了"品味成渝"特色美食展，在聚焦本地特色美食的同时，联动重庆餐饮企业助力成渝双城经济圈建设、携手德眉资餐饮行业助力成都都市圈建设，扩大旅游餐饮消费市场，激活旅游消费新潜力。

同时，现场还设有众多打卡游玩区域，让市民和游客眼福与口福共享。活动期间，除了美食盛宴，广大市民和游客还可前往美食节网红打卡留念区进行打卡互动，完成打卡后领取美食节活动所准备的"光盘行动"餐垫、公筷公勺套餐等伴手礼，吸引市民和游客积极参与厉行节约、绿色低碳的生活。

钟水饺、韩包子、龙抄手……贴在墙上的巨幅老成都美食地图，向前来游玩的游客清晰地展示独具特色的老成都美食和餐饮店。不少商家推出了各具特色的菜品，令游客大饱口福。一个黄头发、白皮肤的欧洲游客，刚迈出一个摊位，又被另一个五花八门的小吃摊位吸引，兔头、伤心凉粉一一品尝，辣得直伸舌头，还不忘竖起大拇指称赞，"成都菜很辣，很好吃"。

成都市政府落实中央、省、市重大决策部署，稳住经济大盘，更好发挥餐饮、旅游消费对经济发展的拉动作用，持续打造"成都美食之都"的名片，不断提升成都美食文化的影响力。经过多年的持续打造，"中国国际美食旅游节"已经成为成都市一个具有鲜明地方特色、国际化、全民性的盛大节日，吸引四川省和全国八方游客到成都旅游，对成都市的旅游营销和旅游品牌建设产生了良好促进的作用。

讨论：

1. 从旅游六要素分析，谈谈美食与旅游之间的关系。以成都美食旅游为例，试分析美食对旅游体验的影响。

2. 结合材料，谈谈"舌尖上的成都"对成都市旅游目的地营销和城市旅游品牌产生的积极作用。

第 8 章 旅游吸引物

教学目标

通过本章的学习，掌握旅游吸引物的基本特征，辨析旅游吸引物、旅游资源、旅游产品等相关概念以及它们在旅游活动中的作用。了解旅游资源的特点、价值和分类；知晓旅游信息和标识及其作用；把握旅游信息和标识制作设计和传播的方法；分析目的地环境与旅游吸引力的关系以及影响目的地吸引力的各种因素。

教学要求

教学内容	重点☆、难点*	教学提示
旅游吸引物概述	(1) 旅游吸引物的定义☆ (2) 相关概念辨析☆* (3) 旅游吸引力大小的影响因素 (4) 旅游吸引物的构成	本章主要与第1章、第2章、第3章、第4章、第9章、第10章等内容相关联，教学时可前后对应，以便掌握各章节教学内容的内在联系
旅游资源	(1) 旅游资源的概念 (2) 旅游资源的特点☆ (3) 旅游资源的分类 (4) 旅游资源的容量	
旅游信息和标识	(1) 旅游信息的传播方式 (2) 旅游标识的概念	
旅游目的地环境	(1) 政治环境与旅游吸引力 (2) 经济环境与旅游吸引力☆ (3) 文化环境对旅游吸引力的作用 (4) 自然环境对旅游吸引力的影响☆	

第 8 章 旅游吸引物

> 临清风，对朗月，登山泛水，意酣歌。
>
> ——《南史·梁宗室萧恭传》

基本概念

旅游吸引物　旅游资源　旅游产品　旅游信息和标识　旅游目的地环境

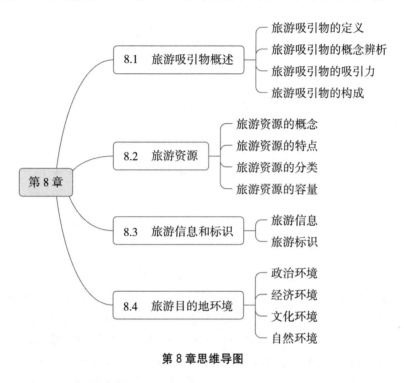

第 8 章思维导图

导入案例

上海飞人追日来去兮

在天河机场候机时，记者遇到了卞先生。"同事和家人也都觉得我很疯狂。"作为上海浦东机场的飞机工程师，卞先生因当天上海降雨见不到日全食而心有不甘："300 年一遇的日全食太难得，不能就这么错过了。"卞先生了解到，当天从武汉飞往上海的 MU2501 航班最适合"追日"。于是毫不犹豫地决定在 21 日先飞到武汉，再在日食当天乘坐这趟航班返回上海，扮演现代版的追日"夸父"。

同一航班上，头等舱的李氏一家五口，也是专程从广州赶到武汉，再乘坐这班飞机观看日全食。年仅五岁的小李，蹲在窗户前，拿着爸爸的单反相机不断按快门，而一旁 60 岁的奶奶，拿着一部卡片机拍着孙子可爱的样子。

结束追日之旅后，卞先生告诉记者："这一趟，真值！"回答坚定而兴奋。尽管仍有诸多遗憾，"没能看到贝利珠，食甚时也因为机舱开启夜间飞行模式，而没办法照下日全食的景象"。但走出舱门的卞先生还是对此次"夸父追日"之旅赞叹不已。

点评：

吸引物是吸引旅游者时空移动的重要因素。凡是能够激发一个人的旅游动机的一切事物，无论它是有形的还是无形的、自然的还是人文的，都是旅游吸引物，日食就是一例。

8.1 旅游吸引物概述

旅游吸引物是旅游活动的客体，是激发旅游动机、形成旅游需求、影响旅游决策的重要因素。在雷柏尔旅游模型中，旅游吸引物一般位于旅游目的地，是旅游系统中"N—S对"中的供给部分，对旅游者产生拉动作用。一个国家或地区所拥有的旅游吸引物的类型、数量、质量和可进入性将影响旅游系统中的旅游流向和市场发展前景，影响目的地旅游业和社会经济的发展。因此，在旅游学的研究范畴中，旅游吸引物是重要的学习内容和研究对象。

8.1.1 旅游吸引物的定义

"旅游吸引物"（Tourist Attraction）一词来源于西方的旅游学术界。艾伦·卢（Alan Lew）认为，旅游吸引物在本质上是由所有足以将每个旅游者从家中吸引出来的要素构成的，这些要素通常包括可供观赏的风景、可参与的活动、可追忆的经历。① L.J.劳顿（L.J.Lawton）认为，吸引物是能吸引旅游者注意的特殊的人、事件或自然界中的风物、奇观、遗址或现象。② 胥兴安、田里认为，旅游吸引物是一种能吸引旅游者的综合体，它不仅包括了旅游活动的客体——旅游资源以及以此为中心开发出来的核心旅游产品，还包括了旅游活动的媒体——旅游业以及与核心旅游产品一起构成的组合旅游产品。③

综上所述，旅游吸引物是指在现实条件下，能够激发人的旅游动机，吸引旅游者进行旅游活动的一切自然客体与人文因素的总和。旅游吸引物的主要功能是激发人们的旅游动机，是旅游业赖以发展的基础。④

即学即用

根据旅游吸引物的定义，请你判断以下是否属于旅游吸引物。

---

① LEW A. A Framework of Tourist Attractions Research[J]. Annals of Tourism Research, 1987 (14): 553—575.

② LAWTON L J. Resident Perceptions of Tourist Attractions on the Gold Coast of Australia[J]. Journal of Travel Research, 2005(2): 188—200.

③ 胥兴安，田里. 对旅游吸引物、旅游产品、旅游资源和旅游业关系的思考[J]. 中国集体经济, 2008(Z2): 134—135.

④ 林红，王湘. 旅游吸引物的系统论再分析——与杨振之先生商榷[J]. 旅游学刊, 1998(2): 42—46.

1. 山东泰山的岱庙
2. 海南岛的气候
3. 火星、土星或月亮

8.1.2 旅游吸引物的概念辨析

 小思考

小马徒步到一处人迹罕至的荒蛮山野去追求回归自然的人生之旅。请问吸引小马旅游的对象有旅游吸引物、旅游资源和旅游产品，你认为是哪一种？

旅游吸引物的概念源自英文"Tourist Attraction"，有人将其直接译为"旅游资源"或"旅游产品"，这是不正确的。旅游吸引物包括旅游资源、旅游产品、旅游信息和标识以及旅游目的地环境，在我国许多学者都视其为同一概念，但实际上存在差异。陈才等认为，应当分析旅游吸引物、旅游资源、旅游产品之间的关系，并对旅游吸引物进行细分，不能等同划一。①

1. 旅游吸引物与旅游资源

在国内，旅游吸引物通常被直接理解成旅游资源，甚至旅游景区，但实际上旅游吸引物的概念要更为广泛。旅游资源和旅游吸引物主要区别在于，旅游吸引物是一个系统性概念，任何能够吸引游客前来参观的自然客体和人文因素都可被视为旅游吸引物，包括已经开发为景区的旅游资源和未被开发的旅游资源。旅游资源因让旅游者愉悦而具备某种吸引力，可视为旅游吸引物；因被开发和利用产生经济社会效应，可视为旅游产品。目前，越来越多的旅游者喜欢寻找未开发的"处女地"，虽然这些旅游资源未被开发，却是一种吸引物存在于某个领域或空间，吸引旅游者前往。

2. 旅游产品与旅游资源

旅游产品是指旅游企业为满足到访旅游者的需要，方便其旅游活动的服务或产品，包括核心层——旅游体验，形式层——商标、价格等，延伸层——旅游服务设施(餐饮、住宿、交通、购物、娱乐)。其中，旅游体验主要是指旅游者在旅游活动中获得的愉悦体验，包括参观景区的享受、参加节事活动的愉悦、品尝特色美食的愉悦等。旅游资源是指客观地存在于一定地域空间并因其所具有的愉悦价值而使旅游者为之向往的自然存在、历史文化遗产或社会现象，企业、个人或政府可将其开发成为旅游产品或旅游景区。由此可见，旅游产品包括已被开发为景区的旅游资源，但不包括未被旅游业利用的旅游资源(见图8-1)。

旅游产品并不等同于旅游资源。为了辨析旅游产品与旅游资源的复杂关系，吴必虎教授将旅游资源划分为资源产品共生型、提升型和伴生型三种类型。共生型是指资源品位较高、具有较强吸引力，不需要经过大规模开发即可转换为某种产品的情况；提升型是指旅游资源

---

① 陈才，王海利，贾鸿. 对旅游吸引物、旅游资源和旅游产品关系的思考[J]. 桂林旅游高等专科学校学报，2007(1)：1—4.

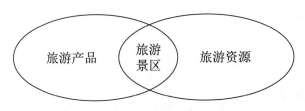

图 8-1 旅游产品与旅游资源的关系

品位较低,将资源开发为旅游产品需要较大的资金投入,开发强度较大的情况;伴生型是指某些功能上属于其他类型的设施或场所,同时又具有一定的旅游功能的情况。旅游产品与旅游资源存在依存关系,因此常常被误解为同一物。旅游产品对旅游资源的依存度见表 8-1。

表 8-1 旅游产品对旅游资源的依存度

依存度	最高	高	一般	低
类型	博物馆	自然和人文景区	公园、动物园	主题公园
案例	三星堆博物馆、陕西历史博物馆	九寨沟、平遥古城	大连劳动公园、老虎滩极地馆	迪士尼乐园、锦绣中华
误解	博物馆建筑设施被误解为旅游资源	旅游资源等于旅游产品	旅游服务设施被误解为旅游资源	人文资源被误解为旅游产品

 即学即用

列举 3 种红色旅游资源,并依据共生型、提升型和伴生型三种类型阐述如何有效地开发红色旅游产品。

 特别提示

红色旅游在中国新的历史条件下伴随着有组织的革命传统教育和爱国主义教育活动的开展而产生、形成,并不断发展,是爱国主义教育的重要形式。

3. 旅游产品与旅游吸引物

旅游产品是旅游吸引物系统中的一个组成部分。旅游吸引物是一个广泛的概念,包含已开发的旅游资源——旅游产品和未开发的旅游资源——潜在的旅游产品。一个旅游者选择旅游目的地前往旅游,主要是因为自然美景和人文风情等吸引物所致,但也需要餐饮、住宿等基本服务要素。因此,旅游吸引物是吸引旅游者前往旅游的前提;而旅游产品是保证旅游者在目的地顺利完成各项旅游活动的基础。

 小思考

判断下列哪些是旅游吸引物?哪些是旅游资源?哪些是旅游产品?并分别划上√、○、+符号,可多选。

1. "桂林山水甲天下"之桂林山水。
2. 陕西"世界七大奇迹"之兵马俑。
3. 云南西双版纳傣族的"泼水节"。
4. 成都至香格里拉五日藏族风情旅游线路。

8.1.3 旅游吸引物的吸引力

旅游吸引物激发旅游者的动机，吸引旅游者开展各种旅游活动。作为一个系统，其吸引力大小由系统中各个旅游吸引物共同发挥作用。但是，各种因素的吸引力是不同的，对旅游者产生的影响也有大小，旅游吸引物的吸引力如表8-2所示。

表8-2 旅游吸引物的吸引力

类 别	影响种类	对吸引力的正面影响	对吸引力的负面影响
旅游资源	吸引力本源	吸引	不吸引
旅游产品	程度影响因素	多吸引	少吸引
旅游信息和标识		多吸引	少吸引
旅游目的地环境	限制性影响因素	无影响	限制吸引

1. 旅游吸引力的本源

旅游资源是旅游吸引力的本源，决定对特定旅游者是否具有吸引力。不同旅游者有其特殊的兴趣爱好和消费偏好，旅游资源对于旅游者的吸引力是特定的，即对于某些旅游者具备吸引力，而对于其他旅游者却不具备吸引力。喜马拉雅山对许多人来说望而生畏，没有任何吸引力；但是对登山爱好者来说，喜马拉雅山是旅游胜地，是他们最希望去的地方之一。

2. 吸引力的影响因素

决定旅游吸引力大小的影响因素是旅游信息、标识和旅游产品。旅游信息和标识所传达的旅游目的地信息越准确、越美好，旅游者前往该旅游目的地旅游的可能性就越大。旅游产品的质量、价格、商家信誉、服务态度、服务理念等直接影响旅游者的旅游活动，从而影响旅游者是否购买旅游产品的意愿。旅游产品价格越便宜、购买越便捷、产品和服务质量越好，旅游吸引力就越大，反之则越小。

3. 吸引力的限制因素

旅游目的地环境是旅游吸引力的限制性因素。旅游目的地的政治环境、经济环境和文化环境对旅游者的旅游活动会产生限制作用，也可能产生促进作用。如果旅游目的地的国家或地区发生了政治动乱、经济危机、自然灾害、公共卫生事件，旅游者可能放弃前往该国或该地区旅游，而选择其他旅游目的地。另外，客源国与目的地国之间的文化差异大小也会影响旅游者对旅游目的地的选择。一般来讲，自我中心型的旅游者不会选择与其常住地的文化差异过大的旅游目的地；相反，多中心型的旅游者则相对喜欢文化差异较大的旅游目的地，不愿意去那些比较熟悉的、相对热门的旅游景区。

8.1.4 旅游吸引物的构成

旅游吸引物是雷柏尔旅游模型中的拉力因素，促进人们前往某地旅游，它包括旅游资源、适宜的接待设施和优良的服务，甚至还包括快速舒适的旅游交通条件。[①] 按旅游吸引物的吸引力来源及其作用，我们可将旅游吸引物细分为旅游对象、旅游媒介物和旅游标识。事实上，旅游吸引物包含了更多的内容，从吸引旅游者到影响旅游者形成购买行为全过程的所有因素，可归纳为：旅游资源、旅游产品、旅游信息和标识以及旅游目的地社会环境，这些构成旅游吸引物系统（见图8－2）。其中，旅游产品将在第9章重点讨论。

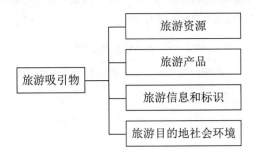

图8－2 旅游吸引物系统

8.2 旅游资源

8.2.1 旅游资源的概念

1. 旅游资源的定义

旅游资源是指客观地存在于一定地域空间并因其所具有的愉悦价值而使旅游者为之向往的自然存在、历史文化遗产或社会现象。旅游资源因可以向旅游者提供旅游愉悦的凭借而对旅游者具有某种吸引力，不具有这种吸引力的资源不是，也不会成为旅游资源。作为一种资源形态，旅游资源主要存在于一种潜在的待开发的状态，同时也包括已开发但尚未耗竭其旅游开发价值的那一部分资源。旅游资源不管是以单体或是以复合体的形式存在，都依托于一定的地域空间，是不能移动的。

 **头脑风暴**

（1）以京杭大运河为例，请说明为什么旅游资源只是由于人们价值观的缘故而在一定历史时期存在。

（2）江西庐山是自然形成的风景，是绝对不能移动的，而巴黎卢浮宫的维纳斯雕塑和广西的"桂林印象"演出是可以移动展出和演出的。请说明以上说法是否正确。

---

① 保继刚，楚义芳. 旅游地理学（第三版）[M]. 北京：高等教育出版社，2012.

2. 广义和狭义的旅游资源

旅游资源可分为广义的旅游资源和狭义的旅游资源。广义的旅游资源是指对旅游者具有吸引功能、对旅游业具有效益的系统，是自然界及人类社会中一切可为旅游业发展所利用并产生效益的各种因素。狭义的旅游资源是指在自然和人类社会中能够激发旅游者旅游动机并进行旅游活动，为旅游业所利用并能产生旅游、经济、社会和生态四大效益的客体。从旅游开发和旅游业的角度来定义广义的旅游资源，旅游资源则包括旅游对象资源和旅游业资源。从旅游者的角度来定义狭义的旅游资源，旅游资源相当于旅游对象资源，包括以自然山水风光为主的自然资源和以人文文化为主的人文资源。①

特别提示

（1）旅游资源可以是山水万物等自然资源，也可以是民俗文化等人文资源。
（2）旅游资源可以是场址型的，如山川、寺庙，也可以是节事型的，如泼水节、登高节等。
（3）旅游资源可以是物质的、有形的，像风景名胜、民俗村寨、各地美食等，也可以是非物质的、无形的，如民俗、节庆等。

8.2.2 旅游资源的特点

1. 定向性

旅游资源具有吸引力，能够激发旅游者的出行意愿。定向性是旅游资源的本质特征。由于性别、受教育程度、个人兴趣爱好、成长经历、性格等因素的不同，加之旅游资源的类型不同，某一类型的旅游资源不可能符合所有旅游者的喜好，只能吸引一部分旅游者前来旅游，而对另一部分旅游者没有吸引力。

2. 综合性

旅游者的旅游活动涉及食、住、行、游、购、娱等多个领域，涉及面广、综合性强。从需求的角度出发，旅游者外出进行一次旅游活动，往往前往多个城市或地区的旅游景区景点，吸引旅游者前往旅游活动的是旅游资源的组合。从供给角度出发，旅游吸引物既包括自然因素，也包括人文因素，是自然因素和人文因素的综合体现。因此，旅游资源具有综合性强的特点。

小思考

中国有句古话叫"山不在高，有仙则名"。从旅游资源特点分析，如何理解旅游资源的综合性？

3. 多样性

一些事物由于人们的价值观的改变在一定时期内成为旅游资源，但也因人的主观评价

---

① 徐学书. 旅游资源开发与保护[M]. 南京：东南大学出版社，2009.

形成差异，呈现多姿多彩的状态。由于文化水平、性格爱好、生活经历等因素的差异，旅游者的需求越来越多样化、个性化，这也就决定了旅游资源的开发也需多样化、个性化。另外，一些企业为了吸引旅游者消费，不断创造新的旅游产品和服务，也使不同的旅游资源得到利用。从自然资源到人文资源，从有形的风景名胜到无形的文化传统、民俗风情，从传统的观光到新时代的购物和会展，旅游者总有自己喜爱的、特殊的旅游资源。

4. 垄断性

旅游目的地区别于客源地独特的风土人情和自然美景，具有强烈的地方色彩和区域特征，构成吸引旅游者的旅游资源。地方的风土人情是当地居民和当地自然环境长期相互影响和相互作用的结果，因此不管是当地的人文旅游资源还是自然旅游资源，都有该地的地方特色，具有垄断性。"垄断性"也称为"不可移动性"，意指旅游资源为某一国家或地区所特有，是经过人类和自然长期的相互影响、相互作用形成的，不能为他人在其他地方以任何形式复制。不管是自然资源还是人文资源，只有在原有的地方才能感受到它们的生命和价值，无论仿制怎么成功，也将因其不具备原真性而失去参观价值和意义。

小思考

四川省成都市龙泉驿洛带古镇建有"金龙长城"，城墙上如同八达岭长城一样有烽火台、垛口、射口、望口等，但为什么不太能吸引旅游者？

5. 不可再生性

旅游资源，除人工可以栽培与繁殖的动植物外，是一种不能再生的资源。旅游者、旅游企业和当地居民或政府的不当行为，都有可能损害、破坏旅游资源，有形的旅游资源是这样，无形的旅游资源也是这样。一项使用过度的有形资源难以修复或更换；一项维护不当的无形资源，一旦遭到破坏在短期内更是难以恢复。

有人说，旅游资源可以重复使用，也就是说旅游资源有永续性的特点。你是否同意这一说法？为什么？

特别提示

习近平总书记强调："历史文化遗产是不可再生、不可替代的宝贵资源，要始终把保护放在第一位""发展旅游要以保护为前提，不能过度商业化，让旅游成为人们感悟中华文化、增强文化自信的过程"。

8.2.3 旅游资源的分类

旅游资源的种类从自然风光到文化遗产、从有形到无形、从宗教到民俗、从古代遗址遗迹到现代摩天大厦，形式多样。种类繁多的旅游资源应进行科学分类，使繁杂的旅游资源条理化、系统化，为进一步开发利用、科学研究提供方便。旅游资源的分类是根据其相似性和差异性进行归并或划分出具有一定从属关系的不同等级类别的过程。

1. 按旅游资源的属性分类

按照旅游资源的属性分类，可将旅游资源分为自然旅游资源和人文旅游资源两类。自然旅游资源是天然赋予的、能使人们产生美感的自然环境或物象的地域组合，如地貌、水文、气候、生物等，及其相互结合而成的自然环境；人文旅游资源是古今人类社会活动、文化、艺术和科技创造的载体和轨迹，如文物古迹、文化艺术活动、科技与建筑成就等。

（1）自然旅游资源

自然旅游资源是指以大自然造物为吸引力本源的旅游资源。① 在由各种自然要素、自然物质和自然现象所生成的自然环境或自然景观中，凡是具有观赏、游览、疗养、科学考察或借以开展其他活动的价值，从而能够引起旅游者来访兴趣的，都属于自然旅游资源的范畴②，如天然湖泊与池沼、瀑布、泉、河口与海面、冰雪地等。

（2）人文旅游资源

所谓人文旅游资源就是古今人类各种社会文化活动的结果，其形成与分布不仅受历史、民族、意识形态等方面因素的制约，还受到自然环境的深刻影响，并形成了明显的地域特征。这种特征使一地区的人文因素成为吸引旅游者前来观光的旅游资源③，如史前遗址、村落、景观建筑、居住地与社区、民间习俗、现代节庆等。

 特别提示

自然资源和人文资源的界限多数是模糊不定的，如山东泰山既是世界自然遗产，又是世界文化遗产；既是五岳之首、中国山川地标之一，又是中国传统文化的代表、中国人文精神的象征。

2. 按旅游资源的功能分类

按照旅游资源的功能分类，可将旅游资源分为观赏型旅游资源、运动型旅游资源、疗养型旅游资源和娱乐型旅游资源。

（1）观赏型旅游资源

观赏型旅游资源是指游客体验方式以参观、观光为主的旅游资源，如历史遗留下来的文物、历史遗迹等。无论是自然旅游资源还是人文旅游资源，开发初期都是供游客参观、观赏，属观赏型旅游资源。

（2）运动型旅游资源

运动型旅游资源是指可供游客开展运动项目的旅游资源，包括专门为运动型游客开发的旅游资源和可提供运动项目的旅游资源两种。阿尔卑斯山脉是享誉全球的滑雪胜地，珠

---

① 龚鹏. 旅游学概论[M]. 北京：北京理工大学出版社，2016.
② 李天元. 旅游学概论(第7版)[M]. 天津：南开大学出版社，2014.
③ 谢彦君. 基础旅游学[M]. 北京：商务印书馆，2015.

穆朗玛峰是登山爱好者的胜地。另外，有些旅游资源也有运动附带价值，位于我国青海省的青海湖就是一个典型的例子。青海湖每年都有众多游客背上帐篷，骑上租来的自行车，绕着美丽的青海湖观看大自然赠予人类的美景，享受自行车运动带来的快乐。

（3）疗养型旅游资源

疗养型旅游资源是指能够让游客疗养身体、舒缓身心，有益于游客身心健康的旅游资源。传统的疗养型旅游资源特指矿物温泉旅游资源，也包括被称为天然氧吧的森林公园、新兴的养生旅游资源等。旅游活动本身就有让游客放松疲惫身心的功能，因此，一般的旅游资源都有一定的疗养作用。但是，狭义上的疗养型旅游资源是指对游客身体健康有一定功效的旅游资源。

（4）娱乐型旅游资源

娱乐型旅游资源是指以为游客提供娱乐项目为主的旅游资源。例如，江苏省常州市中华恐龙园就是一个以恐龙为主题的现代游乐园。园内除中华恐龙馆是观光型的恐龙化石博物馆外，其他景点全部为恐龙主题的娱乐项目，例如疯狂火龙钻、雷龙过山车、热舞恐龙车、穿梭侏罗纪、翼龙穿梭、迷幻魔窟等。目前，所有的旅游景区基本上都有一些体验性的娱乐项目，例如4D电影、缆车、索道、滑翔机等，但游客到达这些景区旅游，并不是以体验这些娱乐项目为主要旅游目标，所以这些项目不能称为娱乐型旅游资源，它们与为游客提供娱乐的主题公园是不同的。

 特别提示

按照旅游资源功能的不同分为以上四类旅游资源，但是这些旅游资源不是独立存在的，通常是不同的旅游资源类型组合，共同构成一个旅游景区。旅游资源的功能也不是独立存在的，一种旅游资源在不同的时间、不同的地点，从不同的角度认识具有不同的旅游功能。例如，迪士尼乐园既具有娱乐功能，也具有观赏功能。

 小贴士

国外旅游资源分类方法

美国学者克劳逊（Clawson）以资源特性和游客体验依据，将旅游资源分为3大类，即旅游者导向型旅游资源、基础型旅游资源、中间型旅游资源。各种类型的旅游资源距旅游者居住地的远近不同，满足旅游者的不同需求。史蒂芬·L.J.史密斯（Stephen L. J. Smith）以游客体验为依据，将旅游资源分为城市旅游、户外休闲旅游、近郊旅游、乡村旅游等四大类型。国外旅游资源分类研究多结合具体案例地，在分类的基础上予以评价，其突出特点是多从旅游者角度出发结合资源的特性，注重游客体验。

8.2.4　旅游资源的容量

旅游资源的容量是指在保持旅游活动质量的前提下，旅游资源所能容纳的最大旅游者人数或者旅游活动量，是旅游资源可持续利用的最大边界。对旅游资源的测算，一般是对旅游地已经开发的旅游景区的容量测算，具体方法有面积法和线路法两种。①

1. 面积法

根据旅游景区可供游览的空间面积、游客周转率和人均游览空间标准，不同类型的旅游地游览空间标准是不同的。计算公式为：

$$N_{area} = \frac{S_A}{S_B} \times R$$

其中：N_{area}——旅游景区面积日容量（人次/日）；

S_A——旅游景区可供游览的空间面积（平方米）；

S_B——旅游景区人均游览空间标准（平方米/人）；

R——游客周转率（每天开放时间÷每个游客平均滞留时间）。

2. 线路法

根据旅游景区的游览线路总长度、游客周转率和游览线路间距标准来进行测算。计算公式为：

$$N_{line} = \frac{2L}{B} \times R$$

其中：N_{line}——旅游景区线路日容量（人次/日）；

L——旅游景区游览线路总长度（米）；

B——旅游景区游览线路间距标准（米/人）；

R——游客周转率（每天开放时间÷每个游客平均滞留时间）。

特别提示

旅游资源的容量不仅是环境承载力的重要指标，也是保证旅游满意度的重要因素。旅游活动不能超过旅游资源的容量，否则将影响旅游环境，并影响旅游活动的质量。

8.3 旅游信息和标识

旅游产品的购买、消费在空间上的异地性和时间上的异步性，使得旅游者与旅游产品之间形成了巨大的信息鸿沟，旅游者的决策行为、目的地的形象塑造、旅游企业的产品推广，都有赖于有效的旅游信息传播。在没有旅游经验的前提下，旅游者出游之前主要是通过旅游目的地的宣传资料了解当地的旅游信息。旅游者通过这些信息判断旅游目的地是否具有吸引力，从而决定是否购买旅游目的地的产品。因此，在出游之前，旅游目的地提供的信息和标识成为影响旅游者出游决策的重要因素之一。

8.3.1 旅游信息

旅游作为与信息传播密切相关的活动和产业，对信息有天然的依赖性。旅游者喜欢什

---

① 王学峰. 旅游概论[M]. 北京：北京交通大学出版社，2019.

么类型的信息、排斥哪些信息、对什么样的信息更感兴趣,掌握这些信息对旅游目的地市场营销和旅游目的地形象建设非常重要。因此,发布目的地的旅游信息,需充分调查目标客源市场的消费需求、旅游者的消费习惯、消费偏好;充分尊重目的地现有的自然存在和人文要素,不能幻想或臆造。旅游目的地一旦传播虚假信息,不但不能吸引潜在的旅游者,反而会给旅游者留下不良印象,破坏旅游目的地的吸引力。

冈恩(Gunn)从旅游者认知角度将旅游目的地形象划分为两种,其形象的形成与旅游信息及其传播方式有很大关系:"原始形象"(Organic Image)的产生——旅游信息传播与接受无导向、无商业行为;"诱导形象"(Induced Image)的产生——旅游目的地企业有意识地通过广告等商业行为进行信息传播。[1] 如今,旅游信息的传播方式已经发生变化,从纸质版报纸杂志到电视,从微博、微信、抖音等自媒体到文化传媒整合营销,且传播速度非常快。旅游者可以通过不同渠道接收旅游信息;旅游企业也可以通过各种渠道传播旅游信息。

8.3.2 旅游标识

旅游标识是旅游信息的载体,是旅游地的"名片",在旅游公共空间活动中起重要作用,能反映心态(权威或礼仪),描述活动内容(旅游活动或节事活动),暗示旅游价值高低(昂贵或便宜),是可以感知的旅游吸引物。从字面上看,"标识"由两个动态的字组成,"标"就是做出某个标准,"识"则是受动客体在施动主体"引导"下完成识别和了解的行为过程。据此,我们将旅游标识定义为:由图形、色彩、文字等元素通过创意性的表现形式和手法构成,传递旅游地形象信息的载体。

头脑风暴

你能想象美国时代广场上没有标识物吗?或者你能想象成都大熊猫繁育基地没有大熊猫标识吗?以你所在城市旅游景区为例,试分析旅游标识对潜在旅游者和景区旅游者产生的吸引作用。

在旅游系统中,旅游标识作为吸引物,对旅游者前往旅游目的地产生拉动作用,尤其是对那些未曾到达过该目的地的旅游者更是如此。良好的、清晰的(正面的)旅游标识可以增强旅游目的地的吸引力;反之,制作质量差、不能准确传达旅游目的地信息的(负面的)旅游标识将减弱旅游目的地的吸引力。旅游者容易以什么样的方式接受、通过哪些途径更能让旅游者快速接受旅游信息,是旅游目的地标识制作时需要考虑的问题,也是能否吸引旅游者前往旅游目的地的关键。

特别提示

让标识"会说故事",这个理念最早是华特·迪士尼(Walt Disney)提出的。他的概念

---

[1] GUNN C A. Vacationscape:Designing Tourist Regions[M]. Austin:University of Texas at Austin,1972.

是"当游客在娱乐、休闲和用餐的同时,一定要告诉他们一个故事",以吸引游客。这种概念可以让游玩的过程更尽兴、有趣,就如众所皆知的迪士尼乐园内的夸张标识系统,是老少皆宜的游乐标识。

8.4 旅游目的地环境

旅游目的地是旅游吸引物系统的重要组成部分。旅游目的地的政治稳定、经济发展、与客源地文化差异、自然环境等构成旅游目的地的整体环境。在旅游吸引物系统中,旅游目的地的环境不仅影响当地居民的生活,在很大程度上也影响着旅游目的地的吸引力。旅游目的地环境好,旅游者就会感到放心,更愿意到目的地旅游;旅游目的地环境差,旅游吸引力就会减弱,对旅游需求就会产生抑制作用。

8.4.1 政治环境

旅游目的地内部的政治环境稳定、社会治安良好,能够给身居异乡的旅游者足够的安全感;相反,旅游目的地治安环境差,甚至发生暴乱、恐怖袭击、战争,旅游者出于安全考虑,一般不会选择去这样的国家或地区旅游。2001年的"9·11恐怖袭击事件"使美国的旅游业受到重创,在为那些受害者悲伤的同时,人们也庆幸自己当时没有在场,这种巨大的阴影在很长一段时间笼罩着美国旅游市场,很多人对去美国旅游望而却步。目的地的政治环境的稳定可以增加旅游吸引物的吸引力,反之,会减弱旅游目的地的吸引力。

8.4.2 经济环境

旅游的经济环境对旅游吸引力的影响应当从两个方面进行分析,一是旅游客源地的经济环境,二是旅游目的地的经济环境。客源地的经济环境是旅游系统中的推力因素。如果旅游客源地的经济环境好,旅游者的可支配收入高,旅游者出行的意愿就强。相反,如果旅游客源地发生经济危机,失业率上升,旅游者的可支配收入降低,即使旅游目的地有更好的旅游产品,也会减少旅游者的出行意愿。目的地的经济环境是旅游系统中的拉力因素。如果目的地物价低,意味着旅游者在旅游目的地的消费成本低。在服务品质相同的情况下,旅游者更愿意购买目的地价格低的旅游产品。反之,如果旅游目的地消费价格高,意味旅游者的旅游成本增加,就会减少旅游目的地的吸引力,旅游者可能转向其他消费水平低的旅游目的地国家或地区。

延伸阅读

去海南不如去东南亚

"长假期间在国内挤景点太不幸福了。"某年春节期间,武汉张某一家三口到海南自助旅游,在经过飞机晚点、吃海鲜被宰、景区拥堵等诸多烦恼后,疲惫地回到武汉。张某最后算了笔账,四星级酒店一晚就要2000多元,吃顿海鲜近2000元,待了6天花了27000

多元,这笔钱出国旅游都绰绰有余了,实在不划算。虽然海南风光丝毫不比东南亚国家逊色,但是海南的消费实在是太高了,即使是普普通通没有特色的景点,也需要上百元的门票。

张某说:"与其花贵得多的钱到海南凑热闹,不如花同样的钱到东南亚国家转一转。"记者发现,春节期间国内机票、酒店等高位运行,往返交通费上涨,加之旅游目的地的住宿、交通成本居高不下,整体拉高了国内长线游的价格,而出境短线如东南亚国家,虽然比往常价格有所增长,但同样的星级酒店、同样的海鲜大餐,计算下来总花销还低于海南游,出现价格"倒挂现象",导致一些旅游者转向前往旅游成本更低的东南亚国家旅游。

小思考

人民币升值以后,中国公民出境旅游人数是增加了还是减少了?试分析原因。

8.4.3 文化环境

文化差异程度与旅游吸引物的吸引力关系较为复杂,与旅游者的心理类型有关。根据普洛格心理类型分析,多中心型的旅游者思想开朗、兴趣广泛多变,行为上表现喜新奇、好冒险、活动量大,不愿随大流,喜欢与不同文化背景的人打交道。与之相反,自我中心型的人思想上谨小慎微,多忧多虑,不爱冒险,行为上表现为喜安乐、好轻松、活动量小、喜欢熟悉的气氛和活动。同理,多中心型的旅游者喜欢比较新奇、陌生的环境,文化差异越大,该类旅游者的好奇心越强,旅游吸引物的吸引力也就越大;反之,文化差异太小,该类旅游者认为没什么新奇的,也就对旅游吸引物失去了参观的兴趣。而对于自我中心型的人,喜欢比较熟悉的文化背景,喜欢文化差异较小的旅游目的地,文化差异太大,会让该类旅游者缺乏安全感,从而放弃不熟悉的旅游目的地。

你认为东道主文化与旅游者的文化背景差异性大更吸引旅游者,还是差异性小更吸引旅游者?为什么?

8.4.4 自然环境

自然环境是旅游目的地环境的组成部分,也是吸引旅游者出行旅游的重要因素。旅游目的地自然环境与客源地的差异更能够激发旅游者的旅游动机。美好的自然环境是世俗体验的载体,也是审美体验的基础。自然环境的多样性,独特性往往吸引大批旅游者前往旅游目的地旅游、观赏、体验,如四川的九寨沟、安徽的黄山、广西的桂林成为旅游胜地。近年来,全球自然灾害频发,导致自然环境发生变化,如2011年3月11日日本福岛发生9级地震以及前些年欧美地区的极寒天气等,对旅游目的地自然环境都产生了重大影响。此外,自然环境的变化还会导致某些旅游景区的吸引力产生季节性变化,出现旅游者出行集中的情况。

延伸阅读

五岳归来不看山，黄山归来不看岳

黄山以变取胜，一年四季风景各异，山上山下不同天，而且朝夕有别。初春：繁花似锦，五彩缤纷，漫山杜鹃，争奇斗艳，十里桃花，姹紫嫣红；盛夏：涌泉池清，峭壁飞瀑，层峦叠翠，绿荫遍地，奇花异草，芳香诱人；金秋：丹枫如火，山花流芳，层林尽染，凝紫飞红，绚丽璀璨；严冬：银装素裹，玉树琼楼，雾凇冰挂，晶莹雅洁。黄山独特的花岗岩峰林、遍布的峰壑、千姿百态的黄山松、惟妙惟肖的怪石、变幻莫测的云海，构成了黄山静中有动，动中有静的巨幅画卷，赋予了黄山艺术魅力，塑造了黄山永恒的灵性、神奇的风采。无峰不石，无石不松，无松不奇，黄山以其独特的自然风光吸引八方游客。古人云："五岳归来不看山，黄山归来不看岳。"

本 章 小 结

旅游吸引物系统由旅游资源、旅游信息标识和旅游目的地环境构成。本章辨析了旅游吸引物的定义，分析了旅游吸引物系统的构成因素，介绍了旅游资源的概念、特点、分类和旅游资源容量。本章还阐述了旅游信息和标识的概念以及其对旅游目的地吸引力的影响。旅游目的地环境是旅游吸引物系统的重要组成部分，良好的自然和社会环境会产生拉动作用，吸引旅游者出游；反之，不良的目的地形象会产生阻碍作用，阻止旅游者前往目的地，旅游者有可能转向其他旅游目的地。

关键术语

旅游吸引物(Tourist Attraction)：在现实条件下，任何能够激发人们的旅游动机，吸引旅游者进行旅游活动的一切自然客体与人文因素的总和。

旅游资源(Tourism Resource)：客观地存在于一定地域空间并因其所具有的愉悦价值而使旅游者为之向往的自然存在、历史文化遗产或社会现象。

旅游标识(Tourism Signage)：由图形、色彩、文字等元素通过创意性的表现形式和手法构成，传递旅游地形象信息的载体。

课 后 练 习

一、选择题

1. 在以下选项中，旅游吸引物系统中吸引力的本源是（　　）。
A. 旅游资源　　　　　　　　　　　B. 旅游产品
C. 旅游信息标识　　　　　　　　　D. 旅游目的地环境

2. 在以下选项中，旅游吸引物系统吸引力的限制性因素是（　　）。
   A. 旅游资源　　　　　　　　　　B. 旅游产品
   C. 旅游信息标识　　　　　　　　D. 旅游目的地环境
3. 为了辨析旅游产品与旅游资源的关系，可将旅游资源划分为（　　）资源产品。
   A. 共生型　　　　　　　　　　　B. 提升型
   C. 伴生型　　　　　　　　　　　D. 以上全部选项
4. 旅游产品与旅游吸引物系统的关系是（　　）。
   A. 旅游产品包含旅游吸引物　　　B. 旅游产品没有旅游吸引物
   C. 旅游吸引物包含旅游产品　　　D. 旅游吸引物没有旅游产品
5. 旅游资源对某些旅游者吸引力很强，而对另外一些旅游者无多大的吸引力，体现了旅游资源吸引力的（　　）。
   A. 定向性　　　　　　　　　　　B. 综合性
   C. 多样性　　　　　　　　　　　D. 垄断性
6. 按照旅游资源的属性分类，旅游资源可分为自然旅游资源和（　　）。
   A. 观赏型旅游资源　　　　　　　B. 人文旅游资源
   C. 运动型旅游资源　　　　　　　D. 疗养型旅游资源
7. 旅游资源不管是以单体或复合体的形式存在，都依托于一定的地域空间，是不能（　　）的。
   A. 开发　　　　　　　　　　　　B. 利用
   C. 保护　　　　　　　　　　　　D. 移动
8. 旅游标识是一种具有特殊交际功能的公示语，是旅游地信息的（　　）。
   A. 介体　　　　　　　　　　　　B. 本体
   C. 载体　　　　　　　　　　　　D. 物体
9. 目的地环境影响旅游的吸引力。在其他条件不变的情况下，目的地的货币相对客源地货币升值，会导致入境旅游人数的（　　）。
   A. 增加　　　　　　　　　　　　B. 减少
   C. 不变　　　　　　　　　　　　D. 不确定
10. 一般来讲，对于多中心型的旅游者而言，文化差异越大，吸引力就（　　）。
    A. 越大　　　　　　　　　　　　B. 越小
    C. 不变　　　　　　　　　　　　D. 不确定

二、填空题

1. 旅游吸引物包括已经开发为景区的旅游资源，该资源已成为_____。
2. 在旅游吸引物系统的四个构成要素中，影响吸引力程度的因素是旅游产品和_____。
3. 旅游资源划分为资源产品共生型、提升型和_____三种类型。
4. 自然景观和_____对于旅游资源的依存度高，而草本花卉、水体、动物依存度不高。

5. 人文旅游资源可分为以下四种：遗址遗迹、建筑与设施、旅游商品和_____。

6. 旅游资源的质量是指旅游资源所具有的旅游价值的高低，包括旅游资源的美学特征、休闲康乐价值、_____、科学研究价值等。

7. 对旅游资源容量的测算，一般是对旅游地已经开发的旅游景区的容量测算，其具体方法有面积算法和_____两种。

8. 旅游信息标识的制作要根据目的地旅游资源的实际情况，不能盲目创造设想，即遵循_____原则。

9. 2013年财富全球论坛召开期间，成都提出的旅游信息标识"财富之城，成功之都"体现了_____原则。

10. 旅游的经济环境对旅游吸引力的影响应有两个方面，一是_____的经济环境，二是旅游目的地的经济环境。

三、判断题

1. 在雷柏尔旅游模型中，旅游吸引物一般位于旅游目的地，对旅游者产生推力作用。（ ）

2. 旅游资源对旅游者具有吸引力，是自然界及人类社会中一切可为旅游业发展所利用并产生效益的各种因素。（ ）

3. 人们看见的极光、彩虹等气候现象不是旅游资源，也不是旅游吸引物。（ ）

4. 旅游标识能描述旅游活动或节事活动的内容，暗示旅游价值高低（昂贵或便宜）。（ ）

5. 在一定条件下，旅游者的旅游活动可以不需要旅游资源或旅游吸引物。（ ）

6. 一个旅游目的地旅游形象标识和主题口号应当固定，以便旅游者留下永久的记忆。（ ）

7. 旅游资源是一种再生资源，可以反复开发使用，创造良好的经济效益。（ ）

8. 旅游目的地自然环境与客源地的差异越大，旅游者的旅游愿望就会越强。（ ）

9. 吸引旅游者到旅游目的地去旅游的环境因素主要是优美的自然环境。（ ）

10. 一个国家的经济环境越好，旅游吸引力就越大，去该国旅游的人就会越多。（ ）

四、问答题

1. 什么是旅游吸引物？
2. 与一般资源相比，旅游资源有何不同？
3. 按照功能划分，旅游资源可分为哪几类？
4. 按照线路法测算旅游资源的容量的公式，其公式中的符号分别代表什么含义？
5. 旅游标识由什么组成，如何制作才能吸引旅游者？

五、论述题

1. 阐述旅游吸引物系统的构成及其各要素对旅游吸引力的影响。
2. 分析旅游目的地政治环境与旅游吸引力的关系，举一例说明。

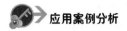 **应用案例分析**

文旅融合：莆田兴化府历史文化街区新业态

宋太平兴国八年即公元983年，兴化军署衙从游洋山区迁到平原，治置莆田县，始筑兴化军城、谯楼等，此后古城逐步形成外"罗城"、内"子城"二重城垣分隔城市的格局。子城的第一道大门，就是谯门，一般会搭建高大的门楼，所以也叫谯楼。根据兴化古城郡治图，古兴化有一蜿蜒的护城河。东西南北四个城门环绕围城，民居以古谯楼为中心，棋盘式布局，规整有序，山水点缀其中。

今天的福建莆田市以兴化府历史文化街区为核心区域，老城区大致保留了与兴化古城旧地图中"子城谯楼＋十字街"相似的格局，留有以古谯楼为轴心，街道前后纵横，坐北朝南传统空间格局。宋代城壕、明清护城河、古城街道格局以及古下水道等至今尚存遗迹。传有谚语"铜延平，铁邵武，半铜半铁兴化府"。

古宋城九头十八巷，文化脉络、宗族里社、科甲传承历历可数：唐末宋初名士陈仁壁居文峰宫前街，后称为文峰陈；陈靖是庙前橄榄陈的开宗始祖；坊巷，宋代称"刺桐巷"，是宋代莆邑名士之官宅府第群；南宋状元、龙图阁学士、参知政事郑侨致仕后迁居于书仓巷；入莆始祖郑氏后代散居英惠巷、金桥巷、大度街、桃巷等地；"玉湖陈"自陈俊卿登进士第之后，其后裔也迁居在城内善裕铺……

在整体环境打造上，街区通过增加街区绿化水景，见缝插绿，在莆作工艺美术馆、衙后邮局等空地区域活化利用边角空间和公共活动空间，设置铜雕、打卡墙，保留部分骑楼、连廊等，打造集组织、功能、环境于一体的微更新体系。

根据街、巷、路、坊的不同街区特点和业态策划，兴化府历史文化街区的旅游资源得到了合理的开发和利用，经营涵盖了零售、餐饮、文化、娱乐等六大业态，凸显文化、旅游、产业等多维融合。在2023年"第十届中国旅游产业发展年会"上，福建莆田兴化府历史文化街区新业态荣获全国旅游创新发展典型案例的称号。

讨论：
1. 请列举本案中的旅游资源，并进行分类。
2. 如何利用历史文化街区打造旅游新业态？

第 9 章 旅游产品

教学目标

通过本章的学习,掌握旅游产品的概念,重点学习旅游产品的层次、构成以及与一般消费品不同的特征。了解旅游产品设计与开发的原则、程序,熟悉旅游产品组合的标准。掌握旅游消费的内涵,重点理解什么是旅游体验以及两种不同体验对旅游者的意义。

教学要求

教学内容	重点☆、难点*	教学提示
认识旅游产品	(1) 旅游产品的概念 (2) 旅游产品的构成☆* (3) 旅游产品的层次 (4) 旅游产品的特点☆	本章主要与第1章、第2章、第6章、第7章、第8章、第12章等内容相关联,教学时可前后对应,以便掌握各章节教学内容的内在联系
旅游产品的设计与开发	(1) 旅游产品设计与开发的原则 (2) 旅游产品组合☆	
旅游消费与体验	(1) 旅游消费☆ (2) 旅游体验☆*	

> 旅游使智者更慧,愚者更昧。
>
> ——富勒

旅游产品 旅游产品组合 旅游消费 旅游体验

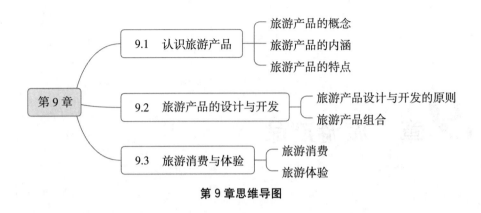

第9章思维导图

罗马古迹寻踪游

古老的罗马，散落在城市里和角落间的每一处遗迹都让人振奋不已。早餐后，喝上一杯浓浓的咖啡，前往威尼斯广场，随后穿过古罗马广场，来到圆形竞技场，感受古时人兽战斗的壮烈场面。下午，来到君士坦丁凯旋门，这里曾是法国巴黎凯旋门的模板。最后，到金碧辉煌的金宫，感受气派的皇家建筑。

【交通】

地铁有 A 和 B 两条线路，均经过中央火车站。A 线车主要经过西班牙广场(Piazza di Spagna)、奥塔维亚诺(Ottaviano)站；B 线车则主要前往罗马圆形大剧场(Roman Colosseum)、大竞技场(Colosseo)和皮拉梅德(Piramide Metro)等地。

【住宿】

罗马作为世界著名的旅游城市，在住宿方面提供的选择也是很多的，在中央火车站、梵蒂冈及台伯河岸区的住宿选择更多，可以提供多种层次的住宿，满足不同游客的住宿需求，且服务周到。

【美食】

罗马的饮食文化具有相当的多样性，从世界顶尖水平的厨艺，到典型的罗马餐饮，犹太人的贝壳水产、拉齐奥的特产和美味的鱼宴。更多的美食只能在深入接触意大利菜后才能得以体验。

【购物】

提到去意大利购物，十个人中有九个人会兴奋得眉飞色舞，因为意大利的皮件、流行服饰、K 金饰品及许多个性商品都是世界顶尖级的，著名品牌如 Prada、Gucci、Fendi 等。

古色古香的建筑，精美绝伦的雕塑，绚丽多彩的壁画，伟大的文化和历史，成就了古罗马帝国的经典。在罗马古城穿行，感知历史，追寻文化，仿佛时光倒流，扑面而来的全是这个城市散发的古老信息。

点评:

罗马的景点、交通、住宿、美食、购物、娱乐,包括线路都属于旅游产品,但其核心是罗马的文明古迹,具有能满足旅游者审美愉悦需要的效用和价值。交通、住宿、美食、购物、娱乐等是旅游企业围绕旅游产品的核心价值而做的多重价值追加,从而形成旅游产品组合。旅游者购买的不是每一个单项旅游产品,而是由单项产品组合所带来的综合感受,即罗马古迹寻踪游"感知历史,追寻文化"的经历和体验。

9.1 认识旅游产品

旅游者离开常住地,通过旅游路径到达旅游目的地,再从目的地回到常住地的全过程,也是旅游者消费旅游产品的过程。在雷柏尔旅游模型中,旅游者的空间移动过程其实也是旅游者消费旅游产品的全过程。在旅游系统客源地、旅游通道、旅游目的地每一个环节中,旅游企业为旅游者提供了食、住、行、游、购、娱等综合服务。应当注意的是,旅游者消费的产品不应该被片面地理解为每一个单一的有形旅游产品,而应当是旅游企业提供的综合服务,获得的是旅游全过程的综合感受,是一次经历、体验和回忆。

9.1.1 旅游产品的概念

旅游产品是指利用旅游资源加工并提供给旅游者消费的物质和精神享受的总和。[1] 从旅游需求方——旅游者的角度出发,旅游产品是指旅游者花费一定时间、费用和精力所换取的一次旅游经历。这个经历包括旅游者从离开常住地到旅游结束归来的全部过程中,对所接触的事物、事件和所享受的服务的综合感受[2];从旅游产品的供给方来看,旅游产品是指旅游经营者凭借着旅游吸引物、交通和旅游设施,向旅游者提供的用以满足其旅游活动需求的全部服务和产品,包括旅游服务、旅游体验、旅游信息、旅游创意、美食购物等。[3]

综上所述,本书对旅游产品的定义是:旅游经营者为满足旅游者的旅游需求,为其提供愉悦性体验并能从其销售中获利而生产或开发出来的,有形的物质产品和无形的服务产品的总和。

9.1.2 旅游产品的内涵

1. 旅游产品的构成

根据目标市场不同,旅游产品可以分为专项旅游产品、观光旅游产品、度假旅游产品、休闲旅游产品、商务及会议等旅游产品。从本质上讲,旅游产品的构成分为两种:一

---

[1] 许春晓."旅游产品生命周期论"的理论思考[J].旅游学刊,1997(5):44—45.
[2] 石长波.旅游学概论[M].哈尔滨:哈尔滨工业大学出版社,2004.
[3] 朱玉槐,郝心华,刘伟,等.旅游学概论[M].西安:西北大学出版社,1993.

种是核心旅游产品(Core Product of Tourism),另一种是组合旅游产品(Package Product of Tourism)。核心旅游产品(原初形态)具有能满足旅游者审美愉悦需要的效用和价值;组合旅游产品(终极形态)是旅游企业或相关企业围绕旅游产品的核心价值而做的多重价值追加,这种追加具有几乎满足旅游者在旅游期间一切需要的效用与价值。

最典型的旅游产品是已经被开发出来的旅游地,它是指出于交换目的开发出来的,能够向旅游者提供审美和愉悦的客观凭借的空间单元。旅游批发商或零售商在销售旅游产品时,通过其他服务产品围绕旅游产品进行追加,包括旅游者在旅游过程中的住宿、餐饮、购物、交通等辅助产品,从而大幅度地增加了旅游产品的利益成分,使旅游产品扩展成为对应于旅游者旅游全过程的一种整体产品。① 当我们将旅游产品作为一种整体产品看待,旅游利益构成及相互关系就会完整地呈现在我们眼前(见图9-1)。

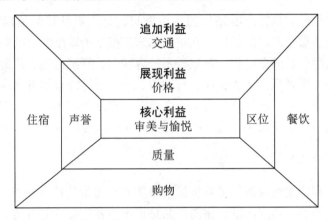

图9-1 旅游利益构成模型

 特别提示

当旅游产品的多种利益(主要追加利益)分别由不同的企业所提供时,尤其当旅游产品本身就是以多家联合的整体形象呈现给消费者时,如何确保企业间的相互协调以及产品质量和服务质量上的统一,就成为十分重要且相当难以处理的问题。因此,旅游产品的开发需要一种有效率的市场中间组织解决这些问题,以保障旅游产品的整体形象,同时保障消费者的体验价值和品质。

旅游产品除了从利益构成及效用价值进行分析,还可以分析其物质上的构成。作为旅游产品,既有物质形态的成分,也有非物质形态的成分。有些旅游产品完全是由物质要素构成,如山水、建筑等,而有的旅游产品是弥漫于一定空间,没有可感知的实物形态的人文或社会要素构成,如一些非物质文化遗产。从旅游产品与旅游资源的依存度来区分,旅游产品可以分为资源依托型旅游产品(Resource-based Tourist Product)和资源脱离型旅游产品(Resource-freed Tourist Product)。前者是从旅游资源开发生产出来的,

---

① 李朝军,郑焱.旅游文化学(第2版)[M].大连:东北财经大学出版社,2016.

后者是凭借人、财、物仿造或创造出来的。①

 知识链接

效用和价值

效用(Utility)是用来衡量消费者从一组商品和服务之中获得的幸福或者满足的尺度。价值(Value)泛指客体对于主体表现出来的积极意义和有用性,是能够公正且适当反映商品、服务或金钱等值的总额。价值既是客观存在的,又是主观的反映形式。

 即学即用

列举1个资源依托型旅游产品、1个资源脱离型旅游产品,说明旅游经营者如何追加产品的利益成分来组合旅游产品,从而获得产品的效用和价值。

 特别提示

中国共产党领导中国人民经过艰苦卓绝的长期斗争成立了中华人民共和国,书写了光辉的篇章,留下了宝贵的遗产,例如不同历史时期的革命纪念地、纪念物及其所承载的革命精神。依托这些资源开发出不同形式的旅游产品,既可旅游扶贫,又对参观者起到潜移默化的正能量宣传作用,这就是红色旅游产品的效用和价值。

2. 旅游产品的层次

旅游产品是旅游者在一次的旅游经历中所购买产品的组合,包括核心产品、形式产品、延伸产品三个层次(见图9-2)。核心产品是指旅游产品整体提供给旅游者的最直接的

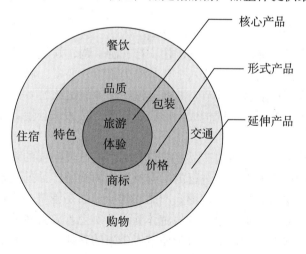

图9-2 旅游产品构成层次

---

① 游庆军,张岚. 旅游学概论[M]. 北京:北京理工大学出版社,2017.

利益和效用，即旅游者的旅游体验，如参观景点、景区或参加节事旅游活动；形式产品是指旅游产品用于交换时的外在表现形式，构成产品的实体和外形，包括旅游产品的品质、商标、特色、包装、价格等；延伸产品是指旅游者在购买旅游核心产品时所得到的附带服务或利益，如住宿、餐饮、交通、购物等产品和服务，是为了更好地满足旅游者体验而提供的设施和服务。

  特别提示

旅游产品的核心是旅游体验。形式产品和延伸产品都是为旅游者提供最佳的旅游体验而生产设计的。

  即学即用

以香港迪士尼主题公园为例，判断以下哪些是旅游核心产品，哪些是旅游形式产品，哪些是旅游延伸产品？

1. 主题公园梦幻般的氛围。

2. 中央大街、小世界、明日世界、拓荒之地和自由广场；米老鼠、唐老鸭、白雪公主和七个小矮人。

3. 停车场、主题酒店、餐馆、礼品店、高尔夫俱乐部。

9.1.3 旅游产品的特点

旅游产品是满足旅游者一次旅游行程需要的所有单个旅游项目的组合。与其他产品一样，都具有相同的基本属性——价值和使用价值，但旅游产品是一项复杂的产品，也具有一般商品不拥有的特征。

1. 产品构成的综合性

旅游是一种综合性的活动，包含食、住、行、游、购、娱等多项内容。传统旅游学理论把"食、住、行、游、购、娱"这六个环节作为旅游六要素，涵盖了旅游者从出行到回家完成旅游活动所需经历的各个环节，并通过这些环节满足旅游者出游的基本需求。由于旅游产品和服务由上述各要素共同构成，形成了旅游产品的综合性，而非制造业产品的单一性。

从旅游产品的构成来看，旅游产品不仅包含了审美愉悦需要的效用和价值，也包括了旅游批发商或零售商围绕旅游产品进行的组合及增加的旅游产品的利益成分，因此它不是单一产品。从产品的层次分析来看，形式产品和延伸产品是围绕核心产品——旅游体验生产设计的，目的是为旅游者提供最佳的旅游体验。事实上，旅游者购买的不仅仅是一个单项的旅游产品，而是多个单项产品组合为旅游者带来的整体感受，是旅游者的体验、经历和记忆。

 **头脑风暴**

小李通过河南青年旅行社预订了郑州到丽江的往返机票、三天的住宿，在丽江的其他

活动自己安排，因此小李的这种购买行为是购买、消费单项旅游产品。你认为这一说法是否正确，为什么？

2. 所有权的不可转移性

旅游产品与物质产品、与其他服务性产品的明显区别在于它的不可转移性。旅游产品的不可转移性表现在两个方面。

第一，对于物质产品和一般服务性产品的消费，供应商通过各种销售渠道将其产品发送到消费者所在地，而旅游产品和旅游服务所凭借的旅游资源和设施的位置却是相对固定的。旅游企业不能把旅游产品运送给旅游者，而是旅游者凭借各种交通工具到旅游目的地进行消费，即发生运动的不是旅游产品，而是旅游者。旅游产品一般在旅游目的地，位置不发生转移，但是旅游产品的信息需要从目的地向客源地流动。

第二，物质产品的交换，其所有权随着交换行为发生转移，从产品供应商转移到消费者，消费者可充分行使使用权。但是旅游产品在交换时，旅游景区、酒店、餐饮和线路等产品的所有权均不发生转移。旅游者购买的是旅游产品在特定地点、特定时间内的使用权。例如，旅游者在旅游的过程中，目的地的自然景观、人文景观、民俗文化的所有权并不会因为旅游者购买了本次旅游产品而发生转移。另外，旅游产品在特定时间、地点内有限使用权众多人共享，不具有排他性。例如，一个景区内同时有很多旅游者一起游览，一条旅游线路同时有多人一起体验。

 知识链接

所有权和使用权

所有权(Property Right)是所有人依法对自己财产所享有的占有、使用、收益和处分的权利。它是一种财产权，所以又称财产所有权。使用权(Use Right)是指不改变财产的本质而依法加以利用的权利。使用权是所有权的必要条件，但不是充分条件，即拥有一件物品的所有权就一定拥有其使用权，拥有一件物品的使用权并不表示拥有其所有权。

 小思考

批量生产的旅游纪念品能够被直接发送到客源地出售，有人据此认为旅游产品是可以移动的。你认为这种说法是否正确，为什么？

3. 生产与消费时空上的同步性

一般物质产品的生产和消费是两个独立的环节，但就旅游消费而言，服务的提供必须以旅游者的存在，即旅游者的实际购买和消费为前提。为此，旅游消费和旅游交换在时间和空间上是统一的。旅游产品生产和消费通常发生在同一时空，旅游产品一开始生产即是旅游消费的启动。在旅游产品的生产过程中，旅游者的角色十分特殊。他（她）既是旅游产品的生产者，也是旅游产品的消费者，因此如何鼓励和引导旅游者参与旅游产品的生产过程（即旅游的体验过程）对于旅游企业保证产品的品质十分重要。①

在旅游消费中，由于旅游产品的不可转移性，旅游产品消费是通过流通环节将旅游者吸引到生产地进行消费的，旅游者必须离开自己的惯常居住地到旅游目的地进行消费。②在此之前，虽然旅游者通过预订等形式对旅游产品开始交换，但预订并不是完成消费，旅游体验过程没有完成。因为在预订之后，旅游者可能由于某些原因撤销预订，只要付出一定的手续费，购买行为即可宣告结束。旅游服务和旅游消费在空间上和时间上同时发生、同时结束，体现了旅游产品生产和消费同步性的特征。③

小思考

怎样理解旅游者既是旅游产品的生产者，又是旅游产品的消费者？在旅游者消费的过程中，旅游企业服务人员的行为是如何影响旅游产品的质量的？

4. 不可储存性

旅游产品是一种服务性产品，具有易消失性，即不能像有形物品一样储存起来，供日后销售或者使用。服务作为一种非实体的产品，不管在时间上还是在空间上都是不可储存的。首先，服务不能在生产后储存待售，即服务提供者不能像工厂那样生产一堆产品放在仓库里等待随时发货。到工厂或者商店去购买产品，钱一付就可以从仓库里将产品拎走，而购买旅游产品却不能。其次，旅游者也不能购后将产品储存，如旅游者到酒店去消费，离开酒店以后，酒店提供的接待、餐饮、娱乐、健身等服务也就随着客人的离开不复存在。④

旅游产品作为服务性产品，其生产与消费的同步性，决定了旅游产品具有不可储存性。旅游产品不存在独立于消费之外的生产过程，生产的结果不是具体的物品，而是通过服务满足旅游者的某种精神需要，因此它是不能储存的。只有旅游者购买它并在现场消费，旅游吸引物、旅游服务设施与活生生的服务等相结合才表现为旅游产品。如果没有旅游者的购买与消费，旅游吸引物、旅游设施与服务不能结合，也就谈不上什么旅游产品。

由于旅游产品具有不可储存性的特点，旅游企业不能提前生产旅游产品以备不时之需，服务的能力是否能够满足实际需求就无法掌控。一旦遇到旅游需求的激增，如果旅游企业不采取相应措施，造成的后果就会无法掌控。如黄金周期间，全国公众的旅游需求集中释放，导致全国各地旅游景区人满为患。因此，在旅游业的经营中，旅游企业应该充分重视旅游产品不可储存性的特点，采取各种应对措施，防止供需失衡。

特别提示

必要的场所、设备可以事先准备以便为旅游者提供服务，但这些仅仅代表服务能力，而不是旅游产品。只有当这些场所、设备被旅游者使用，旅游者获得综合性的感受和旅游

---

① 单铭磊. 旅游消费者行为学[M]. 北京：企业管理出版社，2020.
② 杨建曾. 旅游学概论[M]. 北京：对外经贸大学出版社，2013.
③ 李天元. 旅游学概论（第7版）[M]. 天津：南开大学出版社，2014.
④ 苏朝晖. 服务的不可储存性对服务业营销的影响及对策研究[J]. 经济问题探索，2012(2)：19—23.

体验，才能成为旅游产品，否则它们仅仅是旅游产品中的延伸产品。

5. 对公共设施的依赖性

旅游产品对社会公共设施具有较强的依赖性。首先，旅游产品构成中的吸引物，如自然旅游资源和人文旅游资源大多属于公共资源。其次，旅游产品构成中的基础设施，如飞机和轮船，其存在主要是为了服务社会公众，并不是单独为旅游者而存在。旅游产品再组合只是将其暂时地、部分地加以利用，但它们作为社会公共设施的属性仍然没有改变。最后，旅游者在进行旅游活动的同时，也需要一些社会公共设施的支撑。例如，旅游者在目的地生病，需要当地医疗卫生机构的服务；如果在目的地遭遇盗窃，需要当地派出所或公安机关的帮助。虽然这些公共机构或设施并不完全属于旅游产品，但是没有它们提供的便利，旅游产品的生产、供给和消费就会十分困难，因此旅游产品对社会公共设施具有依赖性(见图9-3)。

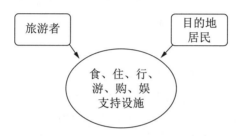

图9-3 旅游产品对社会公共设施的依赖性

小思考

在"食、住、行、游、购、娱"旅游六要素中，旅游对哪些公共设施的依赖性程度高？怎样处理好当地居民与旅游企业共用公共设施的关系？

9.2 旅游产品的设计与开发

产品的设计是通过视觉形式将计划、规划、设想表达出来的活动过程，而产品的开发是从需求分析到产品最终定型的全过程，包括产品的初步设计、评测、设计修改、制造和装配等阶段。[①] 但是，旅游产品的设计与开发比一般普通商品的设计与开发更复杂，主要原因如下。

（1）旅游产品是综合性的产品，核心是为旅游者提供综合性的感受和体验。产品层次复杂，既有核心产品，也有形式产品和延伸产品；既有无形部分，也有有形部分。

（2）旅游者既是旅游产品的消费者，也是旅游产品的生产者。旅游产品的设计与开发是不同旅游企业追加利益的过程，参与的人和企业较多。

（3）旅游消费是一种时空移动过程，消费行为在空间上和时间上同时发生、同时结束，生产和消费时空同步，不可控制因素多。

---

① 冯卫红，邵秀英. 旅游产品设计与开发[M]. 北京：中国科学技术出版社，2006.

旅游产品的设计和开发是一个综合性强、参与部门多、受各种因素影响大的系统性工程。由于旅游产品的设计与开发形式多、参与者多、不可预见因素多，开发与设计应充分考虑旅游产品的特殊性，结合旅游资源特色本身，设计生产出既符合旅游主题和形象，又能满足旅游者旅游需求的产品。

9.2.1 旅游产品设计与开发的原则

当前，旅游市场已经进入了充分竞争的阶段，市场经济由卖方市场进入买方市场。因此，旅游产品的设计与开发需要尊重目标客源市场的需求，在充分分析与预测市场需求的基础上进行。与一般工业产品不同，旅游市场需求复杂、灵活、易变，且旅游者必须从旅游者常住地，经过旅游通道前往目的地进行消费，这就决定了旅游产品的设计与开发在充分考虑市场需求的同时，也要遵守目的地旅游资源、旅游设施、文化真实性等现实条件。旅游产品的设计与开发需要遵守以下几条原则。

1. 核心与形式统一原则

旅游产品是建立在目的地旅游资源基础之上的，旅游资源是旅游产品的灵魂与核心，也是衡量旅游产品性质与价值的重要因素。然而，不同于其他一般的工业商品，旅游产品在旅游消费之前，无法被旅游者"试用"，需要借助宣传口号、形象主题、广告、宣传画册等手法进行形象推广，在旅游者脑海中形成产品的感知形象。形象是表现旅游产品核心内容的重要体现，在旅游者还未有真实的旅游体验时，旅游产品形象是激发旅游购买行为的重要诱因。

形式产品对整体的旅游产品品质的影响有两方面。一方面，如果形式产品设计效果太差，没有将旅游产品的核心价值真实地表现出来，就不能对潜在的旅游者产生强烈的吸引力，影响当地的旅游收入；另一方面，如果形式产品的形象表现太过夸张，或与其真实主题不符，即使吸引众多旅游者的到访，也会给旅游者留下"夸大其词""言过其实""挂羊头卖狗肉"等不良印象，影响旅游者满意度。此外，作为延伸产品的酒店、餐饮、交通、纪念品等应与景区、景点的文化内涵等特性保持一致，以便更好地满足旅游者的旅游体验。

因此，旅游产品的设计与开发要讲求"原汁原味"，尊重核心旅游产品的类型、属性、文化内涵，用形式表现核心，做到核心与形式相统一。

延伸阅读

锦里的"核心与形式"

锦里北邻锦江，东望彩虹桥，是位于我国四川省成都市武侯祠大街中段的一条古街，集中展示巴蜀民风民俗和三国蜀汉文化的民俗风情街。锦里依托成都武侯祠，以秦汉、三国精神为灵魂，明清风貌作外表，川西民风、民俗作内容，历史与现代有机结合，扩大了三国文化的外延，古老的街道又注入新的活力，被誉为成都版"清明上河图"。

目前，锦里街区的商家包括小吃、民间表演、工艺品、酒吧以及其他，全部采用明末清初的四川古镇建筑风格，与武侯祠博物馆主体风格一致。经营方定期举办经典川戏节目，服务员身着汉服，经营着老成都的各色小吃，如三大炮、甜水面、张飞牛肉、黄醪糟等。街区以川西古镇的建筑风格为特色，边走边看，仿佛置身于古街民巷之中，现代与古典融合，让旅游者在原汁原味的川西民俗文化氛围中享受最惬意的休闲娱乐方式。

 即学即用

分组讨论：哪些是锦里的核心产品？哪些是形式产品？哪些是追加产品？形式产品和追加产品是怎样围绕核心产品提炼锦里的三国文化主题形象的？

2. 审美原则

从本质上来讲，旅游需求是人类在物质需求得到满足之后升华出的一种精神需求，旅游者进行旅游活动在一定意义上说是一种寻觅美、欣赏美、享受美的审美活动。旅游产品的设计与开发需满足旅游者的审美需求，在旅游资源、自然与人文环境的调查中发现美。产品的开发要突出审美原则，根据目的地的旅游主题形象深刻挖掘文化内涵，在保证旅游产品功能的基础上给旅游者以美的享受，通过浓缩提炼目的地原有的美学元素、想象创造或修复保护破损的旅游资源等途径实现审美原则。

 知识链接

旅游审美

旅游审美(Tourist Aesthetics)可分为自然美、社会美和艺术美三个层次。自然美主要作用于审美主体感官，通常以"悦耳悦目"等生理快感、直觉性初级审美判断为其基本特征，是不假思索便可在瞬间感受到的一种美，同时也感受到感官的满足和心理的喜悦。社会美是使审美主体在客体的状态、姿态中领悟到较为深刻的意蕴，获得精神愉悦和情感升华，是以知觉领悟"悦心悦意"为基本特征的审美感受。艺术美反映社会生活，但比自然美更典型、更集中，因而更生动，对审美主体的心理和精神作用也更强烈。

 即学即用

在旅游活动中，参观游览自然、人文景观，体验美食等容易产生生理快感，参与式的旅游体验活动更能使旅游者获得精神的愉悦和情感的升华。请根据旅游产品设计与开发中的审美原则，设计一个体现"西藏美"的民族风情旅游线路。

3. 创新原则

旅游产品的创新是指在遵守目的地的生态环境和人文资源内涵的基础上，分析旅游市场需求动向，创造新的旅游产品，或者对原来的旅游产品进行适应市场的调整、补充，形成新的旅游形象和旅游主题。① 但是，创新并不是毫无根据地凭空想象，天马行空。不论

---

① 方法林. 开放式景区的发展模式、管理与效应[M]. 北京：旅游教育出版社，2018.

是自然旅游资源还是人文旅游资源都具有很强的地域性，因此旅游产品创新的同时也应保持其鲜明的地域特性。

旅游产品的设计与开发不是一蹴而就的，创新是目的地旅游产品区别于其他地区旅游产品的必要条件。随着时间的流逝，旅游产品本身所在的目的地各项环境和资源在发生变化，外部市场上的旅游者的需求也在改变，因此旅游产品的设计与开发必须有所创新，也应做出相应调整，以适应市场需求。同时，创新必须保证产品质量，否则会影响旅游者满意度，从而造成低重游率或不良口碑。

 延伸阅读

"东郊记忆"

为推进文化创意产业发展，成都市确定利用东郊老工业区中的原成都红光电子管厂旧址，将部分工业特色鲜明的厂区作为工业文明遗址予以保留，并与文化创意产业结合，打造成音乐产业基地。自2012年11月1日起，位于成都市成华区建设南支路的"成都东区音乐公园"正式更名为"东郊记忆"。2013年6月，"东郊记忆"成功创建为国家AAAA级旅游景区。2014年12月，获评"国家文化产业示范基地"。2017年11月14日，"东郊记忆"入选国家工业遗产旅游基地名单。2019年7月正式挂牌"东郊记忆·成都国际时尚产业园"。

"东郊记忆"是集音乐、美术、戏剧、摄影等文化形态的多元文化园区，是对接现代化、国际化成都文化创意的产业高地。"东郊记忆"从"音乐产业聚集园和音乐文化体验园"定位，创新调整为"一基地、多名片"。2021年，成都全面推进"东郊记忆"发展时尚产业，以艺术、综艺、创意、青年四大时尚产业为集群打造"天府时尚秀场"，成为成都的新时尚。

 小思考

你认为成都"东郊记忆"工业遗址的开发和产品创新是否成功？为什么？

4. 兼顾生态、经济和社会利益原则

旅游业通过自身的发展及对相关产业的带动，能够为目的地带来经济效益，帮助提高当地居民的收入水平，改善其生活环境。很多国家或地区非常注重旅游产品开发之初经济效益的评估，但忽略旅游业的发展对当地生态环境及社会环境造成的影响和危害。众所周知，旅游业的发展需要以当地良好的自然环境、气候环境等生态环境为基础，以当地居民所构成的社会环境为保障，设计与开发目的地旅游产品应以可持续发展为理念，重视经济、生态、社会三方利益的平衡。

旅游项目开发设计之初，必须对该项目有可能导致的生态和社会影响进行评估，以指导项目的设计、规划、开发和实施。旅游产品的设计开发，经济效益是目标，生态和社会利益是基础，需兼顾生态、经济和社会效益。在设计、开发过程中，要测算投资回报率、环境容量、旅游者密度和饱和度，考虑设置环境保护、排污设施等，保证旅游真正成为一种可持续发展的绿色产业。

第9章 旅游产品

头脑风暴

分组讨论：请从土地利用、环境保护、经济和社会效益统筹兼顾的角度分析大唐芙蓉园、三圣花乡、拉斯维加斯三个旅游目的地，哪一个更加遵循了"兼顾生态、经济和社会利益原则"？

1. 大唐芙蓉园位于陕西省西安市曲江新区，占地1000亩，其中水面300亩，总投资13亿元，建于原唐代芙蓉园遗址以北，是中国第一个全方位展示盛唐风貌的大型皇家园林式文化主题公园，包括紫云楼、仕女馆、御宴宫、芳林苑、凤鸣九天剧院、杏园、陆羽茶社、唐市、曲江流饮等众多景点。

点评：

旅游占用城市近郊土地，与工业、农业等在土地利用上形成竞争，机会成本较大。

2. 三圣花乡坐落于素有"中国花木之乡"之称的四川成都市锦江区三圣乡，总面积15000亩，涉及五个村（红砂村、幸福村、驸马村、万福村、江家堰村）。三圣花乡是一个以观光休闲农业和乡村旅游为主题，集休闲度假、观光旅游、餐饮娱乐、商务会议等于一体的城市近郊生态休闲度假胜地。2004年被评为"全国首批农业旅游示范点"；2006年被评为"国家AAAA级旅游区"。

点评：

忙时做农业，闲时做旅游，"农""游"结合，没有替代性竞争，体现了乡村旅游的特点。

3. 拉斯维加斯地处美国内华达州被荒凉的沙漠和戈壁地带包围的山谷地区，雨量很少，夏季炎热，冬季寒冷多风沙，经过100多年的开发和经营，昔日不毛之地的戈壁沙漠小村庄已经成为世界著名的旅游目的地。拉斯维加斯以旅游、购物、度假产业而著名，拥有50家以上的高级饭店与不计其数的汽车旅馆，每年可容纳3000多万人次的观光旅客，是"世界赌城""娱乐之都"。

点评：

不毛之地的戈壁沙漠变成旅游胜地，经济繁荣，但每年不少人因为赌输绝望而在这里自杀。

9.2.2 旅游产品组合

1. 旅游产品组合的概念

旅游产品组合是指旅游企业根据目的地旅游资源的主题特色和潜在旅游者的需求，按一定的顺序排列组合各旅游企业生产的单项旅游产品，最终形成各具特色的旅游景区或旅游线路产品的过程。旅游产品组合应具有层次性和结构性，以不同的旅游主题和旅游类型为核心，关联各个旅游产品资源的优势，使旅游产品组合的层面显现出层次化的特征，在纵横向的关联性整合的前提下，最大程度地增强旅游产品各要素和主题的紧密性，提升旅游产品组合的整体度。组合旅游产品按照不同的生产者,可分为刚性组合旅游产品和柔性组合旅游产品。①

(1) 刚性组合旅游产品

旅游景区通过在有限的物理空间,向旅游者提供完备的、可以综合满足旅游者食、住、行、游、购、娱等需要的实体型组合型旅游产品。

(2) 柔性组合旅游产品

旅游批发商或旅游经营商将其他服务产品围绕旅游产品进行组合,大幅度增加旅游产品的利益成分,甚至使旅游产品扩展为旅游全过程的一种整体产品。

如表9-1所示,无论是刚性组合旅游产品的景区,还是柔性组合旅游产品的旅游线路,它们都是以目的地旅游资源的特色和主题形象为基础,囊括了旅游活动的食、住、行、游、购、娱等要素,这是两者相同的地方。但是,这两类组合旅游产品的生产者、组合依据不同,最终形成的产品名称和产品形式也是有区别的。

表9-1 组合旅游产品的异同

组合旅游产品类别	不同点				相同点	
	生产者	组合依据	产品名称	产品形式		
刚性组合旅游产品	景区经营者	物理空间	旅游景区	有形实体	均包含食、住、行、游、购、娱六要素	按照目的地旅游资源特色和潜在旅游者需求
柔性组合旅游产品	旅游批发商或旅游经营商	时间顺序	旅游线路	无形信息		

刚性组合旅游产品的生产者是景区的经营者,遵守的是物理空间的组合依据,最终形成有形的实体型组合旅游产品——旅游景区;柔性组合旅游产品的生产者是旅游批发商或旅游经营商,将各单项旅游产品按照时间顺序进行排列,最终形成无形的服务产品——旅游线路产品。

另外,景区内的各单项旅游产品有自营,也有他营(如招商引资),而旅行社的线路产品中所涉及的单项旅游产品一般都是他营(第三方实体经营者),旅行社只是作为这些旅游企业的销售代理商存在,是酒店、交通运输等旅游产品的一种分销渠道。

头脑风暴

除旅行社而外,哪些旅游企业也可以为旅游者提供柔性组合旅游产品?请举例说明。

特别提示

刚性组合旅游产品的景区和柔性组合旅游产品的旅游线路都应当充分考虑旅游者的游览空间或间距标准。为了保证旅游者的舒适和满意,应按照合理的标准来测算,而这个合理标准通常可根据问卷测试或经验估计获得,当然也可以直接采用表9-2中世界旅游组织制定的旅游活动基本空间标准。

---

① 谢彦君. 基础旅游学[M]. 北京:商务印书馆,2015.

第9章 旅游产品

表9-2 旅游活动基本空间标准

旅游活动及场所	基本空间标准/(平方米/人)
森林公园	667
郊区公园	143～667
乡村休闲地	50～125
高密度野营地	16～33
低密度野营地	50～167
高尔夫球场	677～1000
滑雪场	100
滑水	677～2000
野外露营	33

2. 旅游产品组合的三个层面

(1) 旅游产品组合的广度

旅游产品组合的广度是指旅游企业为了满足不同旅游者的需求，以旅游资源的特色和主题形象为基础，组合不同类别旅游产品的过程。在刚性组合旅游产品的旅游景区中，除了旅游景点之外，可组合相关的餐饮、住宿、娱乐、购物等延伸旅游产品，如3D电影、民俗歌舞表演、民俗节事活动、旅游纪念品、游乐设施等。在柔性组合旅游产品的旅游线路产品中，旅游批发商或旅游经营商可针对不同旅游者的消费习惯和消费偏好，组合各种不同类别的单项旅游产品。例如，银发市场的老年旅游者普遍体力状况欠佳，每天安排的景点不能太多、运动体验类项目相对少一些。而青年旅游者体力相对较好，在旅游线路的设计中可包含较多的运动体验类旅游产品。

 延伸阅读

敦煌旅游线路产品的广度

敦煌地处河西走廊的最西端，在古代是中原通往西域乃至欧洲的唯一通道，是古丝绸之路的咽喉要地，素以"敦煌石窟""敦煌壁画"闻名天下。除此之外，敦煌还有品位极高的敦煌历史博览园、榆林窟、雅丹地貌、鸣沙山、月牙泉、阿克塞县民族风情园、苏干湖候鸟自然保护区、敦煌民俗博物馆、阳关沙漠森林公园、白马塔、雷音寺、古老的军需仓库——河仓城、敦煌故城等众多景区景点，每年接待大量海内外旅游者的到访。

旅行社可根据旅游者的情况，选择不同的景区景点，安排适当的旅游组合产品。下面是两条不同广度组合的敦煌旅游线路产品。

1. 敦煌一日游行程

第一天：敦煌站接火车或飞机，早餐后参观莫高窟、石窟艺术陈列中心、藏经洞文物陈列馆，中餐后游鸣沙山、月牙泉、雷音寺，送敦煌火车站或飞机。

2. 敦煌二日游行程

第一天：敦煌站接火车或飞机，早餐后参观莫高窟、石窟艺术陈列中心、藏经洞文物

陈列馆。下午游鸣沙山、月牙泉、雷音寺。晚餐后敦煌夜市、宿敦煌。

第二天：敦煌西线，早餐后参观雅丹地貌、玉门关、阳关、农家葡萄园、汉长城、晚送火车或飞机。

点评：

第一条线路产品共安排了六个景点，但前三个景点都属于莫高窟景区，午餐后的三个景点距离比较近，因此该行程中景区景点的安排不需耗费太多体力，比较适合中老年旅游市场或时间比较紧的旅游者。

第二条的行程为两天，第二天的行程需要徒步参观雅丹地貌、汉长城、玉门关等较大的景区，因此耗费的体力较多，比较适合青年旅游市场或时间比较宽裕的旅游者。

特别提示

旅游产品的广度取决于旅游企业自身的实力。一般而言，规模大、经济实力强、管理水平高、以多元化为经营目标的旅游企业提供的产品种类比较多，产品线较广；反之，经营的旅游产品种类较少，产品线较窄。

（2）旅游产品组合的深度

旅游产品组合的深度是指旅游企业根据不同细分市场的需求、偏好、习惯，组合不同价值层次的旅游产品的过程。① 旅游者的受教育程度不同，对旅游产品的需求也不尽相同。受教育程度越高，在旅游活动中，对旅游产品的价值要求越高。例如在杭州西湖景区内，普通旅游者只是游走在西湖的桥堤之间，欣赏自然美景，站在断桥上听许仙与白素贞相会的桥段；而考古学家或史学家、文化程度较高的旅游者不仅欣赏西湖美景，可能还对位于西子湖畔的浙江省博物馆内的藏品感兴趣。因此，一个景区的经营者想要成功地经营一个景区，开拓不同的细分市场，不仅要关注旅游产品的广度，还应该在同类旅游产品中开拓不同深度的产品。旅游线路产品的组合也同样要针对不同旅游者的需求，组合不同深度的旅游产品线路。

知识链接

深度旅游

深度旅游在国外称为"In-depth Travel"，西方旅游界把一次外出只选择一个地方，而不是在一个相对有限的时段内跑数个景点的旅游叫"深度旅游"。深度旅游与观光游、印象游相对而言，不是走马观花，也不是留影到此一游。当然，深度旅游不只是时间长短的问题，而是旅游者通过旅游触碰文化、感悟历史、探寻神秘、增长阅历、调养性情、提升境界。旅游者可以细细品味旅游地的历史及风情，有更多的时间和机会涉猎当地的风土人情与日常生活，体验当地的人文、自然特色、生活习俗等。旅游者在深度旅游中不仅能放松心情，还有新的观察、新的体验。

---

① 潘仕梅，秦琴. 旅游资源规划与开发[M]. 广州：广东旅游出版社，2019.

(3) 旅游产品组合的关联度

旅游产品组合的关联度是指旅游企业组织的产品在主题、特色、文化内涵等方面一致性的程度。旅游产品的主题形象由其核心产品——旅游景区决定。在一个景区内，所有景点、基础设施、服务设施等都应表现出统一的主题特色。景区经营者不论开发哪种类别的旅游产品，都应与其旅游资源的主题特色保持一致。① 例如，历史遗迹类旅游景区内，就不能开发过山车、KTV 等现代休闲娱乐产品。同样，不同的旅游线路产品也有自己的主题特色，在组合一条旅游产品时也应该安排主题内涵一致的食、住、行、游、购、娱等产品。另外，组合旅游产品时，应考虑旅游企业自身的实力。一般而言，规模小、实力弱的旅游企业适合生产关联度大的旅游产品，这样能使旅游企业在现有资源的基础上获取最大的利益；规模大、实力强的旅游企业则可尝试生产关联度小的产品，这样能向旅游者提供多种多样的旅游产品，以获得更大的市场份额。

头脑风暴

琴台路旅游产品为何这般冷清？

成都琴台路早已不复汉代卓文君时的青石小巷，文君楼所在之处也不复彼时竹篱泥墙的旧观，取而代之的是横亘东南、近一公里长的通衢大道和高大敞亮的楼宇。琴台路现在是成都有名的珠宝一条街，市内较大的珠宝店均在此经营多年，如天和银楼、珍宝阁等高档珠宝店。老琴台路改建后，增加了许多酒楼，如曾紫云亭、狮子楼、皇城老妈等。当你到达琴台路时，听到的是酒楼服务员的吆喝，看到的是众多珠宝店的招牌，唯独看不见多少游人在此一游，与一街之隔、熙熙攘攘、来自八方旅游者的宽窄巷子形成了鲜明的对比。

分组讨论：试分析成都琴台路旅游产品组合的关联度，说明成都琴台路旅游开发失败的原因。

9.3 旅游消费与体验

9.3.1 旅游消费

1. 旅游消费的概念

消费通常指个人消费，是人们消耗物质资料满足生活需要的过程。世界旅游组织将旅游消费定义为："由旅游单位（旅游者）使用或为他们生产的产品和服务的价值。"② 旅游者的消费是为了满足其旅游需求而购买、使用、消耗旅游产品和相关产品的过程。具体来讲，旅游产品的消费是核心旅游产品的消费和旅游媒介性产品的消费；相关产品消费是指旅游特殊商品的消费和一般产品的消费。

---

① 任唤麟. 核心旅游资源理论与实证研究[J]. 地理与地理信息科学，2017, 33(3)：78—83.
② WORLD TOURISM ORGANIZATION. Framework Convention on Tourism Ethics[R]. Madrid：UNWTO, 2020.

小贴士

旅游消费的类型

核心旅游产品消费：指旅游者对旅游景区、景点等的消费，这种消费主要是为了满足旅游者出游的根本需求——旅游体验、寻求愉悦而购买的旅游产品。

旅游媒介性产品消费：指购买旅游相关产品和服务，这些产品和服务有助于旅游活动的进行，但这些产品和服务是作为核心旅游产品的附加价值而存在的。

旅游特殊商品消费：指旅游者购买纪念品、土特产品、艺术品、特殊家庭生活用品等行为。这些商品的购买不是为了满足旅游者审美、放松身心、追求愉悦等旅游需求，而是为了满足馈赠亲友、珍藏纪念、经济购物等附带需求。

一般产品消费：旅游者购买的一般产品是作为满足旅游过程中的基本生活需要的一般消费品，这部分消费品的使用者可以是任何人，并可以在生活的任何时间和空间使用，旅游者购买他们的目的也是满足其日常性的需要。

 特别提示

旅游者在一次旅游活动中不一定有以上四种类型的全部消费，可能只是对核心旅游产品的消费，也可能是前两种旅游消费的组合，但是旅游消费一定会包含核心旅游产品的消费。

 即学即用

请你指出小王以下旅游消费属于哪一种类型，哪一类是旅游活动不可或缺的旅游消费？

（1）小王参加旅行社组织的泰山二日游，从济南坐火车抵达泰安，入住玉液泉宾馆，品尝泰山豆腐宴。

（2）他在中天门购买毛巾、手电筒、矿泉水。

（3）过中天门，经十八盘，抵玉皇顶，他在此俯瞰泰山全景，品味什么是"登泰山而小天下"。

（4）他在天街购买泰山墨玉石雕、汉画拓片、仿古壁画、燕子石砚。

2. 旅游消费的组成

旅游消费是有形产品和无形服务的综合性消费，也是生存性消费、享受性消费和发展性消费的综合，在食、住、行、游、购、娱六要素中，消费有明显的指向性（见图9-4）。

（1）有形产品与无形服务

旅游者在目的地一次完整的旅游活动中，购买的旅游产品既有有形的实物产品，也有无形的服务产品，以满足旅游者不同的消费需求。例如，旅游者在目的地餐厅享用美食，满足了其对食物的需求，而目的地餐厅有别于客源地的文化氛围、饮食习惯，从而满足了其对文化体验的需求，是有形的美味佳肴和无形的愉悦体验的综合体验。因此，一个旅游者的消费是有形产品与无形服务的综合感受。

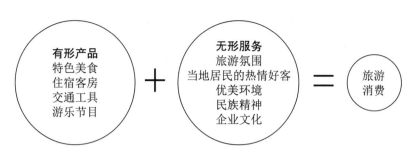

图 9-4 旅游消费的构成

（2）生存性消费、享受性消费和发展性消费

旅游者的旅游活动是其离开常住地到目的地进行短期居住、体验目的地生活的过程。与其常住地相比较，旅游者在目的地的活动身心更放松，更注重异地文化的体验、享受大自然等心理和精神层次的感受。此外，一些旅游者到目的地旅游是以学习、研讨、实验、拓展自身各方面的知识为目的，属于发展性层次的需求。虽然旅游者消费按需求层次可划分为生存性、享受性和发展性消费三类，但是这三者在具体的旅游活动中是浑然一体、不可分割的，尤其是后两者不能与生存性消费分开，任何需求的旅游消费一定要在满足其基本的生存需要的基础之上才能完成。因此，旅游者的消费通常是各种类型消费的组合。

 小贴士

旅游消费结构的指向性

旅游者出行一般需要食、住、行、游、购、娱六个方面的旅游产品，但不是每一次旅游都会涉及以上六个要素。其中，游览和娱乐是旅游产品的核心形式，可单独构成一次旅游经历；其他几个类别属于这两个核心形式的追加利益，是旅游者可选择的消费项目，因此旅游者的消费行为具有指向性。

另外，在目的地的旅游数据统计中，通常是按照以上六个项目来评价目的地旅游业的发展业绩和状况。旅游产品的延伸项目能够为目的地带来相当可观的经济收益。然而，不同旅游者有自己的消费偏好和指向性，因此旅游目的地应该根据客源市场的旅游者的消费习惯设计、开发旅游产品。

3. 旅游消费的特点

（1）旅游消费是一种心理体验过程

旅游者出行的主要目的是放松身心、追求心理愉悦、体验异乡文化等。旅游者"买到"的不仅是客观的实物产品，更是一种心理感受。在这里，旅游消费成为实现旅游者寻求愉悦性休闲体验的手段。旅游者为了看到美丽的风景，尤其是为了身临其境仔细揣摩，就不得不花钱购买旅游产品——到旅游景区（点）去游玩体验。

（2）旅游消费者的有限使用权

旅游者消耗个人积蓄，获得的是旅游景区（点）在特定时间段内的使用权。在此过程中，旅游景区（点）的所有权并未发生变化。例如，旅游者购买门票换来的是在一定时间段内对景区(点)内参观、体验使用权,并没有获得景区、景点的所有权,因此旅游者不能对景区、景点内的任何自然景观、人文景观以及景区内的附属产品,如宾馆、餐馆、旅游商店等进行处置。景区管理单位也不会容忍旅游者对景区内公共财物、自然环境、文物资源等的破坏行为,任何此类行为都是对旅游产品所有者所有权的侵犯。

 **头脑风暴**

麦积山石窟为何有那么多"严禁"?

麦积山位于甘肃省天水市火车站东南约35公里。麦积山者,北跨清渭,南渐两当,五百里冈峦,麦积处其半。崛起一块石,高百万寻,望之团团,如民间积麦之状,故有此名。山中的麦积山石窟是我国著名的石窟寺之一。由于山高险峻,栈道凌空,为保证游客人身和文物的安全,景区特作如下规定。

1. 凡参观者,一律购票方可参观,上栈道后,勿拥挤和乱跑,不得大声喧哗。
2. 严禁将照相机、提包带入窟区,窟内文物严禁拍照。
3. 严禁在洞窟内吸烟、点蜡和烧香,更不得燃放鞭炮。
4. 严禁翻越栏杆和扭锁撕窗。
5. 严禁在文物上题字刻画,不得手摸塑像和壁画。
6. 严禁将硬印等重物掷向雕塑和壁画。

分组讨论:购买旅游产品就获得了该旅游产品的使用权,麦积山石窟为什么还有那么多"严禁"?

(3) 旅游消费的个体差异性

对于一般的实体性商品而言,由于其功能、外观在购买之初都已确定,消费者在购买后的使用过程中,商品的功能、使用评价对于大部分消费者而言具有同一性。然而,在同样的景区(点),不同旅游者的体验效果更多地取决于旅游者个人情感、人生经历、学历背景和人生态度等个人因素。明代祝允明曾说过,"身与事接而境生,境与身接而情生"[①],不同人生经历、性别不同、受教育程度、个性差异等因素使得旅游者的个体差异很大,在面对同一景观时所产生的感受也不同。

 延伸阅读

不同游客眼中的九寨沟

携程网是国内最大的旅游电子商务平台之一,也是拥有B2B旅游企业间平台和B2C大众旅游平台的旅游电子商务网站。在它的门户网站的攻略栏目中,有一个网友在线交流心得平台——"点评"板块。"1000个读者就有1000个哈姆雷特",同样,九寨沟也拥有"1000"个版本的评价,下面来看一下不同游客对九寨沟之旅给出的不同评价。

---

① 祝允明. 祝允明集(上)[M]. 薛维源,点校. 上海:上海古籍出版社,2016.

网友150tqrfj217：景区就一个字：美！但是进藏家，吃藏餐就需要悠着点！人在旅途，身不由己。

网友huijinfang_wppwc：不愧为最美的人间天堂，是我去过旅游，仍想和家人一起去旅游的地方！九寨的美，美在天然去雕琢；九寨的美，美在自然纯净；九寨的美，美在绚烂妖娆；九寨的美让我久久不能相忘……

网友江州司马：风景的确不错，就是从成都自驾到那儿太远了，要8小时，一路上险象环生，以后我要乘高铁去。

网友唧唧：自然朴素的美，陶冶人们的心灵和情操，唤起人们对大自然对生命对生活的热爱。

（4）旅游消费存在共时性

与一般商品的消费相比，旅游消费不存在排他性。一般商品的消费，不论是所有权的转移还是使用权的转移，产品供应商在同一时间段内，只能将其产品的所有权或使用权转移给一位消费者，而旅游消费能够保证众多旅游者可在同一时间段内在同一景区（点）进行参观、体验。

特别提示

虽然不同旅游者的旅游消费存在共时性，众多旅游者可在同一时间段内对同一景区（点）进行体验消费，但是在同一时间段内，一个景区（点）能够接待的旅游者数量是有限的，要特别注意旅游环境的承载力，否则将影响旅游体验的质量。

9.3.2 旅游体验

旅游体验是旅游产品的核心形式，旅游者离开其常住地在目的地进行的旅游活动，主要是为了摆脱原有环境的压力、放松身心，与目的地的居民、人文环境、自然环境交流和互动，从中获得心理上的愉悦感受。对于旅游者而言，旅游需求中最核心的是追求愉悦、轻松、知识等旅游体验，这些也是旅游者在目的地的旅游活动中的主体内容。因此，旅游体验的质量决定了旅游者对目的地旅游产品的满意度。[①]

在雷柏尔旅游模型中，旅游者的旅游体验存在于整个旅游活动中，既包括从客源地到目的地途中的感受、旅游者在目的地游玩、参观、娱乐等体验，也包括离开目的地回到客源地途中的体验。在客源地、旅游通道和目的地三个环节中，任何环节给旅游者的活动带来困难或心理困扰，都会影响旅游者对本次旅游活动整体的心理感知，即旅游体验的满意度，但三者对旅游体验的影响程度不同，其中旅游者对目的地的旅游体验最为重要。

1. 旅游体验的概念

国外学者布尔斯汀（Boorstin）在1964年最早提出了"旅游体验"的概念。他认为"旅游体

---

① 妥艳娟，白长虹，王琳. 旅游者幸福感：概念化及其量表开发[J]. 南开管理评论，2020，23(6)：166—178.

验也是一种消费行为,并且是一个人预先构想出来的、具有大众化特征"。① 旅游体验是旅游者在与其当下情境深度融合时会获得的一种身心一体的"畅爽"感受。这种感受是旅游者的内在心理活动与旅游客体所呈现的表面形态和深刻含义之间相互交流或相互作用后的结果,是借助于观赏、交往、模仿和消费等活动方式实现的一个序时过程。20世纪80年代中后期,在中国一度兴起的城里人到农村"住农房、吃农饭、干农活"就是体验式旅游的雏形。传统的观光旅游,仅仅依赖一些自然资源或者历史遗产为游客提供一种游览的满足感;而后兴起的探险式旅游则更多的是追求感官或者感受的刺激,例如漂流、攀山等,但也有体验式旅游的雏形。

 知识链接

体验式旅游

所谓体验式旅游是指"为旅游者提供参与性和亲历性活动,使旅游者从中感悟快乐"。体验式旅游追求一种独有的、有内涵的行程,终极目的是实现梦想,拓展心灵空间。与传统观光旅游相比,体验旅游注重的是旅游者对旅游产品的感受、体验、享受的过程,而不是一味追求"到此一游"的旅游结果,从某种程度上更强调心理感知和理解。体验式旅游更注重的是给旅游者带来一种异于其本身生活的体验,比如为城市人提供乡村生活的体验;为旅游者带来不同地域,或者是不同年代生活的感受等。

从体验式旅游的描述我们可以得知:旅游体验是一种心理现象,与旅游情境有关,是个体以情感或情绪集中表现出来的快感(愉悦)经验;旅游体验是一个互动过程,体验深度与旅游者的融入程度相关,从而形成深度体验和浅度体验的差异。

 小思考

请你以自己的一次旅游经历,列举你所获得的五个"畅爽"感受,并试分析是精神层面上的"畅爽",还是感官层面上的"畅爽"。

2. 旅游体验的层次

通过分析感知对象需求的功利性与否,可以将旅游体验分为旅游审美体验和旅游世俗体验两种层次和类别。在旅游活动的过程中,旅游者对某一旅游产品在心理和精神愉悦层面的感知是非功利性的认识,它所对应的旅游体验被称为旅游审美体验。与此相对应,旅游者对某一旅游产品的消费是为了满足其生理的或感官上的需要,这种需要是对某一旅游产品功利性的感知,它所对应的旅游体验被称为旅游世俗体验。

(1) 旅游审美体验

在一个人的旅游活动中,旅游者从旅游产品的消费、享用中获得心理上、精神上愉悦的感受,是对目的地自然旅游资源和人文旅游资源在精神层面的美好感知,是对目的地品质、商标、

---

① BOORSTIN D J. The Image: A Guide to Pseudo·Events in America[M]. New York: Harper & Row, 1964: 964.

特色、包装、价格等形式产品的情感反应，是对目的地餐饮、住宿、交通等旅游延伸产品背后所蕴含的文化、理念等产生的心理体验，是在他们常住的地方体会不到的特殊的快乐。

旅游体验的美感何在？源于否定，终在超越。是对惯常生活的否定，对惯常行为的否定，对惯常思维方式的否定，而正是在这样的否定中，旅游者获得了特殊的审美体验，生命得以绽放，美好生活得以呈现，追寻了人生更高的境界。旅游体验中所体现的审美精神是彰显的、独立的、本真的人性；旅游体验所追寻的审美境界是自由的、升华的、解放的美好人生，是对美的愉悦和欣赏。①

审美愉悦是一种没有利害关系的、自由的愉悦，既没有感官方面的利害感，也没有理性方面的利害感强迫去赞许。"无利害关系"表明审美愉悦是情感的自然流露，不带有任何功利色彩；"自由"表明审美愉悦是纯粹的。审美愉悦的途径来自崇高体验与优美体验。崇高体验源于旅游者对自然之壮美而产生的震惊、崇敬、叹服的激情心理，优美体验则缘于旅游对象本身的美学特性及其与旅游者之间在心理上的某种契合与呼应。

 延伸阅读

亚里士多德对"审美体验"的描述

这是一种在观看和倾听中获得的极其愉快的体验。这种愉快是如此强烈，以至于使人忘却一切而专注于眼前的对象。

这种经验可以使意志中断，不起作用，人似乎觉得自己像是在海妖的美色中陶醉了。

这种经验有种种不同的强烈程度，即使它过于强烈或过量，也不会使人感觉到厌烦（其他的愉快过多时，人会厌烦）。

这种愉快的经验是人独有的。虽然其他生物也有自己的快乐，但那些快乐是来自对气味的嗅觉或味觉，而人的审美快乐则是源自视觉和听觉感受到的和谐。

虽然这种经验源自感官，但不能仅归因于感官的敏锐。动物的感官也许比人敏锐得多，但动物却不具有这种经验。

这种愉快直接来对对象的感觉本身，也是来自由它引起的联想。感觉有的可以因自身而愉快，有的是因为它使人联想到其他东西而愉快，如食物和饮料的气味就是因为它使人联想到吃喝的愉快而变得愉快，看和听的愉快大都是因为其自身而得。

综上所述，旅游审美体验是旅游者在欣赏美的自然、艺术品和其他人类产品时所产生的一种心理体验，是一种在没有利害感的观照中所得到的享受。旅游个体通过与外部世界取得联系从而改变其心理水平并调整其心理结构，这个过程是旅游者心理与旅游对象相互作用的结果。本质上，这种体验是旅游者以追求旅游愉悦为目标的综合性体验，是一项集自然美、艺术美和社会生活美之大成的综合性审美实践活动，是旅游体验的高级层次。②

（2）旅游世俗体验

旅游体验是一个复杂过程，由于旅游者个性不同，旅游对象丰富多彩，旅游需求多种

---

① 潘海颖. 旅游体验审美精神论[J]. 旅游学刊，2012，27(5)：88—93.
② 谢彦君. 基础旅游学[M]. 北京：中国旅游出版社，2011.

多样，每个人的旅游体验是不一样的。在旅游过程中，并非每一位旅游者都能够用心去体会旅游景物的超然之美，更多的是关注对感知对象的功利性认识上，比如品尝一顿美餐、沉浸在某种游戏或运动的快感等。这些感官感受是建立在"占有"理念基础上的，主要是对感官刺激的追求，表现出一种功利性的身心感知，是对身体健康、心情愉悦、安全幸福这些"快乐"的追求。旅游世俗体验是旅游体验的初级层次，有以下特点。

① 旅游世俗体验是直观的身心愉悦

旅游世俗体验是旅游者在旅游活动中，除旅游审美体验精神体验之外的一切旅游体验，更多的是感官上、认知上的满足。在旅游活动中，体验满足身心舒适的直接快乐，这种愉悦是人类感官可以触及的"美"的享受，是一种功利性的体验需求。

② 旅游世俗体验更易培养客户忠诚

旅游审美体验通常是"一次性"消费。即使再美好的精神审美体验，旅游者通常也会感到审美疲劳。然而与旅游审美体验不同的是，旅游世俗体验是旅游者从旅游产品得到的感官上的舒适、感知上的快乐。一旦对产品实现世俗体验感觉美好，就有可能重复体验，如对美食的体验会形成重复购买。

③ 旅游世俗体验的本质是一种动物性感知

世俗体验是对生存、安全等基本生理需求的满足，这一点与其他动物是相通的，而旅游世俗体验只是将人类对这种基本需要的满足过程放在旅游这个范畴中，让它蒙上旅游的"面纱"、戴上旅游的"帽子"，是人们在旅游这种特定的活动过程中实现生存需要的过程。撇开旅游不谈，这种功利性的体验是人类社会与动物世界都存在的一个表现。

特别提示

旅游体验中的旅游世俗体验是建立在人性的感性欲望层面上的。感性欲望的充分满足和自由表现也是旅游消费不可缺少的，它在促进人的审美解放方面有着积极的作用。旅游体验的世俗愉悦要求旅游经营者把握好旅游产品开发设计各个环节，满足旅游者的生理和感官需求，如听觉、视觉、嗅觉等需求，但也要避免为了过度满足旅游者的感官需求而使旅游产品媚俗化和庸俗化。

本 章 小 结

本章介绍了旅游产品的概念、构成、特点，旅游产品设计开发的原则、旅游产品组合的概念和维度、旅游消费和体验。旅游产品呈现出产品构成的综合性、所有权不可转移性、生产与消费的同步性、不可储存性、对公共设施的依赖性等特点，其设计与开发需遵守核心与形式相统一原则，审美原则，创新原则，兼顾生态、经济和社会利益等原则；其组合要重视产品组合的广度、深度和关联度；根据旅游消费目的的功利性与否，旅游体验可分为旅游审美体验和旅游世俗体验两类。旅游审美体验是旅游体验的高级层次。

第9章 旅游产品

 **关键术语**

旅游产品(Tourism Product)：旅游经营者为了满足旅游者的旅游需求，为其提供愉悦性体验并能从其销售中获利而生产或开发出来的，有形的物质产品和无形的服务产品的总和。

旅游产品组合(Tourist Product Package)：旅游企业根据目的地旅游资源的主题特色和潜在旅游者的需求，按一定的顺序排列组合旅游企业生产的单项旅游产品，最终形成具有特色的旅游景区或旅游线路产品的过程。

旅游体验(Tourist Experience)：旅游者在与其当下情境深度融合时所获得的一种身心一体的畅爽感受。这种感受是旅游者的内在心理活动与旅游客体所呈现的表面形态和深刻含义之间相互交流或相互作用后的结果，是借助于观赏、交往、模仿和消费等活动方式实现的一个序时过程。

旅游审美体验(Tourist Aesthetic Experience)：旅游者欣赏美的自然、艺术品和其他人类产品所产生的一种心理体验，是一种在没有利害感观照中所得到的享受。

旅游世俗体验(Tourist Physical Experience)：旅游者从旅游产品得到的感官上的舒适、感知上的快乐。

课后练习

一、选择题

1. 旅游体验是旅游产品构成中的（　　）。
A. 核心产品　　　　　　　　B. 形式产品
C. 延伸产品　　　　　　　　D. 包价产品

2. 酒店的客房只要有一天闲置，所造成的损失永远无法补救，其原因是旅游产品（　　）所致。
A. 综合性　　　　　　　　　B. 不可转移性
C. 无形性　　　　　　　　　D. 不可储存性

3. 旅游产品一开始生产即是旅游消费的启动，这说明旅游产品消费具有（　　）特征。
A. 无形性　　　　　　　　　B. 依赖性
C. 同步性　　　　　　　　　D. 综合性

4. 旅游者在其一次的旅游经历中所购买产品的组合层次有三个层次，但不包括（　　）。
A. 核心产品　　　　　　　　B. 形式产品
C. 延伸产品　　　　　　　　D. 日常用品

5. 旅游线路的组合包括"食、住、行、游、购、娱"六要素，这是因为旅游产品组合需要注意产品的（　　）。
A. 广度　　　　　　　　　　B. 深度
C. 关联度　　　　　　　　　D. 高度

6. 旅游消费能够保证众多旅游者可在同一时间段内在同一景区（点）进行参观、体验，这说明旅游产品消费有（　　）的特点。
   A. 排他性　　　　　　　　　　　B. 非排他性
   C. 异地性　　　　　　　　　　　D. 同步性
7. 旅游者在旅游景区的消费购买的是旅游景区的（　　）。
   A. 租赁权　　　　　　　　　　　B. 居住权
   C. 物权　　　　　　　　　　　　D. 有限使用权
8. 刚性组合旅游产品根据物理空间进行组合，最终形成的产品是（　　）旅游产品。
   A. 实体组合　　　　　　　　　　B. 柔性组合
   C. 隐性组合　　　　　　　　　　D. 服务组合
9. 从旅游体验的角度分析，参观艺术家的画展或影展对于一个旅游者来讲属于（　　）。
   A. 旅游审美体验　　　　　　　　B. 旅游生活体验
   C. 自我审美体验　　　　　　　　D. 个性修养体验
10. 旅游世俗体验是旅游者在旅游活动中更多的是感官上、认知上的满足，是一种（　　）的体验。
    A. 功利性　　　　　　　　　　　B. 非功利性
    C. 排他性　　　　　　　　　　　D. 包容性

二、填空题

1. 旅游产品组合的终极形态是旅游企业围绕旅游产品的核心价值所做的多重价值追加，这种追加具有几乎满足旅游者旅游期间一切需要的_____和价值。
2. 形式产品是指旅游产品在用于交换时的外在表现形式，构成产品的实体和_____。
3. 旅游产品的不可转移性表现在产品地理位置和产品_____的不可转移性两个方面。
4. 旅游延伸产品是指旅游者在购买旅游核心产品时所得到的_____服务或利益。
5. 旅游者的消费可分为生存性消费、享受性消费和_____。
6. 旅游产品的构成必须有形象和主题，不管是旅游的核心产品、形式产品还是延伸产品，应当保持_____一致。
7. 旅游者的活动离不开公共设施的支持，旅游产品对社会公共设施、机构具有较强的_____。
8. 设计与开发目的地旅游产品时应秉承可持续发展理念，充分重视经济、社会、_____三种利益的平衡。
9. 刚性组合旅游产品的景区和柔性组合旅游产品的旅游线路都应当充分考虑旅游者的游览空间或_____。
10. 旅游消费按照需求层次不同可划分为生存性、享受性和发展性消费三类，但在具体的旅游活动中三者是浑然一体、_____。

三、判断题

1. 同其他商品一样，当一个旅游者购买了一个旅游产品之后，他（她）就获得了该产品的所有权和使用权。　　　　　　　　　　　　　　　　　　　　　　（　　）

2. 旅游者购买的是多个单项产品组合为其带来的整体感受，是旅游者的体验、经历和记忆。（   ）

3. 从旅游产品与旅游资源的依存度来区分，旅游产品可以分为资源依托型旅游产品和资源脱离型旅游产品。（   ）

4. 为了应对旅游旺季日益增多的旅游需求，旅游企业应当提前生产旅游产品以备不时之需。（   ）

5. 旅游产品的追加利益是交通、住宿、购物等，其设计与开发是不同旅游企业追加利益的过程。（   ）

6. 柔性组合旅游产品是将各单项旅游产品按照物理空间进行排列，最终形成无形的服务产品。（   ）

7. 与旅游审美体验相比较，旅游世俗体验的消费更容易培养客户忠诚。（   ）

8. 规模大、实力强的旅游企业可尝试生产关联度大的产品，能向旅游者提供多种多样的旅游产品。（   ）

9. 航空公司不可能将昨天航班的空余座位留待今天消费，这是由服务产品的无形性决定的。（   ）

10. 旅游者对某一旅游产品在心理和精神愉悦上的感知是旅游者的审美体验，是旅游体验的高级层次。（   ）

四、问答题

1. 什么是旅游的延伸产品？有什么作用？
2. 与一般普通商品相比，旅游产品有哪些特点？
3. 怎样理解旅游产品生产与消费在时空上的同步性？
4. 旅游产品组合有哪几种形式？产品形态是什么？
5. 从旅游消费的构成来看，旅游消费分哪几个部分？有什么特点？

五、论述题

1. 简要分析旅游产品的构成和形态，不同产品的效用和价值。
2. 论述旅游审美体验和旅游世俗体验的主要区别以及它们之间的相互联系。

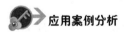 应用案例分析

大理白族歌谣文旅产品的开发

白族歌谣是白族文化的重要组成部分，涵盖了白族地区的山川景物、劳动生产、生活习俗、人生礼仪、家庭婚恋、阶级矛盾、人际关系等各个方面，是反映白族生活的百科全书。通过白族歌谣，旅游者可以了解白族人民共同的民族心理素质，了解白族文化的特点和审美特征中最为典型的部分。

从形式上，白族歌谣有劳动歌、时政歌、仪式歌、情歌、苦歌、儿歌、寓意歌、咏物歌、风俗歌、劝世歌等之分。劳动歌中包含了种苞谷、种小麦、犁田、栽秧等农业生产的各项活动，乐观自信的白族人会在劳动中通过歌唱表达劳动的价值与生活情趣；风俗仪式

歌谣中的言情、咏物，全面表现了白族的生产生活、节庆活动、人生礼仪、婚嫁习俗、建房习俗和丧葬习俗；情歌对唱，至今在白族人民的日常生活中依然发挥着重要的谈情说爱、联络感情、伦理教化的特殊功能。在一年一度的"绕三灵""蝴蝶会"、剑川"石宝山歌会"上，白族地区成为一片歌的海洋。白族人民以歌传情达意，以歌感受瞬息万变的社会，以歌迎接八方来客。

旅游者的感知包括视觉感知和听觉感知，以往对区域旅游形象的设计基本限于理念和视觉形象，而忽视了听觉形象的重要性。如果在旅游形象中加入听觉要素，必定会使旅游者产生更加深刻的印象。因此，深入挖掘白族歌谣文化中适于旅游者吟唱，音乐个性鲜明，充分表达和展现白族人民生产生活文化的音乐要素，对于塑造大理旅游目的地的形象非常重要。目前，大理旅游产品中歌谣文化的开发现状如下。

1. 大理旅游市场中的白族歌谣文化旅游产品

大理地区独具文化魅力的文化事项之一的白族歌谣，在大理旅游的发展中发挥了重要的作用。目前主要有以下几种开发形式。

（1）迎宾仪式。在大理港口、码头、游船上唱迎宾歌，奏迎宾曲，表达对远道来客的热烈欢迎，表现了白族人民热情好客的性格特征。

（2）景区演出。主要是白族调，演出人员是当地居民。

（3）游客参与项目。让游客参与一些"三道茶"、白族婚俗的演出等。

（4）古城洋人街、南门外等地民间艺人表演。

（5）节庆活动中的表演。目前的歌谣文化旅游产品主要是针对团队游客开发的，散客能够体验的主要是节庆活动中的歌谣文化。

2. 白族歌谣文化旅游产品开发的系统运作

首先，"大理"作为一个旅游目的地品牌仍有一定的优势。现有的品牌形象是从20世纪60年代开始，通过电影等传媒树立起来的，而且由于旅游地开发早，使之成为旅游界尤其是国内旅游界一个知名度较高的旅游目的地品牌。目前，在大理已拍摄和待拍摄的影视剧作品对于宣传大理旅游的外部环境起到了很好的促进作用。但与此对应的是，云南省其他几个旅游地的传媒报道增长势头很猛，比如丽江——东巴文化，迪庆——香格里拉，这些地区已有或将采取更强的营销战略。如果大理不能有效应对，其目的地的品牌效应就会有减弱的危险。

其次，游客和潜在旅游者对于"大理"旅游地形象的联想，通常是定位在"苍洱风光、蝴蝶泉、三塔、民族风情"。目前这些形象依然具有相当影响力，需要保留和强化，但"民族风情"以及所有这些外在形象的文化内涵需要进一步深化，这个内涵就是白族文化，而白族歌谣是集中展现白族文化的一个重要传播方式，可以使旅游者在欣赏自然景观的同时，领略到大理特有的氛围和气质。

最后，应将白族歌谣文化的宣传纳入大理整体旅游宣传。从旅游消费心理和行为的分析出发，开发大理白族歌谣文旅产品并非单纯全新塑造一个"白族歌谣文化"的新品牌，而是着重于通过白族歌谣文化来加强"大理"这一品牌的内涵和吸引力，挖掘大理独特民族文化的底蕴，使大理产生新的号召力和吸引力。从长远来看，通过白族歌谣文化提升大理的知名度，也是对白族歌谣文化的弘扬和保护。

讨论：

1. 白族歌谣文化的核心是什么，形式是什么？怎样做到歌谣文化旅游核心产品与形式产品的统一？

2. 从旅游产品层次和旅游体验角度，讨论如何将白族歌谣的五种表演形式整合成统一的歌谣文旅产品，进一步提升大理的旅游目的地形象？

第10章 旅游影响

教学目标

通过本章的学习，了解旅游业发展给目的地社区带来的经济影响、环境影响和社会文化影响，掌握旅游乘数理论、旅游卫星账户和旅游漏损，了解旅游飞地、示范效应和旅游商品化等相关概念。

教学要求

教学内容	重点☆、难点＊	教学提示
旅游对经济的影响	(1) 旅游对经济的促进作用☆ (2) 货币回笼＊ (3) 旅游对经济的阻碍作用☆ (4) 影响旅游经济的测量☆ (5) 旅游乘数效应、旅游漏损、旅游飞地、旅游卫星账户＊	本章主要与第1章、第2章、第4章、第8章、第9章、第12章等内容相关联，教学时可前后对应，以便掌握各章节教学内容的内在联系
旅游对环境的影响	(1) 旅游对环境的保护 (2) 旅游对环境的破坏☆＊	
旅游对社会文化的影响	(1) 旅游对社会文化的积极影响 (2) 旅游对社会文化的消极影响☆	

> 谁出门远游既有补于自己又有益于他人，谁就堪称哲人；然而谁只是受着好奇心的驱使而在外一个国家一个国家地游玩，那和流浪又有何二致。
>
> ——哥尔德斯密斯

基本概念

货币回笼　旅游乘数　旅游漏损　旅游飞地　环境容量　示范效应　旅游商品化　旅游真实性

第10章 旅游影响

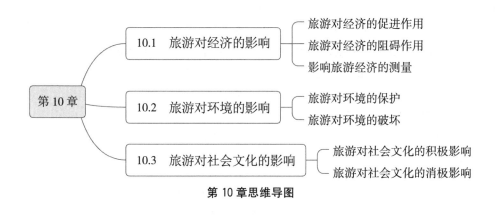

第10章思维导图

旅游对南澳海岛县居民的影响

南澳海岛县是广东省唯一的海岛县,处于高雄、厦门、香港三大港口的中心点,是对台和海上贸易的重要通道,素有"潮汕屏障,闽粤咽喉"和"海上互市之地"之称。南澳海岛县地处亚热带,气候宜人,年平均气温21.5℃,是中国南部海上的天然"氧吧"。南澳海岛县海岸线曲折,可供开发沙滩面积200万平方米,其中青澳湾更享有"东方夏威夷"的美称,岛上保留的历史文物古迹,如青澳的丞相石,云澳的太子楼、宋井等,吸引了越来越多的游客。旅游业已成为南澳海岛县经济发展的重要推动力,对当地的文化和环境产生了积极影响,但同时,当地的经济发展、社会文化、生活环境都受到旅游业发展的负面冲击。

1. 经济影响

旅游带给当地居民的经济影响是显著的。超过75%的居民认为旅游吸引了更多的外地资本,有了更多的工作机会,促进了南澳海岛县经济发展。近年来南澳海岛县引进各种招商项目,包括酒店、迎宾馆的投入建设,给部分居民创造了就业机会。交通状况的改善,供水、排污管网的整顿给居民生活带来了便利。对个人经济影响方面,有51%的居民认为旅游仅使少数人的收入增加,更有一部分人认为钱都让外来投资者赚走了。究其原因,居民实际参与旅游业的程度不高,仅占18.4%,而且集中于收入低的零售业。

2. 文化影响

有80%左右的人认为旅游提高了南澳海岛县的知名度,获得了学习外来文化的机会,促进了精神文明建设,有利于保护南澳海岛县特色民俗文化。大多数居民认为旅游业的发展没有冲击本地文化和民风,也没有影响居民之间的融洽关系,对"旅游破坏了安全和谐的社会秩序,犯罪率增加"这一社会问题也不认同。总之,居民的回答具有一定的不确定性,持"不知道""不清楚"意见的人较多。旅游的负面影响没有得到居民的关注。

3. 生活环境影响

有66%的居民认为旅游使居民生活热闹起来,加快了生活节奏,有79.2%的居民认为旅游提高了政府对南澳海岛县的重视程度,并促进政府加大了环保力度。负面影响中,除"旅游使物价上涨,房价升高"的观点比较突出外,其余三项"扰乱了我们的生活""使海岛环境质量下降""生态遭到破坏"多数人认同,反对率分别为 65.8%、48.8% 和 68.6%。经调查,一些距离景点较近的居民反映沙滩质量明显不如以前好,游客乱丢垃圾,鸟类减少。部分居民关注发展旅游所付出的代价,但感知并不强烈。总体来讲,居民的环保意识薄弱,大部分人并没有意识到旅游带来的环境问题。

点评:

一个地区旅游业发展初期,旅游的正面影响大于负面影响,东道主对旅游产生的经济、社会、文化负面影响感知不明显,也不知道旅游开发可能付出的代价。实际上,旅游业是一把"双刃剑"。

10.1 旅游对经济的影响

在雷柏尔旅游模型中观察旅游经济,可以看到旅游经济影响是双向的。旅游业既影响了目的地的经济,也影响了客源地的经济。旅游经济的影响既有积极方面,也有消极方面。一方面,旅游者到目的地旅游,为当地的旅游景区、酒店、餐馆、旅游购物店、交通运输公司等旅游企业带来了经济收益,旅游业带动了当地其他行业的经济发展,许多地方政府都将旅游产业作为地方经济发展的支柱产业;另一方面,在某些情况下,旅游业的发展也会给目的地带来较大的经济成本和负面影响,例如物价上涨、经济漏损、产业结构失衡、因季节性带来经济不稳定等。

10.1.1 旅游对经济的促进作用

1. 增加外汇收入

入境旅游者在目的地的消费,是将其在客源地所挣的收入带到目的地消费,对于目的地商家来说是旅游收入,能够为旅游目的地国家增加外汇收入。我国旅游业在发展之初,以接待入境游客为主,就是为了创汇。

创汇是一个国家发展经济的重要目标。一般而言,增加外汇收入有两种途径:对外贸易外汇收入和非贸易外汇收入。[①] 其中,对外贸易外汇收入是指物质商品出口所带来的外汇收入;非贸易外汇收入是指国家间有关保险、运输、旅游、居民汇款、外交人员费用等方面带来的外汇收入。

普通商品出口是由国内企业将加工制造好的商品运输到目标消费者所在的其他国家或地区,在当地销售获得收入,再通过银行汇回国内,从而形成外汇收入(见图 10-1),属于对外贸易的创汇类型;旅游出口是旅游者从客源地到目的地进行旅游消费,在入境时即

---

① 程瑞芳. 旅游经济学[M]. 重庆:重庆大学出版社,2018.

兑换其所持外币，在目的地消费为当地旅游企业创造销售收入，增加目的地国家或地区的外汇收入(见图10-2)，属于非贸易外汇收入。

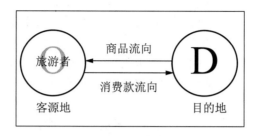

图 10-1　普通商品出口流向

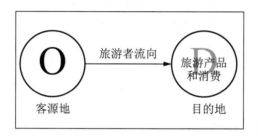

图 10-2　旅游产品出口流向

比较图10-1和图10-2，以雷柏尔旅游模型"O—D对"为视角，分析普通商品和旅游产品进出口所涉及的流动项目和流动方向两个问题。

(1) 普通商品的出口在目的地和客源地之间发生流动的项目有两个：商品和消费款项。商品从旅游目的地运输到旅游客源地，消费款项从旅游客源地汇回旅游目的地。

(2) 旅游产品的出口是旅游者从客源地移动到目的地。从客源地和目的地空间移动上来看，产生移动的只有旅游者，即旅游者从客源地到目的地，在旅游产品的供给方所在地消费旅游产品，包括有形的物质产品和无形的服务产品。

与普通商品相比，旅游产品出口创汇有以下优点。

① 换汇成本低，包括时间成本和交易成本。

② 旅游创汇就地出口，不受一般的贸易保护限制。

③ 旅游创汇是现汇收入，资金可以马上投入周转使用。

④ 旅游创汇是无形贸易，提供的是服务产品，能源消耗相对较低。

特别提示

从外汇意义上看，接待国际入境旅游者与向海外出口商品一样，也是一种出口。

小思考

2024年5月小王到泰国旅游，共花费3600元人民币，折合510美元。你认为小王到泰国的旅游消费对中国而言是出口还是进口？为什么？

2. 促进货币回笼

货币回笼是指国民经济各部门向银行存入现金的过程及其结果。当一个国家市面上流通的货币量高于商品数量时,商品的供应量低于人民的需求量,就容易造成通货膨胀等经济问题。近年来我国一些地方物价全面上涨,从"豆你玩""蒜你狠""姜你军"到"糖高宗"等,反映出与老百姓生活息息相关的豆类、大蒜、生姜以及蔗糖全线上涨,通货膨胀引发百姓担忧。为了降低通货膨胀,货币回笼是国家政府通常采取的调控手段之一。

货币回笼的途径之一是向市场投放相应数量的商品,途径之二是供应商业性的服务消费品。① 在商业投放能力有限,难以及时扩大市场所需商品投放量或市场需求不足、消费欲望下降的情况下,转移人们的购买倾向,鼓励人们多消费服务产品,就成为必要的货币回笼手段。在这个意义上,通过发展国内旅游来促进货币回笼不仅意义重大,而且现实可行。②

旅游业属于服务业,向旅游者提供所需的旅游产品和服务,涉及餐饮、酒店、交通运输、旅游景区、休闲娱乐、商场购物等各部门,覆盖面广。旅游服务的消费不同于一般商品的消费,可以多次消费,多为集体消费,且每次消费金额较大,是国家进行货币回笼重要的渠道,有助于国家快速回笼货币。

 知识链接

货币回笼

"货币回笼"(Currency Return)与"货币投放"(Money Supply)是相对而言的。"货币回笼"是指银行现金收入,主要由商品销售收入、财政税收收入、农村信用社收入、储蓄存款收入等项构成,反映了现金由市场流回银行(即现金归行);"货币投放"是银行的现金支出,主要由工资及对个人其他支出、农副产品采购支出、行政事业单位管理费支出、储蓄存款支出等项构成,反映了现金由银行流入市场。货币投放和货币回笼是中央通过实施货币政策,有计划地控制、调节市场上货币的流通数量,适时掌握调控力度,进行宏观调控的重要措施。

 延伸阅读

中国经济的三驾马车一个也不能少

从支出角度看,GDP 是最终需求——投资、消费、净出口三种需求之和,因此经济学上常把投资、消费、出口比喻为拉动 GDP 增长的"三驾马车",是对经济增长原理最生动形象的表述。旅游与消费、进出口密切相关。消费是最主要的马车,是 GDP 增长的主

---

① 黄安民. 旅游目的地管理(第二版)[M]. 武汉:华中科技大学出版社,2021.
② 赵晓燕. 试论我国旅游业的产业地位和对经济社会发展的促进作用[J]. 北京第二外国语学院学报,1997(2):110—115.

导因素。中国还存在地区水平差别、公共服务差别，存在整个社会需要协调均衡发展的问题，旅游扶贫是投资、扩大内需、协调地区经济发展的重要措施。中国是旅游大国、世界重要旅游目的地，与日益扩大的海外贸易、庞大的出入境旅游市场有关。中国经济要继续保持强劲的竞争力，仍需要消费、投资、出口"三驾马车"。

从旅游创汇和消费的角度来讲，旅游产业在中国经济的"三驾马车"中发挥了什么作用？

3. 带动相关行业的发展

旅游业是以旅游者为对象，为其创造便利条件并提供所需商品和服务的综合性产业。① 旅游活动包括食、住、行、游、购、娱六要素，旅游产业链很长，能带动相关产业的发展。例如，酒店业需要与建筑公司合作建造酒店，餐厅需要向食品供应商采购原材料，员工需要向服装行业定制工作服，客房需要采购家居日用品，顾客刷卡需要与银行合作，酒店内部需要与软件公司合作创建管理系统等（见图10-3）。酒店业的发展带动了相关行业的发展，为以上行业创造经济效益。

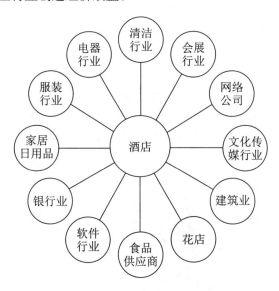

图10-3　酒店相关行业

旅游产业链

旅游产业链（Tourism Industry Chain）是为了获得经济、社会、生态效益，旅游产业

---

① 李天元. 旅游学概论（第7版）[M]. 天津：南开大学出版社，2014.

内部不同企业承担不同职能,共同向旅游者提供产品和服务形成的分工合作关系。旅游消费者从获得旅游信息并决定某次旅行、经过空间移动,到最终实现旅游体验一系列活动的过程中,因食、住、行、游、购、娱等旅游消费涉及分属不同的产业类型而形成的一种产业链接关系。从整个旅游过程来看,提供旅游产品的不同行业组成了一个链状结构,游客从旅游过程的始端到终端,需要众多的产业部门向其提供产品和服务来满足他的各种需求。其中,不仅包括旅行社、交通运输部门、餐饮、酒店、景区景点、旅游商店、旅游车船以及休闲娱乐设施等旅游核心企业,还关联到农业、园林、建筑、金融、保险、通信、广告媒体以及政府和协会组织等辅助产业和部门。前者构成了产业链的链上要素,后者为产业链的动态链接与正常运营提供必要的保障和支持。

4. 平衡地区经济发展

经济的平衡发展有益于世界和平,有益于国家保持政治稳定。因此,经济的平衡发展是各个国家和政府重大责任。旅游业作为"奢侈型"消费能够在一定程度上帮助财富在国家间、地区间进行再分配,促进各方经济平衡发展。旅游者可分为入境旅游者和国内旅游者两类,入境旅游者的旅游消费形成货币财富在国际上流通,促进发达国家(或地区)和欠发达国家(或地区)的经济平衡发展;国内旅游者的旅游消费则是实现了货币财富在一国内的重新分配,促进发达地区和落后地区的经济平衡发展。

(1) 国际区域的经济平衡发展

从全球的旅游统计数据来看,目前全球排名靠前的旅游客源国和旅游目的国一般都是经济发达国家和地区(见图10-4)。经济发达的国家或地区国民收入水平相对较高、带薪休假制度较为完善,出境旅游者的人数相对较多、旅游平均消费水平相对较高,因此经济欠发达的国家或地区大力发展旅游业,吸引经济发达国家或地区的旅游者前来旅游,从而形成旅游消费资金从发达国家或地区向欠发达国家或地区的流动,在一定程度上可以平衡国际区域经济的发展。

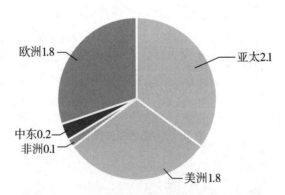

图10-4 2022年全球五大区域旅游总收入(亿万元)

 小思考

什么是国际旅游的"北南流"(North-south Flow)?是什么原因造成国际旅游市场中的"北南流"这种现象?你认为旅游能否实现国际区域经济的平衡发展?

(2) 国内地区的经济平衡发展

同样,对于一个国家而言,经济较发达地区居民可支配收入较高、休假制度相对完善。然而,经济发展的同时带来环境污染,再加上紧张的工作给人带来的心理压抑,使得此类地区的居民更喜欢外出亲近大自然,呼吸新鲜空气,放松身心。与此相对,经济落后地区的发展起步晚,生态环境的污染相对较小,对外交流相比发达地区相对较少,自然旅游资源和文化旅游资源保存相对完好,吸引发达地区的旅游者前来旅游。由此,旅游者从发达地区流向欠发达地区的数量远大于从欠发达地区流向发达地区的数量,欠发达地区的旅游经济实现了顺差,国民收入在一国内地区间实现了再分配,促进了地区间经济的平衡发展。旅游作为扶贫手段,平衡国内地区经济发展,常被各国政府和地方政府使用。

 知识链接

扶贫旅游

扶贫旅游(Pro-poor Tourism)或旅游扶贫,是指通过开发贫困地区丰富的旅游资源,兴办旅游经济实体,使旅游业形成区域支柱产业,实现贫困地区居民和地方财政的脱贫致富。扶贫旅游与一般旅游不同,在一般旅游开发中,投资者、经营者(旅游企业、旅游景区)的经济利益是被放置在第一位的,旅游开发一切都围绕着投资者、经营者的利益运转;而在扶贫旅游的规划与开发中,旅游项目使贫困地区经济利益达到最大化,改变了贫困地区经济落后的现状。

 特别提示

扶贫旅游是产业扶贫的重要方式,是我国脱贫攻坚战略的重要组成部分,是全面建成小康社会的重要推动力量。近年来,我国旅游系统持续加大精准扶贫工作力度,扎实推进旅游发展与扶贫开发有机融合,政策体系日益完善,产品业态不断丰富,发展旅游业已成为许多贫困地区脱贫攻坚的有力抓手和支撑。

5. 增加就业机会

就业是衡量一个国家或政府政绩的主要标准之一。高失业率会带来许多社会问题,甚至会引起社会动荡。因此,如何提高就业率、增加就业机会是一国政府和公民都非常关心的问题。

随着旅游活动的普及,旅游业的发展成为国家或政府解决社会就业问题的手段之一。因为旅游业是一项劳动密集型产业,需要为旅游者食、住、行、游、购、娱提供相关服务,且许多服务需要手工操作、面对面服务,这就需要大量基础劳动力。另外,旅游业就业岗位层次多,可为广大家庭妇女和尚不具备技术专长的青年提供就业机会。旅游服务确实也需要一定的技术和知识,但相较于工业、制造业等技术要求较高的行业,其所需的技术和知识相对更易上手和掌握。

旅游业提供就业机会的方式有两种:直接就业和间接就业。直接就业是指国民经济中直接为旅游活动所提供的服务,主要涉及旅行社、住宿接待业、旅游景区(点)、旅游车船公司和其他旅游企事业单位的从业人员。间接就业是指由旅游业带动其他行业的发展而产生的就业机会，如网络行业、银行业、服装制造业、家居行业、食品行业、文化传媒行业等，从而产生就业乘数效应。此外，由于旅游行业具有季节性，可以为需要暂时性就业和季节性就业的人员（如学生、下岗职工等）提供就业机会。①

 小贴士

乘数公式

乘数原理的公式为 $\triangle Y = A * [1/(1-MPC)]$。式中，$\triangle Y$ 表示一笔自发性支出 A 能新增加的国民收入，MPC 表示边际消费倾向。

从以上公式中可以看出，一笔自发性支出 A 如果是用于投资的话。$\triangle Y$ 的大小只与 A 和 MPC 值的大小有关，与投资方式（劳动密集型投资或资本技术密集型投资）的选择无关。如果一个国家存在失业，同时也存在其他闲置资源，则采用旅游业这样的劳动密集型投资最有利于就业问题的解决。

10.1.2 旅游对经济的阻碍作用

旅游业能够在很大程度上促进国民经济的发展，但是旅游业的发展一定要在合理规划、科学管理的前提下进行，才能保证旅游业合理有序发展。如果片面追求旅游经济增长，忽视科学的产业结构规划，忽视旅游业发展的负面清单，就会阻碍旅游目的地社会经济的长远发展。

1. 引起物价上涨过快

旅游者的大量来访，会抬高目的地物价水平。外来旅游者的收入水平一般较高，为出游计划长期积蓄，因而在目的地旅游期间能够接受相对较高的价格购买食品、交通、住宿、娱乐项目和旅游纪念品。我国传统就有"穷家富路"的思想，平时在家生活节约，出门在外出手阔绰，尤其是旅游者去目的地旅游，品尝当地最好吃的美食，参观当地最好看的景观，购买当地最特色的纪念品、土特产品，因而旅游消费一般要高于当地居民日常水平。

此外，大量的旅游者来访导致对农副产品需求增多，造成农副产品供求之间的结构性矛盾，引起农副产品的价格上涨，从而带动其他各类物品价格上涨。从供给的角度来讲，目的地的一些商家认为旅游者对当地的物价水平、商品行情不是很了解，因此会趁机哄抬物价。在那些季节性比较明显的地区，物价在旅游淡季会有所回落，但是在那些旅游资源比较丰富、季节性不强的地区，物价就会长期持续保持在较高水平。

2. 引起产业结构变化

经济发展相对落后的地区旅游资源相对丰富，现代化的工业设施进驻少，经济发展以

---

① 傅云新. 旅游学概论（第二版）[M]. 广州：暨南大学出版社，2011.

农(副)业为主，因而对环境的污染也相对较小。当越来越多的旅游者来到当地旅游度假时，更多的居民将会放弃农业，选择从事旅游接待业，因为后者能够为其带来更高的收益。政府为了促进当地经济发展，大力支持旅游业，也会导致大量劳动力从农(副)业流向旅游业。大量耕地被开发成旅游景区、酒店、停车场、餐馆等，缩小了当地农业生产用地和水源地；一些村民放弃农耕，引起当地产业结构变化，造成农田荒芜，粮食、蔬菜短缺，农(副)业生产受到严重影响。

3. 影响国民经济稳定

着经济的发展，旅游成为人们生活的必需品，但是与传统的日常生活必需品相比，旅游需求弹性高，旅游业季节性强，受政治、经济、环境等因素影响大，如果一个国家或地区严重依赖旅游业，有可能影响当地经济的稳定。在某些情况下，严重依赖旅游业甚至有可能使该国或地区的经济受到重大打击。旅游影响国民经济稳定的原因如下。

(1) 季节性

从需求的角度来讲，旅游者以休闲为目的的旅游活动，需要具备连续的闲暇时间，即带薪休假。目前全球各国带薪休假制度各不相同，但是都有一定的日期和时间限制，因此旅游者的出行时间具有季节性；从供给角度出发，旅游目的地的气候和地理条件随着季节的变化而不同，其中一些目的地在某些时间段气候环境比较恶劣，限制了游客的到访。相反，一些目的地在某个特定的时间段，也会因其异常美好的自然景观或特殊的人文节事活动吸引大量游客到来。不论是限制性条件阻碍游客的到访，还是吸引性条件拉动旅游需求，都体现了旅游季节性的特征。旅游业的淡季不可避免地会出现大量劳动力和生产资料的闲置，旅游从业者收入降低甚至为零。

(2) 脆弱性

旅游业具有脆弱性，受外界政治、经济、自然、卫生健康等多方面不可控条件的限制和影响。不可控的限制性因素有：政治方面，如双边关系的恶化、国内政治动乱、政府政策变化与战争等；经济方面，如世界性的经济危机、汇率的浮动等；自然因素方面，如地震、海啸、泥石流、洪水等自然灾害，冻雨、干旱、极寒、极热等异常天气；卫生健康方面，如流行性疾病等。这些因素都会导致旅游需求下降或旅游者改变旅游目的地，旅游业收入大幅受挫，并连带影响其他产业经济的发展。

10.1.3 影响旅游经济的测量

旅游乘数与旅游漏损是旅游经济学中两个重要的概念，它们描述了旅游活动对目的地经济的不同影响。旅游乘数描述的是旅游消费如何通过乘数效应带动经济增长，而旅游漏损则指出在这一过程中可能发生的资源流失，从而造成经济损失。旅游乘数高，意味着旅游消费对经济有显著的正面影响，但如果漏损严重，则表明一部分旅游收入没有在当地经济中循环，而是流向了国外或外地，旅游的乘数效应被削弱。为了减少旅游漏损，增强旅游对目的地经济的贡献，目的地国家或地区需采取措施提高旅游收入的留存率，增强旅游乘数的正面效应。

1. 旅游乘数

（1）旅游乘数的类型

旅游业的发展能够为旅游目的地创造直接收入、就业机会，并通过带动其他行业的经济发展，间接创造国民收入和就业机会。旅游乘数是指单位旅游消费对旅游接待地区各种经济现象的影响程度的系数，等于旅游在经济系统中（国家或地区）导致的直接效应、间接效应和诱导效应的总和与最初的直接变化本身的比率。旅游乘数可用于测评旅游业发展对旅游目的地国家或地区经济的推动作用，类型包括销售乘数、产出乘数、收入乘数、就业乘数等。[1]

① 销售乘数(Sales Multiplier)，也称营业额乘数或营业收入乘数，用以测定旅游消费对目的地国家或地区相关企业销售收入的影响程度，表示单位旅游消费所导致的目的地国家或地区相关企业营业收入的增长量。

② 产出乘数(Output Multiplier)，用以测定旅游消费对目的地国家或地区的相关企业产出的影响程度，等于单位旅游消费所带来的目的地国家或地区相关企业经济产出的增长量。

③ 收入乘数(Income Multiplier)，用以测定旅游消费对目的地国家或地区净收入的影响程度，表示单位旅游消费所导致的目的地国家或地区净收入的变化量。

④ 就业乘数(Employment Multiplier)表示方法有两种：第一种用以测量单位旅游消费所导致的就业量，等于旅游消费所导致的就业量与旅游消费之间的比；第二种用以测定单位直接就业所导致的直接就业、间接就业、诱导就业三者之和，等于旅游消费导致的直接就业、间接就业和诱导就业三者之和与直接就业的比。

（2）旅游乘数的影响因素

① 旅游漏损

游客在旅游目的地的消费成为旅游企业的直接收入，而旅游企业需要向外国公司购买原材料，或聘用外籍人员，或与外资企业进行其他合作，旅游企业的部分收入就会流向国外。旅游漏损是指目的地国家、地区或旅游企业向国外进口商品、劳务、资金或由于其他原因而发生的外汇支出和流失。如果我们将范围缩小到一国之内，那么不同的地区之间也可以用漏损来测算旅游漏损对某个地区经济的影响。

 小贴士

旅游漏损途径

1. 旅游者所需物品及服务的进口。
2. 旅游设施建设所需要原材料的进口。
3. 支付给海外员工的工资、海外贷款利息、海外管理费及特许经营费、海外旅游中介机构费用以及投资者汇出的利润。
4. 海外促销与公共活动。
5. 海外旅游者通过非官方渠道进行外汇兑换产生的黑市漏损。

---

[1] 匡林. 关于旅游乘数理论的几个问题[J]. 华侨大学学报（社会科学版），1996(3)：39—43.

特别提示

旅游漏损与旅游乘数呈负相关的关系,即旅游漏损越大,旅游者的消费留在本国或本地区内的部分就越少,参与当地经济循环的比例也随之降低,旅游对当地经济的带动作用也就越小,旅游乘数越小。

 **头脑风暴**

旅游漏损越高,对当地经济的刺激作用就越小,不利于当地经济的发展。推动地方经济发展应当大力开展生态旅游、自然旅游、探险旅游等低漏损项目。你是如何看待这一观点的?

② 接待国的产业结构

通常情况下,接待国的产业结构合理、生产门类齐全,各个产业链均能够完全在国内进行,经济上自给的程度也就越高。旅游部门的向前和向后一体化都能在国内进行,与国内其他各行业联系紧密,能够使旅游者的消费更多地留在国内,旅游漏损相对较小。相反,如果一个国家或地区的产业结构呈现出某一行业独大、其他行业的经济规模很小,甚至缺乏该行业的存在,那么其经济发展就不得不更多地依赖国外相关行业。旅游业综合性强,旅游企业更多地借助外来人才、资金或其他资源,就会减少与当地产业的向前或向后的联系,旅游收入的大部分就会漏损到国外或其他地区,甚至造成旅游飞地。因此,产业结构的合理程度影响着旅游乘数效应的大小。

 小思考

中国和肯尼亚都是旅游资源丰富的国家,从产业结构和旅游产业链的角度分析,你认为哪一个国家的旅游收入漏损小?为什么?

 知识链接

旅游飞地

旅游飞地(Tourism Enclave)是指旅游休闲活动空间依托的是当地的土地和旅游资源,但与社区主要地域单元相分离,成为旅游直接经营者的特区。旅游飞地经济与当地经济发展关联很小,旅游消费的物资和从事服务的中高层人员基本来自外地,或旅游者仅在旅游目的地从事游览活动,食、住、娱、购等均在目的地以外进行。旅游飞地降低了旅游乘数效应,增大了旅游漏损,减少了旅游业对目的地经济的积极影响。旅游飞地产生的原因有两种情况:一是由包价旅游造成的,旅游者由旅游企业安排,从机场直接到达目的地旅游,未与当地其他经济产生链接的旅游模式。二是偏远贫困地区发展旅游依赖外部经济,与当地经济没有链接,甚至排斥当地经济出现的孤岛式的旅游模式。

③ 接待国的人力储备

一个国家的发展需要人才，旅游业的发展同样也需要人才的支撑。如果一个国家的人才完全能够满足旅游企业以及相关部门的需要，旅游企业便不需要聘用外籍人员，那么旅游收入便能更多地留在国内，进行再次循环利用，产生乘数效应。相反，接待国或地区的旅游业发展更多是聘用外籍员工，该国或地区旅游业的乘数效应也相对较小。目前，全球经济欠发达地区的旅游企业很多高层管理人员和专业技术人员都从国外引进，当地居民只能参与低技能、低薪资的服务工作。虽然旅游业的发展带动了当地社区居民收入水平的提高，但是与旅游业导致的高消费水平相比，他们的实际购买力却是在下降，因此，旅游接待国人力资源的教育质量、人力储备影响旅游的乘数效应。

 知识链接

旅游人力资源

旅游人力资源（Human Resource of Tourism）是旅游业在发展过程中不断投资与积累所形成的、从事与旅游业有直接关系的人员。按照社会需求部门的不同，旅游人力资源可划分为旅游行政管理部门、旅游协会、旅游教育培训部门、旅游经营商、接待业、旅游景点景区、旅游交通七个部门的人力资源。按照所需的业务知识与旅游密切程度的不同，可将旅游企业人力资源划分为专业性和普适性两种。其中专业性的人力资源包括：旅游产品的开发人员、旅游市场的开发人员、旅游娱乐服务人员、旅游接待设施服务人员、旅游企业管理人员、旅游行政管理人员以及地方上的特殊旅游从业人员。普适性的人力资源包括财务人员、后勤人员、保安人员、维修人员等。

2. 旅游卫星账户

旅游是以提供服务为主，涉及众多行业和企业，具有较强综合性的经济部门。传统反映旅游业的诸多指标，如旅游综合收入、旅游外汇收入、旅游人数、海外旅游者人数等，统计覆盖范围过窄，难以反映旅游业在国民经济中的贡献，无法据此分析旅游业的构成、效益及发展的真实水平，不能满足政府制定合理的产业政策的需要，因此需要设立旅游卫星账户。

（1）旅游卫星账户的概念

旅游卫星账户（Tourism Satellite Account，TSA）又称旅游附属账户，是一种宏观统计方法。它是以国民经济核算为统计基础，按照国际统一的国民账户的概念和分类标准，在国民经济核算总账户下所单独设立的一个子系统。通过编制这一账户可以把旅游消费引发的国民经济各行业中的直接和间接的旅游产出从相关行业中分离出来单独进行核算，从而在国际统一的统计框架下对旅游经济进行全面测量和分析比较。

（2）旅游卫星账户的作用

旅游卫星账户作为一个国民经济核算的工具，除了提供国民经济核算中有关旅游业的准确内容与数据之外（如游客消费、旅游产业活动的供给等），还可以较全面地反映旅游活动的供需情况、供需对应与平衡问题。旅游卫星账户的作用如下。

① 分析旅游者消费由哪些产业部门提供,从而了解国内生产或进口的比例。

② 分析游客消费、旅游供给的总量和结构,从而了解旅游需求和产业的市场总体均衡状况。

③ 核算旅游产业规模(如旅游业的 GDP 值、旅游就业的总体情况),从而全面分析旅游业在国民经济中的产业地位。

此外,作为一个较全面的数据库,旅游卫星账户的基础数据还可以为政府的公共政策(如游客消费政策、旅游就业政策等)提供依据。①

 小贴士

旅游卫星账户表

旅游卫星账户是联合国和世界旅游组织等国际机构所积极推广的一种测度旅游业经济影响的方法体系,通过编制 10 张表格综合全面地反映旅游的经济影响(见表 10 - 1)。

表 10 - 1 旅游卫星账户表

表 1. 按产品和游客类别分列的入境旅游消费	表 2. 按产品和游客类别分列的国内旅游消费
表 3. 按产品和游客类别分列的出境旅游消费	表 4. 按产品和游客类别分列的境内旅游消费
表 5. 旅游产业和其他产业的生产账户	表 6. 按产品分列的国内供给和境内旅游消费
表 7. 旅游产业的就业情况	表 8. 旅游产业和其他产业的旅游业固定资本形成总额
表 9. 按政府职能和政府级别分列的旅游业公共消费	表 10. 非货币指标

10.2 旅游对环境的影响

目的地旅游业开发对当地经济的发展,改善民生,发挥了重要作用,越来越受到相关政府部门以及当地居民们的重视。为了发展旅游业,吸引更多旅游者的到访,目的地政府改造基础设施,重视城市保洁、景区景点的环境保护和规划,使得旅游目的地的环境得到了一定程度的改善。然而随着大量旅游者进入,不断消耗当地生活、环境资源,制造大量生活垃圾,旅游地环境容量严重超载,破坏了旅游地的自然环境和生活环境,影响了旅游者的旅游体验。

 知识链接

环境容量

环境容量(Environmental Bearing Capacity)是指在一定条件下,一定时间、空间范围内所能容纳的旅游者数量和对旅游行为方式所容忍的程度,主要包括旅游生态容量、旅游空间容量以及旅游生活环境容量等。旅游者进入旅游地后,食、住、行、

---

① 刘伟. 旅游概论(第 5 版)[M]. 北京:高等教育出版社,2023.

游、购、娱等各种消费都会直接或间接地产生一定的废水、废气和固体垃圾，对环境造成一定的污染或破坏，但是通过综合测算旅游者所产生的污染物、旅游景区环境自净能力和人工治理污染的能力，可以测算出旅游景区的生态环境容量。旅游生态环境容量计算公式如下：

$$\text{Neco} = \frac{S\sum_{i=1}^{n}Ui + \sum_{i=1}^{n}Vi}{\sum_{i=1}^{n}Wi}$$

式中　Neco——旅游地生态环境日容量(人次/日)；
　　　S——旅游地总面积；
　　　Ui——旅游地单位面积对 i 种污染物的日自净能力；
　　　Vi——旅游地每天人工处理 i 种污染物的能力；
　　　Wi——平均每个旅游者每天产生污染物的数量。

10.2.1 旅游对环境的保护

1. 助推目的地环保意识的提高

旅游业的发展依赖于目的地的自然和人文环境，旅游者到旅游目的地是追求美的享受，欣赏大自然的鬼斧神工，感叹人类文明的神奇。为了吸引更多旅游者来访，保证旅游者满意度，目的地政府部门和当地居民应当达成保护当地环境的共识。一方面，旅游目的地相关政府部门应当加大环境保护的投资力度，严格旅游项目管理，不断改善和提高旅游环境质量；另一方面，目的地居民、旅游从业人员应当自觉遵守政府出台的相关环境政策，自觉保护环境，走旅游可持续发展道路。

需要强调的是，旅游者是旅游活动的主体，是环境保护的重要参与者。旅游者在进行旅游活动的过程中，应当了解更多自然知识、生态知识、环境知识，思考旅游与环境的关系，了解环境友好对旅游体验的重要性。如今，景区规划建设广泛应用高科技，让游客能更直观、全面地了解各景区的自然、生态与环境知识，显著提升了环境教育的效果，增强了公众的旅游环保意识。

2. 提高目的地的环境质量

目的地的自然环境是旅游业赖以生存的基础。为了发展当地旅游业，不少地方政府制定了环境保护法规，采取了相应的环境保护措施，改善了目的地的自然环境和社会生活环境。例如，加大基础设施建设(道路、交通运输、医疗卫生等)的投入力度，杜绝乱砍滥伐、保护珍稀动植物、保持城区良好的市容市貌，加强目的地历史建筑、古迹遗址、当地民居的保护、修复等。新加坡没有世界一流的自然旅游资源和人文旅游资源，但当地政府为了发展旅游业，特别重视环境卫生和绿化工作。新加坡大街小巷，非常清洁，绿化程度达到世界领先水平，平均每人占有绿地12平方米、树木2株。到过新加坡的旅游者，无不对当地优良的环境留下深刻的印象。新加坡通过提高环境质量推动旅游业发展是旅游开发的成功范例，海南岛生态旅游的发展，也为我国其他城市旅游发展树立了标杆。

小思考

目的地旅游收入的提高是否有助于当地环境质量的改善？旅游收入与环境质量的改善是否成正比？为什么？

10.2.2 旅游对环境的破坏

旅游目的地对旅游业的合理规划、科学管理和有效的旅游者管理，能够在一定程度上提高当地居民和旅游者的环保意识，改善当地环境的质量。然而，由于旅游产品的层次不同，不同生产部门有自己的利益追加，各种利益主体有自己的利益诉求，环境保护并非易事。如果管理不当，旅游业对环境的负面影响将可能在旅游活动中的任何一个环节产生。在雷柏尔旅游模型中，旅游对环境的负面影响主要产生在旅游通道和旅游目的地，重点在旅游景区。旅游对环境的负面影响，可从影响产生的来源和造成危害的类型两个方面进行分析。

1. 按照影响产生的来源分析

按照旅游发展对环境负面影响产生的来源，可分为规划影响、开发影响、管理影响、游玩影响四类。

（1）规划影响。规划影响是指在旅游项目（旅游景区或旅游接待设施）规划过程中，旅游规划相关政府部门和旅游规划公司的规划理念、方法、设计不科学、不合理，使得其规划的旅游景区或接待设施对旅游者不具吸引力，或不方便旅游者进行旅游活动，从而造成环境污染和破坏。

（2）开发影响。开发影响是指在旅游项目开发过程中，相关政府部门或建筑公司不能按规划方案执行或执行有误，例如政府或运营公司的资金、人力等保障资源不到位，或与建筑公司沟通有误，或建筑公司的一线人员未按要求施工等，造成环境污染和破坏。

（3）管理影响。在旅游业的日常经营中，旅游主管部门或旅游企业管理制度不合理、管理措施执行有误、缺乏对员工、旅游者的环保教育等，导致辖区内旅游企业、旅游从业人员、旅游者行为未受约束、限制，造成对当地环境的污染和破坏。

（4）游玩影响。旅游者在旅游过程中不当的旅游行为，如随地乱丢垃圾，在景区内乱刻乱画，破坏目的地公共财物，伤害目的地动植物等，造成目的地自然旅游资源、人文旅游资源、旅游接待设施等损坏，污染或破坏自然环境和生态环境。

即学即用

某一天，网友"空游无依"在其微博上发了一张埃及卢克索神庙的浮雕被人用中文刻上"丁××到此一游"的照片和一段文字：这是在埃及最难过的一刻，无地自容。我对埃及导游"亚瑟王"说："实在对不起！"没想到"亚瑟王"却安慰我说："这不是你刻的，又不是你的错。"我真希望擦掉这羞耻，但很难擦干净，这可是3500年前的文物呀！

试分析造成埃及卢克索神庙浮雕文物破坏的主要原因是什么？怎样加强游前、游中、游后的旅游者管理？

2. 按照造成危害的类型分析

按照造成危害的类型分析，旅游目的地环境负面影响可分为自然环境影响和社会生活环境影响两大类。

（1）自然环境影响

首先，旅游开发本身就会对目的地自然环境造成一定影响，例如建筑垃圾的倾倒对植被系统的影响，自然景区内旅游设施的修建对动物活动的影响等。其次，旅游业经营过程中，旅游交通工具废气排放量的增加，旅游接待设施（酒店、娱乐设施、航空等）用电量的增大，导致发电部门的废气排放量增大，对目的地空气造成污染。最后，随着旅游者大量涌入，目的地旅游接待设施（酒店、交通运输等）规模扩展、数量增大，导致排污量增加，对目的地水质造成污染。

（2）社会生活环境影响

大量旅游者涌入，占据了相当一部分目的地空间，使得旅游目的地人口密度增大，交通堵塞，缩小了当地居民的生活空间。旅游业离不开目的地公共设施的支持，旅游产品对社会公共设施、机构具有较强的依赖性。生活必需品、水源、电能、公共交通、医疗卫生等是当地居民和旅游者的共享资源，但由于旅游者的集中消费，造成各类消费价格上涨，引起当地居民不满。另外，一些景区管理措施不当，旅游者损害或破坏当地公共财物的事件时有发生。旅游者四处走动，大声喧哗，影响当地居民的正常生活，居民对旅游者产生埋怨、愤怒情绪。

延伸阅读

黄山的"人字瀑"在哪里？

黄山既是世界自然遗产，又是世界文化遗产，但是前几年片面追求眼前利益，盲目兴建了大量娱乐设施，自然景观遭到严重破坏。在海拔1000多米的黄山核心风景区内，楼堂馆所不仅数量众多，而且还在翻新。经营者办起了休闲中心，开办了商场，甚至还有珠宝店。景区内修建楼堂馆所，不可避免开山炸石、伐木毁林，原来的植被几乎被破坏殆尽。由于景区内楼堂馆所的建设，紧随而来的是餐厅的油烟、宾馆的污水，还有生活垃圾。生活用水和商业用水急剧增加，过度用水所造成的严重后果已经凸显出来。以前，黄山观瀑楼对面的"人字瀑"非常壮观：一股瀑布飞流直下，在途中分为两段，像是在悬崖峭壁上写出的一个大大的"人"字。可如今，峭壁上只剩下了瀑布曾经冲刷过的痕迹。经专家研究发现，除上述问题外，黄山景区还因为上游修建水库，导致中下游植被严重缺水，很多珍贵的松树濒临死亡。

10.3 旅游对社会文化的影响

旅游活动已经成为人类活动中最普遍的社会现象之一，旅游业为旅游目的地带来经济效益，在对环境产生影响的同时，对目的地和客源地的社会文化也产生重要影响。从雷柏尔旅游模型观察，旅游者和旅游业的时空移动不仅对旅游目的地的社会文化产生重要影响,同时对客源地的社会文化也会产生影响。旅游的社会文化影响不是单向的,而是双向的,既有积极方面的影响,也有消极方面的影响,但相互影响的程度不同。一般来说,旅游对目的地的社会文化影响要深远一些。值得注意的是,旅游的社会文化影响、经济影响和环境影响是相互联系、相互作用的。本节重点阐述旅游活动对目的地社会文化所产生的影响。

10.3.1 旅游对社会文化的积极影响

1. 有助于增进国际相互理解

旅游者一般是通过政府发布的官方消息或媒体发布的图文了解旅游目的地的,这是一种单向的信息传播,旅游者只是被动地接受官方信息的植入。旅游者想要真实、立体、全面地了解目的地的风土人情,只有到目的地亲自体会。作为民间外交的工具,旅游活动能够增进旅游者对目的地社区居民的了解和认识,在与目的地居民面对面的相互交往的过程中,能彼此深切体会对方的生活习惯、民俗风情、宗教信仰等各种人文因素,克服信息不对称形成的刻板印象,增进跨文化交流和相互理解。这种直接交流的方式,使得旅游者在体会异域风情的同时感受到人类世界大同的真、善、美,加强彼此了解,促进国际的友好交流。因此,与传统意义上的官方外交相比,旅游活动的影响面更广、影响度更深。

2. 有助于促进民族文化的保护和发展

差异化的民族文化是吸引旅游者前往旅游目的地参观的一项重要旅游资源,是区分各国、各地、各民族最重要的遗产。为了发展旅游业,各地政府和当地居民重新重视自己的传统文化和民俗文化的价值,包括传统的民族服饰、民族语言和文字、民族宗教、民俗节日、民俗礼仪、民族艺术、民俗建筑等。随着全球化的推进,世界各地,尤其是大都市的居民衣着打扮、风俗习惯、生活方式、休闲娱乐等朝着趋同方向发展,传统文化被遗弃,一些传统工艺受工业化产品和西方消费口味的冲击,正濒临绝迹,而旅游业的发展使得保护和发扬传统民族文化有了资金上的保障,帮助这些传统工艺起死回生;传统的音乐、舞蹈、戏剧等也受到重视和发掘,几近湮没的文物古迹得到维护和整修。① 更重要的是,大量到访旅游者对目的地文化具有强烈的好奇心,对当地居民传统文化的学习和赏识也能激发目的地居民的民族自信和文化自信。

3. 有助于推动科技文明的交流和发展

旅游活动有助于推动科技文明的交流和进步。一方面旅游者作为推力因素,对目的地科学技术的水平起到推动作用,一些专家、学者以学术交流为目的的旅游活动会给目的地带来先进的科学技术思想和成果;另一方面旅游者作为拉力因素,对目的地和客源地的科学技术水平起到拉动作用,这是因为旅游发展不断对目的地和客源地的科学技术水平提出新的要求,要求交通运输工具、通信以及旅游服务设施和设备等更加快速、便利、舒适和安全(见图10-6)。随着经济全球化的发展,国际的学术交流会议越来越频繁。参加学术

---

① 朱华. 旅游学概论(双语)[M]. 北京:北京大学出版社,2017.

会议的学者、专家本身也是旅游者，不仅进行学术交流，也会参加旅游活动。一些旅游活动本身也是一种学术交流，相互交流、彼此借鉴，提高了科技学术水平。

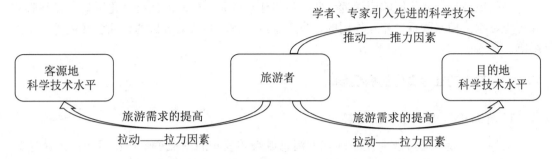

图 10-5　旅游活动对科技文明的推拉作用

10.3.2　旅游对社会文化的消极影响

1. 影响目的地居民的日常生活

旅游目的地居民受益于旅游业的发展，同时也是旅游业发展的受害者，最直观的表现就是旅游者的来访对目的地居民日常生活带来干扰。大量旅游者到访，使得目的地各种公用设施和设备变得紧张，公共活动空间相对缩小，各种资源供不应求，制造噪声污染。尤其是在旅游旺季，一些热门景区所在的城市到处充斥着大量旅游者，打乱了当地居民原本宁静的生活，使得他们感到烦躁、焦虑、紧张和不安。长此以往，当地居民对旅游者的态度就有可能从起初的友好热情转为不满，甚至怨恨。

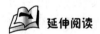 延伸阅读

"背井离乡"的鼓浪屿居民

鼓浪屿是位于福建省厦门岛西南隅的一座离岛，与厦门市隔海相望，因岛上汇集保存完好的中外风格各异的建筑物被称为"万国建筑博览会"；另外，岛上钢琴拥有密度居全国之冠，音乐人才辈出，又被称为"钢琴之岛""音乐之乡"，位居中国最美五大城区之首。

鼓浪屿占地1.91平方公里，但实际上可供旅游者活动游览的空间仅0.6平方公里。根据测算，鼓浪屿岛上的最佳容量为1.9万人次（舒适），较佳容量为2.5万人次（较舒适），拥挤容量为5万人次（超容量）。然而2023年春节7天假期里，登上鼓浪屿的人数突破了25万人次，其中连续4天超过4万人次。

大量涌入的旅游者严重干扰了当地居民的生活，岛上的原住居民渐渐搬离了鼓浪屿。据2023年的人口普查数据，岛上户籍居民仅有1.53万人，且有大量空挂户，而外来人口和经营户众多。试问：没有当地居民的鼓浪屿，由谁去继承和发扬其先辈们流传下来的原住民的文化？鼓浪屿凭什么成为世界文化遗产？

早在2014年，厦门市就开始了鼓浪屿整治提升工作，在积极稳妥保护历史文化遗

产的前提下,注重文化、生活和业态的内涵提升,处理好遗产、旅游、社区三者的关系,在发展旅游的同时兼顾当地居民的利益,"背井离乡"的鼓浪屿居民又陆续回到岛上。

如今的鼓浪屿琴音萦绕,如诗如画、如歌如梦,是全国文明风景旅游区、国家AAAAA级旅游区、福建"十佳"风景区之首,被联合国教科文组织列入《世界遗产名录》。她以高尚、优雅、精致的人文魅力,吸引着海内外旅游者前来旅游。

然而,如何协调东道主与旅游者不同利益主体的关系,合理利用和开发旅游资源,是当地政府走旅游可持续发展道路应当高度重视的问题。①

2. 当地文化旅游资源不正当地商品化

在旅游业的发展过程中,目的地旅游经营商为了获得更多的经济收益,将本地的人文旅游资源不正当地商品化包装。一些只有在固定节日才演出的特色民俗表演被频繁地搬上舞台,为随时到访的旅游者表演;一些与当地习俗无关的表演也凭空出现在旅游景区。例如,"背新娘"在毫不相干的景点内上演;一些需要经过众多人工、大量时间才能创作的手工艺品,经过机器制作,批量生产,使得原有的地方文化庸俗化,扭曲了旅游的真实性。

旅游商品化是旅游企业为了满足旅游市场需求将目的地文化逐步转化为可出售商品的过程。旅游企业为了使产品更符合市场的需求,把原有的传统文化加以改动,目的地文化不再具有原真性,成为一种固定的商业表演,这就不可避免地造成了接待地传统文化在旅游发展过程中被商业化、程序化,大大降低了传统文化的吸引力。② 旅游的真实性是旅游者关注的重大问题,他们希望感受当地真实的民风民俗,将其作为一种异乡风情的旅游体验,而旅游资源过度商品化可能会影响旅游者的旅游体验。

 知识链接

旅游真实性

商品化是相对于真实性(Authenticity)的概念提出来的。社会学家迪·迈肯尼尔(Dean MacCannell)认为,旅游业不仅是现代化的产物,也体现了现代生活与过去形成对照的某些具有价值的东西,如旅游者外出旅游,其目的是要去看"他人"和体验"他人"的生活、习俗、传统、仪式等,而这一切的前提必须是"真实"。③ 瓦利(Vallee)认为,真实性是旅游者渴望得到并积极追求的一种经历,这种经历被认为是反映真实的、不掺假的目的地的日常生活,或者能够让旅游者接触这种生活。④ 真实性即异域情调、地方特色、传

---

① 朱华. 乡村旅游利益主体研究——以成都市三圣乡红砂村观光旅游为例[J]. 旅游学刊,2006(5):22—27.
② 朱华. 旅游学概论(双语)[M]. 北京:北京大学出版社,2017.
③ MACCANNELL D. The Tourist-A Theory of Leisure Class[M]. New York:Schocken Books Inc. 1987.
④ VALLEE P. Authenticity as a Factor in Segmenting the Canadian Travel Market[D]. Ontario:University of Waterloo,1987.

统、独特性等，它要求旅游产品的出处、形式、风格、语言、象征等都源于一个假设的没被破坏的传统、传说或神话。①

 特别提示

旅游真实性是一个复杂的概念，分为客观主义真实性、建构主义真实性和存在主义真实性。客观主义真实性与原先的、原创的、独特的、传统文化等概念相联系，强调旅游客体的真实性。旅游者离开居住地寻找"原真"，但看到的仅是"舞台化的真实"；建构主义者认为旅游场景并不是一种不动产，其真实性是观者赋予的一种价值评价。建构主义在注重客体真实的基础上强调主体的差异性；存在主义真实性不关心旅游客体真实性，重视旅游者的主观体验，强调旅游主体本真的存在状态，自己认为是真实的就是真实的。

 **头脑风暴**

分组讨论：你认为旅游产品越真实越好吗？请说明原因。

3. 引发目的地的社会问题

旅游者在目的地表现出的各种言谈举止、衣着服饰、行为方式为当地居民所见、所识、所学，使当地居民的思想潜移默化地产生变化，尤其在旅游者与目的地旅游从业者的关系中，旅游者处于被服务、相对受尊重的地位，导致当地社区居民以及旅游从业者对旅游者的模仿，包括动态的如语言、表情、手势等，静态的如衣着、仪表等；另外还有生活习惯和心理方面的模仿。这种现象被称为"示范效应"。②

一方面，旅游者在经过长时间的工作生活之后，外出旅游主要是想要放松、愉快、休闲、享乐，因此容易产生一些相对放肆的行为。旅游者离开了工作地和居住地，就算做错某些事情，也少有熟人所知，易躲避舆论和道德监督。一些旅游者道德弱化，追求庸俗的愉悦，例如，色情旅游业由此发展而来。

另一方面，旅游者大量来访，当地居民的行为会慢慢受到旅游者行为的影响，潜移默化，渐渐地不受道德和传统伦理约束。长此以往，旅游目的地容易出现严重的社会问题，如一些旅游目的地出现了赌博、吸毒、卖淫、离婚率攀升等不良社会现象，家庭生活方式改变，族群认同感减弱，影响社会和谐稳定。

 特别提示

旅游者以自身的意识形态和生活方式介入旅游目的地社会，引起当地居民的思想和行为变化。虽然旅游者和当地居民的行为是相互作用和相互影响的，但实际上，旅游者的行为对目的地居民的影响更大。

---

① 李旭东，张金岭．旅游真实性理论及其应用[J]．陕西理工学院学报（社会科学版），2007(4)：51—54．

② 李蕾蕾．跨文化传播及其对旅游目的地地方文化认同的影响[J]．深圳大学学报（人文社会科学版），2000(2)：95—100．

第10章 旅游影响

本章小结

本章介绍了旅游业对旅游目的地经济、环境和社会文化的积极和消极影响。经济方面，旅游业的发展能够增加外汇收入、促进货币回笼、产生乘数效应、带动相关产业的发展、平衡地区经济发展、增加就业机会，也有可能引起物价上涨、产生收入漏损、影响产业结构发生不利变化，而且过分依赖旅游业则会影响国民经济的稳定；环境方面，旅游业能够助推目的地环保意识的提高、提高目的地的环境质量，但也有可能超越环境承载力，破坏生态系统，对目的地的自然环境、生活环境产生不利影响；社会文化方面，旅游业的发展有助于增进旅游者与东道主的相互了解、促进民族文化的保护、推动科技文明的交流和发展，但也可能带来不良的示范效应，文化过度商品化，甚至有可能与当地居民发生冲突，影响社会和谐稳定。

 关键术语

旅游乘数(Tourism Multiplier)：单位旅游消费对旅游接待地区各种经济现象的影响程度的系数，等于旅游在经济系统中（国家或地区）导致的直接效应、间接效应和诱导效应的总和与最初的直接变化本身的比率。

旅游漏损(Tourism Revenue Leakage)：目的地国家、地区或旅游企业向国外进口商品、劳务、资金或由于其他原因而发生的外汇支出和流失。

旅游飞地(Tourism Enclave)：旅游休闲活动空间依托的是当地的土地和旅游资源，但与社区主要地域单元相分离，成为旅游直接经营者的特区。

旅游卫星账户(Tourism Satellite Account)：又称为旅游附属账户，以国民经济核算为统计基础，按照国际统一的国民账户的概念和分类标准，在国民经济核算总账户下所单独设立的一个子系统。

环境容量(Environmental Bearing Capacity)：在一定条件下，一定时间、空间范围内所能容纳的旅游者数量和对旅游行为方式所容忍的程度，主要包括旅游生态容量、旅游空间容量以及旅游生活环境容量等。

旅游商品化(Tourism Commoditization)：旅游企业为了满足旅游市场需求将目的地文化逐步转化为可出售商品的过程。

课后练习

一、选择题

1. 以下选项中旅游业对目的地经济的负面影响是（　　）。
   A. 增加就业机会　　　　　　　　　　B. 平衡国际收支

C. 旅游乘数效应　　　　　　　　D. 旅游漏损

2. 旅游业能够促进国际交流，增进跨文化交流和相互理解，这是旅游对目的地的（　　）影响。

A. 法律　　　　　　　　　　　　B. 经济
C. 社会文化　　　　　　　　　　D. 自然环境

3. 提供服务产品，不需物资产品交易而创汇的行业是（　　）。

A. 工业　　　　　　　　　　　　B. 农业
C. 林业　　　　　　　　　　　　D. 旅游业

4. 用以测定单位旅游消费导致目的地国家或地区净收入变化的旅游乘数是（　　）。

A. 消费乘数　　　　　　　　　　B. 收入乘数
C. 就业乘数　　　　　　　　　　D. 产出乘数

5. 雇用外国雇员的薪金及劳务费用造成的损失属于（　　）。

A. 直接漏损　　　　　　　　　　B. 间接漏损
C. 无形漏损　　　　　　　　　　D. 黑市漏损

6. 发达国家的（　　）带动了欠发达国家和地区的经济消费，在一定程度上可以平衡国际的不均衡发展。

A. 入境旅游　　　　　　　　　　B. 出境旅游
C. 国内旅游　　　　　　　　　　D. 国际旅游

7. 旅游业不仅满足本行业的就业需要，还给其他相关行业或部门提供工作岗位，产生较大的（　　）。

A. 就业需求　　　　　　　　　　B. 就业乘数
C. 就业压力　　　　　　　　　　D. 就业竞争

8. 旅游业发展之初，旅游地居民对蜂拥而至的旅游者持欢迎态度，因为旅游业可以带来可观的（　　）。

A. 社会效益　　　　　　　　　　B. 文化效益
C. 经济效益　　　　　　　　　　D. 环境效应

9. 旅游发展对环境的负面影响按照产生来源分为规划、开发、管理和（　　）影响。

A. 导游带团　　　　　　　　　　B. 饭店排污
C. 交通污染　　　　　　　　　　D. 游客游玩

10. 在旅游活动中，大量的旅游者进入旅游地，使人口密度增大，交通阻塞，造成当地居民的生活空间（　　）。

A. 相对缩小　　　　　　　　　　B. 相对扩大
C. 不变　　　　　　　　　　　　D. 不确定

二、填空题

1. 旅游乘数是指单位旅游消费对旅游接待地区各种经济现象影响程度的_____。

2. 目的地国家、地区或旅游企业向国外进口商品、劳务、资金或由于其他原因而发生的外汇支出和流失是旅游_____。

3. 旅游出口与传统商品出口不同的是，旅游者与支付款项的流动方向是_____的。
4. 环境容量是指在一定条件下，一定时间、空间范围内所能容纳的_____和对旅游行为方式所容忍的程度。
5. 旅游飞地指旅游依托目的地的土地和旅游资源，其经济带动作用与当地_____关联很小。
6. 旅游企业为了满足旅游市场需求将目的地文化逐步转化为可出售商品的过程是旅游_____的过程。
7. 旅游真实性是一个复杂的概念，分为客观主义真实性、建构主义真实性和_____。
8. 旅游卫星账户可以较深入地了解和分析游客消费、旅游供给的总量和_____。
9. 旅游者在目的地影响当地居民的正常生活，导致居民对旅游者产生埋怨、愤怒的情绪，视其程度不同，可用_____指数加以判断。
10. 旅游者在目的地的言行、着装等能够潜移默化地影响当地居民，这种现象被称为_____。

三、判断题

1. 旅游者的时空移动对旅游目的地的社会文化产生重要影响，同时对客源地的社会文化也会产生影响。（　　）
2. 旅游的产业链长，能够带动相关各产业的发展，是各地政府的支柱性产业。（　　）
3. 旅游换汇成本低于外贸商品的换汇成本，因而换汇率较高。（　　）
4. 实践证明，旅游业能帮助贫困地区居民，增加地方财政收入，是落后地区实现脱贫致富的首要选择。（　　）
5. 旅游漏损与旅游乘数呈正相关的关系，即旅游漏损越大，旅游的乘数效应也就越大。（　　）
6. 旅游消费一般要高于目的地居民日常水平，造成当地农副产品的价格上涨，引发通货膨胀。（　　）
7. 一个地方出现旅游飞地，说明旅游业与该地区的经济关系紧密，旅游的乘数效应很高。（　　）
8. 存在主义真实性不关心旅游客体真实性，只重视旅游者的主观体验，不能用于指导旅游资源的开发和利用。（　　）
9. 主题公园的环境容量很高，可以容纳众多的旅游者，不会影响旅游者的旅游体验的质量。（　　）
10. 一些民俗被频繁地搬上舞台，为随时到访的旅游者表演，这是"舞台化的真实"，是旅游商品化的表现。（　　）

四、问答题

1. 什么是旅游卫星账户？有什么作用？
2. 旅游业对目的地经济有哪些正面影响？
3. 为什么说过分依赖旅游业有可能影响国民经济的稳定？
4. 哪些情况会出现旅游漏损？如何应对？

5. 为什么会出现文化旅游资源商品化？过度商品化的后果是什么？

五、论述题

1. 论述是否引进外资越多，对地方经济发展就越有利。
2. 阐述在旅游资源开发的同时，如何防止文化旅游资源过度商品化。

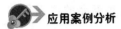应用案例分析

印度尼西亚巴厘岛的旅游

印度尼西亚巴厘省统计局每年发布的报告显示，自1969年以来，这个地区的国内生产总值持续升高，增长的比率超过了全国平均数。由联合国开发署为印度尼西亚政府做的研究表明，20世纪80年代巴厘地区生产总值大幅增长。这一期间，巴厘地区经济经历了一个大的转变，农业的重要性迅速下降，工业、建筑和管理的重要性上升，贸易、交通和酒店业大幅增长，从事旅游工作岗位的人达60%，失业率显著降低，旅游增长带来的收入在居民中被广泛地分配，这一切都应归功于旅游业。2022年二十国集团(G20)领导人峰会在印度尼西亚巴厘岛举行，进一步提高了巴厘岛作为国际旅游目的地的地位。

巴厘岛旅游开发经历了三个阶段。一是探索阶段，始于20世纪30年代，当时的荷兰殖民政府利用巴厘岛历史底蕴和文化独特性，吸引一些欧洲研究人员和欧洲、美洲游客到巴厘岛研究、考察当地文化。二是当地社区参与阶段，始于20世纪70年代，当地社区响应并参与提供旅游服务。三是发展阶段，始于20世纪80年代，外商投资，旅游市场系统性地增长。旅行社开始市场营销，进口商品、服务；外地工人涌入，各地兴建酒店、旅馆，大众旅游兴起。

据相关资料统计，1980年，巴厘岛旅游业直接创造了7500个工作岗位，其中4500个在酒店业。1987年，旅游业开始高速发展，创造了18000个工作岗位，其中酒店11000个，餐饮2300个，旅行社和交通1700个，其他300个。1994年，旅游业更是创造直接就业岗位47000个，其中酒店32000个，餐饮8300个，旅行社1800个，交通1900个，导游3000个。以前留在家庭农场的巴厘工人，后来都涌向乌布、水明漾和努沙杜瓦等热门景点，成为酒店工人、导游、按摩师、厨师和纪念品小贩。1994年，该地区国内生产总值超过20亿美元，人均收入已经达到900美元。到了2019年，巴厘岛(人口430万人)收入的53%直接来自旅游业，另有数据显示，超过25%的收入间接来自旅游业。

巴厘岛不仅自然风光绮旎，人文资源也非常丰富。儒家、道家、佛教供奉神灵的宝塔，与印度教寺庙建在同一建筑群中；古罗马哥特式教堂建筑，与巴厘岛建筑浑然天成，这些都展现了东西方文明在巴厘岛上的交汇与融合，显示了人类的宽容和多元文化的价值观，给游客们一种焕然一新的体验。当地的雕刻、绘画、纺织、音乐各具特色，既能吸引游客来此观光旅游，又能对外宣传巴厘岛。为此，巴厘岛开发了多种多样的符合巴厘岛特色的旅游产品和纪念品。游客在参加巴厘岛传统的婚庆仪式，体验巴厘岛风土人情时，还可以带走巴厘岛的特色旅游产品留作纪念。

舞蹈是巴厘岛旅游的另一大特色，形式多样，但为游客表演的却非常单一，可分为3

类：第一类是现代新创的，专供游客娱乐；第二类是从驱邪仪式转化而来，为旅游表演做了改变；第三类是欢迎舞蹈，原本是作为对游客的一种欢迎仪式而创造的，后来却出人意料地也被作为迎神的仪式而进入宗教领域，显示了文化与旅游的融合。如今，巴厘舞蹈已经成为巴厘旅游业的一个主要卖点，但一些舞蹈队为游客表演需要通过中介公司，而中介公司有意让几家舞蹈队互相竞争，从而向他们施加各种条件获取更多的利润。

在巴厘岛，游客明显感到了巴厘人代际鸿沟的存在。年轻人要比年长者开放得多。从服饰穿着到饮食，年轻人很容易接受外来的观念。对于宗教，他们已经没有老人的忠诚和热忱。一批外语较好的年轻人，因从事旅游服务而得到了较高的收入，他们的生活方式正在脱离传统。虽然他们中的一些人就是为旅游者表演宗教舞蹈的舞者，但他们并不都了解自己表演的舞蹈的文化渊源和内涵。每天的"拜拜"、传统的婚礼、火葬，以及雷公舞、木雕等旅游纪念品，是否会让巴厘岛独特的文化"变味"？

以往巴厘人的世俗生活是很平淡的，因为不少居民家庭以渔业或农业为生，农耕和捕鱼是他们主要的经济来源。如今，夕阳映衬之下，还有一些村子里还没有烛光或是灯火，显得特别静谧。厌倦了大城市的喧嚣，星级酒店的饕餮盛宴，不妨到这些村落里走走，感受一下最淳朴当地人的生活和最地道民俗风情。巴厘岛旅游业快速发展，人们的生活节奏在加快。失去了那些原住民的村落和文化，巴厘岛还能吸引八方游客吗？

讨论：
1. 旅游业对巴厘岛的社会经济产生了什么样的影响？
2. 以巴厘舞蹈为例，如何处理旅游商品化与文化传承的关系？

第 11 章 旅游市场营销

教学目标

通过本章的学习，了解旅游服务营销的特性，熟悉旅游分销的各种渠道，以及影响企业选择分销渠道的主要因素。了解目的地营销对旅游目的地发展的重要意义，掌握不同旅游组合营销策略，为旅游企业市场营销提出营销建议。

教学要求

教学内容	重点☆、难点*	教学提示
服务营销	（1）服务营销的概念 （2）服务营销的特点☆	本章主要与第1章、第4章、第6章、第7章、第8章、第9章等内容相关联，教学时可前后对应，以便掌握各章节教学内容的内在联系
分销渠道	（1）旅游分销渠道概述 （2）直接分销渠道和间接分销渠道☆* （3）旅游分销渠道与互联网	
营销组合	（1）4Ps与7Ps营销组合☆* （2）4Cs与4Rs营销组合*	
目的地营销	（1）旅游目的地形象* （2）旅游目的地营销主体☆ （3）旅游目的地营销理念	

> 人出门旅行并不是为了到达某地，而是为了旅游。
>
> ——歌德

服务营销　旅游分销渠道　目的地营销

第11章 旅游市场营销

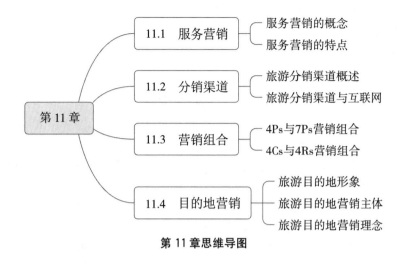

第11章思维导图

导入案例

甘孜州理塘的"江南style"

《江南style》是第一个在YouTube网站上点击量超过10亿次的视频。2012年9月，这支"稻草鸟叔"的音乐录像还打破吉尼斯世界纪录，成为YouTube历史上最受人"喜欢"的视频。2020年11月，四川甘孜州理塘的"江南style"迅速在网络疯传，他就是"甜野男孩"丁真，一个四川省理塘县土生土长在牧区的普通藏族小伙子的营销故事。

2020年11月，一次偶然的机会让藏族小伙子丁真闯进了摄影师的镜头。他笑容灿烂纯真、略带野性，被称为"甜野男孩"。俊朗的面容、挺拔的身姿，骑上一匹白马驰骋在草原的飒爽英姿，受到了许多人的关注和喜爱，他一举成为网红。这段只有7秒的视频，短时间内播放量达到1200万次。"丁真是谁？这是哪里？"相关话题迅速冲上热搜。

当地一家国企迅速与"甜野男孩"签约，丁真成为家乡甘孜州理塘的旅游形象大使。以他为故事拍摄的理塘旅游宣传片《丁真的世界》短短三天72小时，播放量就突破7亿次，中国之声、新华社、《中国青年报》、新浪微博等众多媒体进行了宣传报道。丁真还入选了《人民日报》"人民旅游"2020年十大旅游事件，甚至被外交部新闻司司长华春莹点赞。《丁真的世界》引发了一场传播量超50亿次的媒体、文旅部门参与的网络营销事件。

过去鲜为川外所知的理塘县一时全国闻名，成为极具旅游吸引力的"网红"打卡地。携程数据显示，理塘热度从2020年11月20日起大涨，到11月最后一周，"理塘"搜索量猛增620%。丁真引发了旅游目的地"抢人大战"，甘孜州的旅游热度水涨船高。2020年11月25日，甘孜州酒店预订量较上一年同期增长89%。2021年甘孜州在线旅游热度和口碑仅次于北京，跃居全国第二。四川甘孜州理塘县低成本的网络视频营销初见成效。

点评：

风光好不如营销好。从一个短视频引发传播量超50亿次的营销案例，开启了通过短视频作旅游市场营销的新模式,是旅游目的地营销的范例。"甜野男孩"《丁真的世界》视频成为继穿越天门、卡通市长、阿凡达、翼装飞行、《江南 style》等营销事件之后又一旅游营销的亮点。

11.1　服务营销

旅游目的地之间的竞争不仅是旅游资源的竞争,还是旅游市场营销策略和服务理念的竞争。在雷柏尔旅游模型中,位于模型中首位的旅游者和位于模型末端的旅游目的地是旅游模型内最重要的内在因素。旅游模型的动力有赖于二者之间的"推—拉"作用,从而激发旅游模型,产生模型内的旅游流(市场)。但是,旅游市场营销的有效性也将影响模型内旅游流,对旅游者的目的地选择产生重要影响。

旅游市场营销是旅游经济个体(个人和组织)对思想、产品和服务的构思、定价、促销和分销的计划和执行过程。[①] 旅游产品是服务产品,旅游者购买的不是有形的实体产品,而是通过旅游企业提供的服务所获得的不同于居住地和工作地的感受和体验。因此要理解旅游市场营销,必先懂得服务营销。由于服务产品不同于实体产品的特性,因此旅游市场营销也就不同于一般的实体产品市场营销。

随着社会的进步,人们可自由支配的收入提高,旅游者需要的并不是一个产品的所有权,更需要的是这种产品带来的特定或个性化的服务,从而有一种被尊重和自我价值实现的感觉,而这种感觉所带来的就是顾客的忠诚度。服务营销是旅游行业发展的一种新趋势,是社会进步的一种必然产物。

11.1.1　服务营销的概念

"服务"是现代市场营销学的核心,营销学者一般是从区别于有形实物产品的角度来研究和界定"服务"的。1960 年,美国市场营销学会特韦特(Twedt)最先指出:服务是用于出售或者随同产品一起进行出售的活动、利益或者满足感。之后,他又做出补充:服务是不可感知但可使欲望获得满足的活动,这种活动并不需要与其他的产品或服务的售出联系在一起。服务时可能不会利用到实物,而且即使需要借助某实物协助服务,也不涉及此实物的所有权转移问题。[②]

1995 年,菲利普·科特勒(Philip Kotlen)将服务定义为:服务是一方能够向另一方提供的、基本上是非实体的任何活动或利益,并且不导致任何所有权的产生。[③] 本书采取的定义是:服务营销是指企业在分析消费者需求的前提下,为充分满足消费者需求而在营销过程中所采取的一系列市场活动。

[①] 吴旭云. 旅游市场营销[M]. 上海:上海交通大学出版社,2020.

[②] TWEDT D W. The American Marketing Association in 1960[J]. Journal of Marketing,1960(25):57—61.

[③] PHILIP KOTLER,KAREN F A. Strategic Marketing for Educational Institutions[M]. New Jersey:Prentice-Hall,1995.

小贴士

服务概念形象化的解释

有人将服务概括为"SERVICE",这个单词字母所代表的含义是:S—Smile(微笑,即服务是对每一位顾客提供微笑服务);E—Excellent(出色,即服务提供者要将每一项微小的工作都做得很出色);R—Ready(准备好,即服务提供者要随时准备好为顾客服务);V—Viewing(看待,即服务提供者要把每一位顾客都看作需要提供特殊照顾的贵宾);I—Inviting(邀请,即服务提供者在每一次服务结束时,都要邀请顾客再次光临);C—Creating(创造,即每一位服务提供者都要精心创造出使顾客能享受其热情服务的气氛);E—Eye(眼光,即每一位服务提供者始终要用热情好客的眼光关注顾客,并及时提供服务)。很有趣的是,英语"Service"本身的意思就是"服务"。

11.1.2 服务营销的特点

从表面上看,服务是一件很平常的事,实际上服务是一个复杂的过程。服务营销专家克里斯蒂·格鲁诺斯(Christian Gronroos)认为,服务是以无形的方式,在顾客与服务人员、有形资源商品或服务系统之间解决顾客问题的一种或一系列行为,具有5个特征:无形性、差异性、互动性、同步性、易逝性。换句话说,服务管理把服务当作一种生产、营销、消费的对象。作为一种包含各种有形和无形服务的集合,人们称这种产品为"服务包"。① 与有形产品营销相比,旅游服务营销有以下特点。

1. 服务营销的无形性

旅游产品具有无形性的特征,旅游者只有通过服务环境中有形事物的感知来建立对旅游企业形象和服务质量的认识。顾客对有形产品可以凭视觉、听觉、触觉等直观地感知、识别,在购买产品之前,对企业的服务往往是看不见、摸不着的。服务营销的无形性要求服务营销者必须把无形服务转化成具体利益和完美体验。旅游产品不是有形产品,它以非实物的形式为他人或组织提供利益。当然,在许多情况下,无形的服务往往是通过有形的产品或与有形的产品结合发生作用的。利用服务过程中可传达服务特色及内涵的有形展示来辅助服务产品的推广,这种方法在服务营销管理中被称为"服务实体化策略"。②

小思考

以酒店为例,为了增加酒店服务的有形性,你认为可以采取哪些服务实体化的措施取得理想的营销效果?

---

① 克里斯蒂·格鲁诺斯. 服务市场营销管理[M]. 吴晓云,冯伟雄,译. 上海:复旦大学出版社,1998.

② 许晖. 服务营销(第二版)[M]. 北京:中国人民大学出版社,2021.

特别提示

酒店产品由核心产品、形式产品和追加产品三个层次构成。每一行业中都渗透着服务，差别在于服务成分的多少。在由"纯粹有形产品"向"纯粹服务"过渡的产品分类模式中，酒店产品属于"有形产品与服务的混合"，是服务成分较高的产品。

2. 服务营销的差异性

一方面，由于在同一时间、地点，不同的旅游者有不同的需求，而在不同时间、地点，同一旅游者的需求侧重点不同，服务产品与旅游者需求之间的关系也不是一成不变的，旅游服务仅靠严格管理和规范操作并不能让旅游者人人都感到满意。另一方面，不同的服务人员提供同样的服务存在质量上的差异性。服务人员的素质和技能，乃至心情都会影响服务的质量。因此，唯有针对性的个性服务才能打动旅游者的心。

 特别提示

个性化服务是满足旅游需求差异性的重要手段，但个性化服务意味着成本的增加。这就需要在旅游者满意和效益之间寻求一个最佳结合的服务模式：以满足多数旅游者的共同需求的规范服务为主，辅之以满足旅游者的个性化需求的非规范服务，显示旅游服务的特色。

 **头脑风暴**

以你自身的一次旅游经历为例，谈谈哪些人为你提供了服务？这些人当时的行为是如何影响了你的旅游体验的？

3. 服务营销的互动性

旅游服务的特征之一是旅游者主动参与服务生产过程，每一个关键时刻都涉及旅游者和服务提供者之间的相互作用。旅游者在服务过程的加入使服务效果不仅取决于服务者的素质、专业知识以及服务者是否被赋予了足够的自主权，还与旅游者的个人行为特点密切相关。旅游者与服务者的互动是服务营销的本质特征之一，这种互动不是一时的，应该是长期的。服务者和旅游者是旅游营销管理的两个主要目标。

 小思考

旅游者是旅游产品的生产者，也是旅游产品的消费者，在很大程度上，旅游者也是旅游产品的营销者。你认为旅游企业应当如何与旅游者互动，在旅游消费过程中发挥旅游者的营销作用？

4. 服务营销的同步性

一般来说，有形产品是"先买后用"，但服务产品却是"边买边用"，甚至是"先用后买"。有形产品可以通过广告宣传等方式让顾客了解产品并达到尝试购买的目的,甚至在购买前便开始体验和消费;而服务的生产过程与服务的消费过程是同步发生的,服务人员提供服务之时也正是客户消费享用服务之时,这里可用"同步性"来代替"不可分离性"。客户参与到服务生产与传递的过程之中,若不身临其境,很难想象和体会到服务带给人们的感受。由于服务产品的生产和销售同时进行,因此,这类产品的销售人员和服务人员同消费者的相互作用就会直接影响产品的质量。旅游服务营销贯穿整个旅游消费的过程,包括游前、游中、游后消费过程。只有当旅游者返回自己的居住地,旅游消费才会终止,服务营销才基本结束。

头脑风暴

小马等20人参加康辉旅行社组织的甘肃敦煌文化一日游。从酒店前往阳关,途中参观"敦煌古城",远观汉代烽火台,后参观莫高窟姊妹窟"西千佛洞"。中午在"阳关葡萄沟"的葡萄架下亲手采摘农家葡萄,品尝农家特色菜。下午游览敦煌玉门关、国家地质公园敦煌雅丹地貌(魔鬼城),观雅丹日落,体验罗布泊大自然奇观。游客从早上到下午游览过程中兴致都很高,但在回酒店的路上导游一言不发,大巴在路途上颠簸而行,大家饥饿口干,小马等游客变得情绪低落,兴趣荡然无存,回店后投诉了旅行社。你认为导游被投诉的原因是什么?

5. 服务营销的易逝性

服务是易逝性产品,如不使用将会永远失去。旅游景区的旅游设施、酒店床位等实体形态的存在,只能代表旅游服务供应能力而非旅游服务本身。旅游者对服务的需求受到旅游者的时间、收入、季节性等因素的影响差别很大,如何充分利用旅游服务能力,使波动的市场需求同供应相匹配并在时间上一致并非易事。① 服务的易逝性又被称为不可储存性,指的是服务作为一种非实体的产品,不管在时间上还是在空间上都是不可储存的。②

首先,服务不能在生产后储存待售。酒店的床位和客房服务不能储存,今天没有客人住宿,客房就闲着,就是实实在在的损失。飞机上的座位同样不能储存,这趟航班剩下的座位是不可能保存到下一趟航班的。这些空房、空座位以及闲置的服务设施和人员,都是不可弥补的损失,其损失表现为营利机会的丧失和折旧的发生。其次,服务也无法购买后储存。当旅游者购买或者消费服务结束后,服务也随即消失,不能在时间上或空间上将服务保存起来。例如,去酒店吃饭,酒店服务人员给旅游者提供接衣、挂帽、拉椅、斟茶、倒酒等服务,但是一旦旅游者离开酒店,酒店的服务也即消失,无法储存起来享受这些服务。

特别提示

旅游产品具有易逝性的特征,只要有一次服务失误就可能导致顾客不满,并可能永远

---

① 王诺斯. 酒店营销理论与案例[M]. 北京:中国铁道出版社,2013.
② 苏朝晖. 服务的特性及其对服务业营销的影响[J]. 生产力研究,2012(6):204-206.

失去该顾客的信任。服务补救是服务营销重要的内容，它可以提供一个机会去弥补易逝性缺陷所造成的损失，并提供一个让旅游者留下正面服务印象的机会。

延伸阅读

希尔顿服务补救措施

希尔顿酒店在服务补救方面的措施主要有：酒店首先对员工进行客户关系管理（Customer Relation Management，CRM）入门培训，告知服务补救的重要性，使服务补救理念融入企业文化之中。酒店制定了严格统一的服务标准，设立顾客档案经理的职位，负责顾客信息的汇总并建立数据库，从而保障在每个顾客接触环节都可以识别某个顾客及其个人偏好。酒店结合顾客反馈信息不断改良顾客信息库，这样在失误发生后，能根据客人的个人偏好、特殊要求以及在各个接触点过往的服务失误采取有针对性的补救措施。在补救过程中，酒店开通顾客投诉渠道，建立服务补救工具箱，保证服务补救的成效，消除客人因为服务失误造成的不快。在希尔顿酒店，员工被授权可以花费2000美元为顾客解决问题。尽管这笔钱很少用到，但公司这一激励措施使员工行使补救权力时不用担心受罚。

11.2 分销渠道

11.2.1 旅游分销渠道概述

什么是分销渠道？分销渠道是商品流通的渠道。菲利普·科特勒认为，分销渠道是指某种货物或劳务从生产者向消费者移动时取得这种货物或劳务的所有权或帮助转移其所有权的企业和个人。[①] 因此，分销渠道主要包括中间商（他们取得所有权）和代理中间商（他们帮助转移所有权）。此外，它还包括处于分销渠道的起点和终点的生产者和消费者。[②] 但是，旅游产品的消费不会发生所有权的转移，具有非物质性和不可运输性。与传统分销商品方向不同，通常是旅游者向产品提供所在地方向移动，因此旅游产品的分销渠道有自己的特点。

一般来说，在旅游市场不断发展并逐渐成熟的条件下，大多数旅游产品并不是由旅游企业直接供应给旅游消费者，而是要经过或多或少的中介组织，即旅游中间商。与大多数工业部门不同，旅游业的分销难以依靠传统的从生产到市场的分销系统，如批发、仓储、运输、零售和其他活动，而旅游产品，无论是整体产品还是局部产品，都是在目的地同时生产和消费的，它更依赖于旅游中间商和旅游代理商。从这个角度来看，旅游中间商是旅游分销的主要承担者。由于多种因素的影响，旅游分销渠道形成多种状态，按照中间商的数量可分为直接分销渠道和间接分销渠道。

---

① PHILIP KOTLER. A Framework for Marketing Management[M]. New Jersey：Prentice-Hall，2001.
② 寇燕，高敏，诸彦含，等. 顾客心理所有权研究综述与展望[J]. 外国经济与管理，2018，40(2)：105－122.

头脑风暴

小刘参加中国旅行社五日游后离开北京，预订了河南郑州中州皇冠假日酒店。入住酒店时，小刘在酒店商务服务中心办理了河南青年旅行社的"河南佛教文化一日游"。第二天7：30随团从郑州乘车赴登封，参观佛教禅宗祖庭少林寺；午餐后乘车赴洛阳（70公里高速，1小时），参观世界文化遗产龙门石窟。同日下午从洛阳乘车返回郑州，次日飞回上海。

分组讨论：本案中小刘使用了哪些渠道购买旅游产品？在旅游产品分销渠道中，哪些企业参与了旅游产品的营销？

1. 直接分销渠道

直接分销渠道是指旅游企业在市场营销活动中不通过任何旅游中间商，而直接把旅游产品销售给消费者的分销渠道。通过这种分销渠道，旅游企业直接与旅游者交往，有利于强化旅游企业的形象，提高旅游产品的质量，控制旅游产品的成熟过程和程度。在直接销售量大和旅游者购买力较稳定的情况下，旅游企业可以省去中间商的营销费用，以较小的成本获取较大的利润。

2. 间接分销渠道

间接分销渠道是指旅游企业通过两个或两个以上的旅游中间商向旅游消费者推销旅游产品的分销渠道。间接营销渠道是旅游产品主要的分销渠道，渠道越长，旅游产品市场扩展的可能性越大，但旅游企业对旅游产品销售的控制能力和信息反馈的清晰度就越差。在间接分销渠道中，按渠道的宽度可以分为密集分销、独家分销、选择性分销。

（1）密集分销，是指在渠道层次中尽可能多地选中间商，使渠道加宽，与旅游产品的营销市场密切接触。密集分销适用于旅游消费者集中的场合或者企业主要目标是为旅游者提供大众旅游产品。

① 密集分销的优点：可以扩大旅游产品生产者或提供者的销售面和销售量。

② 密集分销的缺点：销售费用增大，对产品营销失去控制，因竞争激烈而跌价，渠道成员服务质量滑坡，旅游企业形象受到损害。

小思考

主题公园产品应当采取什么样的分销渠道？

（2）独家分销，是指在一定的市场区域内仅选择一家经验丰富，信誉突出的中间商推销旅游企业产品。独家分销是最极端的形式，最窄的分销渠道，适用于旅游产品市场开拓和信誉提高及一些特殊的高价旅游产品。

① 独家分销的优点：有利于控制中间商，提高他们的经营水平，也有利于增强旅游企业形象，增加企业利润。

② 独家分销的缺点：只与一家中间商合作，风险较大；销售面窄，灵活性小，不利于旅游消费者的选择购买。

 **头脑风暴**

《财富》全球论坛将在成都举行，包括可口可乐、力拓集团、达美航空、强生、诺基亚等60余家顶尖跨国公司全球首席执行官（CEO）和公司高管确认参会，会后有可能在成都旅游，你认为应当采取什么样的分销渠道做旅游产品营销？

（3）选择性分销，是介乎上述两种形式之间的分销形式，即有条件地精选几家中间商进行营销。这种形式对所有各类产品都适用，它比独家分销面宽，有利于扩大销路，开拓市场；比密集性分销节省费用，较易于控制，不必分散太多的精力，适用于价格较高的旅游产品。

① 选择性分销的优点：有条件地选择中间商，可增强对渠道的控制，有助于加强彼此之间的了解和联系，使被选中的中间商愿意努力提高推销水平。经过认真挑选的旅游中间商，一般都有较强的经营能力与良好的声誉，有利于提高绩效，维护旅游产品的声誉。

② 选择性分销的缺点：旅游企业和中间商的选择是双向的。如果旅游企业的规模不大，知名度不高，要想挑选满意的中间商会受到一定限制，也需让利于中间商。

 即学即用

某知名旅行社将在你所在的城市推出"欧洲五国10天深度文化游"，全包价35000元，请你建议旅行社采取什么样的分销方式？为什么？

11.2.2 旅游分销渠道与互联网

艾瑞咨询统计数据显示，我国在线预订市场交易规模不断增长。在互联网和大数据时代，旅游目的地分销渠道正发生着深刻的变化。互联网对旅游分销渠道所带来的影响主要是去中间化（Disintermediation）和再中间化（Re-intermediation）两个方面。去中间化是指互联网对中间商（尤指传统的中间商）分销功能的替代影响；而再中间化是指中间商利用互联网所提供的便利优势，将自己原有的功能和机制重新组合，继续在旅游分销渠道中发挥自己独特的优势。①

旅游电子分销渠道是未来旅游分销的重要渠道，以互联网为主要分销平台的旅游电子分销渠道在旅游分销体系中地位的重要性越来越明显。调查显示，利用互联网向旅游者提供直接预订和购买最具成本优势的供应商首先是航空公司，其次是酒店，最后是旅游景点。功能单一或功能上容易数字化的旅游产品最能发挥互联网渠道的优势，机票和客房更适合网上销售，而旅游景点在使用互联网向旅游者提供直接预订和购买服务方面同样具有成本上的优势。

 延伸阅读

互联网对黄山旅游分销渠道的影响

互联网使黄山旅行社的分销路径一分为三：路径一，旅游者通过组团社参团，组团

---

① 冯郑凭.互联网对我国旅游分销渠道的影响研究——从旅游业者视野的角度分析[J].北京第二外国语学院学报，2010，32（3）：45－50＋44.

社通过互联网联系黄山旅行社，由黄山旅行社订购酒店、景区产品并负责地接；路径二，旅游者通过互联网直接联系黄山旅行社参团，由黄山旅行社订购酒店、景区产品并负责地接；路径三，旅游者通过互联网委托黄山旅行社代订酒店，但自行安排线路行程。

从黄山在线预订网站发展的历程可以看出，在线预订网站的发展使其分销渠道演变为两种主要路径：其一是旅游者通过在线预订网站预订酒店、景区门票等，由旅游者自行安排游览行程；其二是旅游者网上预订旅游线路产品，由网站所属实体旅行社或合作的旅行社进行接待服务。

在分销功能上，在线预订网站由单一的酒店或景区门票预订功能逐渐向旅游线路预订功能延伸，而网络预订与实体旅行社结合的模式中，黄山旅游信息网成立了实体旅行社——黄山网络旅行社。黄山途马旅游电子商务网也与下属旅行社合作，通过传统分销渠道来实现网络分销渠道的功能延伸。

11.3 营销组合

市场营销组合是指针对目标市场的需要，综合考虑环境、能力、竞争状况，对可控制的各种营销因素（产品、价格、分销、促销等）进行优化组合和综合运用的营销方法。市场营销组合的出现，意味着市场经营观念开始了新旧观念的转变，即发展到了新的观念——市场营销观念。市场营销观念的核心是以目标顾客的需要为中心，实行市场营销组合，着眼于总体市场，从而取得利润，实现企业营销目标。

11.3.1 4Ps 与 7Ps 营销组合

1. 4Ps 营销组合

20 世纪 60 年代是市场营销学兴旺发达时期，突出标志是市场态势和企业经营观念的变化，即市场态势完成了卖方市场向买方市场的转变，企业经营观念实现了由传统经营观念向新型经营观念的转变。与此相适应，营销手段也多种多样。1960 年，美国市场营销专家麦卡锡（E. J. McCarthy）在营销实践的基础上，提出了著名的 4Ps 营销策略组合理论，即产品（Product）、渠道（Place）、价格（Price）、促销（Promotion）。4Ps 营销组合的提出奠定了管理营销的基础理论框架，很快成为被普遍接受的一种营销组合方式。[1]

（1）产品（Product）。旅游产品的范围实际上很广，它是指一切可满足旅游者需求的有形产品和无形服务，也包括思想观念。旅游产品包括三个层次：核心产品、形式产品、附加产品。核心产品是指旅游产品能满足旅游者特定需求的使用价值；形式产品是指旅游产品向市场提供的实体和产品的外观；附加产品是指旅游产品提供给旅游者的附加利益和优惠条件。

（2）渠道（Place）。旅游营销渠道是指旅游产品从旅游生产企业向旅游消费者转移过

---

[1] MCCARTHY E J. Basic Marketing: A Managerial Approach[M]. Homewood: R D Irwin, 1960.

程中各种独立组织的组合，包括：选择产品销售地点、选择合适的旅游中间商、维持有效的流通中心等。旅游企业通过旅游营销渠道将旅游产品在"特定的时间""特定的地点"，以"特定的方式"提供给"特定的旅游消费者"。

（3）价格（Price）。价格是旅游产品价值的反映形式。价格不仅与产品本身相关联，也与品牌的附加内涵和价值相关联，与市场的供求关系相关联。旅游产品的定价方法包括成本导向法、需求导向法和竞争导向法。

（4）促销（Promotion）。促销关心的是如何将旅游产品信息有效地传递给潜在购买者，其作用包括：刺激旅游需求，扩大旅游产品销售；提供信息，沟通供需关系；突出旅游产品特点，强化竞争优势；树立企业良好形象，提高抗风险能力。广告、营业推广、人员推销和公共关系是促销四大工具。

特别提示

尽管营销组合概念得以迅速、广泛传播，但同时也受到批评。4Ps营销要素只从交易的一方卖方考虑问题，而不是从顾客或整个社会利益来考虑，实际上仍是生产导向观念的反映，没有体现市场导向或顾客导向，对于旅游这样的服务产品来说，局限性较大。

2. 7Ps营销组合

传统的4Ps营销组合理论研究是从20世纪五六十年代的包装消费品发展起来的，虽然传统的营销组合中包含了重要的营销元素，但后来市场的发展证明有较大的局限性。许多学者专家一致认为传统的4Ps营销组合过于简化，且有误导之嫌。在服务业中，营销并不只是营销部门的事，它要涉及整个组织。克里斯托弗（Christopher）、培恩（Payne）和巴兰坦（Ballantyne）认为，营销组合除了必须强化4Ps营销组合之外，还应加入人员、过程以及顾客服务等元素（People，Process，Customer Service）。① 布姆斯（Booms）和毕特那（Bitner）指出，服务营销不同于商品营销，应当有三项新的营销元素。② 具体来说，即在传统营销的4Ps营销组合策略上，应加上"3Ps营销组合"，即人员（Participant）、过程（Process）、有形展示（Physical Evidence），见图11-1。布姆斯和毕特那的7Ps营销组合最具影响，在旅游市场营销中被普遍使用。

（1）人员（Participant）

在旅游市场营销中，人扮演着传递与接受服务的角色。这里的"人"就是指旅游企业的服务人员和旅游者。旅游服务的特色之一是"服务产生与旅游者消费同时进行"，因此，旅游企业的服务人员在营销过程中极为关键，他们在很大程度上影响了旅游者对服务质量的认知与喜好。事实上，旅游服务人员与服务质量是旅游产品不可分割的一部分。营销人员不仅要处理旅游公司与已购旅游产品的旅游者之间的互动关系，还要兼顾未购顾客的行

---

① CHRISTOPHER M，PAYNE A F T，Ballantyne D. Relationship Marketing：Bringing Quality，Customer Service and Marketing Together[M]. Oxford：Butterworth Heinemann，1991.

② BOOMS B H，BITNER M J. Marketing Strategies and Organization Structures for Service Firms[A].//In Marketing of Services[C]. Chicago：American Marketing Association，1981：47—51.

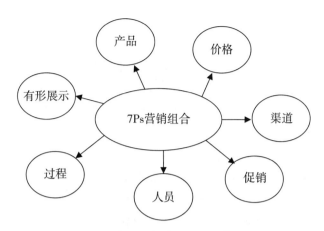

图 11-1　布姆斯与毕特那 7Ps 营销组合

为与态度。对于旅游市场营销来说,"人员"不仅包括旅游服务的提供者——员工,还包括旅游服务的消费者——旅游者。

小思考

以你的一次旅游经历为例,谈谈哪些旅游从业人员为你提供了服务?为什么说旅游从业人员和旅游者都是"营销员"?

特别提示

旅游企业营销涉及两组人群——客人(即旅游者)和主人(即旅游企业的所有员工)。旅游多为群体活动,顾客互相混合,并且彼此影响,不同的组合会产生不同的效果。不良的顾客言行可能会打扰或侵犯其他顾客,友好礼貌的顾客会提高其他顾客的服务满意度。处理好主客关系是本行业最关键的工作之一,主要涉及四个部分:员工的选择、管理和培养;全面质量管理(Total Quality Management,TQM)和服务质量(Servqual)控制;关系营销(Relationship Marketing);顾客组合(Customer Portfolios)。关系营销强调顾客忠诚度,保持老顾客比吸引新顾客更重要。

(2) 过程(Process)

过程即指旅游服务通过一定的程序、机制以及活动得以实现的流程。旅游企业为提供旅游服务所进行的所有工作活动也是服务过程,如旅游线路的设计、旅游活动的组织、旅游活动过程(包括售前和售后服务)的管理和控制。从旅游者的购前信息咨询,到旅程中的吃、住、交通、游览、娱乐、购物等各项服务,再到旅游结束后的客户关系服务,都是旅游过程要素的组成部分。旅游过程通常被认为是服务产品的组成部分。由于旅游者参与服务产品的生产过程,旅游者对服务的满意度不仅来自旅游产品的实物,同时也来源于服务过程所传递的感受。

特别提示

旅游市场营销涵盖旅游者从预订、离开常住地到旅游结束回家的全过程。服务过程的设计在一定程度上关系到一线服务人员提供服务的成本、效率、质量以及难易程度。旅游过程的设计中，旅游者的参与度越高，服务人员提供满意服务的可能性就越高。

(3) 有形展示（Physical Evidence）

最好的服务是将无法触及的东西变成有形的服务。在一个购买环境里，任何有形的产品通过服务传播及表现会变得更为完整。旅游企业为了提高产品的吸引力，将自身的服务特色进行有效的实物化，并通过展示使产品更容易被旅游者把握和感知，这就是旅游有形展示。旅游环境的重要性在于旅游者能从中得到可触及的线索，体验企业所提供的服务质量。事实上，旅游环境本身是旅游者评估服务程度与质量的依据，特别是酒店、主题公园、旅游景区等更是如此。因此，旅游环境是旅游产品本身不可或缺的一部分，而可触及的、可感知的有形展示，更能让旅游者获得美好的旅游体验。

旅游环境、旅游信息以及旅游结果所涉及的一切有形载体和设施都可以划归为旅游有形展示的范畴。旅游企业的有形展示可以分为两大类型：一类是服务场景，包括企业内部和外部所有的有形设施；另一类是有形物证，包括服务产品信息、服务承诺、服务人员和服务价目表等（见表11-1）。

表 11-1 旅游企业有形要素分类

服务场景		其他有形物证			
外部特征	内部特征	服务信息	服务承诺	服务人员	服务价格
1. 周围环境（服务地点、氛围） 2. 设计风格（建筑、结构、色彩、名称） 3. 停车设施等	1. 内部设计（色彩、装修、家具、布局） 2. 服务工具（计算机、电话、宣传品） 3. 内部环境（空气质量、噪声、气氛、光线、整洁度）	1. 广告 2. 手册 3. VR（虚拟现实技术） 4. 网站	1. 流程 2. 内容 3. 合同 4. 安全保障	1. 员工风貌 2. 服装 3. 个人卫生 4. 情绪	价目表

在服务场景中，旅游企业周围环境、服务场所的建筑风格、色彩以及内部环境所营造的氛围是重要的旅游有形展示。旅游产品的形式产品和追加产品是旅游有形展示的重要内容，旅游者对核心产品（旅游体验）在很大程度上能通过旅游有形展示获得。

在有形物证中，有形化的服务产品信息是指将旅游服务产品的特色通过文字、图片、影像等方式进行展示；有形化的服务承诺包括旅游企业以文字形式向消费者展示产品内容、服务标准、服务传递方式;有形的服务价目表是旅游产品价值展示的一个有形物证。服务人员可以通过自身的外在形象、服务态度向消费者展示和传达服务产品内涵的质量。①

小思考

以一家酒店为例,谈谈酒店应当如何利用旅游有形要素进行旅游市场营销。

一般营销策略组合的4Ps营销组合是企业市场营销的可控因素,但企业外部不可控因素对其市场营销会产生更大的影响。为此,营销专家菲利普·科特勒提出了大市场营销策略(Mega-marketing),在原4Ps营销组合的基础上增加两个P,即权力(Power)和公共关系(Public Relations),简称6Ps营销组合。之后,菲利普·科特勒又提出11Ps营销组合理念,即在大营销6Ps营销组合之外加上探查(Probing,市场环境调查)、分割(Partitioning,市场细分)、优先(Prioritizing,市场目标)、定位(Positioning,市场定位)和人(People)的因素,并将产品、定价、渠道、促销称为"战术4Ps营销组合",将探查、分割、优先、定位称为"战略4Ps营销组合"。企业在"战术4Ps营销组合"和"战略4Ps营销组合"的支撑下,运用"权力"和"公共关系"的2Ps营销组合,可以排除通往目标市场的各种障碍,取得更好的市场营销效果。

延伸阅读

麦当劳的营销组合

秉承"品质、服务、清洁和物有所值"的经营原则,麦当劳在中国市场作出了不同于美国市场的改变,使其成为在中国快速发展的外资快餐连锁企业。

1. 价格。努力做到物有所值或者物超所值。比如推出低价策略:6元早餐,超值午餐,通过低价吸引顾客。

2. 场所。麦当劳为顾客提供舒适、方便的就餐场所和环境。

3. 促销。每家餐厅的促销活动同时进行,几乎每月都会有新的促销活动,频繁的促销会让顾客对麦当劳不断有新鲜的感觉,从而吸引顾客光临。

4. 分销。不同的环节有着不同的销售方式。各个销售环节的成功,使其市场营销取得了良好的效果。

5. 品质。麦当劳重视品质精神,每一家餐厅开业前便可一见。在当地建立生产、供应、运输等一系列严格的质量检查制度,仅牛肉饼,就有四十多项质量控制检查。

6. 服务。快捷、友善、可靠的服务是麦当劳的标志。因此每一位员工都秉承以顾客为先的原则,为顾客带来欢笑。

7. 保洁。餐厅的每一个用具、位置和角落都体现了麦当劳对卫生清洁的重视。麦当劳为顾客提供了干净、舒适、愉快的用餐环境。

---

① 韩勇,丛庆.旅游市场营销学[M].北京:北京大学出版社,2006.

即学即用

讨论：麦当劳采取了哪些市场营销手段？为什么获得了成功？

11.3.2　4Cs 与 4Rs 营销组合

第二次世界大战以后，资本主义国家经济进入了高速发展的战后"黄金阶段"。企业依靠大批量生产以降低成本，通过无差异化营销将产品售卖出去，市场完全处于卖方市场。1953 年，尼尔·鲍登(Neil Bordaen)首先提出市场营销组合概念，使用"营销组合"这一术语。1960 年，麦卡锡提出 4Ps 营销组合分类，市场营销开始使用 4Ps 营销组合。4Ps 营销组合以市场为导向，但并未摆脱以产品为导向的影子，属于企业营销策略的战术层面。①

20 世纪 90 年代初，企业营销环境发生了巨大的变化，市场完全成为买方市场。1990 年，罗伯特·劳特朋(Robert Lauterborn)提出了与传统营销的 4Ps 营销组合相对应的 4Cs 营销组合理论，即顾客(Customer)、成本(Cost)、便利(Convenience)和沟通(Communication)。2001 年，唐·舒尔茨博士(Don Schultz)提出了 4Rs 营销组合理论，即关联(Relevance)、反应(Reaction)、关系(Relationship)、报酬(Reward)。4Cs 营销组合理论的思想基础是以消费者为中心，强调企业的营销活动应围绕消费者的所求、所欲、所能；4Rs 营销组合理论以关系营销为核心，重在建立顾客忠诚。

从营销组合理念的演变来看，企业营销理念已从生产观念(Production Concept)、产品观念(Product Concept)、推销观念(Selling Concept)、市场营销观念(Marketing Concept)逐渐发展到社会营销观念(Social Marketing Concept)。4Cs 营销组合和 4Rs 营销组合与以企业(产品)为中心、市场为导向的 4Ps 营销组合在营销的理念上有很大区别。

1. 4Cs 营销组合

顾客(Customer)：先暂时抛开产品不谈。旅游企业必须首先了解和研究旅游者，根据旅游者的需求提供产品。旅游企业提供的不仅仅是产品和服务，更重要的是由此产生的客户价值、旅游者的认同感和满意度。

成本(Cost)：先暂时不谈价格策略。旅游企业不仅要考虑企业的生产成本，还应当考虑旅游者为购买旅游产品而愿意支付的总成本。旅游企业要想在竞争中战胜对手，就必须向旅游者提供比竞争对手具有更多顾客让渡价值的产品。

便利(Convenience)：便利是客户价值不可或缺的一部分。旅游企业在制订分销策略时要更多地考虑旅游者的便利，而不是旅游企业自己的便利。旅游企业要通过好的售前、售中和售后服务让旅游者在旅游的同时，享受到便利。

沟通(Communication)：沟通取代 4Ps 营销组合中对应的促销。旅游企业不应再是企业单向促销，而应当是同旅游者进行积极有效的双向沟通，在沟通中让旅游者对旅游企业、旅游产品理解、认同。

---

① 郭国庆，陈凯．市场营销学(第 7 版)[M]．北京：中国人民大学出版社，2022．

知识链接

顾客让渡价值

顾客让渡价值(Customer Delivered Value)是指企业转移的、顾客感受得到的实际价值。顾客让渡价值是菲利普·科特勒在《营销管理——分析、策划和控制》一书中提出来的，他认为"顾客让渡价值"是顾客总价值(Total Customer Value)与顾客总成本(Total Customer Cost)之间的差额。顾客总价值是顾客购买某一产品与服务所期望获得的一组利益，包括产品价值、服务价值、人员价值和形象价值等；顾客总成本是指顾客为购买某一产品所耗费的时间成本、精神成本、体力成本、购买风险成本以及所支付的货币资金等。① 由于顾客在购买产品时，总希望把有关成本包括货币、时间、精神和体力等降到最低限度，而又希望从中获得更多的实际利益，在选购产品时，他们往往从价值与成本两个方面进行比较分析，从中选择出价值最高、成本最低，即"顾客让渡价值"最大的产品作为优先选购的对象。②

 特别提示

顾客购买旅游产品主要追求的是购买以后的真实享受价值。例如，入住旅游饭店的顾客希望在客房里睡一个好觉，这种真实享受价值可以用4Cs营销组合中的2Cs顾客问题方案(Customer Solution)与顾客愿意支付费用(Customer Cost)的组合来表示。准确地说，顾客让渡价值的构成因素可以用来表示对旅游产品真实享受价值的管理要素。旅游产品的真实享受价值＝(旅游产品价值＋旅游服务价值＋旅游服务人员价值＋旅游形象价值)—(顾客货币支出＋顾客时间支出＋顾客精力支出＋顾客心理支出)。

2. 4Rs营销组合

关联(Relevance)：在竞争性市场中，旅游者具有动态性。旅游者的忠诚度是变化的，他们随时有可能转移到其他旅游企业。要提高旅游者的忠诚度，最重要的是把旅游企业与旅游者的需求联系在一起，形成一种互动、互求、互需的关系。

反应(Reaction)：在相互影响的旅游市场中，旅游企业需要提高市场反应速度抢占先机，这就需要旅游企业站在旅游者的角度及时地倾听旅游者的需要和需求，并及时对其进行答复和做出反应，从而不断满足他们的需求。

关系(Relationship)：随着旅游市场竞争日趋激烈，旅游企业争夺旅游市场的关键已转变为谁能与旅游者建立更加长期而稳固的关系。关系营销是通过不断改进旅游企业与旅游者的关系，实现旅游者固定化的一种重要营销手段。

报酬(Reward)：对旅游企业来说，市场营销的真正价值在于为企业带来短期和长期利润的能力；对于旅游者来说，回报是旅游企业给旅游者带来的一定的旅游体验价值。一

---

① PHILIP KOTLER. Marketing Management：Analysis，Planning and Control[M]. New Jersey：Prentice-Hall，1967.

② 项锦. 论提升顾客让渡价值的本土连锁便利店竞争战略[J]. 广西社会科学，2017(1)：83—87.

切营销活动都必须以给旅游者及企业创造价值为目的。市场营销 4Rs 模型见图 11-2。

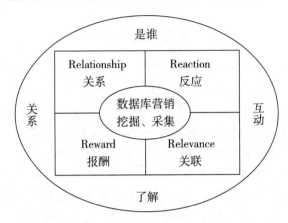

图 11-2　市场营销 4Rs 模型

综上所述，4Ps、4Cs 和 4Rs 营销组合在营销理念上有所不同，但实质上仍然相互关联：从如何设计和研发"产品"到强调从"顾客"需求的角度设计和研发产品，再到强调从企业和顾客关联的角度设计和研发产品；从考虑如何制定产品的"价格"到强调从消费者"成本"的角度考虑制定最合理的价格，再到强调从消费者和企业带来"回报"的角度制定价格；从"促销"到强调从与消费者实现"沟通"的角度思考促销的方式，再到强调从与消费者建立长期"关系"的角度思考促销；从建立营销"渠道"到强调从消费者购买的"便利性"的角度来确立营销渠道，再到强调从提高市场"反应"速度的角度来确立营销渠道。

4Cs、4Rs 与 4Ps 营销组合并没有优劣之分。4Ps 营销组合更强调产品，4Cs 营销组合更关注顾客，而 4Rs 营销组合更强调与顾客长期稳定的关系。旅游企业在考虑产品定位、价格方案、渠道策略、促销活动的时候要有 4Cs 营销组合和 4Rs 营销组合的观念，在执行计划或者方案的时候，要按照 4Ps 营销组合策略进行调整，也就是旅游营销用 4Cs 营销组合和 4Rs 营销组合思考，用 4Ps 营销组合行动。事实上，4Cs 营销组合和 4Rs 营销组合并没有完全脱离 4Ps 营销组合确立的营销框架，而是对 4Ps 营销组合内涵的进一步丰富和发展。4Ps、4Cs、4Rs 营销组合之间在营销理念、营销模式、满足需求、营销方式、营销目标、顾客沟通、投资成本的不同点见表 11-2。

表 11-2　4Ps、4Cs、4Rs 营销组合对比

项目	4Ps 营销组合	4Cs 营销组合	4Rs 营销组合
营销理念	生产者导向	消费者导向	竞争者导向
营销模式	推动型	拉动型	供应链
满足需求	相同或相近需求	个性化需求	感觉性需求
营销方式	规模化营销	差异化营销	整合营销
营销目标	满足现实的具有相同或相近顾客需求，并获得目标利润最大化	满足现实的和潜在的个性化需求，培养顾客忠诚度	适应需求变化，并创造需求，追求各方互惠关系最大化
顾客沟通	一对一单向沟通	一对一双向沟通	一对一双向或单向沟通
投资成本	短期低、长期高	短期较低、长期较高	短期高、长期低

11.4 目的地营销

旅游目的地是指拥有特定性质旅游资源，具备一定旅游吸引力，能够吸引一定规模数量的旅游者进行旅游活动的特定区域。它是集旅游资源、旅游活动项目、旅游地面设施、旅游交通和市场需求为一体的空间复合体。营销的本质是使旅游目的地获得可持续发展的竞争优势。旅游目的地营销是经过归纳、整合后为整体形象的旅游产品群的营销，是把产品群优化整合后打造出独特卖点的、有核心产品拉动的、个性化包装的、对市场有特殊吸引力的营销过程。①

旅游业已经进入高度竞争性的时代。一方面，可供旅游者选择的潜在旅游目的地的数量越来越多；另一方面，信息技术的进步让旅游者对目的地迅速了解，影响人们对旅游目的地的选择。举个最简单的例子，20世纪80年代，由于信息不对称，旅游者选择旅游目的地非常困难，但现在互联网上一搜索地名，目的地的信息便"一网打尽"。旅游目的地为吸引旅游者，占领市场份额展开了激烈的竞争，营销则成为目的地相互竞争中所选择的重要手段。一个成功的旅游目的地离不开成功的营销，而成功的营销必须建立起符合科学的营销理念和营销网络。

11.4.1 旅游目的地形象

1. 目的地形象的定义

旅游目的地不是单一的旅游产品，而是一个由食、住、行、游、购、娱等不同部分组成的复合产品。旅游目的地营销是一种在地区层次上进行的旅游营销方式，在这种方式下，地区将代表区域内所有的旅游企业，以一个旅游目的地的形象作为营销主体加入旅游市场的竞争。在目的地营销过程中，每一个旅游目的地都将是以总体旅游产品（Total Tourism Product）形式出现，即以旅游地整体而非若干独立景点作为旅游吸引因素推动市场。②

那么，什么是目的地形象？目的地形象是指一个人对一个目的地的信任（Beliefs）、意见（Ideas）及印象（Impressions）的总和，而旅游形象是指旅游者对某一旅游接待国或地区旅游服务的总体看法。因此，旅游目的地形象是旅游者、潜在旅游者对旅游地的总体评价，是对目的地社会、政治、经济、生活、文化、旅游业发展等各方面的综合认识③，是旅游地在旅游者、潜在旅游者头脑中的总体印象。

特别提示

旅游行业不懂得制造概念和VI设计，旅游目的地不重视品牌建设和形象营销，都是

---

① 马特．旅游目的地营销案例分析[M]．西安：陕西科学技术出版社，2020．
② 古诗韵，保继刚．城市旅游研究进展[J]．旅游学刊，1999(2)：15—20+78．
③ 邓明艳．旅游目的地文化展示与形象管理研究[M]．北京：中国社会科学出版社，2021．

眼光短浅、缺乏营销意识的行为。旅游目的地形象营销可通过持续不断叠加宣传、定期举办大型活动、全方位媒体传播等方式"植入"旅游者的脑海中,从而最终赢得客源市场。

头脑风暴

如今,许多国家和城市的目的地营销都获得了巨大成功,比如"花园国家"新加坡、"水城"威尼斯、"音乐之都"维也纳、"会议之都"达沃斯,以及"滑雪胜地"瑞士、"圣诞老人故乡"芬兰等。我国许多省市目的地营销也获得了成功,请问:你对以下城市的目的地形象的感知是什么?请用一句话概括。

(1)江苏苏州。

(2)四川成都。

(3)云南丽江。

2. 目的地形象形成过程

旅游目的地形象的形成过程也是一个人对有关旅游目的地的信息、印象、感知进行加工、甄别、排列、整理的信息处理过程。按照旅游目的地形象与人们旅游行为之间的关系,旅游目的地形象的形成可以分成三个阶段,即初始形象阶段、深入形象阶段和实际形象阶段。

(1)初始形象阶段。人们在日常生活中,通常对旅游目的地有一定的了解,该了解建立在所受教育、文化背景、日常交谈及报纸、电视、广播等大众传播、新闻媒介报道等非主动查找、被动接收的信息的基础上对该旅游目的地产生的初始形象。这一形象往往是在相当长的一个时期内自发形成的,如一提到夏威夷,人们脑海中就会有沙滩、阳光、冲浪的度假地形象;一提到肯尼亚,人们就会联想到非洲野生动物、乞力马扎罗等。

(2)深入形象阶段。目的地广告、促销、宣传的影响激发一个人的旅游动机。出行前旅游者会深入了解考虑各旅游目的地,主动查询有关旅游宣传册、广告、图片,或去旅行社咨询,听取去过该地的亲朋好友的介绍,积极了解该旅游目的地风土人情、习俗、物价、住宿、饮食、交通等旅游设施情况,在信息查找基础上形成一个比上一阶段全面和深入的旅游目的地形象。

(3)实际形象阶段。人们在实际游历、使用过该旅游地的各项设施、服务和产品之后对旅游目的地形成一个完整、清晰的形象。[①]

根据传播媒介,也有人将目的地形象的形成过程划分为八个阶段:大众传媒传播阶段、旅行中间商传播阶段、形象代言人传播阶段、知名人士传播阶段、社会舆论影响阶段、非正式传播阶段、主动索取信息阶段、实地旅游阶段。一般来说,一个新兴的旅游目的地形象的形成往往是从第一阶段到第八阶段逐渐递进的。

特别提示

阶段性的划分是就某一时期某一目的地的主导传播手段而言,并不排斥其他传播手段。

---

① 黎洁. 论旅游目的地形象及其市场营销意义[J]. 桂林旅游高等专科学校学报,1998(1):15—18.

传播媒介对目的地形象形成过程的影响是不同的，目的地形象形成阶段的可信度、市场覆盖率和目的地花费也不一样，目的地营销应根据实际情况采取不同的传播手段和营销策略。

3. 目的地形象营销策略

旅游市场营销是在旅游目的地产品供应者与旅游中介、潜在消费者之间进行的信息传递。旅游市场营销会影响旅游目的地形象的形成过程，并产生预期的效应。旅游目的地形象的宣传和塑造也是旅游目的地市场营销的内容。针对旅游目的地形象形成的三个阶段，旅游市场营销也可以划分为三个层次，其内容和侧重点也有所不同。旅游目的地形象形成的三个阶段与旅游市场营销的关系见图11-3。

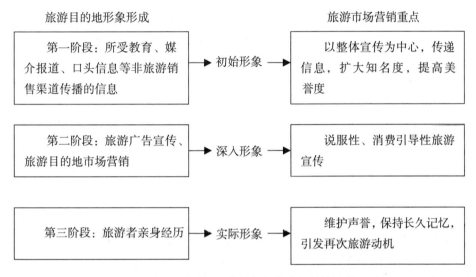

图11-3　旅游市场营销与目的地形象的形成

第一阶段，即初始形象阶段。在此阶段里，人们可能已知，也可能不知道旅游目的地存在。旅游市场营销的重点应是进行广泛宣传，传递有关旅游目的地的整体信息，树立旅游目的地形象，扩大旅游目的地知名度和美誉度，让旅游者在做出对外旅游选择时知晓该目的地，把该目的地作为考虑范围。此阶段宜采用宣传报道、广告为主的渗透式大众化信息传递促销方法。

第二阶段，即深入形象阶段。此阶段的市场营销为说服性、消费引导型旅游宣传。目的地应在了解潜在旅游者的消费需求基础之上，广泛介绍目的地各项旅游产品，如住宿、饮食、交通、景点等各项设施和服务，在旅游者心目中建立一个较全面的旅游目的地形象，引起他们的注意和兴趣，引发旅游动机，改变旧有的消费选择或习惯，信任、购买宣传促销的旅游目的地产品。

第三阶段，实际形象阶段。旅游者已经去过该旅游地，如果他旅行愉快，获得身心各方面的满足，必然产生一个深刻、清晰、持有良好态度的旅游目的地形象。对该类旅游者，旅游目的地宣传的重点是不断提醒他们有关旅游地的新信息、新内容，维护旅游者心目中的形象，保持对目的地的长久记忆，吸引回头客，增强重游率，让旅游者传播有利于旅游目的地的口头信息。

特别提示

在打造旅游目的地形象，进行目的地形象营销的过程中，应注意考虑以下几个因素。

1. 现有形象的测定与把握

旅游地形象开发既包括新兴旅游地的形象塑造，也包括传统旅游地的形象延伸（修正/强化/重塑），必须同时考虑市场需求和所依托有形资源的实际属性两方面因素。在形象资源开发之前，有必要先了解旅游地的有形资源优势以及在旅游者心目中的已有印象。

2. 特定时空和社会、文化背景下的旅游地形象

在形象塑造过程中不能忽略时代发展对旅游地的影响。一些旅游目的地在进入衰退期后形象日趋老化，仅能对特定人群产生吸引力（如老年旅游者的怀旧旅游）。如果要改善形象，就必须注入富有时代气息的新鲜要素。形象塑造时必须考虑特定地域背景的影响。

3. 以形象为主导的宣传推广

旅游地的形象塑造与形象表述是一体化的过程，以形象为主导的宣传推广不同于旧有的产品宣传。在营销策略上应强调由4Ps向4Cs观念转变，即向消费者的需求和欲望、消费者为满足需求所愿意付出的成本、为消费者提供方便、与消费者沟通为引导的营销理念转变。①

11.4.2　旅游目的地营销主体

旅游目的地营销主体是指在旅游目的地营销过程中占主导地位的组织和个人，包括目的地政府、目的地旅游企业、目的地营销组织和目的地居民等。营销对象是目的地内所有的旅游产品和服务，受益者是整个旅游目的地。由于旅游目的地的发展水平和大小范围不同，其营销活动的规模和层次也会有所不同。一般情况下，不同级次的政府、旅游组织分别对应各自管辖范围内的目的地营销活动。旅游企业的"功利性"与旅游形象、旅游基础设施的"公共性"决定了目的地政府、旅游组织、旅游企业在旅游目的地营销中的职责和功能不同。

 延伸阅读

海岛型旅游目的地营销模式

印度尼西亚的巴厘岛、马来西亚的蓝卡威、马尔代夫和泰国的普吉岛四地的地方政府都拨出专项资金，亲自搞旅游宣传，包括编印地图、小册子，参加交易会，组织或承办大型国际性娱乐康体活动。每到一个新的地方，旅游者还没有出机场就会被大量旅游信息所包围：从建筑式样、装饰壁画，到电视和灯箱广告、唾手可得的精美旅游小册子，还有热情洋溢的旅游咨询人员，这些都是政府目的地营销的功劳。

---

① 李想，黄震方. 旅游地形象资源的理论认知与开发对策[J]. 人文地理，2002(2)：42—46.

英国学者维克多·密德尔敦(Victor Middleton)认为：旅游目的地的营销具有两个层面。第一个层面所关注的是整个目的地及其旅游产品，这是国家旅游组织的重点；第二个层面涵盖的是促销单个旅游产品的旅游企业的活动。① 密德尔敦所说的第一个层面被归纳为目的地公共营销，第二个层面被归纳为产品营销。作为营销内容的分工，有人曾经概括为"政府营销形象，企业营销产品"。这句话说明了政府旅游营销与企业旅游营销各自的侧重点，也在一定程度上说明了旅游目的地营销的状况。②

1. 目的地政府

旅游目的地营销的客体并非单个旅游企业的旅游产品，如一个旅游饭店或一条旅游线路等，而是具有公共产品性质的旅游目的地整体形象。因此，旅游目的地的营销不完全是旅游产品层次的营销，而是目的地整体形象的营销。由于旅游目的地存在不同利益主体，各自追加利益不同，旅游企业市场营销通常会产生市场失灵的情况，需要政府或政府组织协调，因此政府是目的地营销重要的主体。

旅游目的地政府营销是随着旅游业发展而出现的整体性、公益性营销形式，对于目的地整体形象的提升、旅游业联动效应的发挥具有战略意义。旅游目的地公共营销与企业营销的本质区别在于，它所营销的产品并非属于单个旅游企业，而是具有公共性质的旅游目的地整体形象、重大节事旅游活动以及代表性旅游景区等，因而营销受益群体具有广泛性和边界模糊性。

政府主导战略是许多国家采取的旅游发展战略。在政府主导型旅游发展模式的国家或地区，政府旅游行政管理机构承担旅游目的地营销的职责。从整体上和战略上，旅游企业的营销是基于国家战略平台的市场营销，是国家战略引领下的旅游市场营销。政府旅游组织作为旅游营销主体在整个旅游营销中的作用和地位非常重要、突出，主导形式多样，其中最主要、最直观的表现为旅游基础设施的建设、旅游目的地形象的树立和传播等国家营销行为。③

知识链接

国家营销是指一个国家通过其政治、经济、文化、外交、媒介等力量塑造、提升国家形象的宣传行为和过程。中国国家营销以社会主义核心价值观引领旅游发展全局，以文塑旅、以旅彰文，推动文化和旅游融合发展，构筑中国力量、中国精神、中国效率，在世界各国人民心中建立起中国最佳旅游目的地形象。

特别提示

旅游目的地公共营销产品分为纯公共产品（如整体形象产品）和准公共产品（如大型节

---

① 维克多·密德尔敦. 旅游营销学[M]. 向萍，等译. 北京：中国旅游出版社，2001.
② 高静，章勇刚. 旅游目的地营销主体研究：多元化视角[J]. 北京第二外国语学院学报，2007(3)：13—17.
③ 匡林. 旅游业政府主导型发展战略研究[M]. 北京：中国旅游出版社，2001.

事旅游活动、旅游景区等),但博物馆、主题公园例外。旅游目的地整体形象营销具有规模大、成本高的特点,政府可以利用其规模经济优势进行旅游目的地形象整体营销。相对而言,准公共产品具有规模较小、成本较低等特点,私人企业一般具备提供此类公共产品的能力。同时,此类产品涉及范围较小,受益企业数量有限,容易根据一致性同意原则,订立契约,自主通过市场机制进行营销。

2. 目的地旅游企业

目前,我国的旅游目的地公共营销活动大都由政府或其职能部门担当,营销主体呈单一化形式,公共投入不足、投资效益低下等现象相当普遍。国际知名营销专家菲利普·科特勒曾就中国的旅游营销问题发表过自己的一些看法,他认为中国用于旅游促销方面的费用与世界其他国家相比存在很大差距。① 按照他所提供的一些国家促销费用额度,中国全年的旅游促销经费不及夏威夷的 5%,东南亚的新加坡和菲律宾每年用于国际旅游促销方面的经费则是中国旅游业在此方面投入的数十倍。政府营销经费不足已成为我国各地旅游营销工作所面临的一个难题。

众所周知,旅游企业是旅游产品和服务的主要提供者,也是旅游目的地营销的直接受益者,因此旅游企业是旅游目的地营销主体之一,理所当然应参与旅游目的地的营销活动。除旅游目的地整体形象宣传由政府负责外,旅游企业可以出资参与其他一切类似准公共产品的公共营销,通过公共营销平台实现企业产品及自身形象的宣传,如通过事件营销宣传旅游企业和旅游目的地。一方面,旅游企业通过各种营销渠道向潜在的旅游者传递与目的地总体旅游形象相协调的信息,如传递目的地的独特饮食、精品旅游景点、个性化的旅游体验和人性化旅游服务等旅游要素;另一方面,在旅游者的旅游活动过程中,旅游企业开展 CS(顾客满意)经营战略,提供人性化服务,通过旅游者的口碑,树立良好的旅游目的地形象。

特别提示

旅游企业参与旅游目的地公共营销必须有两个前提条件。首先,在旅游目的地产品营销效果上必须存在排他性技术。对于代表性旅游景区而言,旅游企业可以使用"限制准入"的办法将使用纯公共产品的"免费搭车者"有效地排除在外,降低营销的外部性。其次,政府必须保证企业对目的地产品的使用权利,即产权必须明晰,才能激励旅游企业进行旅游目的地营销活动。这是保障企业成功进行目的地产品营销的基本条件。

3. 目的地营销组织

与一般产品不同的是,目的地旅游产品由公共部门(目的地政府)及私营部门(旅游企业)共同提供。目的地利益相关者之间的复杂关系及相互依赖为目的地协作营销提供了基础,高效的目的地营销组织(Destination Marketing Organization,DMO)为目的地营销的实施提供了组织保障,公、私部门组建的协作型目的地营销组织正是目的地不同利益主体

---

① PHILIP KOTLER. Marketing Management:Analysis, Planning and Control[M]. New Jersey:Prentice-Hall, 1967.

开展目的地整体营销的体现。政府部门与私营部门共同作为旅游目的地营销主体可以解决政府营销经费不足的问题，通过各种渠道筹集营销经费。以公私合作发展较为成熟的美国为例，其国家营销组织——会议与游客管理局(CVB)现有的经费来源就来自不同渠道，主要有饭店客房税(72%)、成员资格费(7%)、政府补助金(6%)、地方税收(3%)、合作计划(2%)、饭店交纳的税收(2%)及其他(8%)。

目的地营销组织对旅游目的地营销发挥了一般组织不可替代的作用。其一，目的地营销组织在组织体制和运行方式上具有很大的弹性和适应性，可根据不同情况及时调整旅游目的地的整体营销战略与战术。其二，对于复杂的营销活动，需要更具专业知识的组织机构来运作。目的地营销组织人员来自不同旅游行业，更具专业性和权威性。其三，目的地营销组织代表不同的利益相关者，能够更好地协调不同的利益主体，比一般政府行政手段采取的营销活动更能体现旅游目的地不同利益的诉求。其四，目的地营销组织更能有效地开展旅游目的地整体营销，在追求共同利益(目的地整体形象)的基础上实现各自的利益目标——不同利益主体的追加利益。

4. 目的地居民

旅游是一种异地的体验活动，旅游者追求的是与其日常生活环境有较大差异的生活方式。旅游目的地当地居民的外表、服饰、行为举止以及思想观念构成了旅游目的地人文环境的内核。[①] 从旅游资源或旅游吸引物的角度来看，旅游目的地居民的生活方式、语言、服饰、行为举止等在旅游者眼中成为旅游吸引物的一部分，甚至是比景区景点等风景更具有观赏和体验意义。因此，在目的地营销中要充分挖掘旅游目的地"本土性"的文化内涵，这就需要作为旅游目的地营销主体的本地居民，以主人翁的态度介入到营销当中，真诚、友善地向旅游者展现其"地方性"或"民族性"，而不是以客体的身份被动地被当地旅游组织或旅游企业安排到旅游活动中。当然这也涉及旅游目的地利益分配的问题，在旅游业发展的过程中应充分重视当地居民的利益，至少应尊重当地居民的既得利益，不对当地居民的生活构成较大的影响。

11.4.3 旅游目的地营销理念

1. 绿色营销

党的二十大报告指出：倡导绿色消费，推动形成绿色低碳的生产方式和生活方式。随着人类进入环保新时代，人们的消费观念也发生了重大变化，更加注重保健、环保、崇尚回归自然、追求健康的绿色消费之风蔚然兴起。据统计，77%的美国人表示，企业的绿色形象会影响他们的购买欲，94%的意大利人表示在选购商品时会考虑绿色因素。在欧洲市场40%的人更喜欢购买绿色商品，那些贴有绿色标志的商品在市场上更受青睐。欧盟的一项调查显示，德国82%的消费者和荷兰67%的消费者在超市购物时会考虑环保问题。随着人们环境保护意识的提高，旅游者也开始自觉地寻求"绿色旅游"的出行方式，旅游目

---

① 亚伯拉罕·匹赞姆，优尔·曼斯菲尔德. 旅游消费者行为研究[M]. 舒伯阳，冯玮，主译. 大连：东北财经大学出版社，2005.

的地的绿色营销已经成为中外旅游目的地竞争的重要手段。以下为国外学者对绿色营销基本概念的解读(见表11-3)。

表11-3 绿色营销理念

绿色营销理念	作者	主要观点
责任营销	西蒙·哈德森	以加拿大山区假日目的地为例,从利益相关者角度强调旅游营销要充分考虑环境要素
绿色产品营销	埃玛·雷克斯	由于旅游产品的特殊性质,旅游市场营销要注意环境保护,引入"生态标识"的概念
选择性营销	萨拉·多尔尼卡	针对旅游目的地环境污染问题,管理者应对旅游者进行选择性管理,重点管理缺乏环保意识的旅游者

目的地绿色营销最先起源于欧洲。早期的旅游目的地绿色营销主要与乡村旅游结合在一起。英国威尔斯大学肯·毕提(Ken Peattie)在其所著的《绿色营销——化危机为商机的经营趋势》一书中指出:绿色营销是一种能辨识、预期及符合消费的社会需求,并且可带来利润及永续经营的管理过程。旅游目的地绿色营销要求企业注重目的地生态环境保护,促进经济与生态环境协调发展,实现旅游企业、旅游者、社会及生态环境利益的协调统一,尽可能做到以下要求,见图11-4。

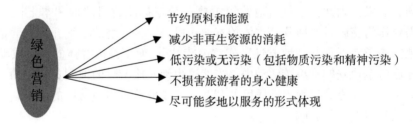

图11-4 绿色营销要求

小思考

小田入住一家酒店,看见客房内放了这样一张卡片:"如果您不需要更换被单,请把卡片放到您的枕头上。"小田想:我付了钱,不管我住多少天,一次性用品每天应该换,床单、毛巾每天也得换。你们推行"绿色饭店"还不是图个省钱?你认为小田的这种想法是否正确?酒店应当采取什么样的措施加强旅游绿色营销?

延伸阅读

火车旅游——成功的绿色营销计划

一家经营滑雪和自行车假期旅游的英国客栈旅行社(Inn-Travel)去年参与火车旅

行的旅游者上升了50%。火车公司也很快做出反应，对外宣传乘坐火车旅游对环境保护的积极作用。世界旅游者组织（World Tourist Organization）官员约翰·科斯特说：慢游好像是去买天然的食物，你这样做可能出于绿色环保，但是它的确味道要好得多。

坐上火车，耳边听着车轮与铁轨碰撞发出的"咣当""咣当"声，心里憧憬着旅游地优美的景色……现在，国内也有越来越多的人喜爱上这种乘火车旅行的"慢游"，享受那种"人在旅途"的感觉。

火车旅游绿色营销在国内外旅游市场营销中取得了成功，尤其在中、老年人旅游市场占有较大份额。老年人阅历丰富，容易身体力行绿色消费，从而带动社会绿色需求。交广传媒旅游策划营销机构认为：绿色旅游的形式在于它有效地去除了旅游者们因一次性旅游而产生的环境污染等短期行为，而且开创了"慢游"——这一新的旅游市场。

2. 品牌营销

据统计，发达国家每人每天平均要遭遇1500次广告，远远超过了一个正常人的接受能力。因此，如何通过整合营销建设一个顾客记得住、感觉好的旅游目的地品牌吸引他们的注意力，就具有战略意义。旅游目的地已经进入品牌营销时代，旅游者对品牌的满意度是旅游目的地建设与发展的重要因素。旅游目的地品牌具有高知名度、高质量的认同性、强有力的品牌联想和忠诚性。在目的地相互激烈竞争的今天，唯有实施品牌战略才能提高目的地产品的营利空间，实现目的地不同利益主体的共赢，在激烈的目的地竞争中获得长期的竞争优势。

品牌营销（Brand Marketing）是通过市场营销使客户形成对企业品牌和产品的认知过程，拥有良好声誉的旅游目的地能够获得较好的品牌溢价。旅游目的地营销不是建立什么庞大的营销网络，而是利用品牌符号，提高目的地的知名度和号召力。由于旅游目的地产品的无形性、综合性、复杂性，以及旅游者拥有的资讯不充分等因素，使得一部分旅游者愿意为拥有良好信誉的品牌付出更多的代价，以减少不确定性带来的损失。

旅游目的地品牌是包括旅游产品商标在内的所有塑造或影响旅游形象的活动，具体可以分为三个层次：第一个层次仅指旅游目的地产品商标，例如，海南岛的椰风海韵之旅的商标。第二个层次是指由一系列旅游经营活动包括公关活动创造的旅游产品在目标顾客心目中的一种联想与象征，是一种承诺与保证。好的旅游目的地品牌会传递一种强有力的有关该旅游产品特色、利益、服务的始终如一的质量承诺与保证。第三个层次不仅包括上述两者，而且旅游品牌也可能是一项重要的资产。当旅游者满意时，就会对目的地品牌产品保持长时间的忠诚度，这种忠诚度一旦形成，就很难接受其他品牌的产品。

 特别提示

旅游目的地品牌产品一般具有三个特点。(1)目标顾客对该品牌产品的评价很高，该品牌产品拥有许多忠诚的回头客；(2)该品牌产品的销售额或利润额（率）或它们的增长率位于该类产品的前列；(3)该品牌产品具有高的品牌正向权益（Brand Equity）。

本 章 小 结

本章介绍了市场营销学中的"服务营销"的基本概念以及服务营销的特点,即无形性、差异性、互动性、同步性和易逝性。旅游产品的营销必须建立适当的分销渠道,可以直接分销,也可以间接分销。在旅游市场进入买方市场的今天,营销理念已经发展到4Cs营销组合和4Rs营销组合,即以顾客为中心、关系为中心取代以产品为中心的营销理念,运用7Ps营销组合代替传统的4Ps营销组合。旅游目的地提供公共营销产品分为两类:一类是纯公共产品,另一类是准公共产品。目的地政府主要负责纯公共产品营销;旅游企业主要参与准公共产品营销。目的地营销主体有政府、旅游企业、目的地组织、目的地居民等,旅游者对旅游目的地营销也会发挥重要作用。绿色营销、品牌营销是旅游目的地可持续发展的重要营销战略。

 关键术语

旅游市场营销(Tourism Marketing):旅游经济个体(个人和组织)对思想、产品和服务的构思、定价、促销和分销的计划和执行过程。

服务营销(Service Marketing):服务营销是指企业在分析消费者需求的前提下,为充分满足消费者需求而在营销过程中所采取的一系列市场活动。

分销渠道(Distribution Channel):分销渠道是指某种货物或劳务从生产者向消费者移动时取得这种货物或劳务的所有权或帮助转移其所有权的企业和个人。

营销组合(Marketing Mix):针对目标市场的需要,综合考虑环境、能力、竞争状况,对可控制的各种营销因素(产品、价格、分销、促销等)进行优化组合和综合运用的营销方法。

课 后 练 习

一、选择题

1. 旅游服务营销贯穿整个旅游消费的整个过程,包括(　　)。
   A. 游前　　　　　　　　　　B. 游中
   C. 游后　　　　　　　　　　D. 以上全部选项

2. 下列不属于服务营销7Ps营销组合策略因素的是(　　)。
   A. 价格　　　　　　　　　　B. 人员
   C. 成本　　　　　　　　　　D. 过程

3. 分销渠道主要包括商业中间商取得所有权和(　　)帮助转移所有权。
   A. 旅游开发商　　　　　　　B. 代理中间商
   C. 旅游批发商　　　　　　　D. 旅游经营商

4. 4Cs营销组合理论的思想基础是以(　　)为中心，强调企业的营销活动应围绕其所求、所欲、所能来进行。
   A. 生产者　　　　　　　　　　B. 供应商
   C. 消费者　　　　　　　　　　D. 经营商

5. 旅游产品的分销渠道按照中间商的数量可分为直接渠道和(　　)。
   A. 短渠道　　　　　　　　　　B. 长渠道
   C. 宽渠道　　　　　　　　　　D. 间接渠道

6. 某饭店服务员在客人用餐完毕后，热情地递上一两只方便袋，建议客人将剩余的菜肴带走，这种做法体现的营销观念属于(　　)。
   A. 生产　　　　　　　　　　　B. 推销
   C. 市场营销　　　　　　　　　D. 社会营销

7. 经营时间长，在行业中处于领先地位且名声极好的旅游企业，比较适合采取(　　)策略。
   A. 声望定价　　　　　　　　　B. 价格定价
   C. 渗透定价　　　　　　　　　D. 取脂定价

8. 按品牌忠诚程度划分，同时喜欢两种或两种以上旅游品牌的旅游者可称为(　　)。
   A. 专一的忠诚者　　　　　　　B. 动摇的忠诚者
   C. 转移的忠诚者　　　　　　　D. 犹豫不定的人

9. 品牌营销让旅游者愿意为良好信誉的品牌付出更多的代价，从而使旅游企业能够获得较好的(　　)。
   A. 品牌价值　　　　　　　　　B. 品牌效应
   C. 品牌溢价　　　　　　　　　D. 品牌代价

10. 旅游企业在旅游产品处于成熟期时，通过反复做广告使消费者经常想到本企业的产品，这类广告通常属于(　　)广告目标。
    A. 告知性　　　　　　　　　　B. 说服性
    C. 提示性　　　　　　　　　　D. 诱导性

二、填空题

1. 美国学者罗伯特·劳特朋提出与传统营销的4Ps营销组合相对应的4Cs营销组合，即顾客、成本、便利和_____。

2. 一般来说，大多数旅游产品并不是由旅游企业直接供应给旅游消费者，而是要经过或多或少的中介组织，即_____。

3. 菲利普·科特勒提出大市场营销策略，在原4Ps营销组合的基础上增加两个P，即权力和_____，简称6Ps营销组合。

4. 4Rs营销组合以关系营销为核心，营销理念与4Ps营销组合不同，重点是建立_____。

5. 利用服务过程中可传达服务特色及内涵的_____手段来辅助服务产品推广的方法，在服务营销管理中称"服务实体化策略"。

6. 在旅游间接分销渠道中，按渠道的宽度可以分为密集分销、选择分销和_____。

7. 互联网对旅游分销渠道所带来的影响主要是去中间化和_____两个方面。

8. 旅游目的地营销是经过归纳、整合后为_____的旅游产品群的营销。

9. 一般营销策略组合的4Ps营销组合是旅游企业市场营销的可控因素，但旅游企业外部_____因素对其市场营销更大。

10. 旅游绿色营销要求在营销活动中实现旅游企业、旅游者、社会及_____利益的协调统一。

三、判断题

1. 旅游产品的分销渠道有自己的特点。与传统分销商品方向不同，通常是旅游者向产品方向移动。（　　）

2. 密集分销适用于价格较高的旅游产品，独家分销适用于价格较低的旅游产品。（　　）

3. 间接营销渠道分销渠道较长，对旅游产品销售的控制能力和信息反馈的清晰度较差。（　　）

4. 在旅游市场营销中，人扮演着传递与接受服务的角色。这里的"人"就是指旅游企业的服务人员，但不包括旅游者。（　　）

5. 4Ps营销组合更强调产品，4Cs营销组合更关注顾客，而4Rs营销组合更强调与顾客长期稳定的关系。（　　）

6. 旅游企业提供的产品是服务产品，不能将自身的服务特色进行有效的实物化，进行有形展示。（　　）

7. 4Ps营销组合与以企业产品为中心，市场为导向的营销观念已经过时，现在人们常用4Rs营销组合代替4Ps营销组合进行旅游市场营销。（　　）

8. 旅游目的地公共营销产品可分为纯公共产品（如整体形象产品）和准公共产品（如大型节事旅游活动、旅游景区等），但博物馆、主题公园例外。（　　）

9. 目的地营销组织是公、私部门组建的协作型目的地营销组织，不如政府营销更有效。（　　）

10. 除旅游目的地整体形象宣传由政府负责外，旅游企业可以出资参与其他一切类似准公共产品的公共营销。（　　）

四、问答题

1. 与一般普通商品的营销相比，旅游服务营销有哪些特点？

2. 什么是间接分销渠道？利用间接分销渠道分销旅游产品有什么优势？

3. 4Ps营销组合、4Cs营销组合和4Rs营销组合的营销理念有何不同？试分析三者之间的关系。

4. 为什么说目的地营销组织发挥的作用是其他旅游组织无法替代的？

5. 根据目的地形象形成的过程，如何有效地进行旅游目的地市场营销？

五、论述题

1. 论述旅游产品销售渠道的类型及其主要营销模式。

2. 分析旅游目的地或旅游企业制定旅游营销组合应当考虑的因素。

应用案例分析

激情整合——从卡塔尔世界杯看旅游目的地的"事件营销"

卡塔尔位于波斯湾西南岸的卡塔尔半岛上，领土面积仅有1.15万平方公里，截至2022年9月，卡塔尔总人口为265.8万人。该国属热带沙漠气候，全国地势低平，石油和天然气资源非常丰富。液化天然气出口量位居世界第一。据卡塔尔政府预估，国内天然气资源将于2040年前后耗尽。因此卡塔尔王室打算在未来50年间改变发展模式，效仿阿联酋等邻国，将重心逐步转移到休闲、旅游等第三产业。

2022年卡塔尔世界杯是第二十二届世界杯足球赛，是历史上首次在卡塔尔和中东国家境内举行的世界杯足球赛。为了赢得2022年世界杯主办权，卡塔尔花重金邀请齐内丁·齐达内与何塞普·瓜迪奥拉等足坛名宿担任世界杯申办大使。申办成功后，卡塔尔倾全国之力准备这场盛大赛事，投入称得上是史无前例。自筹办世界杯以来，卡塔尔已经在基础设施项目上投资了超3000亿美元，用"最贵世界杯"来形容，一点也不夸张。卡塔尔旅游局官员认为，2022年世界杯是实现卡塔尔旅游业可持续发展道路上的重要节点。

事件营销一直是旅游目的地营销的重要手段。目的地的重大活动，就如同一趟可以搭乘的快车，机会绝对不容错过，尤其是像世界杯这样的全球体育盛事。卡塔尔紧紧抓住这一机遇，提前开展了一系列推广活动，"借题发挥"，以整合营销活动加以推广，令旅游目的地卡塔尔迅速"走红"，掀起全球游客奔赴海湾地区的旅游热潮。

2018年11月，卡塔尔旅游局就携手十家来自卡塔尔的优质旅游供应商参展上海中国国际旅游交易会，并以143平方米的展位盛大亮相。卡塔尔旅游局同来自酒店、地接社、航空公司等合作伙伴一起在卡塔尔展区向中国旅游同业、媒体和消费者展示卡塔尔在旅游方面的重要发展，介绍卡塔尔与众不同的旅游资源。

2019年，卡塔尔旅游局携手华为，通过从线上营销到跨界合作，打造目的地营销新模式，向中国乃至全球华为用户通过移动终端的可视化影像传递目的地品牌与形象，打破传统媒体的传播格局，使得用户积极参与信息的传播。由华为手机拍摄的影像视觉内容全部上线成为卡塔尔官方主题壁纸，供全球华为手机用户下载使用，成为华为用户个性化手机的墙纸。华为还将通过手机应用程序、社交媒体和其他视频平台等在线渠道为卡塔尔推广拍摄的视频。

2021年10月，卡塔尔世界杯组委会与前英格兰足球队队长贝克汉姆签下了一份为期10年、价值1.5亿英镑的巨额合同，贝克汉姆成为卡塔尔世界杯的形象大使。之后，贝克汉姆去往多哈，现身于F1与世界杯的活动，"大巴黎"的卡塔尔之行、世界杯官方海报在伦敦设计博物馆展出，贝克汉姆同样均有出席。专题片——《大卫·贝克汉姆的卡塔尔中转之旅》长达30分钟，以贝克汉姆的亲身体验，展现出卡塔尔多维度的风土人情，包括瓦其夫传统市场、瓦其夫艺术中心、卡塔尔国家博物馆和多哈悦榕庄，以及当地的美食、艺术展和工艺品。其独到的创意，产生了令人印象深刻的推广效果。

2022年3月，卡塔尔足球世界杯志愿者全球招募活动正式启动，卡塔尔世界杯组委会从申请者中录取2万人，在世界杯期间，他们在比赛场馆、训练场地、机场、球迷区、酒店、公共交通枢纽等地为前来观赛的全世界球迷提供咨询和帮助。此次世界杯志愿者活动是卡塔尔历史上最盛大的一次志愿者活动，每一位志愿者都成为"代言人"，他们来自各个国家，又把世界杯的精神以及卡塔尔的历史文化、风土人情传播到世界各地。

为了增强全球旅业伙伴对卡塔尔多样化产品的了解，以更有效地在市场上推广和销售卡塔尔旅游产品，2022年7月，卡塔尔旅游局推出了全新的互动式在线培训课程——卡塔尔旅游专家培训计划。该计划提供11种语言，着重于卡塔尔旅游的各个方面，包括文化、历史、遗产、景点和体验。

随着卡塔尔世界杯的临近，卡塔尔航空已经在世界各地举办多场活动，为世界杯揭幕预热助威。卡塔尔航空推出横跨欧洲的"The Journey Tour"互动巴士之旅于2022年8月13日在伦敦正式拉开帷幕，为欧洲球迷提供见证今冬全球最大体育赛事的机会。此外，卡塔尔航空还在世界杯期间携手天猫国际与卡塔尔旅游局，一同为中国球迷带来卡塔尔好物，令其足不出户地体验卡塔尔人文风情。

卡塔尔世界杯足球赛第一声哨音还未响起，卡塔尔旅游局就在全世界开展大量的营销推广工作，其宣传推广手段可谓花样翻新，从印刷品、网络到展览会，囊括了整合营销的方方面面。针对不同客源市场，卡塔尔旅游局设计的不同网站成为介绍世界杯、推广卡塔尔旅游目的地形象的另一个重要途径，其内容还包括旅游博览会、研讨会、旅游考察以及与旅行社合作。此外，卡塔尔还邀请了世界各地数千名记者来卡塔尔采访，电台、电视台、报纸杂志不间断地介绍世界杯赛的组织情况。

据卡塔尔规划与统计局发布的统计数据显示，卡塔尔2022年6月份游客人数超过了14.56万人次，而2021年同期仅为2.42万人次，同比增长501.7%。全球旅游分析公司ForwardKeys发布的数据显示，世界杯31个参赛国以及阿联酋飞往卡塔尔的机票预订量达到疫情之前同期的10倍。卡塔尔官员纳赛尔·卡特透露，为期一个月的世界杯让卡塔尔迎来约120万个海外球迷，产生高达170亿美元的收入。

卡塔尔通过体育事件营销的方式不断提升国家软实力，以展示其国家转型发展的新形象。正如卡塔尔世界杯组委会的一位工作人员所言：谈到世界杯的回报，我们都知道世界杯通常不会带来直接的经济利润，更多的是无形的红利，如对卡塔尔国家品牌价值的提升，以及对旅游业的推动，世界杯让卡塔尔成为更多人的旅游目的地。更重要的是，世界杯会成为卡塔尔的国家名片。

成熟的推广体系，严谨的整合营销传播计划，借势于"世界杯"这一历史性事件，占尽天时、地利与人和的卡塔尔旅游业，在世界旅游业低迷的大环境中有如此强劲的表现，实在是令人刮目相看。

讨论：
1. 本案中卡塔尔运用了哪些营销策略提升卡塔尔国家旅游形象？
2. 哪些人或组织参加了卡塔尔旅游目的地营销活动，效果如何？

第 12 章 新旅游

教学目标

通过本章的学习，了解新旅游产生的背景和原因，理解新旅游的相关概念，分析新旅游的基本特征和主要形式，认识新旅游与大众旅游的区别和联系，掌握旅游可持续发展原则以及新旅游的发展趋势。

教学要求

教学内容	重点☆、难点＊	教学提示
新旅游概述	(1) 新旅游的基本概念☆＊ (2) 新旅游的特点和种类 (3) 新旅游与大众旅游的关系	本章主要与第1章、第2章、第3章、第4章、第5章、第8章、第9章、第10章等内容相关联，教学时可前后对应，以便掌握各章节教学内容的内在联系
小规模旅游	(1) 小规模旅游的基本概念 (2) 小规模旅游与大众旅游的关系☆＊ (3) 小规模旅游的特点	
低碳旅游	(1) 低碳旅游的基本概念 (2) 低碳旅游的背景 (3) 低碳旅游的特点☆	
公益旅游	(1) 公益旅游的基本概念 (2) 公益旅游与生态旅游的关系☆ (3) 公益旅游的特点	
自助旅游	(1) 自助旅游的基本概念☆ (2) 自助旅游的基本形式 (3) 自助旅游的特点	
旅游的可持续发展	(1) 旅游可持续发展的定义 (2) 旅游可持续发展的内涵 (3) 新旅游发展的前景和未来☆	

> 一个人在旅游时必须带上知识，如果他想带回知识的话。
>
> ——约翰逊

基本概念

新旅游　小规模旅游　替代性旅游　低碳旅游　公益旅游　自助旅游　旅游的可持续发展

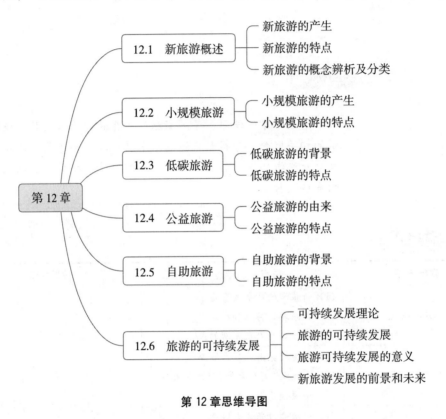

第 12 章思维导图

导入案例

热血"穷游"，与 MONEY 无关

穷游，一种时尚的旅游方式。在自由旅行的同时，最大限度地省钱，花最少的钱享受最大的快乐。穷游不是因穷而游，而是一种不同以往的行走方式，只是想用最经济的方式去"穷"尽天下美景。

七月，新疆阿勒泰可可托海风景区附近的一片胡杨林里，一棵大树下，停着一辆灰扑扑的面包车，左右两边玻璃上依稀可以看见"退休中国行"几个字样。来自贵州的邱师傅在车旁边支起一个小炉子，老伴正在锅里煮着面条。他一米七八的个子、两鬓白发，但双眼却炯炯有神。他是一位退休工人，游遍中国一直是他多年来的梦想。直到两年前退休、孩子也正在上大学,终于有了时间。春节一过,他们就开上自己的面包车,开启了周游东北、内蒙古、新疆、西藏的旅程。

"穷游"怎么吃?

出发之前,他们准备了一个煤气罐和炉子,还备了锅碗瓢盆和米面。旅途中,他们就在当地的菜市场买上想吃的蔬菜,自己做;想下馆子品尝当地美食,就看看网上的推荐,或者问问当地居民,很快就可以找到一家称心如意的饭馆。当然水是必不可少的,自备一个水壶,不但可以随时喝上热水,还非常环保。他们还准备了巧克力、火腿肠、咖啡、方便面等。遇到需要徒步时,这些食物能量高又便于携带。

"穷游"怎么住?

面包车后面的座位都做了改装,一一展开,就变成了一个1.5米左右的平整大床。车窗露一点缝隙,既不冷,又可以通风。一路上他们很少住星级酒店。遇到一些特色民居特别想体验的时候,他们也会毫不犹豫地住下来,比如河边的吊脚楼、老城区的四合院。不仅可以体验风土人情,还可以美美地洗个澡,睡个好觉。

"穷游"怎么游?

他们不赶时间,一路从不跟团。到了一个地方,停下车,看看保留在手机里以前做的攻略,打开电子地图、开启导航,老两口就开始尽兴地游玩起当地的名胜古迹、自然风光,包括许多还未被开发的地方。所以,他们总能"穷"尽想"游"之地。

点评:

随着旅游者可任意支配收入的增加、旅游经验的丰富、价值观念的变化、科学技术的进步,旅游行程、旅游内容从旅行社主导转变为旅行者主导,以旅游目的地为中心转变为以人为中心,以大众旅游为主要形式的旅游方式发生了变化。

12.1 新旅游概述

新旅游这一概念,最早是1993年阿莉娜·普恩(Auliana Poon)博士在其专著《旅游业:技术和竞争战略》(*Tourism:Technology and Competitive Strategies*)中提出的。在雷柏尔旅游模型中,新的旅游理念和新的旅游行为是新旅游的"推力",而新的旅游产品供给是新旅游的"拉力"。旅游者通过新技术的媒介作用,从客源地到旅游目的地,开始新的旅游体验和新的旅游活动。

由于价值观和生活方式的改变,旅游者不再满足于仅仅依靠旅行社提供的旅游计划,不再满足于能预知一切的固定包价旅游,更希望主动参与旅游活动的制定、设计、规划,而当今新技术的产生使得满足这种新旅游需求成为可能。这些技术主要指互联网和信息技术的应用,它可以快捷方便地变更旅游过程中的环节,使之更符合个体需求。旅游的过程、管理方式和行业结构也需要做出调整,以适应新的旅游需求。

12.1.1 新旅游的产生

新旅游是在新理念、新技术和新的行业结构的影响下追求个性化、注重目的地环境和文化体验质量的新旅游方式。旅游的发展和进步无时无刻不是与社会进步、经济发展、技术革新紧密相连，新旅游的产生和发展也不例外。整体和平稳定的世界局势、全球经济的持续增长、可支配收入的增加、带薪假期的制度化、文化发展带来的审美意识变化、大众旅游的弊端、绿色出行的理念、信息技术的广泛应用，这些因素都对新旅游的产生和发展产生了推动作用。①

1. 大众旅游的再思考

大众旅游的弊端引发人们对旅游方式的再思考。大批量的旅游者在某一段时间内涌入旅游目的地，对当地的生态环境、经济结构、风俗文化会造成较多负面影响。一些旅游景区和城市出现通货膨胀，造成收入漏损；环境、生态系统遭到破坏；旅游产品严重同质化，影响旅游者的满意度；目的地文化商品化，旅游者、旅游企业、东道主之间利益冲突严重，所有这些都引发了业界和旅游者对旅游发展模式和旅游行为的再思考，新的旅游方式应运而生。

2. 新旅游的内在动力

随着社会文化的发展，人民对美好生活的向往日益增长，人们的审美意识、旅游经验得到很大提高。环保、可持续发展理念等新观念逐渐深入人心。经济的持续发展使人们可任意支配收入及闲暇时间逐渐增多，人们有经济能力，也有时间选择适合自己的、个性化的、比大众旅游更好的旅游产品。社会进步张扬了人们个性的发展，增加了人们对个性化产品的需求。旅游市场中追求个性化、注重体验和保护旅游目的地环境和文化的旅游者就是新旅游者。有了新的旅游需求，必然会产生新的旅游市场。

3. 新旅游的技术保障

电子信息技术的广泛应用为新旅游的产生提供了技术保障。工业革命过程中，蒸汽火车的发明开创了陆地旅游的新局面，促成了近代旅游的产生；第二次世界大战后，经济迅速恢复，商业喷气飞机的出现标志着现代旅游的诞生；而网络信息时代的到来，为新旅游的诞生提供了技术保障。进入 21 世纪，随着 Web3.0、物联网、智慧旅游的兴起，新旅游进入快速发展时期。利用移动云计算、人工智能等新技术，借助便携的终端上网设备，主动感知旅游相关信息，并及时安排和调整旅游计划，旅游者可以与网络实时互动，让游程安排进入触摸时代。

12.1.2 新旅游的特点

新旅游最大的特点是利他性。旅游者的活动不仅有利于自身身心健康，还有利于当地环境保护、社会、经济、文化的可持续发展。新旅游往往规模小，对旅游目的地的生态环境、风俗文化影响较小，有利于旅游目的地生态环境和文化的保护；在旅游目的地停留时间较长，与当地社区居民接触机会多，吃、住、游、购、娱各个环节往往与本地相关企业和经济相关联，收入漏损小，有利于当地社会、经济的发展。新旅游还具有以下特点。

---

① 许义. 新旅游：重新理解未来 10 年的中国旅游[M]. 北京：中国旅游出版社，2021.

1. 灵活性

新旅游的特点之一是灵活性，这也是与大众旅游产品在组织形式、旅游线路和活动项目相对固定不同的主要因素。新旅游产品是根据旅游者的需求灵活制定的，出游时间更机动，季节性不再那么强，出游方式更便捷；产品价格灵活，可满足不同旅游者的需要。新旅游产品的生产不再取决于规模经济，而是更多地在生产过程中兼顾规模经济和满足不同客户的个性需求。

2. 技术性

不断更新的互联网技术的应用是新旅游的显著特点。无论是新旅游理念的传播、影响，还是新旅游产品的开发、营销，都大量应用信息技术，新旅游产品的促销手段和旅游者的出行方式更依赖于网络。新旅游者通过网络媒介自主参与设计、定制并购买单项或多项的组合旅游产品。旅游途中除了欣赏、体验当地自然风光、文化，留下美好的记忆，新旅游者往往还会通过网络随时与他人分享，将心中的感受、旅途中的发现、途中的照片分享到微博、日志或朋友圈上；而这些信息又将促成新的、个性化的旅游产品的出现。

3. 互动性

互动性是新旅游的另一显著特点。新旅游开发的产品更多地考虑到旅游者与旅游目的地生态和社区居民的互动。出行前，旅游者通过网络与旅行社、目的地客栈等企业互动交流，定制符合自己需求的产品；抵达目的地，主动与当地社区居民互动交流，体验一些当地民俗节庆活动，或者参加一些保护自然、保护野生动物、促进旅游目的地文化发展的公益活动。旅游后主动将自己的旅游经历与他人分享，通过博客、公众号、朋友圈等与自己兴趣相同、旅游目的地同游的旅游者进行互动。

特别提示

新旅游相对于传统大众旅游而言。不同国家或地区所处的发展阶段不同，新旅游可能呈现出不同的形式和发展状态。

12.1.3 新旅游的概念辨析及分类

从新旅游概念的起源来看，新旅游是与传统的大众旅游相对应的一个概念，是在人们反思大众旅游发展过程中显露出种种弊端的背景下产生的。大众旅游(Mass Tourism)是以固定的价格、标准化的服务，大批量销售给大众顾客的包价旅游。普恩将"大众旅游"归纳为大众的(Mass)、标准化的(Standardized)、固定的包价(Rigidly Packaged)旅游，简称MSRP。大众旅游存在和发展的前提是廉价(Cheap)、便利(Convenient)、安全(Safe)和舒适(Comfort)，因此又称为CCSC。为了降低成本，满足CCSC的最好方法就是标准化生产、大批量采购、集约化经营、网络化销售，从而形成规模经营优势，达到薄利多销的目标。①

---

① 董培海，李庆雷，李伟. 大众旅游现象研究综述与诠释[J]. 旅游学刊，2019，34(6)：135-144.

在规模经济驱动下，大众旅游以其固定的价格、标准化的服务以及大批量的销售形式成为一般旅游者出行的主要方式。大众旅游产品的消费是大批量的，以企业利益和个人利益最大化为目标。因此，大众旅游兴起的同时，也给接待地带来诸多负面影响，生态环境遭到破坏，旅游质量普遍下降，旅游目的地严重商品化，引发了人们对大众旅游发展模式和出行方式的忧虑，大众旅游逐渐成为破坏生态、污染环境的代名词，受到诸多批评，这时一种基于对大众旅游批判的新旅游在世界各地出现了。

此外，随着人们环保意识的觉醒，体验消费时代的到来，信息化使旅游客源市场对旅游的感知、期望、态度和价值观念取向也发生了变化，人们开始寻找新的、充满个性的旅游形式来替代大众旅游，即替代性旅游（Alternative Tourism）。霍顿（Holden）认为，除大众旅游外，所有形式的旅游都可以贴上替代性旅游的标签①，因此将 Alternative Tourism 译为"非大众型旅游"更能表达其内涵，也更便于读者理解。② 由此可见，替代性旅游是与传统的大众旅游相对立的各种旅游概念的总称，是基于对大众旅游给社会、环境带来负面影响的认识而提出的新的旅游方式③，主要形式有小规模旅游、公益旅游、生态旅游、自助旅游等。

通过图 12-1，可以清楚地了解旅游者出行方式的变化，理解新旅游与大众旅游之间的关系。

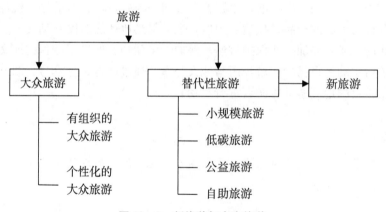

图 12-1　新旅游与大众旅游

特别提示

新旅游与大众旅游在旅游理念和消费行为上有区别，但二者之间也绝非绝对对立。科恩认为大众旅游有"有组织的大众旅游"和"个性化的大众旅游"之分。前者是指未知的

---

① HOLDEN A. Alternative Tourism：Report on the Workshop on Alternative Tourism with Focus in Asia[M]. Bangkok：Ecumenical Coalition on Third World Tourism，1984.

② 吴瑕，黄文. 成都发展"非大众型旅游"初探[J]. 乐山师范学院学报，2010，25(8)：91－94＋140.

③ SMITH V，EADINGTON W. Tourism Alternatives：Potentials and Problems in the Development of Tourism[M]. Philadelphia：University of Pennsylvania Press，1992.

探险成分低，包价服务涵盖旅游全过程，旅游者与当地居民和文化直接接触机会少的一种大众旅游类型；后者是指相对灵活，旅游者可根据个人需要选择部分旅游项目的有组织包价旅游。可见，即使是大众旅游，也有大众旅游中的小规模旅游，体现了新旅游的一些特点和理念。

 小思考

智慧旅游是一种替代大众旅游的新的旅游方式，你认为在不久的将来会取代大众旅游吗？为什么？

12.2 小规模旅游

小规模旅游（Small-scale Tourism）是相对于大众旅游的旅游方式，也称为"小众旅游"。小规模旅游强调社区参与，对自然生态及文化多样性的尊重和保护，保持旅游目的地的生态、文化可持续发展。小规模旅游者通常是背包旅游者、探险旅游者、漂流者等，住宿和餐饮多由当地小企业经营。旅游活动与当地相关旅游服务业关系密切，乘数效应高，旅游漏损小，有利于当地经济社会的可持续发展。

12.2.1 小规模旅游的产生

一方面，小规模旅游是基于发达国家大众旅游对社会环境带来负面影响的忧患和日益增强的环保意识产生的。为了避免环境超载所引发的有效空间和资源要素的过度占用与消耗，小规模旅游组织者通过限定旅游者数量，避免旅游者涉足生态保护核心区，防止文化势差通过旅游者行为的示范效应破坏原住居民的生活，以保持人类文化的差异共存。

另一方面，随着经济的持续发展，新旅游者的可支配收入得到增加使旅游者有能力支付比大众旅游高昂的旅游费用；生产智能化，使普通劳动者的闲暇时间延长，为旅游者自主安排旅游时间提供了可能；新技术、新设备的应用为小规模旅游的产生发展提供了技术支撑；新旅游者的教育水平、文化水平不断提高、旅游经验不断丰富使旅游者有了更多的个性化旅游需求。

小规模旅游者的花费可为目的地带来可论证的收入乘数效应，但由于小规模旅游短期内不能带来大规模经济效应，常常被一些地方政府忽略。随着旅游业的发展，一些国家，如澳大利亚、新西兰、不丹、南非等国的政府已经开始认识到小规模旅游者为当地经济发展所做出的重要贡献以及对保护环境、民族文化所产生的积极作用，通过积极引导和推动小规模旅游，这些国家的小规模旅游有了一定程度的发展，成为一些旅游者旅游出行的首选方式。

12.2.2 小规模旅游的特点

旅游是不是做得越大就越好？答案是否定的。小规模旅游无论是在某一时间总的到访旅游者人数还是特定团队人数都比包价大众旅游人数少，因此小规模旅游对旅游目的地的生态环境、民俗文化影响小。小规模旅游没有明显的淡旺季，受旅游季节性的影响较小，花费主要是当地的商品和服务，对当地的经济发展贡献突出。小规模旅游住宿、物产为当地人所有，能带动当地居民就业；旅游者购买当地的手工纪念品和当地特色食品，能加强旅游业与当地其他产业部门的联系，产生更高的消费乘数效应，促进当地经济的良性发展。小规模旅游资本投入少，当地资本更易进入旅游行业中，能带动当地社区经济的发展，造福一方。小规模旅游和大众旅游的区别见表12-1。

表12-1 小规模旅游和大众旅游的区别

变量		小规模旅游	大众旅游
市场	细分市场	多中心型、中间型旅游者	自我中心型、中间型旅游者
	旅游者数量与旅游方式	旅游者数量少；个人安排	旅游者数量多；包价旅游
	季节性	不明显	明显
	客源	无主要客源市场	有主要客源市场
吸引物	重点	略微商业化	高度商业化
	特点	特有的、真实的	普通的、人工的
	受众定位	旅游者和当地人	主要是旅游者
住宿	规模	小	大
	空间分布特点	低密度分散在某个旅游区	高密度集中在旅游地某处
	建筑特点	地方风格	国际化风格
	产权	当地政府或当地小企业拥有	外来大企业拥有
餐饮	特点	小餐馆、当地特色食品	国际标准化餐馆
纪念品	特点	当地手工制品	大批量生产的工艺品
交通	方式	小型公共汽车、人力车	长途空调汽车、租车
经济	旅游业的经济地位	补充性产业部门	控制当地经济
	经济联系	主要与当地联系	主要与外部联系
	漏损	低	高
	乘数效应	高	低
规划	目标	注重整体发展，可持续理念	强调经济发展，高利润回报
	时间效益	长期	短期

头脑风暴

第5章谈到的特种旅游是否属于小规模旅游？旅游流量小的旅游就是小规模旅游吗？

12.3 低碳旅游

党的二十大报告指出，要协同推进降碳、减污、扩绿、增长，推进生态优先、节约集约、绿色低碳发展。旅游并不是人们想象的"无烟工业"，为旅游者提供食、住、行、游、购、娱的旅游企业都会产生碳排放，其中有的甚至是高能耗、高污染的企业，只是旅游者在旅游活动中更多看到的是优美的景色和设施而已。如高尔夫不仅耗费大量的土地资源，在草坪维护用水用药上也十分惊人。资料显示，2010年北京高尔夫球场总的耗水将近4000万立方米，这相当于20个昆明湖的水量。业内人士透露，一座中等规模的三星级饭店，一年大约要消耗1400吨煤的能量，可向空中至少排放4200吨二氧化碳、70吨烟尘和28吨二氧化硫。

世界旅游组织《气候变化与旅游业：应对全球挑战》研究报告显示，如果维持旅游业现有的发展方式和增长速度，到2035年旅游部门中的碳排放量将增加152%，而整个旅游部门对全球变暖的贡献率将增加188%。很显然，旅游部门对全球变暖贡献率不断增大的发展趋势，与未来国际社会对气候变化的控制战略是背道而驰的。控制旅游发展中的温室气体排放量，发展低碳旅游势在必行。

12.3.1 低碳旅游的背景

低碳旅游是指在旅游发展过程中，运用低碳技术，倡导低碳旅游消费，以获得更好的旅游体验质量以及更大的社会、经济、环境效益的一种可持续旅游发展方式。[①] 低碳旅游的核心理念是以更少的旅游碳排放量获得更大的经济、社会、环境效益。因此，低碳旅游是基于生态文明理念，对发展低碳经济的一种响应模式，即在旅游吸引物的构建、旅游设施的建设、旅游体验环境的培育、旅游消费方式的引导中，运用低碳技术，倡导低碳消费，以实现旅游低碳化的发展目标。[②]

"低碳旅游"的概念首次出现于2009年5月召开的世界经济论坛《走向低碳的旅行及旅游业》的报告中。此后，该概念在全世界迅速传播。同年，中国国务院常务会议通过《关于加快发展旅游业的意见》，倡导低碳旅游方式。2009年在深圳举办的"旅游行业发展高峰论坛"上，与会者认为"低碳旅游"将作为中国旅游产业升级的必要手段，逐渐成为旅游业优化产业结构的必然发展趋势。[③]

特别提示

低碳旅游并不是横空出世的新发明。早在20世纪60年代就有学者提出"负责任的旅游"，并提出四个基本原则：环境影响最小化、东道主经济利益最大化、旅游者满意度最大化、最大程度尊重东道主文化。此后相继又有生态旅游、可持续旅游等一系列绿色概念的旅游

---

① 李辉．生态旅游规划与可持续发展研究[J]．北京：北京工业大学出版社，2021．
② 蔡萌，汪宇明．低碳旅游：一种新的旅游发展方式[J]．旅游学刊，2010，25(1)：13—17．
③ 董怡菲，杨晓霞．国内外低碳旅游研究综述[J]．西南农业大学学报(社会科学版)，2011，9(12)：5—11．

方式和理论问世。低碳旅游实际上是生态旅游、绿色旅游观念在气候变化形势下的新观念。

12.3.2 低碳旅游的特点

低碳旅游最大的特点是在旅游开发和旅游过程中碳的低排放，保护目的地的生态环境。低碳是一个相对的概念，是指较低或更低的碳排放量，即单位旅游产出所需要的能源消耗不断下降，其核心理念是以更少的碳排放来获得更高的旅游体验质量和更大社会、经济、环境综合效益。

（1）旅游消费新理念。低碳旅游有明显的导向性。首先，作为一种全新的旅游方式和消费理念，低碳旅游正成为旅游业发展的新趋势，受到社会高度关注。它推动着旅游企业进一步树立并践行低碳理念，以便赢得更广阔的旅游市场。其次，随着低碳理念的实践，低碳交通、低碳住宿、低碳餐饮等低碳内容的开展，低碳旅游又引领着人们进一步传播低碳观念，让人们发现低碳就在我们身边。我们每一个人都可以践行低碳旅游，为社会、为环境作出贡献，促进经济社会的可持续发展。

（2）旅游环保新技术。要减少旅游过程中碳排放，又不影响（甚至要更高）旅游体验，很大程度上取决于低碳技术的应用。例如，餐饮方面，涉及厨房垃圾、生活垃圾、油烟、废水处理和利用等低碳技术；住宿方面，提供绿色客房、自然能源、设备余热、冷凝水等循环利用，客房垃圾、办公垃圾回收利用；旅游景区方面，环境友好型旅游产品设计、生态旅游接待设施建设（如生态厕所）、旅游环境监测等。

（3）旅游低碳可行性。旅游食、住、行、游、购、娱各个环节的碳排放是可以监测的。例如，通过改变交通运输方式减少碳排放：增加公共交通、使用铁路、电动车等；增加可再生能源和碳中性能源的使用，比如水力发电、风能、太阳能等；自带个人卫生用具等。在旅游交通运输、旅游酒店住宿以及旅游吸引物的营造各个环节中，都可以使用低碳技术降低碳排放。低碳旅游是一种具有可操作性的旅游发展模式。

2015年7月30日，我国在法国召开的全球气候大会上宣布了中国的减排承诺：中国二氧化碳排放在2030年前后达到峰值并争取尽早达峰，单位国内生产总值二氧化碳排放比2005年下降60%～65%。专家预测，中国累计的碳排放低于欧美发达国家，这显示了中国作为负责任大国的历史担当。为了应对全球气候变化，我国的一些旅游景区已经在推进低碳型旅游建设。山东德州皇明集团打造的"太阳谷主题公园"，向旅游者展示了具有显著低碳、微排特征的未来生活场景。低碳旅游是我国发展低碳经济的具体行动，为可持续旅游发展开辟了新路径。

延伸阅读

欧洲的低碳旅游

也许，在一些人眼里，绿色低碳旅游只是一个口号，或者是增加几个参观污水处理厂之类的项目。实际上，低碳绿色旅游是将生态和低碳融入交通、住宿、食品以及每一处细节之中，生动而自然。

当国内自驾游趋势正冉冉升起时,欧洲已经开始提倡"不开汽车"的完美假期,通过公共交通去旅游,将碳排放量降到最低,而火车无疑是最受欢迎的绿色公共交通之一,挪威、瑞士、德国等欧洲国家都提供这种悠闲、实惠而又环保的交通方式。

住宿方面,在标准不变的情况下,顾客们越来越倾向于选择生态宾馆。在瑞士有很多低碳、环保酒店,它们有的是五星级酒店,有的是度假小屋,有的是小型客栈。一些低碳环保住宿还非常有趣,比如瑞士阿尔卑斯山的Whitepod营地,就是一个超级时尚的生态营,旨在让滑雪者与大自然亲密接触。而瑞典拉普兰地区冰旅馆用冰雪建造,可以让旅游者像因纽特人一样在雪屋过夜,为旅游者提供了一个独特的睡眠场所。在英格堡的圆顶冰屋村中,床上铺的是舒适的羔羊皮以及温暖的探险睡袋。其实这些有趣的方式在自然保护、绿色、低碳节能等方面做出努力的同时,也成为吸引旅游者的亮点。

现在很多出行线路都有低碳体验部分,例如极地探险挪威8日之旅的行程,从奥斯陆出发,可以尝试雪上摩托车、冰川徒步等项目,跟随专业的极地向导一起进入纯净的北极世界,去亲身感受这个世界上的美丽净土。最重要的是,记得留意一下身边的细节,从垃圾分类到酒店的环保举措,挪威在保护环境上始终走在世界的前列。

徒步这一旅行方式在出境游中是一种新鲜的旅游体验。行走中的观察、询问和节奏,脚底带来大地的磨砺和温度,这种身体力行的方式切合了低碳的时尚,更重要的是它带来了一种更深的旅游体验。根据瑞士国家旅游局有关负责人介绍,瑞士阿尔卑斯山徒步线路已经是欧洲非常成熟的旅游线路。

头脑风暴

到四川青城山旅游,怎样践行低碳旅游理念?怎样做一个对环境友好的生态旅游者?

12.4 公益旅游

新旅游的特点之一是互动性,即旅游者与当地的生态环境、社区居民进行友好互动,在旅游的快乐中做一些对当地社区有益的事,而不是将旅游看成一种纯粹的"付钱买乐"的事。如果你想在旅游的过程中为当地的生态环境、社区居民等做一些自己力所能及的事情,这种把旅游与公益活动结合起来的新的旅游方式就是公益旅游(Voluntourism)。与大众旅游相比,公益旅游活动不仅能满足旅游者或组织者的单纯旅游体验,同时也让他们有机会利用自己的技能或兴趣为需要外界帮助的旅游目的地的社区居民做一些有益的事情,挥洒乐于奉献的利他主义精神。

国外的公益旅游更多的是发达国家旅游者到不发达国家的一种跨国境的集志愿性、趣味性于一体的旅游活动。[①] 人们利用假期前往非洲等相对落后地区,加入生态科研考察队,帮助收集有价值的资料或者参加保护濒危物种等;国内的公益旅游主要是发达地区旅

---

① 马晓煊,张亚维,黄春宇.国内外公益旅游理论与实践发展综述[J].旅游论坛,2011,4(3):1—4.

游者到落后地区的带有扶贫性质的一种旅游形式，侧重为当地社区居民提供物质生活及教育文化的帮助。国内外公益旅游形式和内容虽有不同，但本质都是一样的：组织者或参与者在旅游的过程中不只单纯地为了休闲、游玩，而是以旅游的方式为目的地居民带去自己的爱心和贡献。

12.4.1 公益旅游的由来

对于公益旅游的产生，众说纷纭，但大多数学者认为现代意义的公益旅游起源于20世纪70年代的新旅游概念并兴盛于20世纪90年代，是生态旅游发展过程中出现的一种新形式或生态旅游的深化。生态旅游的理念是"除了照片，什么也别带走；除了脚印，什么也别留下"；而公益旅游是生态旅游的提升，除了要做到不破坏环境之外，还要做出对目的地有贡献的事。两种旅游形式的侧重点不同，存在部分重叠，也存在差异。公益旅游的内容形式可以是以上两种类型，也可以是其他非生态旅游形式，如扶贫旅游等。

由此可见，公益旅游概念源于生态旅游，但它不仅仅是包含在生态旅游范围内，而是一种更加注重目的地居民利益的、具有公益行动的一种新旅游形式。从公益旅游的发展情况来看，公益旅游是旅游者自发或者公益组织、旅游企业在相对贫困、落后的旅游目的地进行旅游活动时，为社区居民提供公益服务的一种旅游方式，是对旅游目的地的社会环境和自然环境负责任的旅游活动。公益旅游是推动构建人类命运共同体的需要，反过来又影响人们的旅游观念和行为。

1. 客观需要

经济社会发展不平衡、脆弱的生态环境是践行公益旅游的客观需要。从全球来看，由于长期处于经济落后状态，一些国家生态脆弱，或者在发展经济过程中受到现代文明的破坏，需要公益旅游的支持。一个国家内部往往也存在着许多贫困或欠发达地区或社区，需要以旅游扶贫的形式发展社会经济。以我国为例，一些中西部地区经济欠发达，当地生态也异常脆弱，公益旅游是旅游扶贫的选择之一。

2. 自我升华

公益慈善事业的发展影响着旅游者的理念，引领越来越多的人将公益与旅游相结合，双向影响。公益旅游为弱势群体、贫困阶层及灾民提供了有益的救助，对缩小贫富分化差距、保障社会公平正义和促进社会和谐起到了重要的作用。越来越多的旅游者发现，在旅游过程中参与到旅游目的地生态保护或对当地社区居民的帮助活动中来是一件非常有意义的事情，是一种需要层次的升华，有更多的获得感、存在感。

12.4.2 公益旅游的特点

旅游渐渐地由大众旅游形式向个性化的旅游形式发展，从观光型旅游到体验型旅游，从利己主义到自然主义和利他主义旅游。公益旅游"边旅游、边行善"，既能达到度假放松休闲的目的，又能通过旅游互助互动，促进目的地经济效益、社会效益和生态效益的统一、旅游的可持续发展。公益旅游具有以下特点。

1. 公益性

公益旅游最显著的特点是公益性,这是它与其他旅游的最主要区别。在公益旅游活动中,旅游者不仅仅是为了旅游,享受目的地的自然风光和体验民俗文化,而且还要参与志愿服务项目,通过旅游帮助目的地居民改善其生活环境,提高当地居民的生活水平。公益性旅游的主体既可能是旅游者,也可能是旅游企业或旅游组织。

2. 对等性

公益旅游另一特点是交流的对等性。公益旅游者不是居高临下,目的地居民也不是卑躬屈膝,两者处在平等的地位进行交流,双方在获得物质利益的同时,还得到精神上的升华、心理上的满足。旅游者享受了目的地的旅游资源、风土文化,同时给目的地做出了自己的贡献;目的地居民则以真诚的接待方式让旅游者感到满足,也得到了尊重和经济回报。

3. 深度参与性

公益旅游是一种深度参与的旅游活动,旅游者不是仅仅走马观花看风景,买几张门票,捐几个钱,而是通过实施公益活动与当地居民进行深入沟通交流和接触。旅游者不再是"白天看景,晚上睡觉",不再只是感受当地风景人文美好的一面,而是要深入参与社区生活,与目的地居民互助、互动,帮助他们改善或提高文化教育、生活水平,保护生态环境。

由此可以看出,公益旅游与大众旅游不同,是旅游活动与公益活动有机结合的一种旅游形式,包含以下要素。

(1) 利他主义为主要旅游动机。

(2) 旅游过程包含志愿服务的内容或项目。

(3) 维持和促进自然、社会和文化的多样性。

(4) 帮助目的地发展,保证目的地居民参与旅游活动。

(5) 强调旅游可持续性,包括环境、社会和经济的可持续性发展。

 特别提示

公益旅游不同于慈善捐赠,侧重于利用个人的时间、精力为目的地提供帮助,比如生态保护、文教宣传、心理关爱等;公益旅游与志愿服务存在一定交叉关系,但也不同于志愿服务。除了具备志愿服务无偿性、自愿性、组织性和公益性的属性外,还必须具备旅游异地性、暂时性等性质。没有满足异地性、暂时性任何一个基本属性的志愿服务都不是公益旅游;而没有满足志愿服务任何一个特征的旅游活动也算不得公益旅游。

 延伸阅读

现在流行"雷锋"式度假

过一个放松的假期,是去海边沙滩上晒太阳,还是"为人民服务"去当义工?相信选择"太阳浴"的人会多得多，但是现在流行"雷锋"式度假，"志愿者假期"在一些国家渐渐开始流行。

这种义工假期在高校里历史悠久，可以追溯到十几年前，直到现在仍然热度高涨——每年全世界都有数万名大学生选择"志愿者假期"。但如果说到学生以外的人群，这个数量就少得可怜。直到最近，人们才开始关注这种"另类度假方式——'雷锋'式度假"。也许，这得归功于媒体持续大篇幅报道非洲孤儿和飓风幸存者的故事。

非洲成了大家最想去的地方，I-TO-I 公司组织的"到非洲保护幼狮"项目一推出，就引来大量预订单。度假的人将陪小狮子玩耍，给它们喂食，也有一些工作没有这么有趣，比如给小狮子洗澡等。还有一些海滩爱好者选择到南非学习冲浪，学会后再把技艺传授给当地的孩子。如果没有这种项目，这些小朋友将永远得不到在海滩上奔跑、到海里冲浪的机会。

在这家公司推出的旅行项目中，比较受青睐的还有：到印度学习音乐和电影制作；到厄瓜多尔参与自然环境保护工作，这里有号称"生物博物馆"的加拉帕戈斯群岛，当年达尔文就是在这里找到"进化论"的有力证据，并完成巨著《物种起源》；还有选择到哥斯达黎加和越南去照顾老人等，工种无所不包。

在 I-TO-I 公司的一项远游中，他们为旅行者设计了去中国的"雷锋"式度假，旅行者们可以到中国的养老院工作并参与大熊猫保护的公益活动。

12.5 自助旅游

自助旅游是旅游者按照自己的意愿，全部或者部分安排自己的旅游行程和活动的旅游方式。相比团队旅游，自助旅游的特点是旅游活动安排的自主性，包括目的地、行程、交通方式以及餐饮、住宿和游览项目的选择。近年来旅游者自行外出旅游的方式渐渐流行起来。根据中国旅游年鉴的抽样调查统计，2009 年国内城镇居民旅游按旅游方式分组，通过旅行社组织的仅占总样本的 17.5%，而非旅行社组织的占 82.5%。2011 年，通过旅行社组织的旅游者比例进一步下降，只占总样本的 6.6%，而非旅行社组织的旅游者比例进一步上升，达到了 93.4%；2015 年上半年，中国国内游、入境游、出境游中，自助旅游者分别占 97.8%、90%、66.7%；2016 年国内旅游者自助游比例超过 80%，2017 年超过 85%；2023 年自助旅游的比例更是大幅度上升。由此可见，不通过旅行社安排的旅游活动超过了团队旅游的比例。其中，自驾车和背包旅游是主要形式。

12.5.1 自助旅游的背景

自驾车旅游源于 20 世纪的欧美发达国家。早在 1980 年，美国自驾车旅游就已占到了各城市间旅游的 84%，且逐渐发展出专用的房车旅游形式。从近距离的周末驾车游到中长距离的驾车旅行，自驾车旅游逐渐成为中产阶级的一种自助旅游方式。有资料显示，我国从 2004 年春节开始，自驾车旅游者的比例已占整个散客市场的 3 成以上，而且这一数字正在逐年提高，节假日高速公路堵成"长龙"的主要原因就是庞大的自驾游大军。私家车的增长让自驾车旅游成为当今自助旅游的旅游者首选的旅游方式，开着自己的车游历天下，已成为中国人的现实。

背包旅游作为自助旅游的主要形式之一，在国内也逐渐得到人们的喜爱，尤其是一些年轻人的喜欢。背包旅游因为价格便宜、自由度大、环保、新颖、刺激，与参加常规团队旅行相比，更能接触到真正的自然与人文景观。旅游者能够彻底地摆脱那种城市的商业气息和工作带来的压力，彻底放松自己的身心，感受野外的大自然气息；同时在一些旅游项目中还能够考验自己的野外生存能力。不管是学生还是一些年轻白领，他们更愿意以这种自然环保的方式去亲近大自然，去感受旅游目的地的民俗风情。

按照交通方式，自助旅游可分为自驾车自助旅游、徒步自助旅游、使用公共交通工具自助旅游、自行车自助旅游；按照参与人数，自助旅游可分为单人自助旅游、多人自助旅游；按照旅游目的，自助旅游可分为休闲度假自助旅游、探险自助旅游、修学自助旅游、特殊兴趣自助旅游；按照旅行距离，自助旅游可分为短途自助旅游、中途自助旅游、长途自助旅游；按照消费情况，自助旅游可分为经济型自助旅游、中档次自助旅游、豪华型自助旅游；按照目的地位置，自助旅游可分为国内自助旅游和国外自助旅游。

特别提示

自助旅游主要强调旅游者自己安排旅游活动，很少（甚至完全不）依靠旅行社的组织。它是小规模旅游，也可能是低碳旅游。

12.5.2 自助旅游的特点

1. 高度灵活

自助旅游最鲜明的特点就是自主性、灵活性。出发前，旅游者根据自己的爱好，通过比较、筛选，选定旅游目的地；怎样去，用哪些交通方式，是乘飞机还是坐火车，或是自己开车，通过搜寻相关信息，自己决定最满意的交通方式；在目的地，住哪里，有什么特色小吃，在出发前已经有所了解；游览项目也有很大的灵活性，完全自己掌控；在旅游过程中，可以完全按照个人的意愿即兴转换旅游景点。

2. 充分准备

自助旅游者要具备一定的文化素质和旅行经验。为了使自己的旅程变得更加有条理性和科学性，节省时间和金钱，自助旅游者们通常在出行前会做充分的准备。无论是寻找资讯、收集旅游目的地信息、了解当地的风土人情、旅游景点，还是设计线路、选定交通工具、查询航班及车次情况、选择住宿设施，票务预订，旅游者都应做好充分的旅游攻略。

3. 错峰出行

自助旅游者对目的地和出游时间的选择是遵照错峰出行的原则，避开观光型等热点旅游目的地，或是避开高峰旅游期、反季节游览热门景点，在更好的时段和环境领略自然风光和人文景点，提高旅游质量和旅游满意度。

4. 高度参与

出发前做好旅游攻略，如认真搜集旅游目的地的信息、确定旅游线路、预订酒店等；

旅游过程中,自己安排个人喜爱的旅游活动,深度参与到旅游目的地居民的生活中,感受当地的自然、历史、风土人情及社会习俗,或者根据自己的喜好,就某一方面或某一主题进行深度体验。

延伸阅读

伊恩和朱莉的自助旅游计划

"你想去哪?伊恩?"

"我还没有去过北非,那里好像有很多新的东西。你想去那儿吗?"

"是的,但在8月去有些热,饭店也比我们预算的要贵一些。"

"朱莉,你总是这么明智!好吧,去不列塔尼(Brittany)怎么样?如果我们乘坐火车到那儿更快一些。如果我们开车去,沿途就很自由,可以看到更多的东西。"

"不错的主意。我们在路上还可以拜访菲儿和戴安娜,我很想再见到他们,他们也一直很想带我们看看他们的农舍式小别墅。"

"我得带些9月就要开始的那门课程材料,我想找一个比较安静的地方读书。"

"嗯。没问题。还记得上次我们去过的小海湾吗?你吃了一顿很好的法国午餐后不能入睡。"

"我读书的时候你在做什么呢?"

"我记得沿海岸线可以散步。我可以四处走走,相信一定会很愉快的。我们现在就可以攒些钱,明年到一个更独特的地方去玩。"

"说定了!我上网看看情况,如果有合适的,我们就做个预订。如果没有,到了那里再找旅馆也无所谓。"

特别提示

自助旅游最鲜明特点在于旅游活动安排的自主性、灵活性,但这也导致一些旅游者旅游的随意性和盲目性。

12.6 旅游的可持续发展

第二次世界大战结束后,世界旅游业快速发展。根据世界旅游和旅行理事会年度报告,旅游业已经成为世界最大的产业之一。但是在旅游业发展的过程中,人们越来越意识到掠夺性的开发、粗放式的管理、旅游设施的病态扩张等正在损害人类赖以生存的环境,破坏人类文化,严重影响旅游业的可持续发展。①

12.6.1 可持续发展理论

早在20世纪80年代,人们便开始探讨可持续发展问题。1987年,由挪威首相布伦特

---

① 朱华.旅游学概论(双语)[M].北京:北京大学出版社,2017.

兰(Bruntlant)起草的《我们的共同未来》出版，掀起了世界各国研究可持续发展的热潮。1992年在联合国环境与发展大会上，全球100多个国家的首脑共同签署了《21世纪议程》，标志着全世界为遵循可持续发展而采取一致行动。1990年，在加拿大召开的全球可持续发展大会上，旅游行动委员会提出《旅游可持续发展行动战略》，明确了旅游可持续发展的目标如下。

（1）提倡公平发展。
（2）提高当地居民的生活质量。
（3）向旅游者提供高质量的旅游体验。
（4）强化生态意识，增强旅游环境效应和经济效应。
（5）保护旅游开发赖以生存的环境。

12.6.2　旅游的可持续发展

可持续发展是指既满足当代人的需要，又不损害后代人满足其需要的能力的发展。巴特勒(Butler)是最早研究旅游可持续发展的学者，他认为可持续旅游是指一个地区的旅游开发和延续，即在无限的时间内，旅游开发不改变或不降低环境质量(包括人文和自然环境)，处在这个坏境中的人类活动和进程能够顺利进行。① 这一定义被旅游界接受，并被同行广泛引用，主要包括以下三个方面的内容。

1. 公平性

强调本代人之间、代与代之间、地区之间和国家之间的公平以及公平地分配旅游资源，人人拥有公平满足旅游需求的机会。

2. 持续性

旅游资源的开发与旅游业的发展在生态系统的承载力之内，保持生物的多样性生态和支持系统，可更新资源持续利用，不可更新资源消耗最小化。

3. 共同性

秉承共同的理念和责任，尊重各方利益和民族特色，反对狭隘的政治观、区域发展观和缺乏共同性的民族观，在全球环境与发展体系方面采取统一行动。

小思考

我国"黄金周"旅游是否可持续？请从旅游可持续发展原则的"公平性""持续性"和"共同性"三方面加以分析。

12.6.3　旅游可持续发展的意义

旅游可持续发展强调以旅游资源自然环境为基础，与生态环境承载能力相协调，应用

---

① NELSON J G，BUTLER R，WALL G. Tourism and Sustainable Development：Monitoring，Planning，Managing，Decision Making[M]. Waterloo：University of Waterloo，1999.

经济、技术、法律手段，减缓自然资源的衰耗速度，维护良好的生态环境、和谐的人与人、人与自然的关系，使旅游活动与自然、文化和人类生存环境融为一体，有利于促进经济与社会、环境的协调发展，有助于改变人们长期以来对旅游资源可再生性的片面理解，对新出现的旅游形式重视并加以引导。旅游可持续发展有利于重构旅游开发的理论和政策导向，对于发展中国家加强旅游开发宏观管理，保护生态系统的完整性和永续性，尤为重要。

 特别提示

党的二十大报告指出，"我们坚持可持续发展，坚持节约优先、保护优先、自然恢复为主的方针，像保护眼睛一样保护自然和生态环境"，党的二十大报告还指出，"我们坚持绿水青山就是金山银山的理念"。树立生态文明观、保护生态环境、坚持绿色低碳循环、资源节约型旅游发展，走旅游可持续发展道路是我国旅游发展重大战略。

12.6.4 新旅游发展的前景和未来

新旅游从消费行为、生产方式、管理技术和组织结构等方面全面整合了各种非大众化旅游的观点，是对传统的大众旅游造成社会、环境影响的反思，是对大众旅游不可持续发展方式的批评。新旅游强调旅游的可持续性，通过践行各种新旅游形式，旅游各方的参与、各利益主体的协作，以保持旅游健康发展，实现旅游可持续发展的战略目标。

可持续发展需要政府、组织、企业和旅游者的共同努力，任重而道远。英国对各大旅行社门市部陈列的小册子所作的调查统计表明，欧洲90%以上仍然是大众包价旅游线路。世界旅游组织认为新旅游或替代性旅游是非主流旅游，而非主流旅游只占国际旅游市场份额的5%。虽然新旅游的发展速度高于大众旅游，但也不会超过国际旅游市场份额的10%。

当前，在拥有众多人口的发展中国家，大众观光旅游仍是他们处女游的首选，他们有相当多的人是从未出境度假的初游者。根据市场变化，大众旅游也处在不断地自我调整、自我完善的渐变过程中。作为一种被广大消费者普遍接受的一种廉价、便利的旅游形式，大众旅游在旅游业中仍占据主流地位[①]，而新旅游作为一种新的旅游理念，越来越被更多的旅游者所接受，并影响着大众旅游的发展模式和旅游者的消费行为，成为旅游市场的新宠。

头脑风暴

你认为新旅游是"贵族旅游"吗？如果到某一景区旅游，你倾向于大众旅游还是新旅游？为什么？

---

① 张凌云. 大众的"新旅游"，还是新的"大众旅游"？——普恩新旅游论批判[J]. 旅游学刊，2002(6)：64—70.

本章小结

本章介绍了新旅游产生的背景、基本特征以及新旅游的主要形式：小规模旅游、低碳旅游、公益旅游和自助旅游。新旅游是一个相对于大众旅游的概念，随着社会时代的发展而不断被赋予新的内涵。通过对小规模旅游、低碳旅游、公益旅游以及自助旅游产生的背景、内涵及其基本特征的分析，辨析新旅游和大众旅游的区别和联系，能够正确理解新旅游在旅游可持续发展中发挥的作用。新旅游是旅游发展的新理念、新动向，对旅游增长方式有重要的启发和借鉴意义。

关键术语

替代性旅游(Alternative Tourism)：替代性旅游是基于对大众旅游给社会、环境带来负面影响的认识而提出的新的旅游方式，主要形式有小规模旅游、公益旅游、低碳旅游、自助旅游等。

低碳旅游(Low-carbon Tourism)：低碳旅游是指在旅游发展过程中，运用低碳技术，倡导低碳旅游消费，以获得更好的旅游体验质量以及更大的社会、经济、环境效益的一种可持续旅游发展方式。

公益旅游(Voluntourism)：公益旅游是旅游者自发或者公益组织、旅游企业在相对贫困、落后的旅游目的地进行旅游活动时，为社区居民提供公益服务的一种旅游方式，是对旅游目的地的社会环境和自然环境负责任的旅游活动。

自助旅游(Self-help Tourism)：自助旅游是旅游者按照自己的意愿，全部或者部分安排自己的旅游行程和各项活动的旅游方式。

课后练习

一、选择题

1. 新旅游概念性表述很多，其核心理念与旅游的（　　）原则是一脉相承的。
   A. 公平性　　　　　　　　　　B. 共同性
   C. 参与性　　　　　　　　　　D. 可持续发展

2. 以固定的价格、标准化的服务，大批量销售给大众顾客的旅游形式是（　　）。
   A. 小规模旅游　　　　　　　　B. 大众旅游
   C. 替代旅游　　　　　　　　　D. 公益旅游

3. 小规模旅游活动与当地相关旅游服务业关系（　　），乘数效应高，有利于当地经济社会的可持续发展。
   A. 紧密　　　　　　　　　　　B. 不相关

C. 脱离	D. 不确定

4. 替代旅游的产生是基于对大规模的旅游活动对社会、环境带来负面影响的认识，是与（　　）相对立的各种旅游类型的总称。

A. 生态旅游	B. 自助旅游
C. 小众旅游	D. 大众旅游

5. 公益旅游除了无偿性、自愿性、组织性和公益性的属性外，还必须具备旅游的（　　）性质。

A. 综合性	B. 异地性
C. 流动性	D. 体验性

6. 根据小规模旅游的定义，下列不是小规模旅游者的选项是（　　）。

A. 背包旅游者	B. 探险旅游者
C. 漂流者	D. 商务旅游者

7. 国外公益旅游偏向生态保护，国内公益旅游则主要是（　　）。

A. 文化体验	B. 科学考察
C. 旅游扶贫	D. 志愿服务

8. 低碳旅游发展的核心理念是以更少的旅游（　　）来获得更大的旅游经济、社会、环境效益。

A. 资源	B. 活动
C. 能耗	D. 碳排放量

9. 自助旅游最鲜明的特点是旅游活动安排的自主性、灵活性，这也导致了一些旅游者旅游的随意性和（　　）。

A. 盲目性	B. 自律性
C. 强迫性	D. 依赖性

10. 可持续发展公平性强调（　　）之间的公平以及公平地分配旅游资源，人人拥有公平满足旅游需求的机会。

A. 代际	B. 地区之间
C. 国家	D. 以上全部选项

二、填空题

1. 从新旅游概念的起源来看，新旅游是与传统的_____相对应的一个概念。

2. 大众旅游是大众化、标准化，以固定的_____为主要特点的旅游方式。

3. 与大众旅游产品固定性的组织形式、旅游线路不同，新旅游的特点之一是_____。

4. 新旅游替代大众旅游，形式多样，主要有_____、低碳旅游、公益旅游、自助旅游等。

5. 小规模旅游是与大众旅游相对立的旅游方式，也可称为_____。

6. 公益旅游活动不仅能满足旅游者或组织者的单纯旅游体验，同时也体现了他们乐于奉献的_____精神。

7. "除了照片,什么也别带走;除了脚印,什么也别留下。"这是_____提倡的旅游理念。

8. 低碳旅游基于生态文明理念,是对发展_____经济的一种响应模式。

9. 公益旅游包含了生态旅游的内容,也可以有其他非生态旅游形式,如_____等。

10. 1992年,全球100多个国家的首脑共同签署了《21世纪议程》,标志着全世界人民将为遵循_____发展而采取一致行动。

三、判断题

1. 新旅游是一个相对概念,是针对已经过时的可替代性旅游提出来的旅游方式。( )

2. 小规模旅游收入乘数效应高,但短期内不能带来大规模经济效应,因此没有必要做目的地营销。( )

3. 目的地应当大规模引进外资,充分发挥规模经济效应,将旅游业做大。( )

4. 背包旅游是一种自助旅游方式,事实上也是一种低碳旅游方式。( )

5. 目前大众旅游中也出现了小众旅游,体现了新旅游的一些特点和理念。( )

6. "白天看景,晚上睡觉"是低碳旅游的典型例了,值得推广。( )

7. 自驾逐渐成为中产阶级的一种旅游方式,这种出行方式实际上是自助旅游。( )

8. 低碳旅游的理念来自生态旅游,是全球气候变化条件下新的出行方式。( )

9. 新旅游已经成为普遍受人欢迎的主流旅游形式,传统的大众旅游将被新旅游代替。( )

10. 保持生物的多样性和生态支持系统,适度超越旅游目的地承载力是可持续旅游应当遵循的原则。( )

四、问答题

1. 新旅游是在什么背景下产生的?
2. 替代传统大众旅游的产品形式有哪些?举例说明其特点。
3. 旅游规模是不是做得越大越好?小规模旅游对地方经济有何贡献?
4. 公益旅游有哪些特点?我国公益旅游与西方公益旅游有何不同?
5. 什么是可持续发展旅游?可持续发展旅游的主要内容是什么?

五、论述题

1. 论述新旅游的基本概念以及与其他旅游形式的关系。
2. 新旅游会代替大众旅游吗?试分析未来旅游的发展趋势。

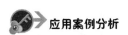 应用案例分析

不丹的小规模旅游市场

位于喜马拉雅山南麓的不丹王国拥有旅游目的地的所需要的自然和人文要素:白雪覆

盖的高山、神秘的寺庙、翠绿的梯田、牦牛和传说中的雪人。然而，这个有"神龙"之称的国家每年接待的外国旅游者的人数却很少，是不丹不欢迎他们，还是人们不愿到这里来？

不丹拥有丰富的旅游资源，森林覆盖率达70%，境内海拔6000米以上的山峰就有20座，在喜马拉雅原始状态的山麓徒步旅行令人神往。不丹政府也希望旅游业进一步发展，但是以高端游客、小规模旅游为主。从1974年开始不丹向外国旅游者开放，当年仅有287名游客。

来这里旅游的花费是相当高昂的，每人每天的最低费用必须在200～250美元之间。此包价不仅包含不低于3星级酒店的费用和餐食、导游和国内交通的费用，还有一项重要的费用，即每天65美元的"可持续发展金"，用于全体国民的免费教育、免费医疗和扶贫项目，由旅行社为国家代收。

不丹有着世界上独一无二的包价旅游政策，旅游需由政府批准的不丹旅行社组织进行。法律规定，徒步旅行者必须在指定的13条线路内做出选择，而且还对一些热点徒步线路的游客数量进行了限制，并且规定除了指定的营地外，不允许在其他地方安营扎寨。高于6000米的登山活动全国禁止，因为它们是圣山，是不丹人民必须膜拜和敬畏的神圣之地，取而代之的是很多"软性"的、低体量的且努力在和大自然对话的山地旅游产品。我们不妨罗列一些细节：(1) 观赏鸟类；(2) 节庆活动；(3) 观赏动植物；(4) 自行车旅行；(5) 漂流之旅；(6) 徒步之旅；(7) 寺庙打坐；(8) 温泉水疗。

从市场营销方面看，不丹的旅游宣传口号与其旅游政策同样独特，恰如其分地叫作"不丹：幸福所在的地方！"(Bhutan：Happiness is a Place！)，这与不丹追求幸福指数的国家形象高度吻合。近五十年来，不丹一直坚持走非大众型的旅游发展道路，政府提出"高价值、低流量"，力求遵循可持续发展的原则，在满足游客的同时，确保目的地居民的利益，最大程度地保护原有的文化和生活方式。

尽管一些旅游公司对此有所抱怨，但不丹旅游局却认为，严格的限制措施对于控制发展旅游业所带来的负面影响是非常必要的，这一点关系到社会各部门的利益。不丹旅游局发言人当却仁增说：自从1974年旅游业放开以来，增加游客数量从来都不是我们最先考虑的问题。我们主要考虑的是如何使旅游业可持续的增长，保证少而精的发展目标。

2021年的不丹国家旅游政策再次证明了不丹对"高价值、低流量"旅游政策的坚守。该国外交大臣兼旅游委员会主席丹迪·多吉在前言中明确把不丹定位为"绿色、可持续、包容和高价值的"旅游目的地。该文件强调，"旅游业有造福全社会的潜质，让价值链上的方方面面受益。最重要的是，所选择的旅游开发形式必须是可持续的、为社会所接受的，而不是以破坏自然、文化、传统为代价，更要避免追求短期快速的物质进步"。

联合国世界旅游组织亚太部主任、世界旅游经济研究中心副主席徐京指出：没有完美的发展模式，不丹也不例外。虽然不丹从旅游业的增长中受益匪浅，但它也面临着同样的挑战。伴随而来的社会、文化和环境问题，产品的原真性，环境的承载力等都会影响着这个山地国家对流量的坚守。

不丹作为一个山地国家，走出了一条可圈可点的可持续发展之路。通过旅游开发，它注重文化的传承，协助人类与大自然对话。不丹也许不是经济发展的最佳标杆，但从社会和环境可持续性看,该国案例给人启示的是,旅游开发只能是工具和手段,而本地居民的福祉才是发展旅游的终极目标。

讨论:

1. 不丹旅行社的包价旅游产品与一般的包价旅游产品有何不同?

2. 不丹为什么选择小规模旅游而不是大众旅游?你认为"高价值、低流量"旅游是否符合我国的旅游发展战略?

参 考 文 献

[1] BAUM T, LUNDTORP S. Seasonality in Tourism[M]. New York: Pergamon Press, 2001.
[2] BLOM T. Morbid tourism—A Postmodern Market Niche with an Example From Althorp[J]. Norsk Geografisk Tidsskrift—Norwegian Journal of Geography, 2000(54), 29−36.
[3] BOOMS B H, BITNER M J. Marketing Strategies and Organization Structures for Service Firms[A]. // In Marketing of Services[C]. Chicago: American Marketing Association, 1981: 47−51.
[4] BOORSTIN D J. The Image: A Guide to Pseudo · Events in America[M]. New York: Harper & Row, 1964.
[5] BURKART A J, MEDLIK S. Tourism: Past, Present and Future[M]. London: Heinemann, 1974.
[6] CARDOZO R. An Experimental Study of Customer Effort, Expectation and Satisfaction[J]. Journal of Marketing Research, 1965(2): 244−249.
[7] CHRISTOPHER M, PAYNE A F T, Ballantyne D. Relationship Marketing: Bringing Quality, Customer Service and Marketing Together[M]. Oxford: Butterworth Heinemann, 1991.
[8] DANN G. Anomie, Ego-enhancement and Tourism[J]. Annals of Tourism Research, 1977(4): 184−194.
[9] DAVID W, MARTIN O. Tourism Management[M]. Sydney: John Wiley & Sons Australia, Ltd, 2000.
[10] ENGEL E. Die Produktions-und Consumtionsverhältnisse des Königreichs Sachsen[J]. Zeitschrift des Statistischen Buüreaus des Königlich Sächischen Ministeriums des Innern, 1857(8): 50.
[11] FOLEY M, LENNON J. Dark Tourism—The Attraction of Death and Disaster[J]. International Journal of Tourism Research, 2000(4): 184.
[12] GUNN C A. Vacationscape: Designing Tourist Regions[M]. Austin: University of Texas at Austin, 1972.
[13] HOLDEN A. Alternative Tourism: Report on the Workshop on Alternative Tourism with Focus in Asia[M]. Bangkok: Ecumenical Coalition on Third World Tourism, 1984.
[14] HOWARD J A, SHETH J N. The Theory of Buyer Behavior[M]. New York, John Wily & Sons, 1969.
[15] INGRAM H. Classification and Grading of Smaller Hotels, Guesthouses and Bed and Breakfast Accommodation[J]. International Journal of Contemporary Hospitality Management, 1996(5): 30−34.
[16] LAWTON L J. Resident Perceptions of Tourist Attractions on the Gold Coast of Australia[J]. Journal of Travel Research, 2005(2): 188−200.
[17] LEW A. A Framework of Tourist Attractions Research[J]. Annals of Tourism Research, 1987(14): 553−575.
[18] MACCANNELL D. The Tourist—A Theory of Leisure Class[M]. New York: Schocken Books Inc, 1987.
[19] MASLOW A H. A Theory of Human Motivation[J]. Psychological Review, 1943(50): 370−396.
[20] MCCARTHY E J. Basic Marketing: A Managerial Approach[M]. Homewood: R. D. Irwin, 1960.
[21] MORGENROTH W. "Fremdenverkehr" (Tourism). Handwörterbuch der Staatswissenchaften (Handbook of Political Science)[M]. Jena: Gustav Fischer Verlag, 1927.
[22] NELSON J G, BUTLER R, WALL G. Tourism and Sustainable Development: Monitoring, Plan-

ning, Managing, Decision Making[M]. Waterloo: University of Waterloo, 1999.

[23] OGILVIE F W. The Tourist Movement[M]. London: P. S. King, 1933.

[24] OJASALO J. Managing Customer Expectations in Professional Services[J]. Managing Service Quality: An International Journal, 2001(3): 200-212.

[25] OLIVER R L, LINDA G. Effect of satisfaction and Its Antecedents on Customer Preference and Intention[J]. Advances in Consumer Research, 1981(1): 88-93.

[26] PHILIP KOTLER, KAREN F A. Strategic Marketing for Educational Institutions[M]. New Jersey: Prentice-Hall, 1995.

[27] PHILIP KOTLER. A Framework for Marketing Management[M]. New Jersey: Prentice-Hall, 2001.

[28] PHILIP KOTLER. Marketing Management: Analysis, Planning and Control[M]. New Jersey: Prentice-Hall, 1967.

[29] PIZAM A, NEUMANNY Y, REICHEL A. Dimensions of Tourist Satisfaction with a Destination Area[J]. Annals of Tourism Research, 1978(5): 314-322.

[30] PLOG C S. Why Destination Areas Rise and Fall in Popularity: An Update of a Cornell Quarterly Classic[J]. Cornell University, 2001(3): 13-24.

[31] ROBERT W M, GUPTA S. Tourism: Principles, Practices, Philosophies[M]. Ohio: Grid Publishing, Inc, 1977.

[32] ROJEK C. Ways of Escape: Modern Transformations in Leisure and Travel[M]. London: Macmillan, 1993.

[33] RUGG D. The Choice of Journey Destination: A Theoretical and Empirical Analysis[J]. The Review of Economics and Statistics, 1973(12): 64-72.

[34] SAMOVAR L A, PORTER R E. Communication Between Cultures[M]. Belmont: Wadsworth Publishing Company, 2004.

[35] SCHMOLL G A. Travel Decision Process Model[D]. Perth: Murdoch University, 1977.

[36] SEATON A. From Thanatopsis to Thana Tourism: Guided by the Dark[J]. International Journal of Heritage Studies, 1996(2): 234-244.

[37] SMITH V, EADINGTON W. Tourism Alternatives: Potentials and Problems in the Development of Tourism[M]. Philadelphia: University of Pennsylvania Press, 1992.

[38] THORNDIKE E L. A Constant Error in Psychological Ratings[J]. Journal of Applied Psychology, 1920(1): 25-29.

[39] TWEDT D W. The American Marketing Association in 1960[J]. Journal of Marketing, 1960(25): 57-61.

[40] UNITED NATIONS. International Recommendations for Tourism Statistics[R]. United Nations Publication. 2008(1): 26.

[41] VALLEE P. Authenticity as a Factor in Segmenting the Canadian Travel Market[D]. Ontario: University of Waterloo, 1987.

[42] WEAVER D, LAWTON L. Tourism Management[M]. Milton, Queensland: John Wile & Son, 2014.

[43] WORLD TOURISM ORGANIZATION. Concepts, Definitions Classifications for Tourism Statistics, Technical Manual No. 1[M]. Spain: World Tourism Organization (UNWTO), 1995.

[44] WORLD TOURISM ORGANIZATION. Framework Convention on Tourism Ethics[R]. Madrid: UNWTO, 2020.

[45] 艾侠伯格.4R营销：颠覆4P的营销新论[M].文武,穆蕊,蒋洁,译.北京：企业管理出版社,2003.

[46] 巴佳慧,周春林,王少峰.携程旅行网赢利模式研究[J].江苏商论,2009(2)：92—94.

[47] 保继刚,楚义芳.旅游地理学(第三版)[M].北京：高等教育出版社,2012.

[48] 蔡萌,汪宇明.低碳旅游：一种新的旅游发展方式[J].旅游学刊,2010,25(1)：13—17.

[49] 蔡晓磊.昆明4家A级景区拟获门票减免补贴337.73万元[N].昆明日报,2022—12—28(A07).

[50] 曹美辰,宋书楠,宋梦影.疫情防控常态化条件下辽宁省旅游需求调查分析[J].辽东学院学报(社会科学版),2021,23(5)：43—48.

[51] 陈才,王海利,贾鸿.对旅游吸引物、旅游资源和旅游产品关系的思考[J].桂林旅游高等专科学校学报,2007(1)：1—4.

[52] 陈娟,杜彦荣.南澳海岛县居民旅游影响感知研究[J].生态经济(学术版),2011(2)：217—220+225.

[53] 陈戎.旅游地产案例研究[M].上海：上海交通大学出版社,2011.

[54] 陈仙波.旅游业发展之探索[M].杭州：浙江工商大学出版社,2019.

[55] 程瑞芳.旅游经济学[M].重庆：重庆大学出版社,2018.

[56] 戴斌,夏少颜.论我国大众旅游发展阶段的运行特征与政策取向[J].旅游学刊,2009,24(12)：13—17.

[57] 戴维·A.芬内尔.生态旅游(第四版)[M].张凌云,马晓秋,译.北京：商务印书馆,2017.

[58] 邓明艳.旅游目的地文化展示与形象管理研究[M].北京：中国社会科学出版社,2021.

[59] 刁宗广.旅游学概论[M].合肥：安徽大学出版社,2009.

[60] 丁溪.旅游学原理[M].北京：中国商务出版社,2011.

[61] 董观志.旅游学概论[M].大连：东北财经大学出版社,2007.

[62] 董培海,李庆雷,李伟.大众旅游现象研究综述与诠释[J].旅游学刊,2019,34(6)：135—144.

[63] 董怡菲,杨晓霞.国内外低碳旅游研究综述[J].西南农业大学学报(社会科学版),2011,9(12)：5—11.

[64] 杜学,蒋桂良.旅游交通教程[M].北京：旅游教育出版社,1993.

[65] 杜友珍,吴洪亮.旅游概论[M].长春：吉林大学出版社,2016.

[66] 方法林.开放式景区的发展模式、管理与效应[M].北京：旅游教育出版社,2018.

[67] 方礼刚.旅游社会工作[M].青岛：中国海洋大学出版社,2020.

[68] 菲利普·科特勒,约翰·T.鲍文,詹姆斯·C.麦肯斯.旅游市场营销(第六版)[M].谢彦君,李森,郭英,等译.北京：清华大学出版社,2017.

[69] 冯卫红,邵秀英.旅游产品设计与开发[M].北京：中国科学技术出版社,2006.

[70] 冯伟林,向从武,毛娟.西南民族地区旅游扶贫理论与实践[M].成都：西南交通大学出版社,2017.

[71] 冯郑凭.互联网对我国旅游分销渠道的影响研究——从旅游业者视野的角度分析[J].北京第二外国语学院学报,2010,32(3)：45—50+44.

[72] 傅晓羚.布局旅游业复苏,同程旅行10亿收购三家旅行社等产业链公司[EB/OL].(2022—12—30)[2024—05—11].https://static.nfapp.southcn.com/content/202212/30/c7221367.html.

[73] 傅云新.旅游学概论(第二版)[M].广州：暨南大学出版社,2011.

[74] 盖尔·詹宁斯.旅游研究方法[M].谢彦君,陈丽,主译.北京：旅游教育出版社,2007.

[75] 甘枝茂,马耀峰.旅游资源与开发[M].天津：南开大学出版社,2000.

[76] 高静,章勇刚.旅游目的地营销主体研究：多元化视角[J].北京第二外国语学院学报,2007(3)：13—17.

[77] 高明,刘颖.让美食赋能旅游目的地建设[N].经济参考报,2021-12-01(A08).
[78] 龚鹏.旅游学概论[M].北京:北京理工大学出版社,2016.
[79] 古诗韵,保继刚.城市旅游研究进展[J].旅游学刊,1999(2):15-20+78.
[80] 郭国庆,陈凯.市场营销学(第7版)[M].北京:中国人民大学出版社,2022.
[81] 郭胜,张红英,曹培培.旅游学概论(第四版)[M].北京:高等教育出版社,2020.
[82] 韩勇,丛庆.旅游市场营销学[M].北京:北京大学出版社,2006.
[83] 洪帅.旅游学概论[M].上海:上海交通大学出版社,2010.
[84] 胡林龙.创意旅游学[M].北京:中国旅游出版社,2019.
[85] 黄安民.旅游目的地管理(第二版)[M].武汉:华中科技大学出版社,2021.
[86] 黄共.城市轨道交通概论[M].成都:电子科技大学出版社,2019.
[87] 剧锦文,阎坤.新经济辞典[Z].沈阳:沈阳出版社,2003.
[88] 克里斯·库珀,约翰·弗莱彻,艾伦·法伊奥,等.旅游学(第三版)[M].张俐俐,蔡利平,译.北京:高等教育出版社,2007.
[89] 克里斯·库珀.旅游学精要[M].石芳芳,译.大连:东北财经大学出版社,2014.
[90] 克里斯蒂·格鲁诺斯.服务市场营销管理[M].吴晓云,冯伟雄,译.上海:复旦大学出版社,1998.
[91] 寇燕,高敏,诸彦含,等.顾客心理所有权研究综述与展望[J].外国经济与管理,2018,40(2):105-122.
[92] 匡林.关于旅游乘数理论的几个问题[J].华侨大学学报(社会科学版),1996(3):39-43.
[93] 黎洁.论旅游目的地形象及其市场营销意义[J].桂林旅游高等专科学校学报,1998(1):15-18.
[94] 李朝军,郑焱.旅游文化学(第二版)[M].大连:东北财经大学出版社,2016.
[95] 李辉.生态旅游规划与可持续发展研究[J].北京:北京工业大学出版社,2021.
[96] 李克芳.营销渠道管理(第2版)[M].武汉:武汉大学出版社,2017.
[97] 李蕾蕾.跨文化传播及其对旅游目的地方文化认同的影响[J].深圳大学学报(人文社会科学版),2000(2):95-100.
[98] 李娌.面向旅游业谈"优质服务"[J].中国职业技术教育,2005(3):46.
[99] 李淑梅.中国旅游地理(第2版)[M].长春:东北师范大学出版社,2014.
[100] 李天元.旅游学概论(第7版)[M].天津:南开大学出版社,2014.
[101] 李文煜.现代人旅游动机的心理学分析[J].焦作大学学报,2015(2):92-93.
[102] 李想,黄震方.旅游地形象资源的理论认知与开发对策[J].人文地理,2002(2):42-46.
[103] 李旭东,张金岭.旅游真实性理论及其应用[J].陕西理工学院学报(社会科学版),2007(4):51-54.
[104] 李永峰,乔丽娜.可持续发展概论[M].哈尔滨:哈尔滨工业大学出版社,2013.
[105] 李芸,董广智.旅游概论[M].南京:东南大学出版社,2018.
[106] 林德荣,郭晓琳.旅游消费者行为[M].重庆:重庆大学出版社,2019.
[107] 林红,王湘.旅游吸引物的系统论再分析——与杨振之先生商榷[J].旅游学刊,1998(2):42-46.
[108] 林越英.对我国会展旅游发展若干问题的初步探讨[J].北京第二外国语学院学报,2002(6):46-49.
[109] 刘军丽,冉杰.美食旅游理论研究与实践[M].成都:四川科学技术出版社,2020.
[110] 刘开萌,肖靖.会展旅游[M].北京:旅游教育出版社,2014.
[111] 刘琼英.旅游学概论[M].桂林:广西师范大学出版社,2014.
[112] 刘伟.旅游概论(第5版)[M].北京:高等教育出版社,2023.
[113] 龙江智.从体验视角看旅游的本质及旅游学科体系的构建[J].旅游学刊,2005(1):21-26.
[114] 卢红梅.旅游概论[M].北京:中国地图出版社,2007.

[115] 鲁峰．旅游市场营销——理论与案例[M]．上海：上海财经大学出版社，2015．

[116] 马海龙．旅游经济学[M]．银川：宁夏人民教育出版社，2020．

[117] 马洪元．中国休闲旅游资源基础[M]．天津：南开大学出版社，2017．

[118] 马丽卿．海洋旅游学[M]．北京：海洋出版社，2013．

[119] 马特．旅游目的地营销案例分析[M]．西安：陕西科学技术出版社，2020．

[120] 马晓煊，张亚维，黄春宇．国内外公益旅游理论与实践发展综述[J]．旅游论坛，2011，4(3)：1-4．

[121] 马耀峰，李天顺，刘新平．旅游者行为[M]．北京：科学出版社，2008．

[122] 马勇．旅游接待业（第二版）[M]．武汉：华中科技大学出版社，2021．

[123] 马勇．旅游市场营销(第五版)[M]．大连：东北财经大学出版社，2015．

[124] 马永仁．图解经济学：经济常识一看就懂[M]．北京：机械工业出版社，2020．

[125] 马勇，刘名俭．旅游市场营销管理(第四版)[M]．大连：东北财经大学出版社，2011．

[126] 迈点．2023年中国旅游市场分析报告[EB/OL]．(2024-02-22)[2024-05-06]．https：//www.jiemian.com/article/10825693.html．

[127] 毛一岗，宋金平，于伟．北京市A级旅游景区空间结构及其演化[J]．经济地理，2011，31(8)：1381-1386．

[128] 明庆忠．旅游学理论研究的几个问题[J]．云南师范大学学报(自然科学版)，1997(1)：132-137．

[129] 潘宝明．中国旅游文化(第四版)[M]．北京：中国旅游出版社，2020．

[130] 潘海颖．旅游体验审美精神论[J]．旅游学刊，2012，27(5)：88-93．

[131] 潘仕梅，秦琴．旅游资源规划与开发[M]．广州：广东旅游出版社，2019．

[132] 盘点：沉浸式体验赋能文旅新业态融合创新十大案例[EB/OL]．(2024-01-30)[2024-05-11]．https：//news.sohu.com/a/755270156_100014970．

[133] 庞骏．新编都市旅游学[M]．上海：复旦大学出版社，2020．

[134] 齐天峰．旅游学概论[M]．西安：西北工业大学出版社，2010．

[135] 《亲历者》编辑部．成都旅行Let's Go（第3版）[M]．北京：中国铁道出版社，2018．

[136] 邱立岗．都市印记[M]．南京：东南大学出版社，2016．

[137] 曲颖，董引引．"官方投射形象—游客目的地依恋"网络机制对比分析——以海南重游驱动为背景[J]．南开管理评论，2021(5)：73-85．

[138] 任唤麟．核心旅游资源理论与实证研究[J]．地理与地理信息科学，2017，33(3)：78-83．

[139] 单铭磊．旅游消费者行为学[M]．北京：企业管理出版社，2020．

[140] 邵晓晖，刘春．旅游学概论[M]．南京：东南大学出版社，2014．

[141] 申葆嘉．论旅游学科建设与高等旅游教育[J]．旅游学刊，1997(S1)：21-24．

[142] 申健健，喻学才．国外黑色旅游研究综述[J]．旅游学刊，2009(4)：92-96．

[143] 沈涵．游客的旅游地选择与购买决策模型分析[J]．旅游学刊，2005(3)：43-47．

[144] 石长波．旅游学概论[M]．哈尔滨：哈尔滨工业大学出版社，2004．

[145] 石宏．中华人民共和国民法典立法精解(上)[M]．北京：中国检察出版社，2020．

[146] 舒伯阳，冯婉怡，谭庆秋．旅游心理学(第五版)[M]．大连：东北财经大学出版社，2023．

[147] 四川旅游年鉴编辑委员会．四川文化和旅游年鉴2018[M]．成都：四川科学技术出版社，2020．

[148] 苏朝晖．服务的不可储存性对服务业营销的影响及对策研究[J]．经济问题探索，2012(2)：19-23．

[149] 苏朝晖．服务的特性及其对服务业营销的影响[J]．生产力研究，2012(6)：204-206．

[150] 孙洪波，李广成．旅游概论新编[M]．武汉：华中科技大学出版社，2008．

[151] 孙九霞．共同体视角下的旅游体验新论[J]．旅游学刊，2019(9)：10-12．

[152] 孙玉琴，甘胜军，李华．水上旅游管理[M]．北京：旅游教育出版社，2017．

[153] 唐承财．国际旅游规划与开发[M]．北京：旅游教育出版社，2018．

[154] 唐秀丽．旅游心理学[M]．重庆：重庆大学出版社，2020．

[155] 陶玉霞．乡村旅游建构与发展研究[M]．北京：经济日报出版社，2009．

[156] 田里．旅游学概论[M]．重庆：重庆大学出版社，2019．

[157] 妥艳媜，白长虹，王琳．旅游者幸福感：概念化及其量表开发[J]．南开管理评论，2020，23(6)：166－178．

[158] 王冰清，黄雨薇．疫情冲击下我国在线旅行社发展研究——以携程为例[J]．经济研究导刊，2021(8)：38－41．

[159] 王德刚．试论旅游文化的概念和内涵[J]．桂林旅游高等专科学校学报，1999(4)：39－42．

[160] 王德刚．试论旅游学的学科性质[J]．旅游学刊，1998(2)：46－48．

[161] 王进．亚旅游目的地的理论与实证研究[J]．社会科学家，2013(3)：80－83．

[162] 王昆欣．旅游学科"元研究"之思考[J]．旅游学刊，2003(3)：76－79．

[163] 王翎芳，徐尧鹏．畅游荷兰[M]．北京：中国轻工业出版社，2017．

[164] 王诺斯．酒店营销理论与案例[M]．北京：中国铁道出版社，2013．

[165] 王晓华．旅游者伦理悖论研究——以四川灾害旅游为例[M]．天津：南开大学出版社，2018．

[166] 王兴斌．"体验经济"新论与旅游服务的创新——《体验经济》读书札记[J]．桂林旅游高等专科学校学报，2003(1)：16－20．

[167] 王学峰．旅游概论[M]．北京：北京交通大学出版社，2019．

[168] 维克多·密德尔敦．旅游营销学[M]．向萍，等译．北京：中国旅游出版社，2001．

[169] 闻芳，杨辉．旅游学概论[M]．镇江：江苏大学出版社，2018．

[170] 吴必虎，宋子千．旅游学概论[M]．北京：中国人民大学出版社，2009．

[171] 吴必虎，俞曦．旅游规划原理[M]．北京：中国旅游出版社，2010．

[172] 吴必虎．区域旅游规划原理[M]．北京：中国旅游出版社，2001．

[173] 吴波，桑慧．非大众型旅游(Alternative Tourism)：起源、概念及特征[J]．旅游学刊，2000(3)：51－54．

[174] 吴国清，申军波．旅游目的地开发与管理[M]．北京：旅游教育出版社，2019．

[175] 吴瑕，黄文．成都发展"非大众型旅游"初探[J]．乐山师范学院学报，2010，25(8)：91－94＋140．

[176] 吴晓隽．欧洲旅游中介服务业纵向一体化剖析[J]．外国经济与管理，2005(3)：56－64．

[177] 吴旭云．旅游市场营销[M]．上海：上海交通大学出版社，2020．

[178] 谢彦君．对旅游学学科问题的探讨[J]．桂林旅游高等专科学校学报，1999(S2)：11－14＋47．

[179] 谢彦君．基础旅游学[M]．北京：中国旅游出版社，2011．

[180] 谢彦君．基础旅游学[M]．北京：商务印书馆，2015．

[181] 谢彦君．论旅游的本质与特征[J]．旅游学刊，1998(4)：41－44．

[182] 谢彦君．旅游的本质及其认识方法——从学科自觉的角度看[J]．旅游学刊，2010(1)：26－31．

[183] 胥兴安，田里．对旅游吸引物、旅游产品、旅游资源和旅游业关系的思考[J]．中国集体经济，2008(Z2)：134－135．

[184] 徐京．不丹——独特而佛系的山地旅游[EB/OL]．(2021－09－09)[2023－10－12]．https://c.m.163.com/news/a/GJFSMAMH05521WCW.html．

[185] 徐学书．旅游资源开发与保护[M]．南京：东南大学出版社，2009．

[186] 许春晓．"旅游产品生命周期论"的理论思考[J]．旅游学刊，1997(5)：44－45．

[187] 许晖．服务营销(第二版)[M]．北京：中国人民大学出版社，2021．

[188] 许义. 新旅游：重新理解未来10年的中国旅游[M]. 北京：中国旅游出版社，2021.

[189] 亚伯拉罕·匹赞姆，优尔·曼. 旅游消费者行为研究[M]. 舒伯阳，冯玮，主译. 大连：东北财经大学出版社，2005.

[190] 杨建曾. 旅游学概论[M]. 北京：对外经贸大学出版社，2013.

[191] 杨敏. 特种旅游的种类及特点初探[J]. 学术探索，2004(12)：25－29.

[192] 姚丹君. 中国传统旅游艺术品审美研究[M]. 长春：吉林美术出版社，2021.

[193] 叶宏. 旅游资源概况[M]. 长春：东北师范大学出版社，2015.

[194] 殷群. 大理白族歌谣文化旅游产品开发初探[J]. 大理学院学报，2007(1)：5－7.

[195] 游庆军，张岚. 旅游学概论[M]. 北京：北京理工大学出版社，2017.

[196] 余堃清，唐思琪. 中青年红色旅游偏好和行为特征研究[J]. 合作经济与科技，2022(16)：85－87.

[197] 俞小江. 现代企业管理[M]. 武汉：湖北人民出版社，2017.

[198] 约翰·斯沃布鲁克，苏珊·霍纳. 旅游消费者行为学[M]. 俞慧君，张鸥，漆小燕，译. 北京：电子工业出版社，2004.

[199] 约翰·华德. 旅游案例分析[M]. 曾萍，等译. 昆明：云南大学出版社，2006.

[200] 张河清，王蕾蕾. 岭南文化与旅游产业融合发展研究[M]. 广州：中山大学出版社，2020.

[201] 张杰，刘焱. 旅游学概论(第2版)[M]. 上海：格致出版社，上海人民出版社，2017.

[202] 张俊英. 旅游管理学[M]. 北京：中国旅游出版社，2019.

[203] 张凌云. 大众的"新旅游"，还是新的"大众旅游"？——普恩新旅游论批判[J]. 旅游学刊，2002(6)：64－70.

[204] 张圣亮. 服务营销与管理[M]. 北京：人民邮电出版社，2015.

[205] 张文. 旅游影响：理论与实践[M]. 北京：社会科学文献出版社，2007.

[206] 张燕. 中国和欧美旅行社产品类型及开发比较研究[J]. 北京第二外国语学院学报，2003(1)：12－18.

[207] 赵全科，陆相林. 旅游学概论[M]. 青岛：中国海洋大学出版社，2010.

[208] 赵晓燕. 试论我国旅游业的产业地位和对经济社会发展的促进作用[J]. 北京第二外国语学院学报，1997(2)：110－115.

[209] 郑屹立. 市场营销[M]. 北京：北京理工大学出版社，2015.

[210] 中国地图出版社. 世界分国系列地图册：意大利(汉英对照)[M]. 北京：中国地图出版社，2016.

[211] 周蕊. 严谨国度，激情整合——从世界杯看旅游目的地"事件营销"[J]. 成功营销，2006(8)：22－23.

[212] 周武忠. 中国当代旅游商品设计研究[M]. 北京：中国旅游出版社，2014.

[213] 周啸天. 历代名人咏四川[M]. 成都：四川人民出版社，2019.

[214] 朱华，张哲乐. 会展节事策划与管理[M]. 北京：北京大学出版社，2015.

[215] 朱华. 旅游学概论(双语)[M]. 北京：北京大学出版社，2017.

[216] 朱华. 世界旅游客源地对四川省入境旅游的影响[J]. 乐山师范学院学报，2008(3)：103－105.

[217] 朱伟，汤洁娟，余永霞等. 旅游经济学[M]. 武汉：华中科技大学出版社，2015.

[218] 朱玉槐，郝心华，刘伟等. 旅游学概论[M]. 西安：西北大学出版社，1993.

[219] 朱运海. 会展旅游[M]. 武汉：华中科技大学出版社，2016.

[220] 祝允明. 祝允明集(上)[M]. 薛维源，点校. 上海：上海古籍出版社，2016.

[221] 邹勇文，刘德军，曹国新. 旅游消费者行为学[M]. 北京：中国旅游出版社，2017.